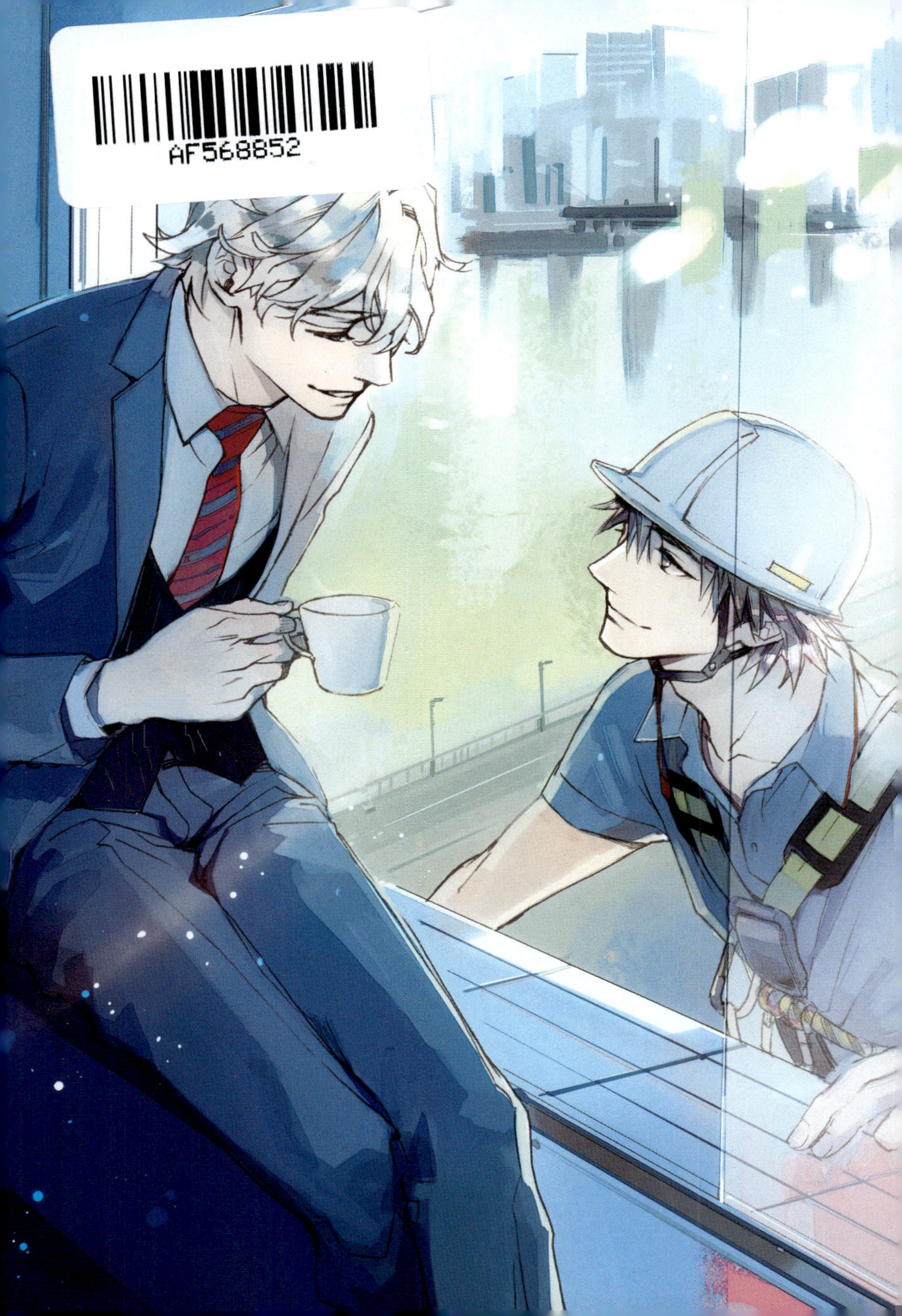

Inhalt

Presented by Mamita

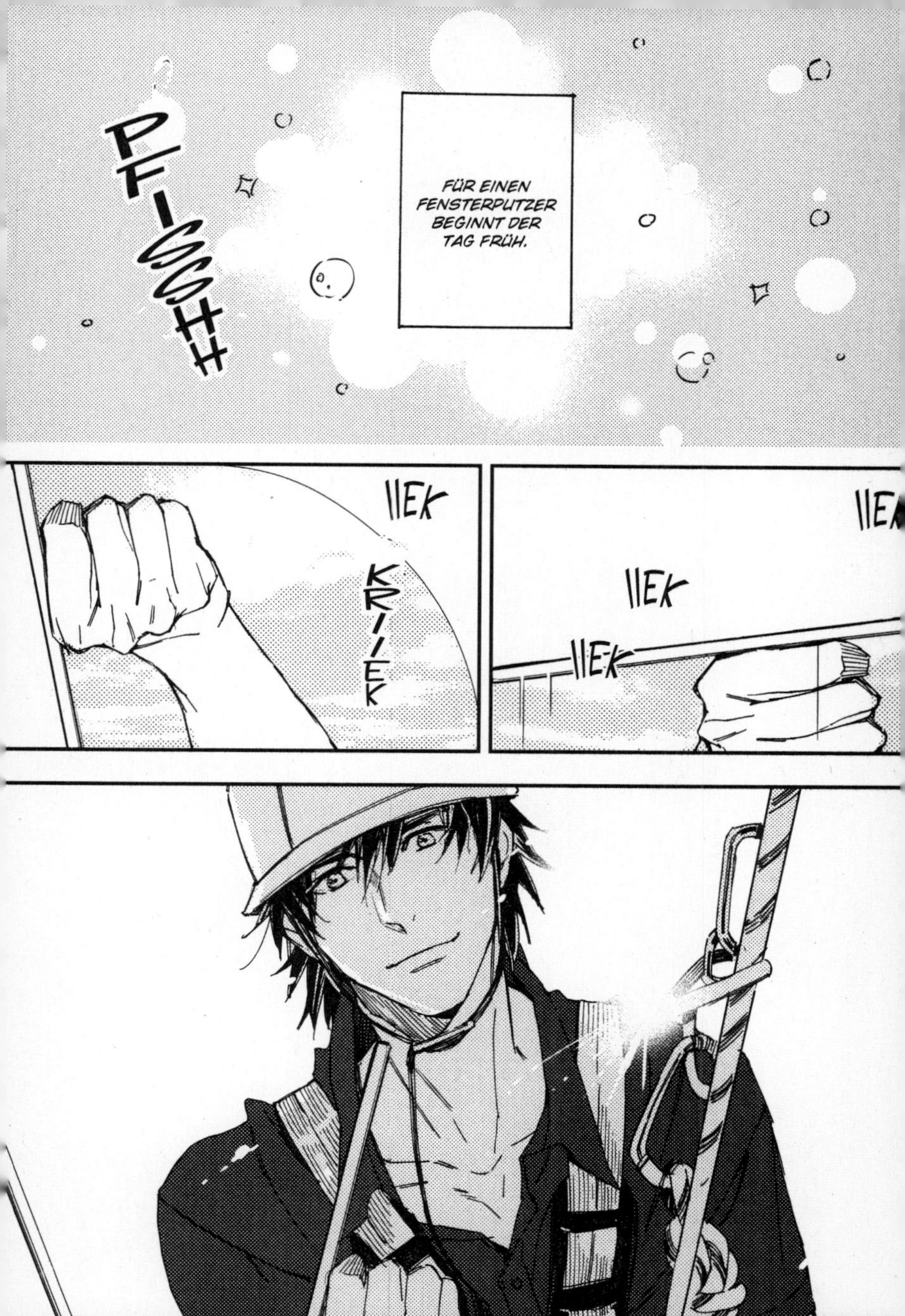
PFISSHHH
FÜR EINEN FENSTERPUTZER BEGINNT DER TAG FRÜH.
IIEK
KRIIEK
IIEK
IIEK
IIEK

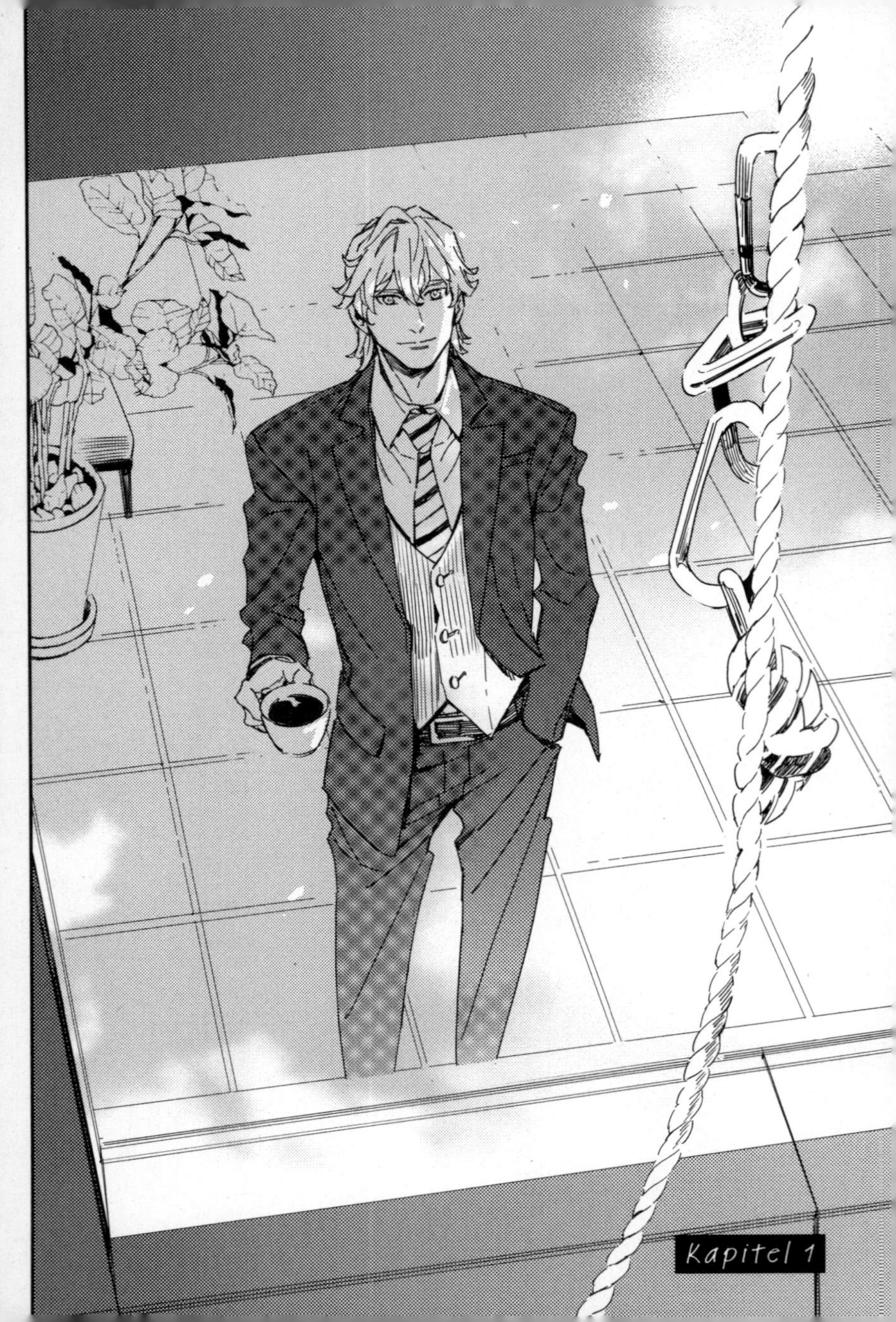
Kapitel 1

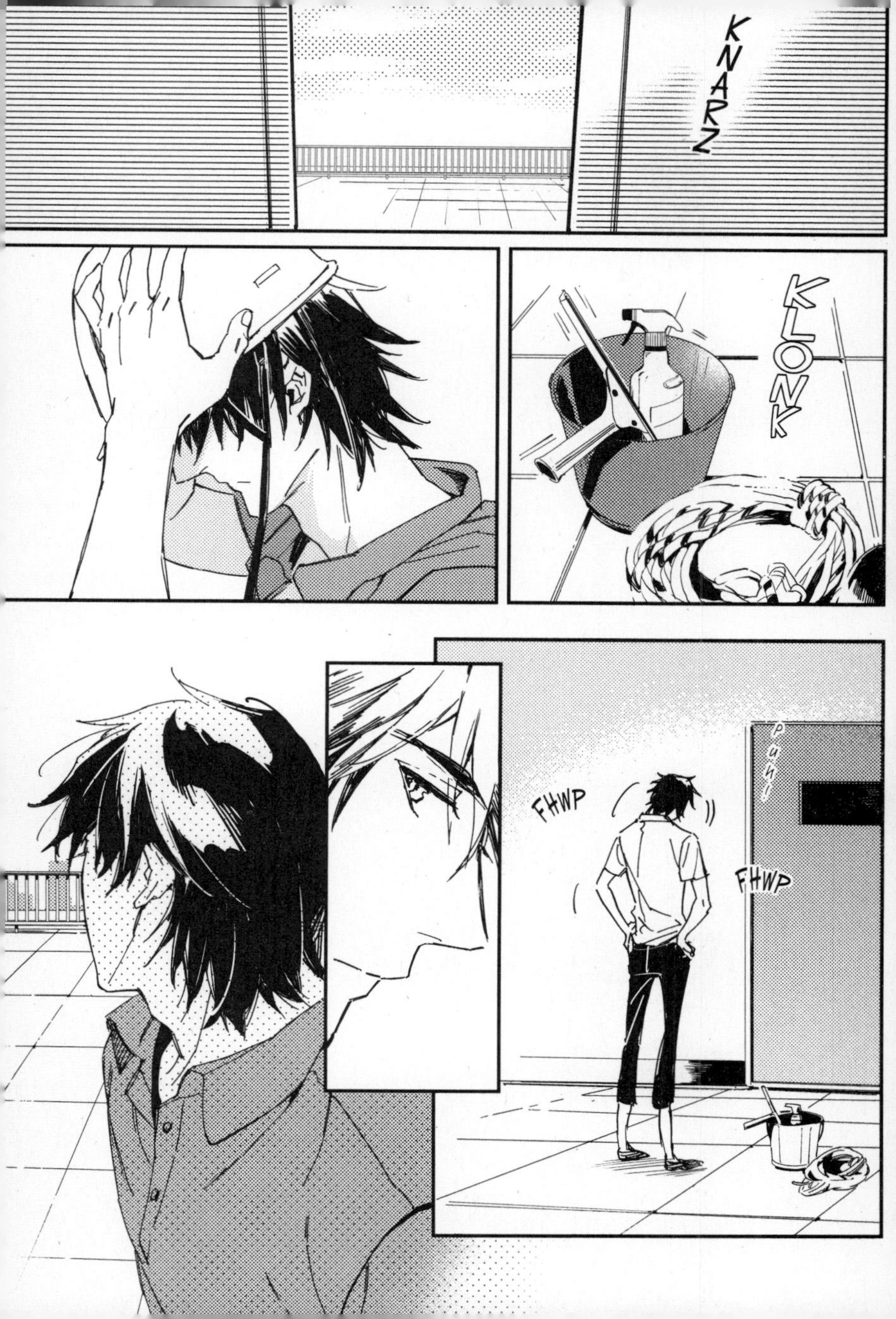
KNARZ
KLONK
puh!
FHWP
FHWP

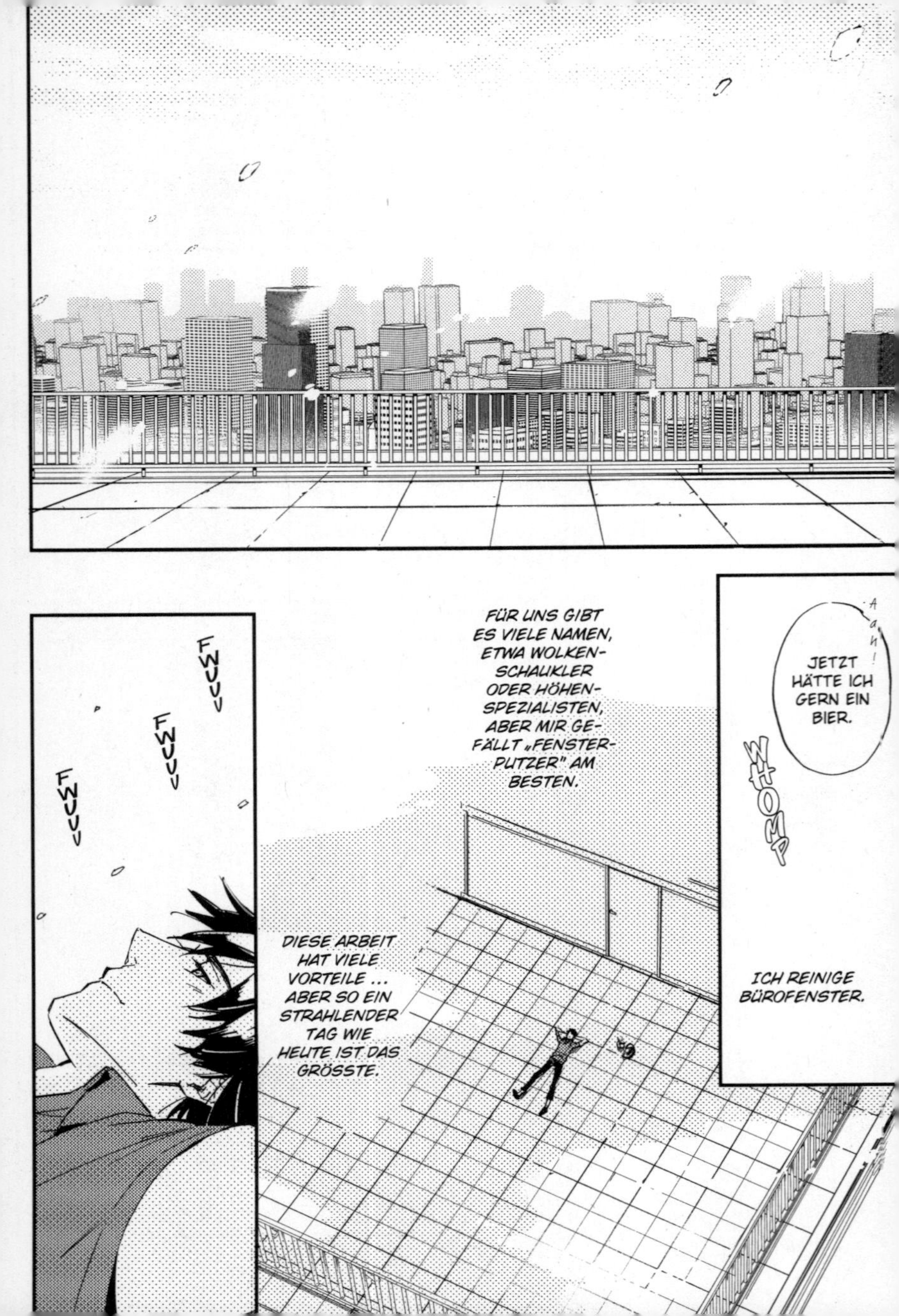

Aah!
JETZT HÄTTE ICH GERN EIN BIER.
WHOMP
ICH REINIGE BÜROFENSTER.
FÜR UNS GIBT ES VIELE NAMEN, ETWA WOLKEN-SCHAUKLER ODER HÖHEN-SPEZIALISTEN, ABER MIR GE-FÄLLT „FENSTER-PUTZER" AM BESTEN.
DIESE ARBEIT HAT VIELE VORTEILE … ABER SO EIN STRAHLENDER TAG WIE HEUTE IST DAS GRÖSSTE.
FWUUU
FWUUU
FWUUU

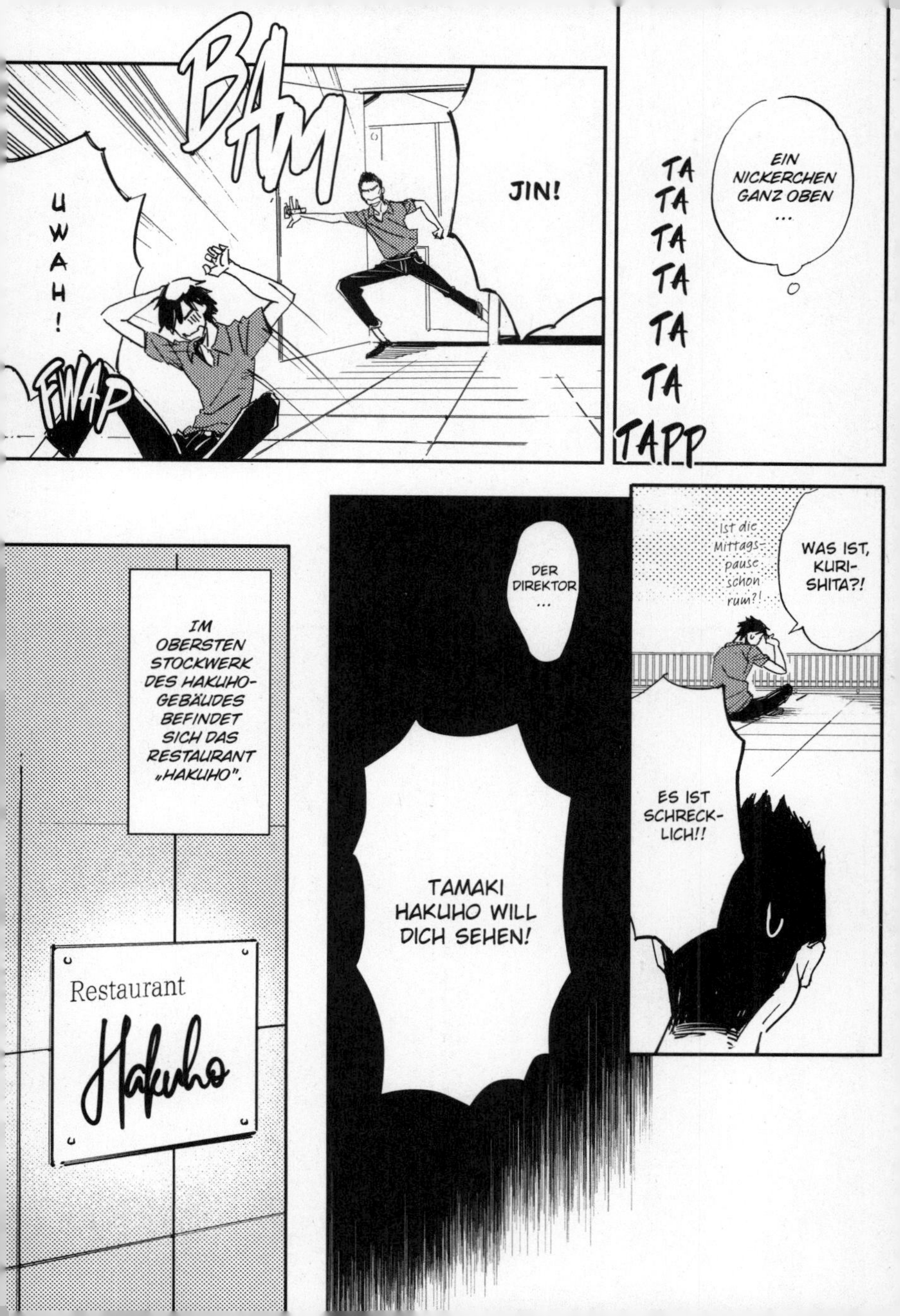

EIN NICKERCHEN GANZ OBEN …
TA TA TA TA TA TA TAPP
BAM
JIN!
UWAH!
FWAP
WAS IST, KURI-SHITA?!
Ist die Mittags-pause schon rum?!
ES IST SCHRECK-LICH!!
DER DIREKTOR …
TAMAKI HAKUHO WILL DICH SEHEN!
IM OBERSTEN STOCKWERK DES HAKUHO-GEBÄUDES BEFINDET SICH DAS RESTAURANT „HAKUHO".
Restaurant Hakuho

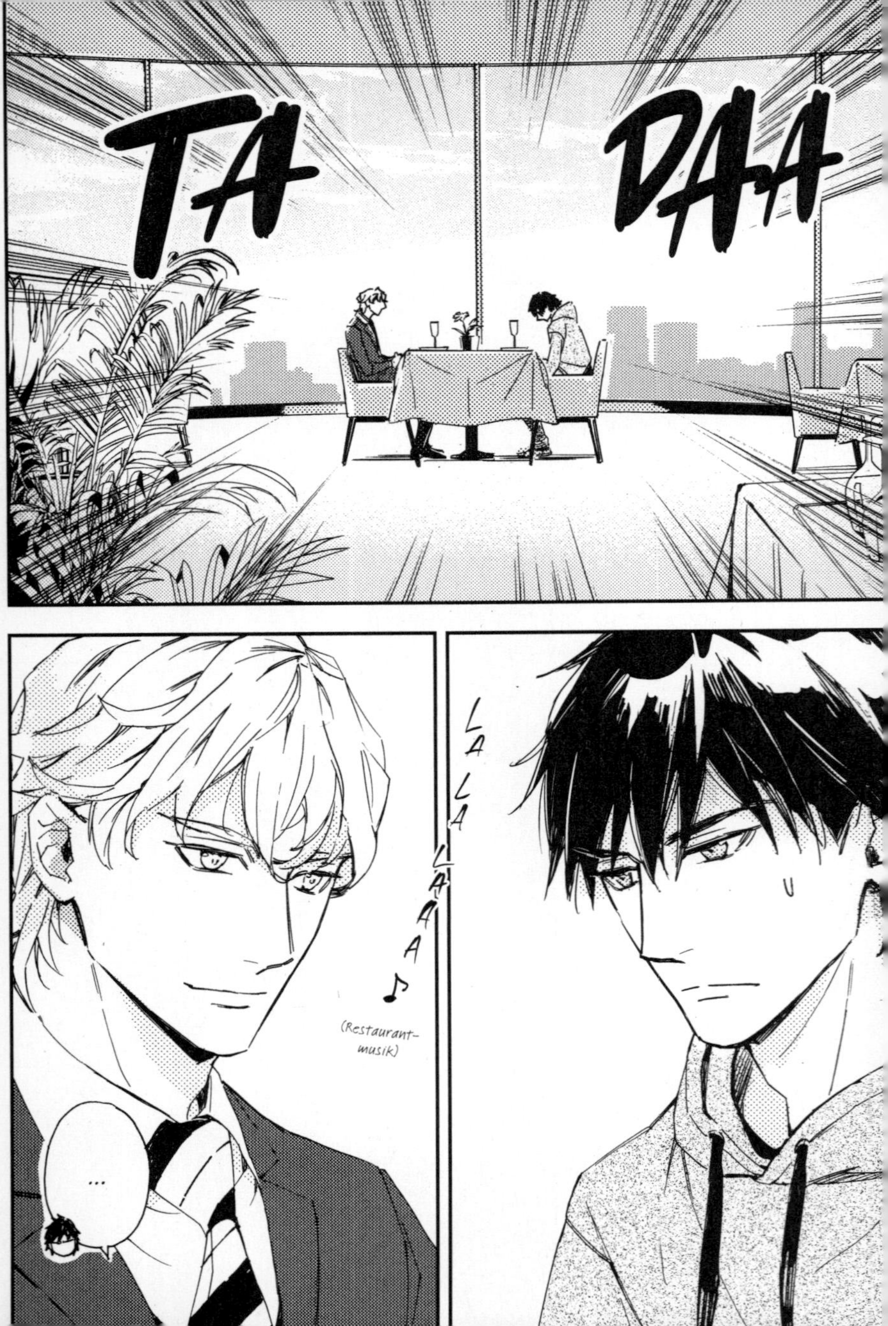

TA DAA

LA LA LAAAA ♪

(Restaurant-musik)

...

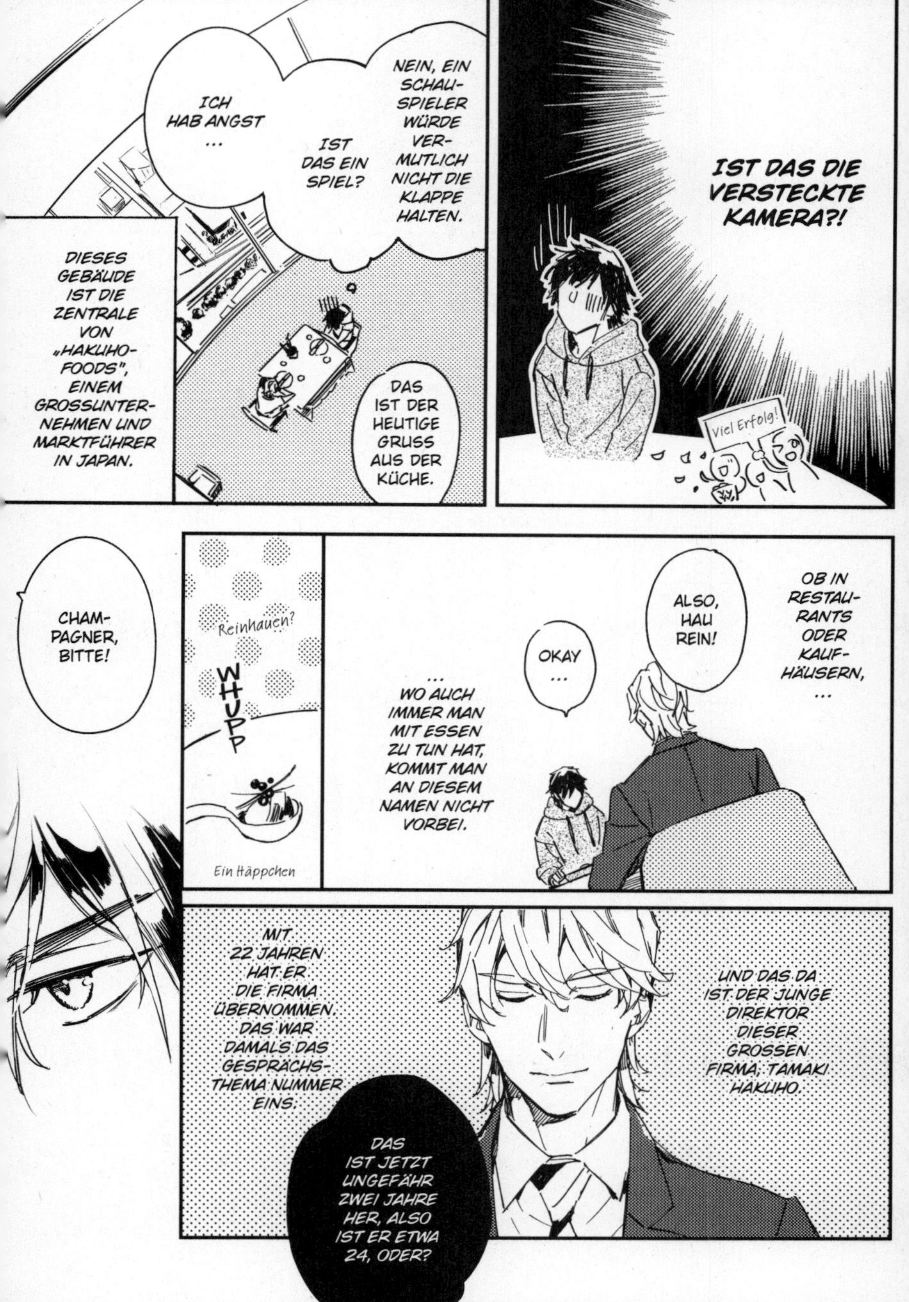
IST DAS DIE VERSTECKTE KAMERA?!
Viel Erfolg!
NEIN, EIN SCHAUSPIELER WÜRDE VERMUTLICH NICHT DIE KLAPPE HALTEN.
IST DAS EIN SPIEL?
ICH HAB ANGST …
DIESES GEBÄUDE IST DIE ZENTRALE VON „HAKUHO-FOODS", EINEM GROSSUNTERNEHMEN UND MARKTFÜHRER IN JAPAN.
DAS IST DER HEUTIGE GRUSS AUS DER KÜCHE.
OB IN RESTAURANTS ODER KAUFHÄUSERN, …
ALSO, HAU REIN!
OKAY …
… WO AUCH IMMER MAN MIT ESSEN ZU TUN HAT, KOMMT MAN AN DIESEM NAMEN NICHT VORBEI.
Reinhauen?
WHUPP
Ein Häppchen
CHAMPAGNER, BITTE!
UND DAS DA IST DER JUNGE DIREKTOR DIESER GROSSEN FIRMA, TAMAKI HAKUHO.
MIT 22 JAHREN HAT ER DIE FIRMA ÜBERNOMMEN. DAS WAR DAMALS DAS GESPRÄCHSTHEMA NUMMER EINS.
DAS IST JETZT UNGEFÄHR ZWEI JAHRE HER, ALSO IST ER ETWA 24, ODER?

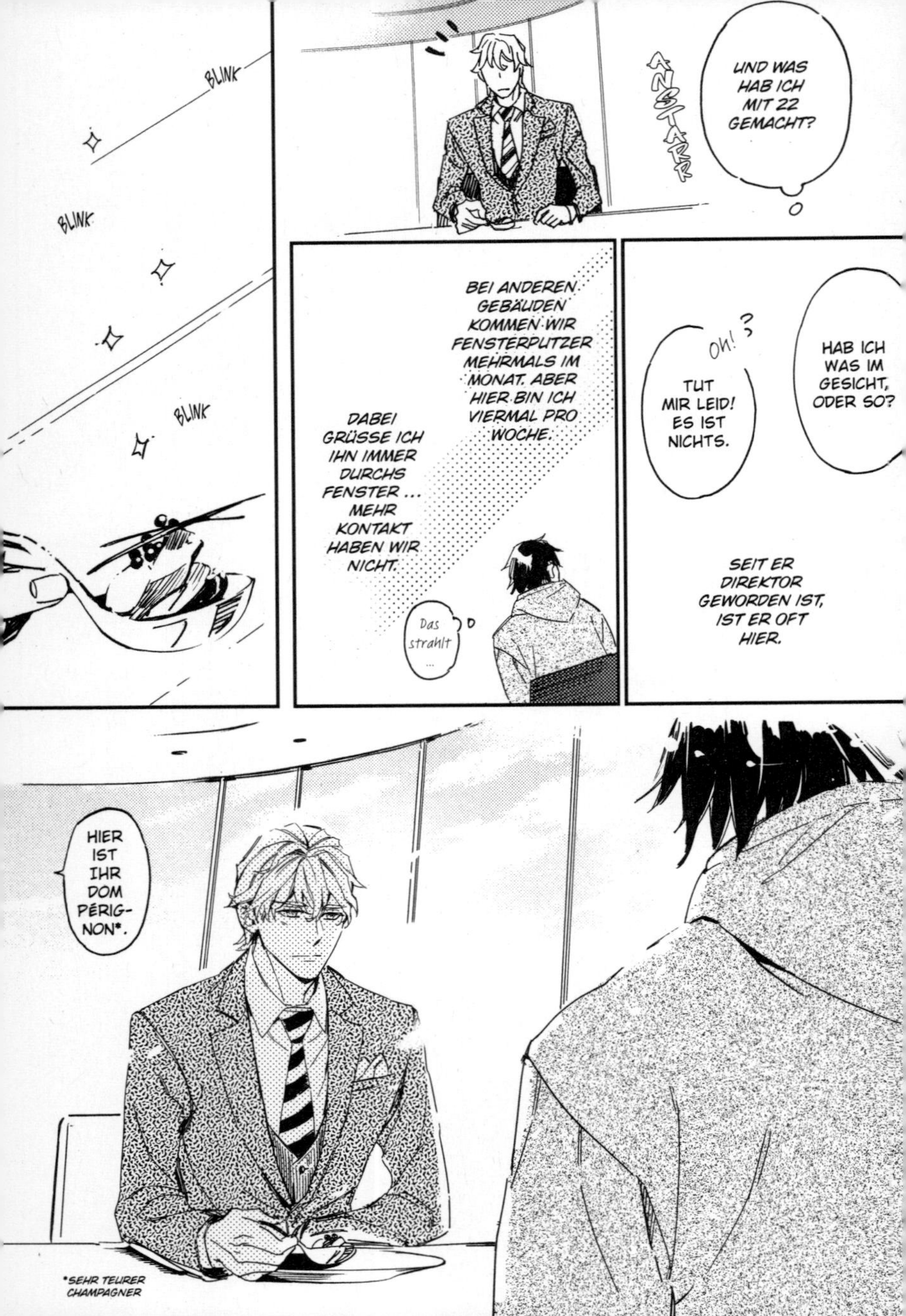

*SEHR TEURER CHAMPAGNER

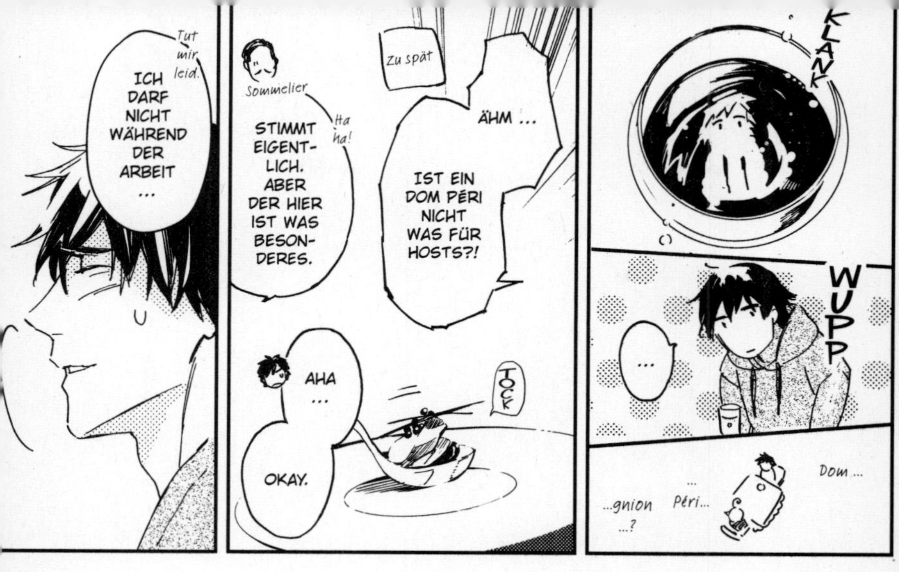

ICH MÖCHTE, DASS DU MEIN FESTER FREUND WIRST.

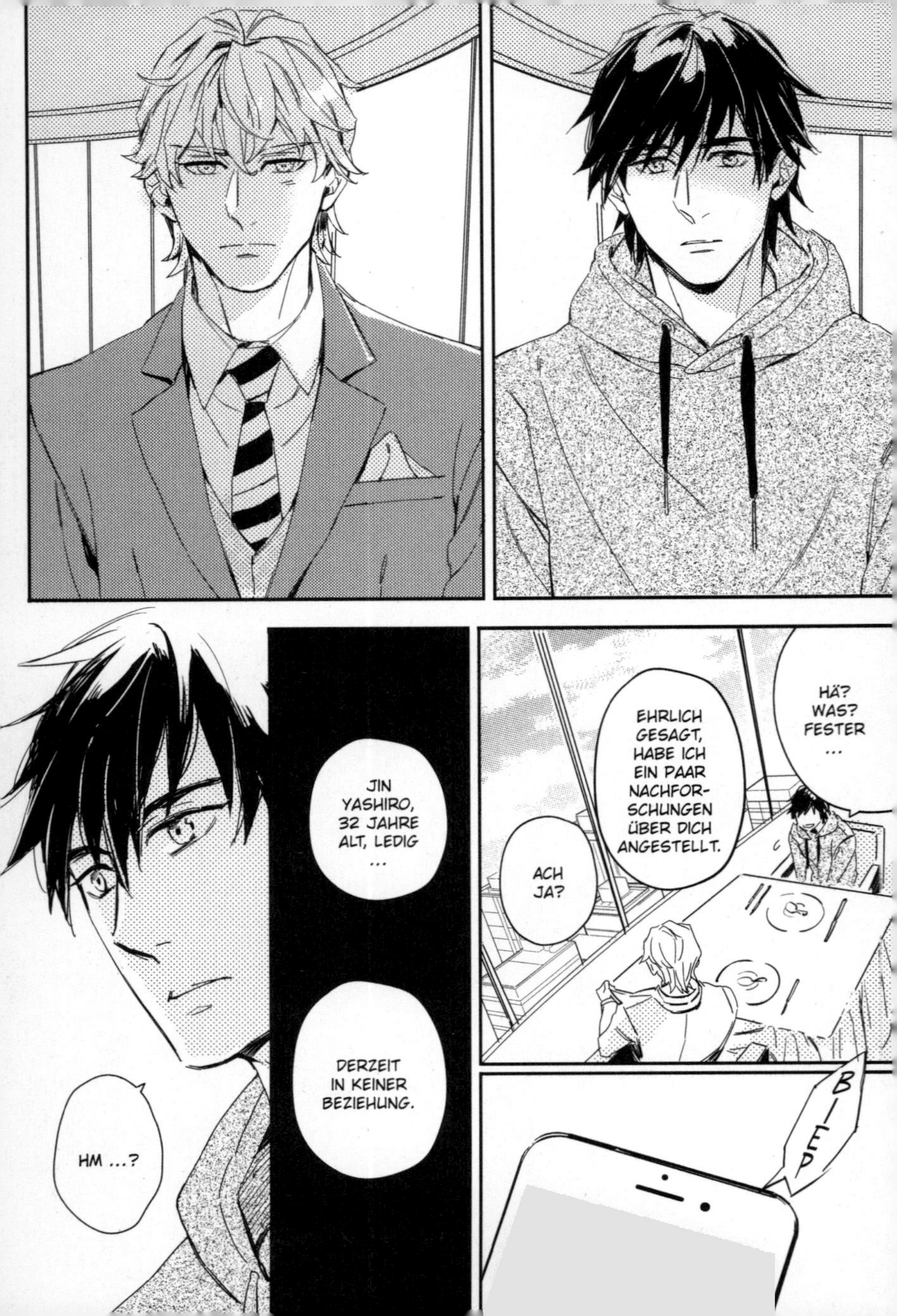
HÄ? WAS? FESTER …
EHRLICH GESAGT, HABE ICH EIN PAAR NACHFORSCHUNGEN ÜBER DICH ANGESTELLT.
ACH JA?
BIEP
JIN YASHIRO, 32 JAHRE ALT, LEDIG …
DERZEIT IN KEINER BEZIEHUNG.
HM …?

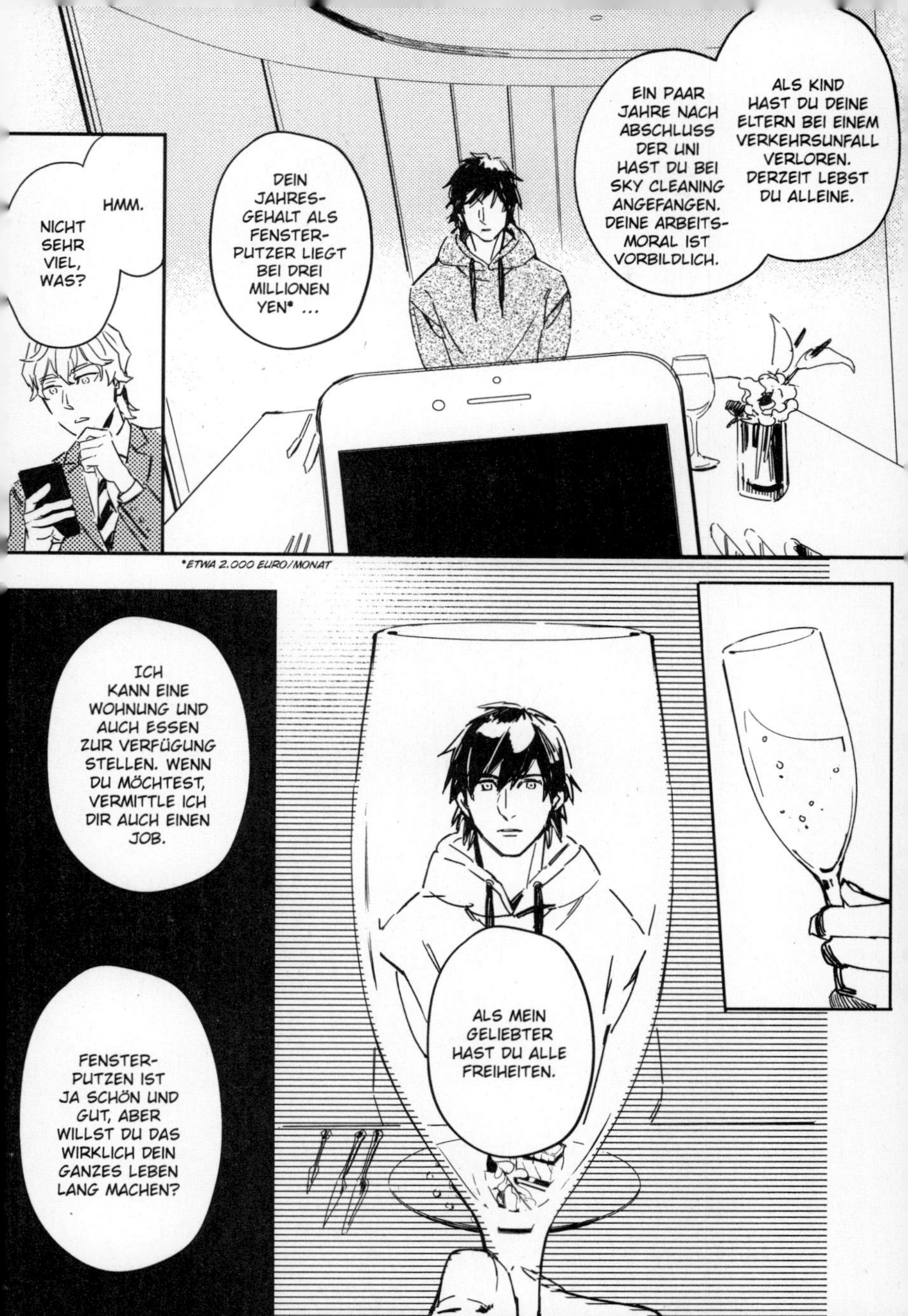
ALS KIND HAST DU DEINE ELTERN BEI EINEM VERKEHRSUNFALL VERLOREN. DERZEIT LEBST DU ALLEINE.
EIN PAAR JAHRE NACH ABSCHLUSS DER UNI HAST DU BEI SKY CLEANING ANGEFANGEN. DEINE ARBEITS-MORAL IST VORBILDLICH.
DEIN JAHRES-GEHALT ALS FENSTER-PUTZER LIEGT BEI DREI MILLIONEN YEN* …
HMM.
NICHT SEHR VIEL, WAS?
*ETWA 2.000 EURO/MONAT
ALS MEIN GELIEBTER HAST DU ALLE FREIHEITEN.
ICH KANN EINE WOHNUNG UND AUCH ESSEN ZUR VERFÜGUNG STELLEN. WENN DU MÖCHTEST, VERMITTLE ICH DIR AUCH EINEN JOB.
FENSTER-PUTZEN IST JA SCHÖN UND GUT, ABER WILLST DU DAS WIRKLICH DEIN GANZES LEBEN LANG MACHEN?

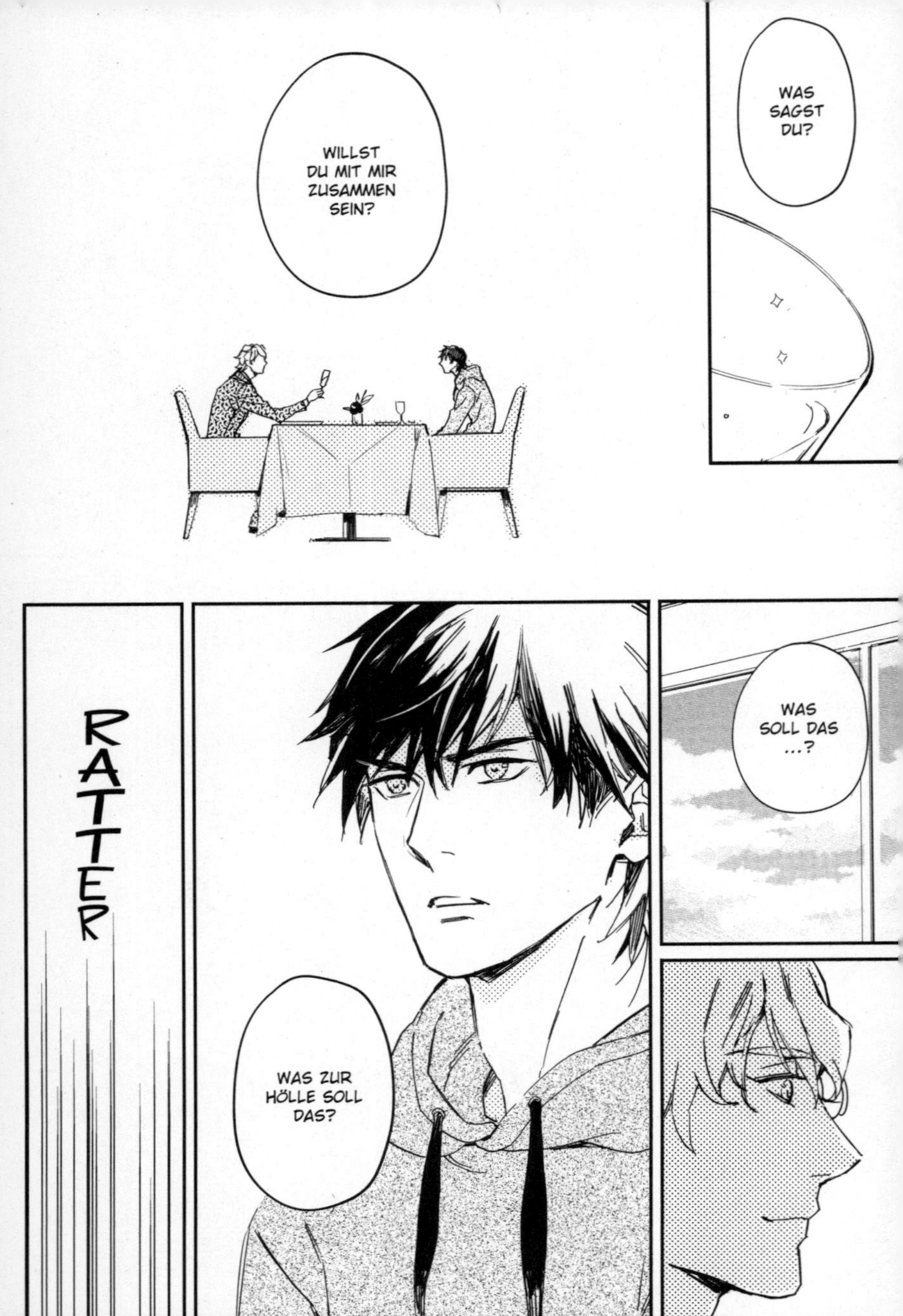
WAS SAGST DU?
WILLST DU MIT MIR ZUSAMMEN SEIN?
WAS SOLL DAS ...?
WAS ZUR HÖLLE SOLL DAS?
RATTER

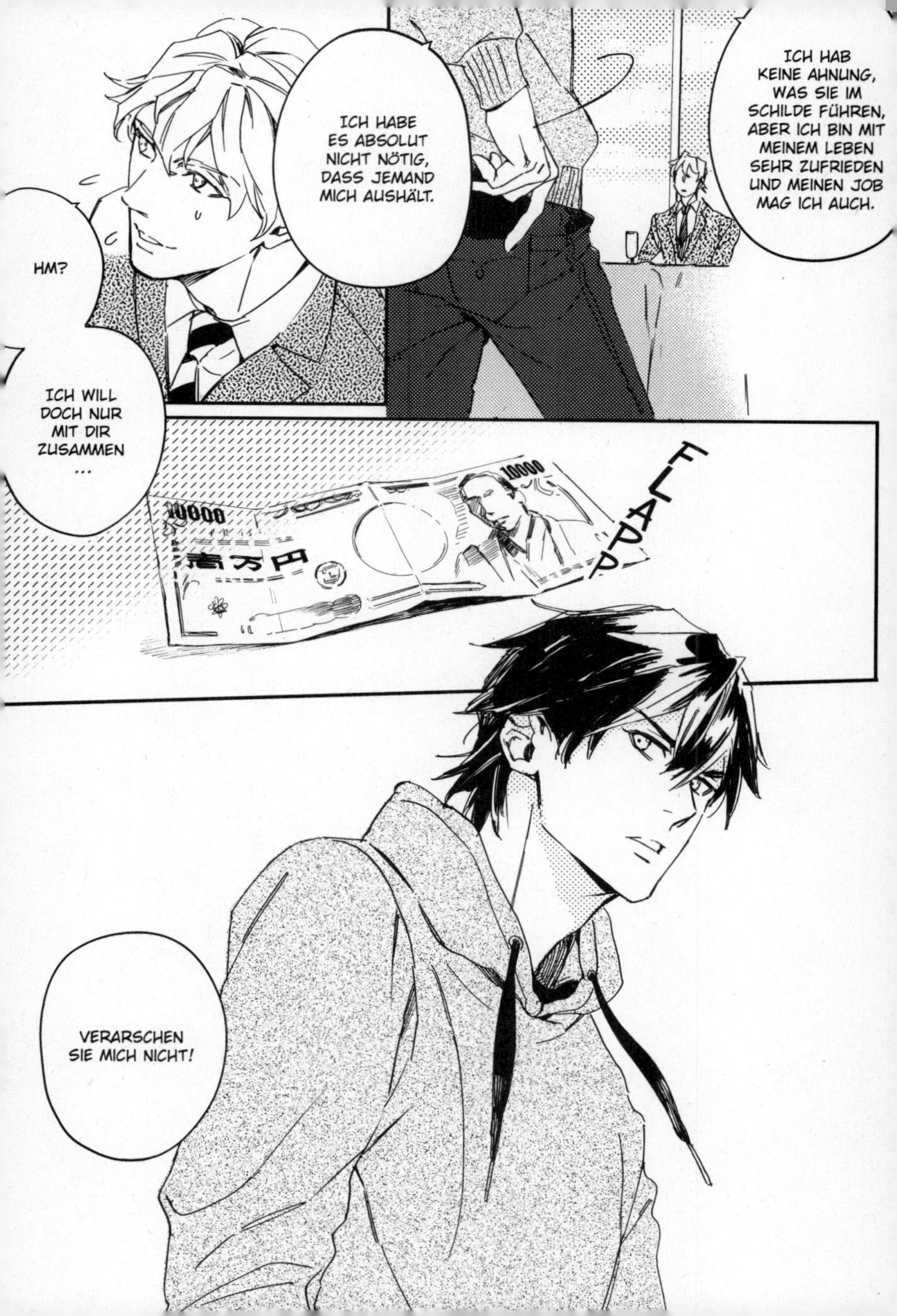
ICH HAB KEINE AHNUNG, WAS SIE IM SCHILDE FÜHREN, ABER ICH BIN MIT MEINEM LEBEN SEHR ZUFRIEDEN UND MEINEN JOB MAG ICH AUCH.
ICH HABE ES ABSOLUT NICHT NÖTIG, DASS JEMAND MICH AUSHÄLT.
HM?
ICH WILL DOCH NUR MIT DIR ZUSAMMEN ...
FLAPP
VERARSCHEN SIE MICH NICHT!

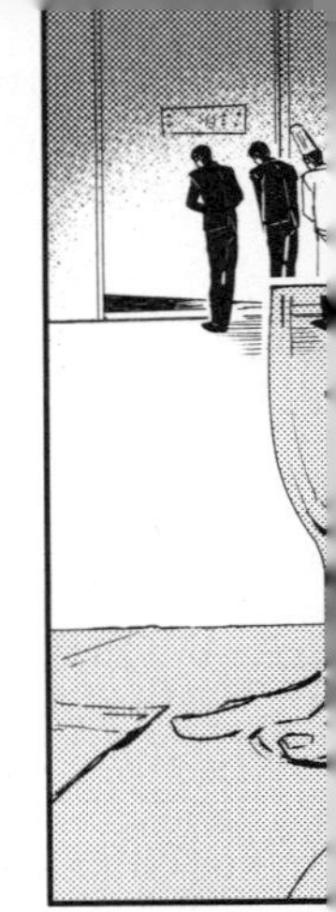
TOCK

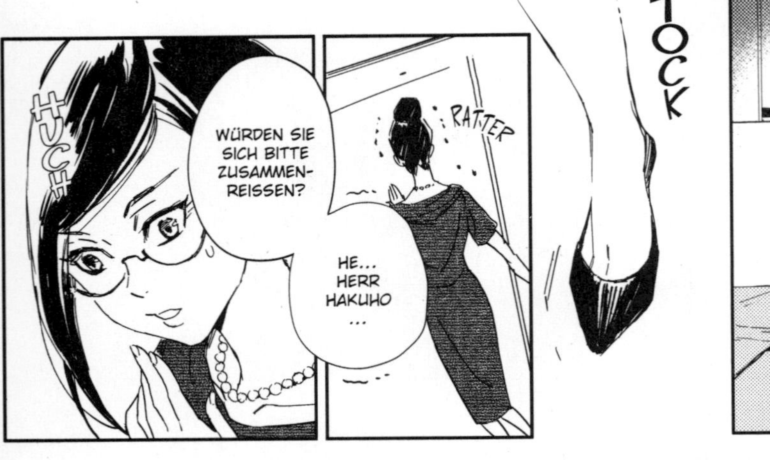
RATTER
WÜRDEN SIE SICH BITTE ZUSAMMEN-REISSEN?
HE... HERR HAKUHO ...
HUCH

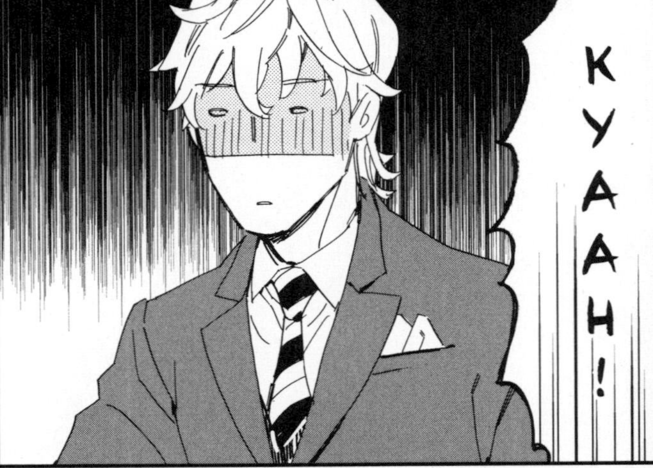
KYAAH!

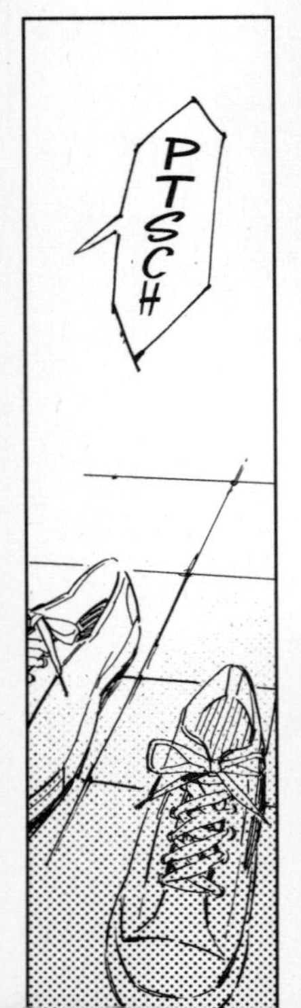
PTSCH

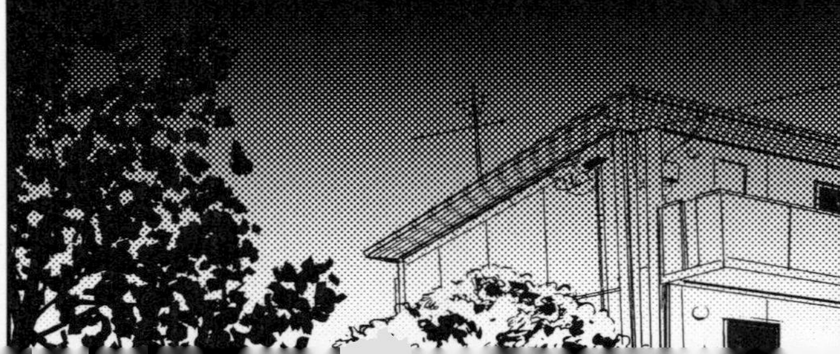

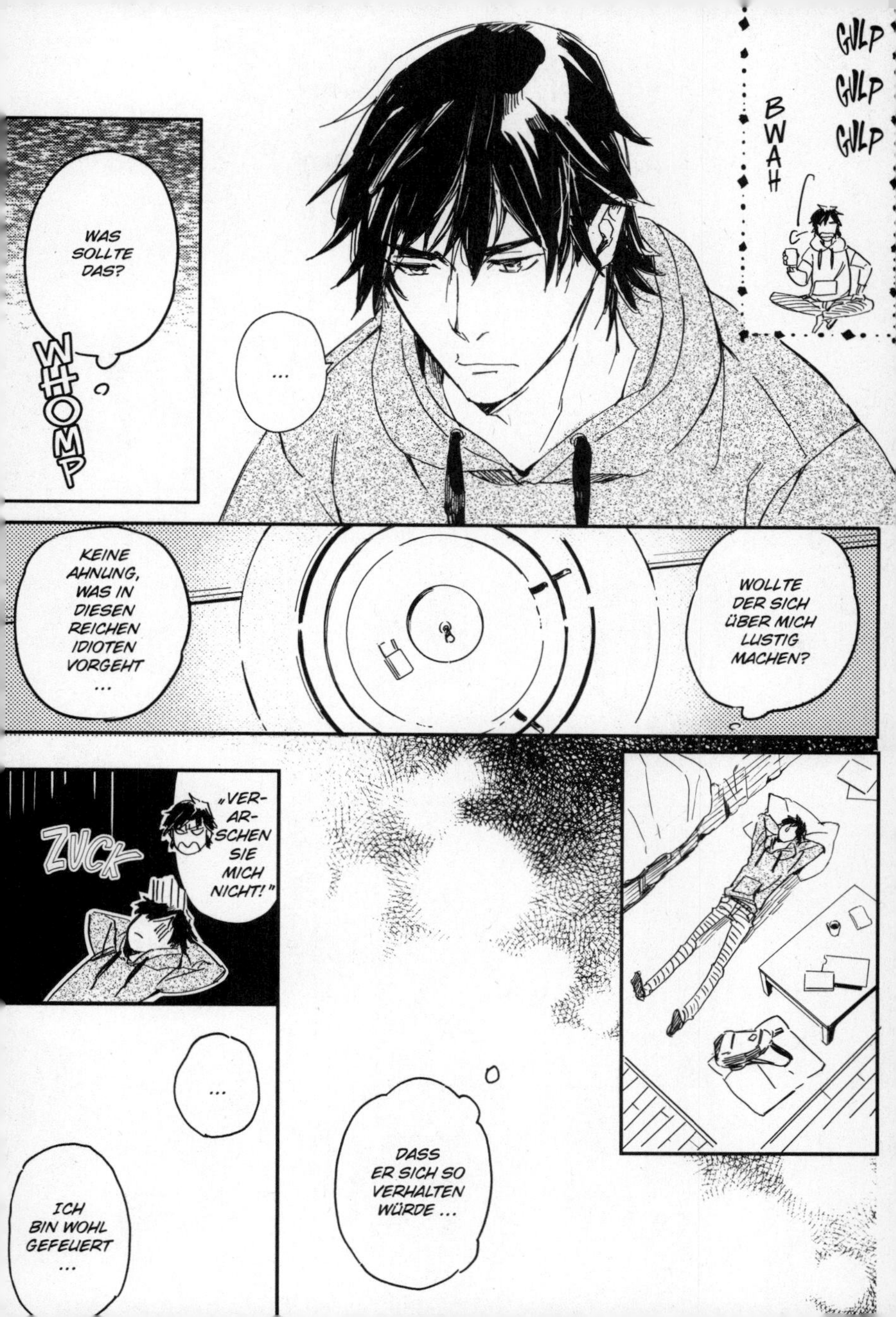
GULP
GULP
GULP
BWAH
...
WAS SOLLTE DAS?
WHOMP
WOLLTE DER SICH ÜBER MICH LUSTIG MACHEN?
KEINE AHNUNG, WAS IN DIESEN REICHEN IDIOTEN VORGEHT ...
DASS ER SICH SO VERHALTEN WÜRDE ...
„VER-AR-SCHEN SIE MICH NICHT!"
ZUCK
...
ICH BIN WOHL GEFEUERT ...

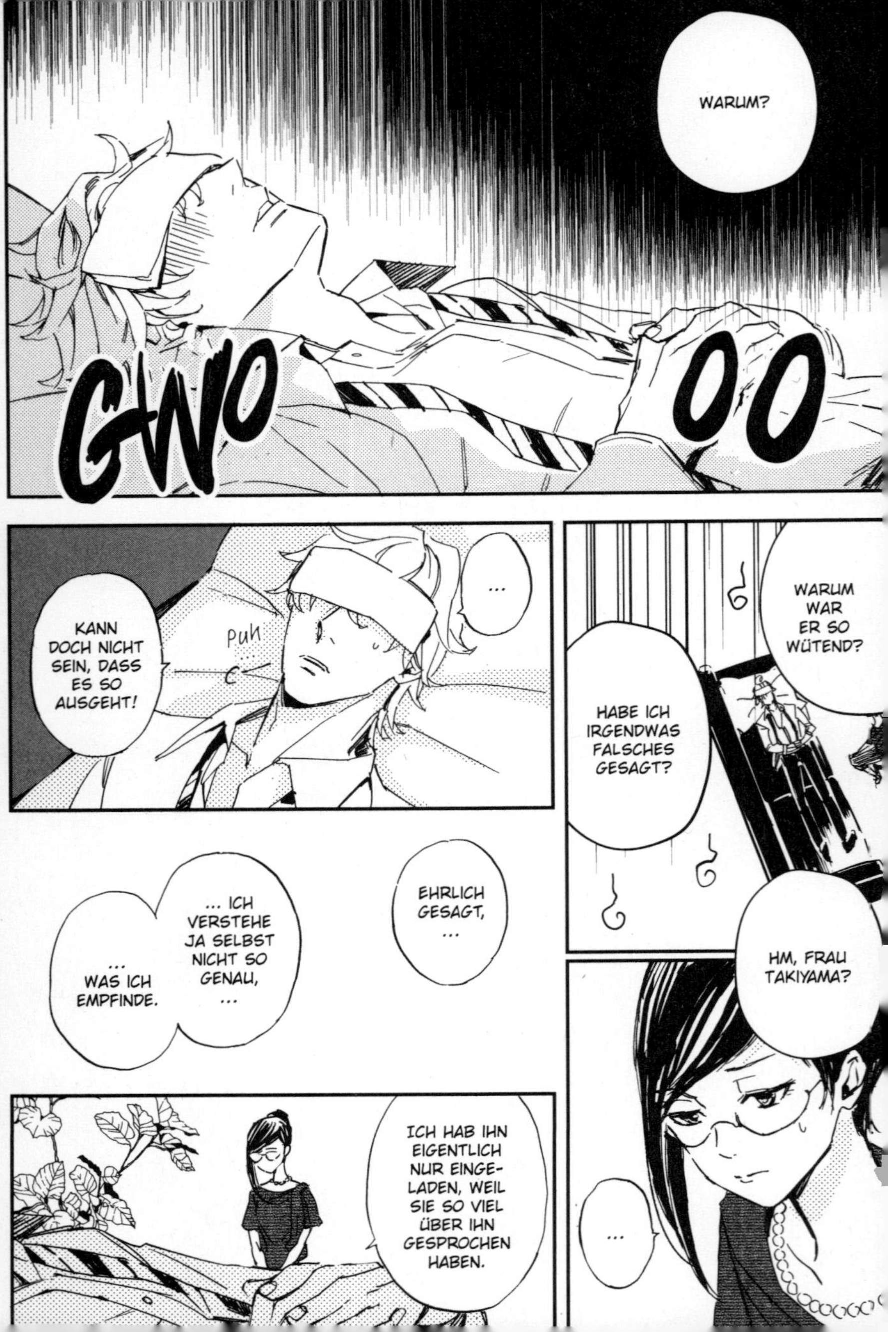

WARUM?

GWOOO

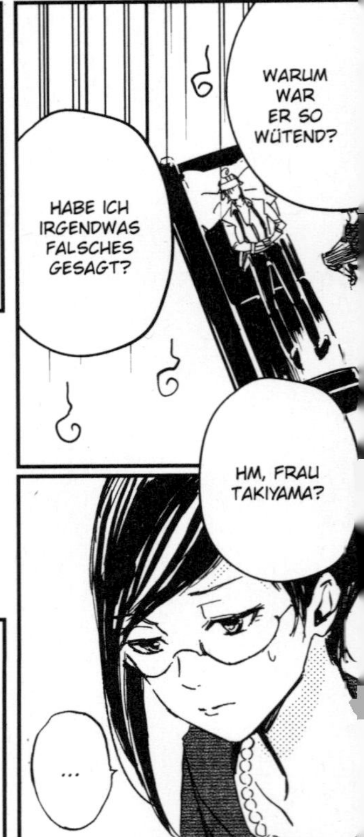

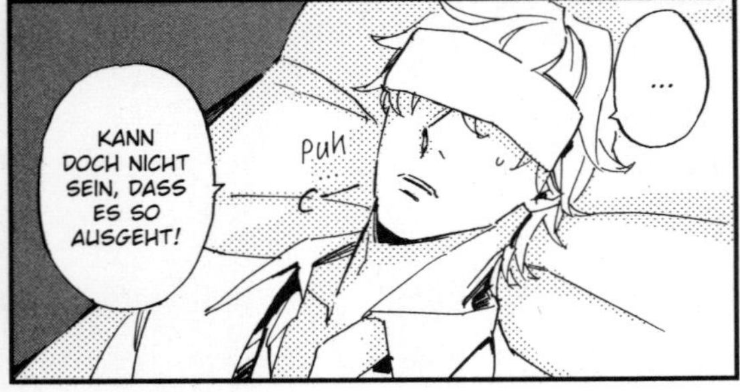

EHRLICH GESAGT, ...

... ICH VERSTEHE JA SELBST NICHT SO GENAU, ...

... WAS ICH EMPFINDE.

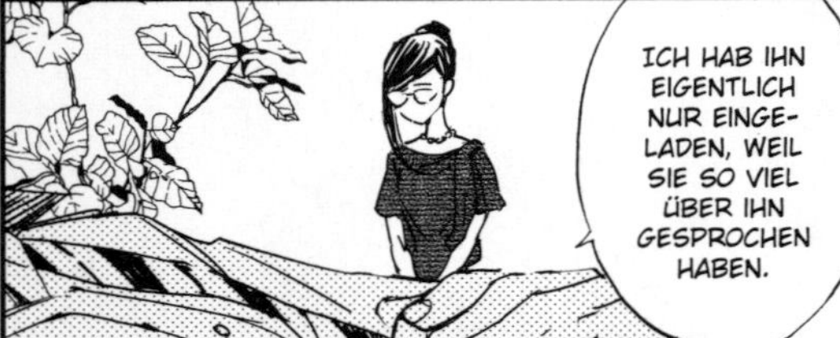

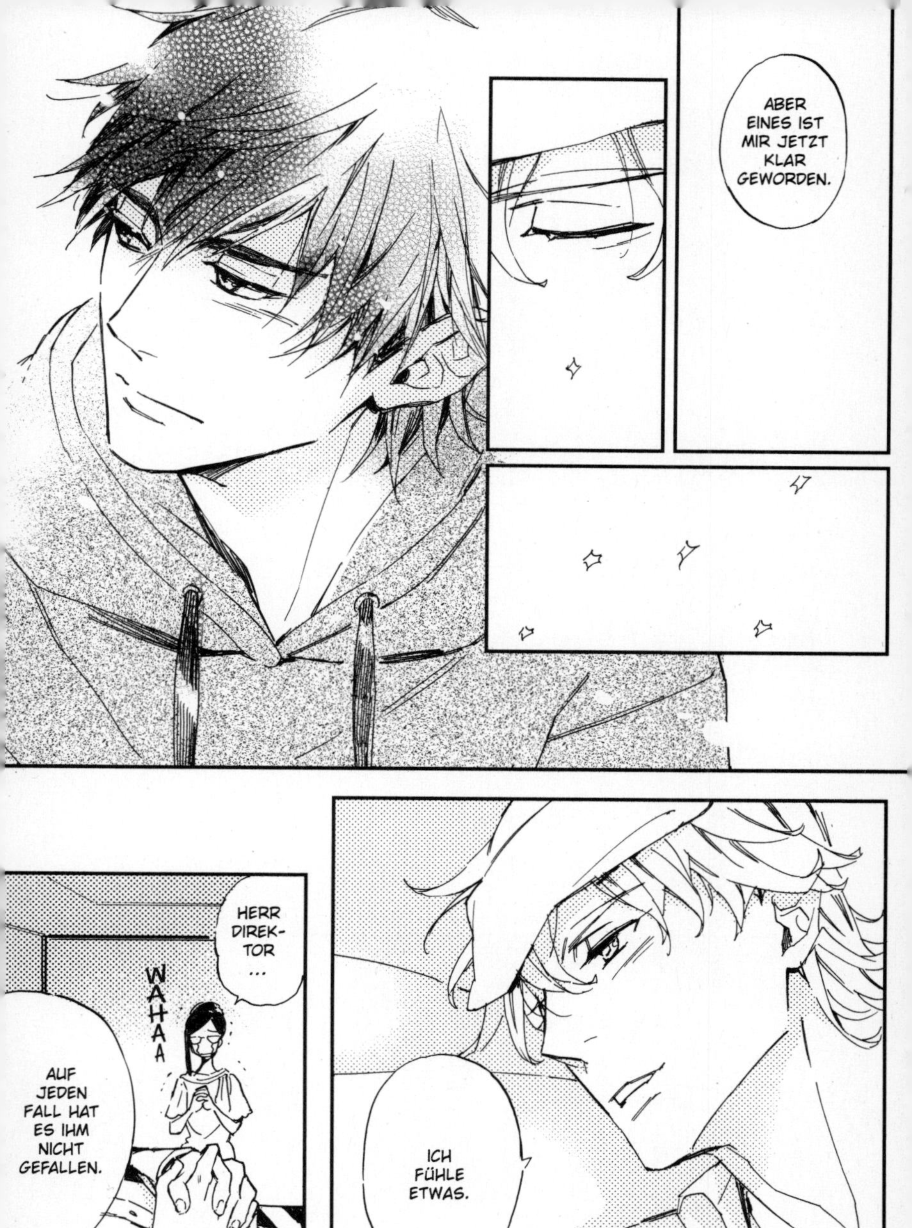
ABER EINES IST MIR JETZT KLAR GEWORDEN.
ICH FÜHLE ETWAS.
HERR DIREK-TOR ...
WAHAA
AUF JEDEN FALL HAT ES IHM NICHT GEFALLEN.

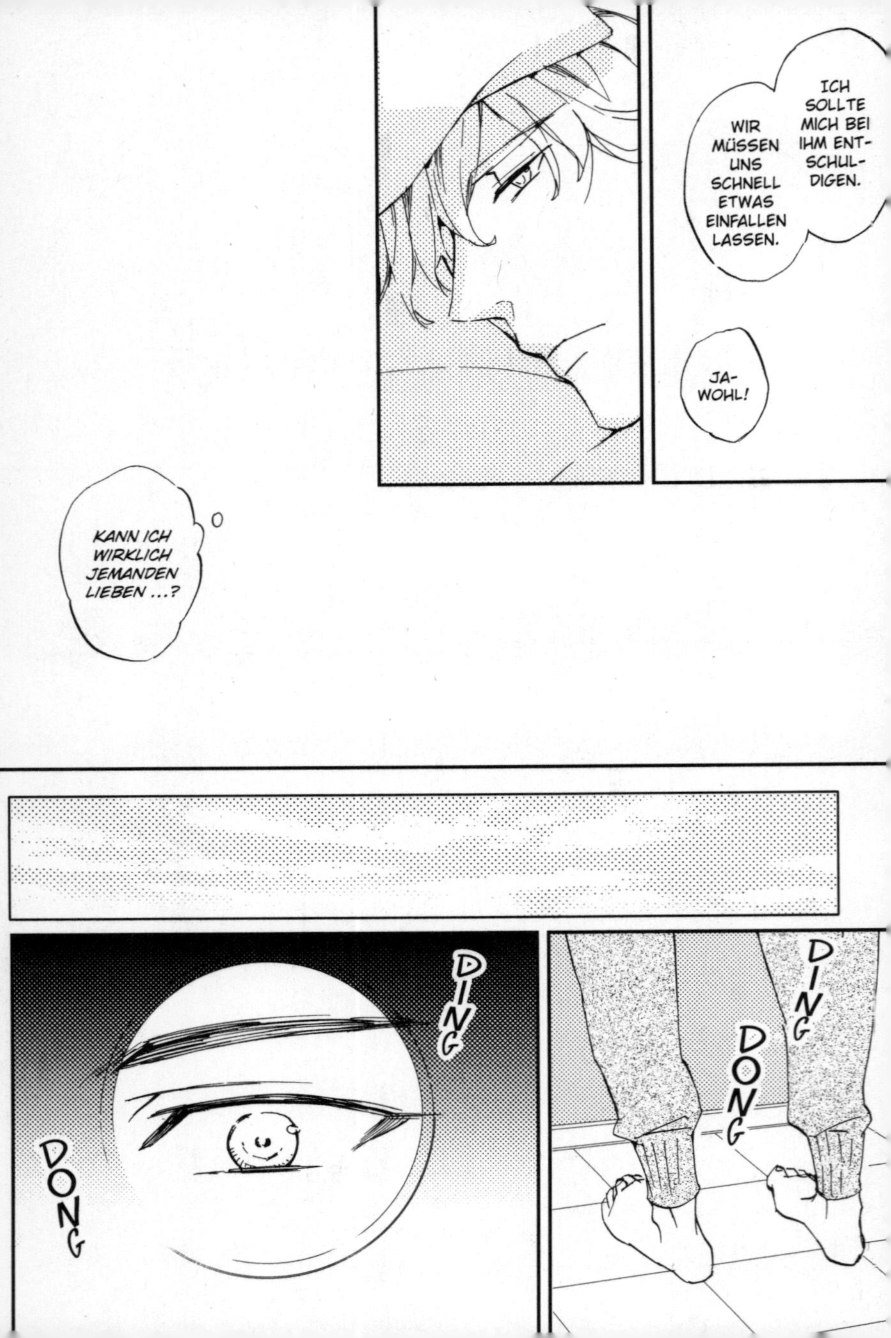

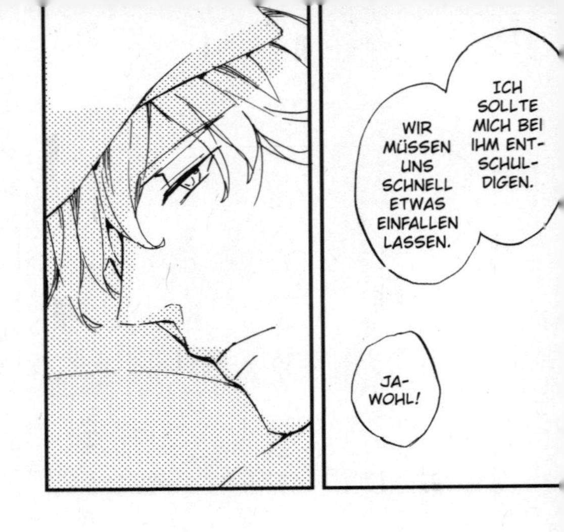
ICH SOLLTE MICH BEI IHM ENT-SCHULDIGEN.
WIR MÜSSEN UNS SCHNELL ETWAS EINFALLEN LASSEN.
JA-WOHL!

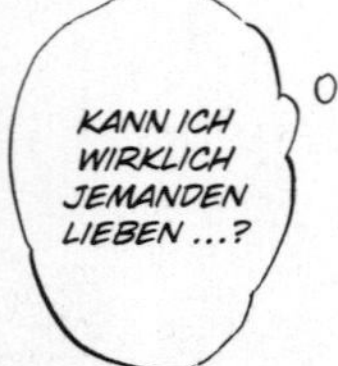
KANN ICH WIRKLICH JEMANDEN LIEBEN …?

DING
DONG
DING
DONG

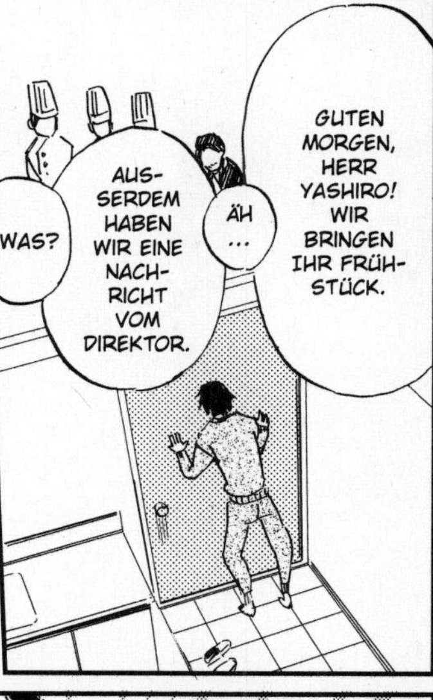

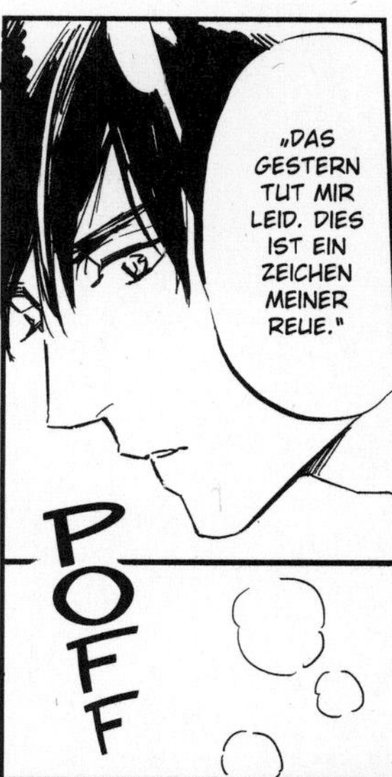

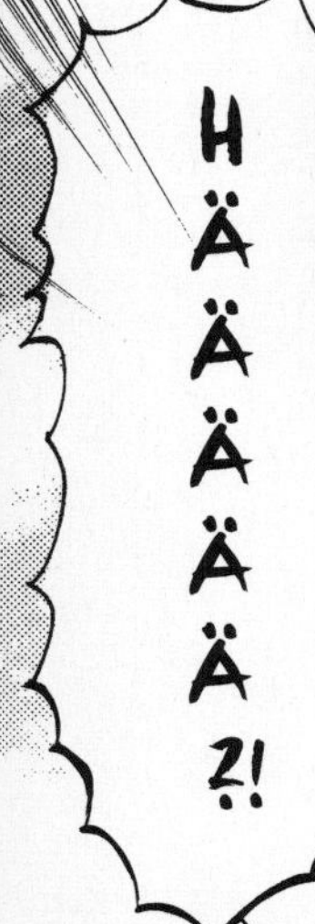

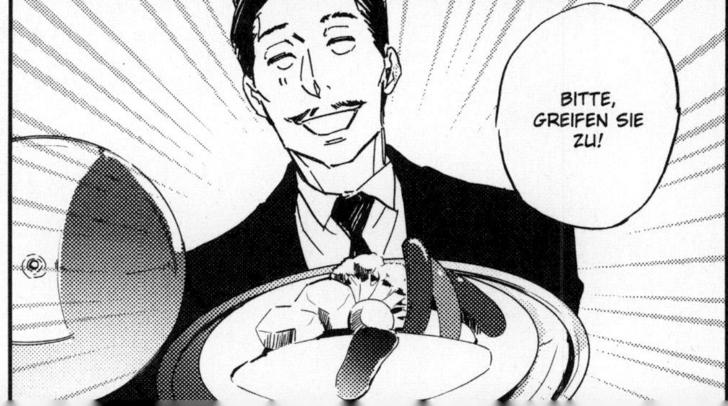

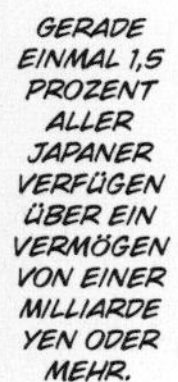

GERADE EINMAL 1,5 PROZENT ALLER JAPANER VERFÜGEN ÜBER EIN VERMÖGEN VON EINER MILLIARDE YEN ODER MEHR.

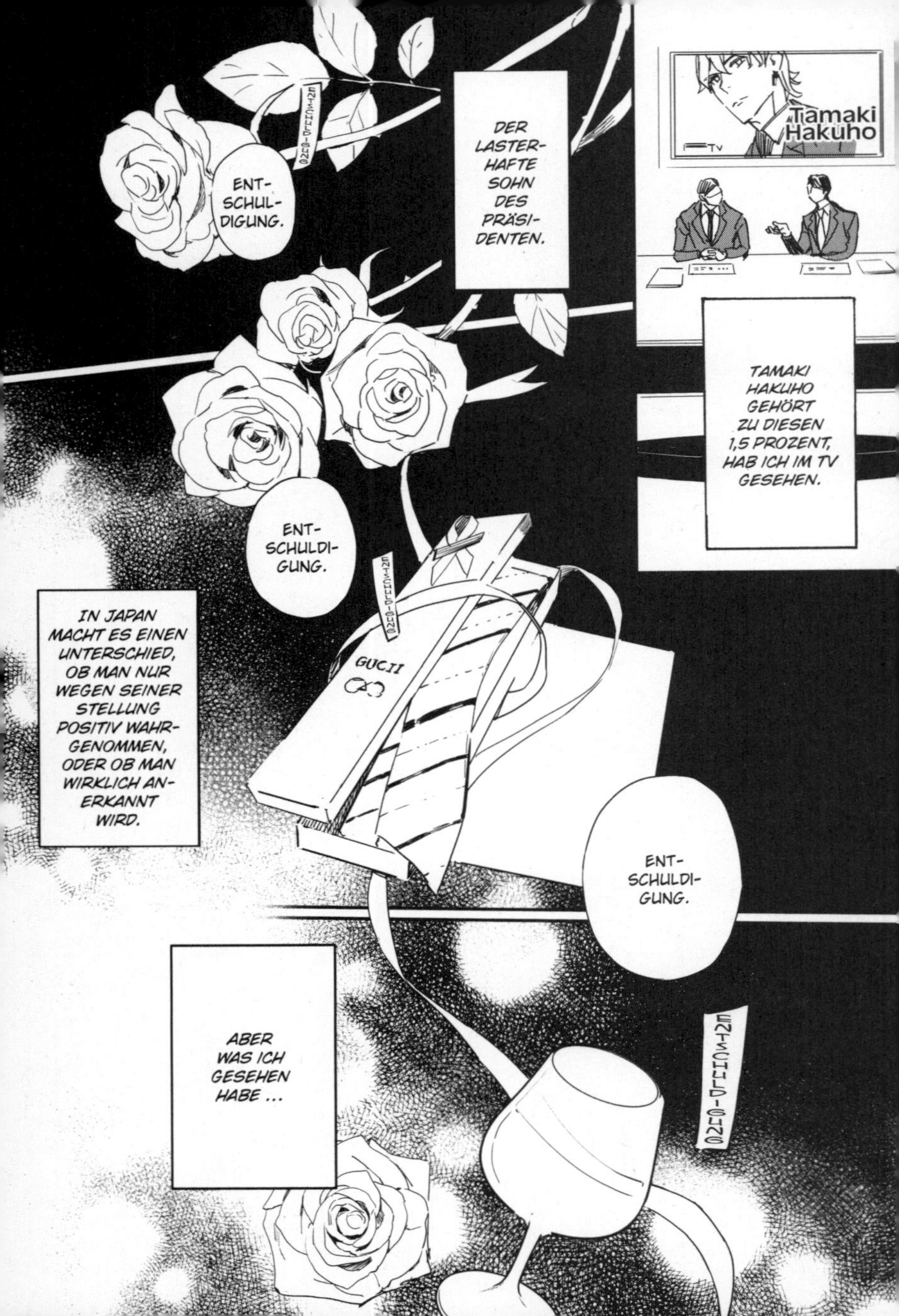

Tamaki Hakuho
TV
TAMAKI HAKUHO GEHÖRT ZU DIESEN 1,5 PROZENT, HAB ICH IM TV GESEHEN.
DER LASTERHAFTE SOHN DES PRÄSIDENTEN.
ENTSCHULDIGUNG
ENTSCHULDIGUNG.
ENTSCHULDIGUNG.
ENTSCHULDIGUNG
GUCII
IN JAPAN MACHT ES EINEN UNTERSCHIED, OB MAN NUR WEGEN SEINER STELLUNG POSITIV WAHRGENOMMEN, ODER OB MAN WIRKLICH ANERKANNT WIRD.
ENTSCHULDIGUNG.
ENTSCHULDIGUNG
ABER WAS ICH GESEHEN HABE ...

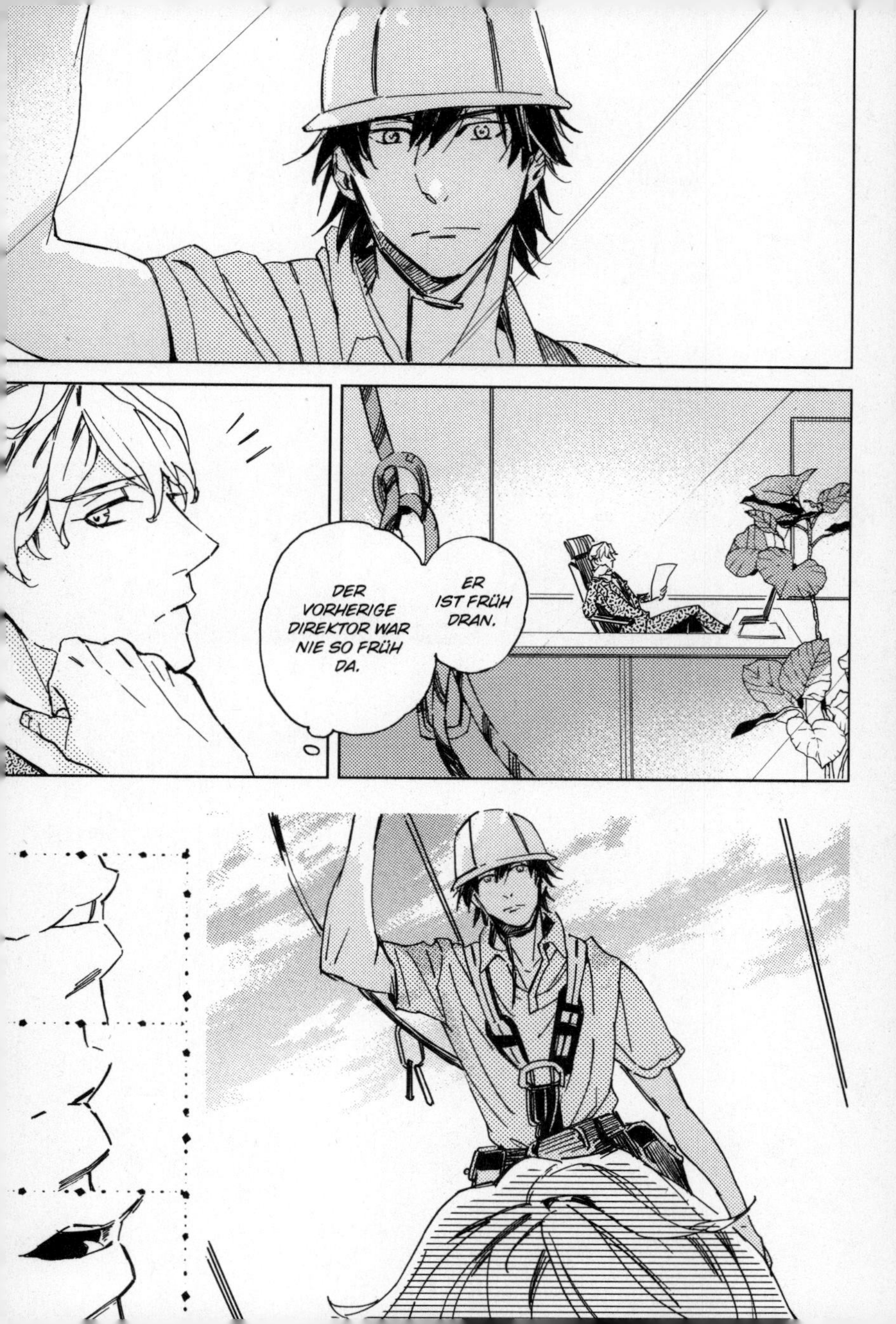

ER IST FRÜH DRAN.
DER VORHERIGE DIREKTOR WAR NIE SO FRÜH DA.

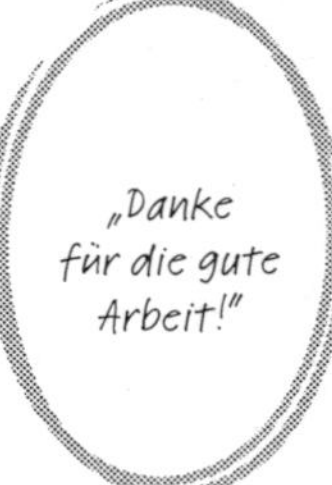

ICH HABE IHN JEDEN TAG DURCH DAS FENSTER BEOBACHTET.

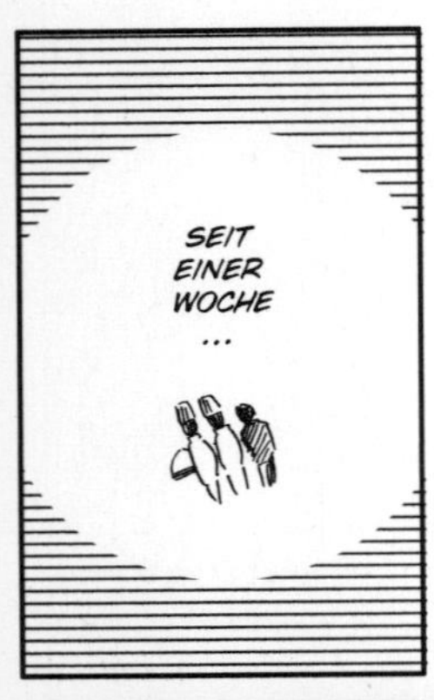

SEIT EINER WOCHE ...

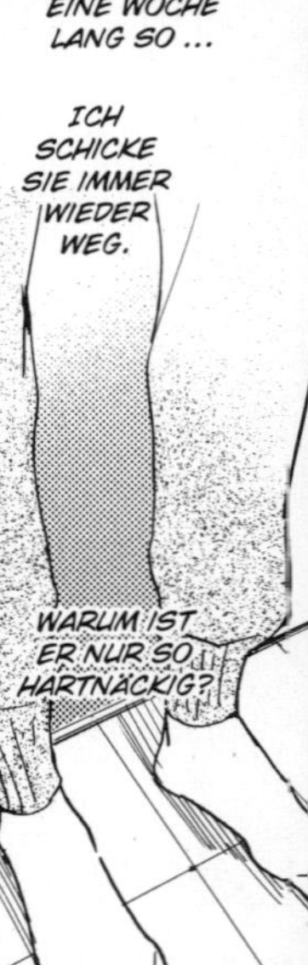

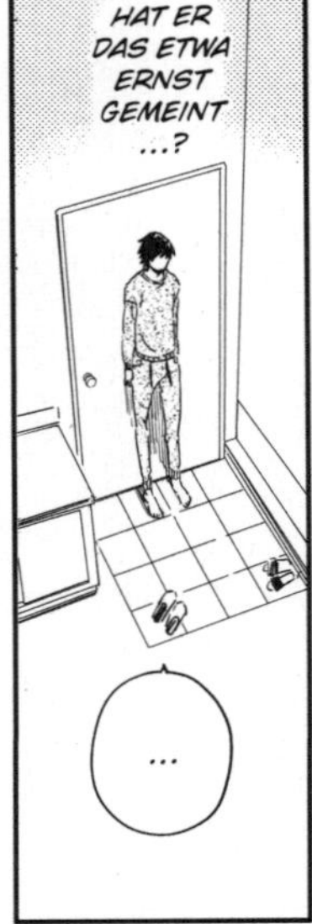

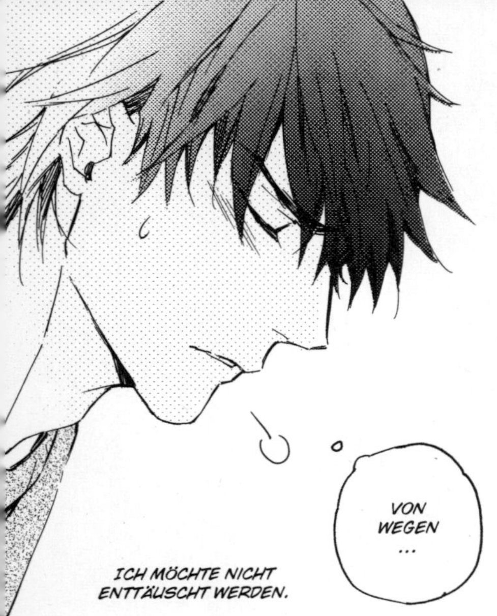

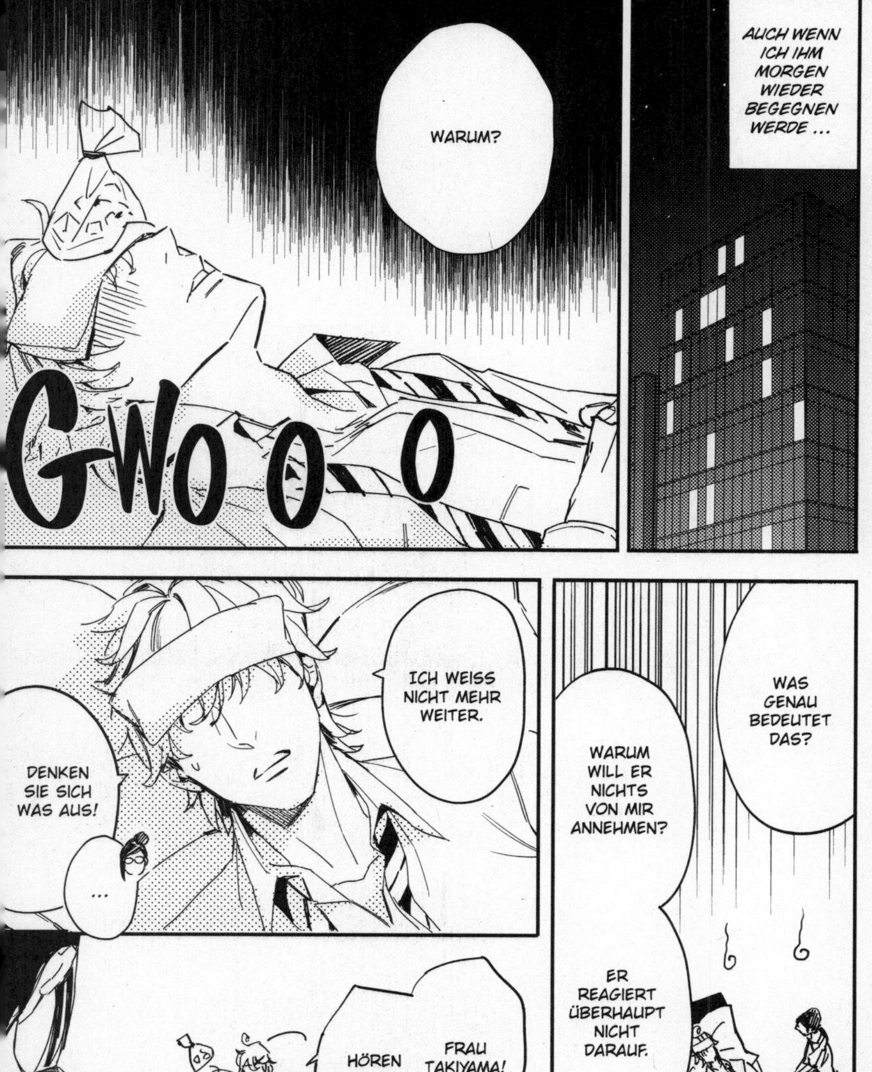
AUCH WENN ICH IHM MORGEN WIEDER BEGEGNEN WERDE ...
WARUM?
GWOOO
WAS GENAU BEDEUTET DAS?
WARUM WILL ER NICHTS VON MIR ANNEHMEN?
ER REAGIERT ÜBERHAUPT NICHT DARAUF.
ICH WEISS NICHT MEHR WEITER.
DENKEN SIE SICH WAS AUS!
...
FRAU TAKIYAMA!
HÖREN SIE MIR ÜBER-HAUPT ZU?!
TUT MIR LEID, HERR DIREKTOR.

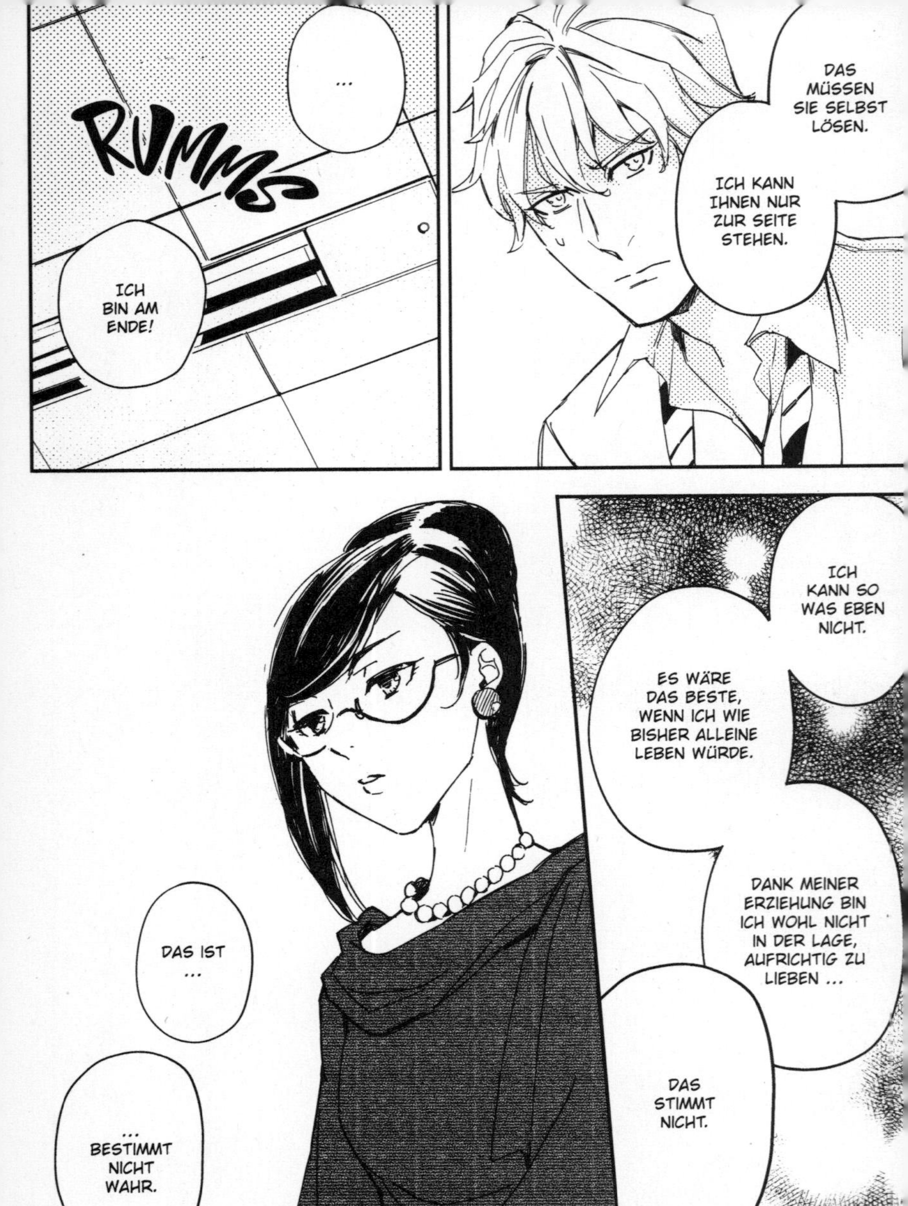
DAS MÜSSEN SIE SELBST LÖSEN.
ICH KANN IHNEN NUR ZUR SEITE STEHEN.
...
RUMMS
ICH BIN AM ENDE!
ICH KANN SO WAS EBEN NICHT.
ES WÄRE DAS BESTE, WENN ICH WIE BISHER ALLEINE LEBEN WÜRDE.
DANK MEINER ERZIEHUNG BIN ICH WOHL NICHT IN DER LAGE, AUFRICHTIG ZU LIEBEN ...
DAS STIMMT NICHT.
DAS IST ...
... BESTIMMT NICHT WAHR.

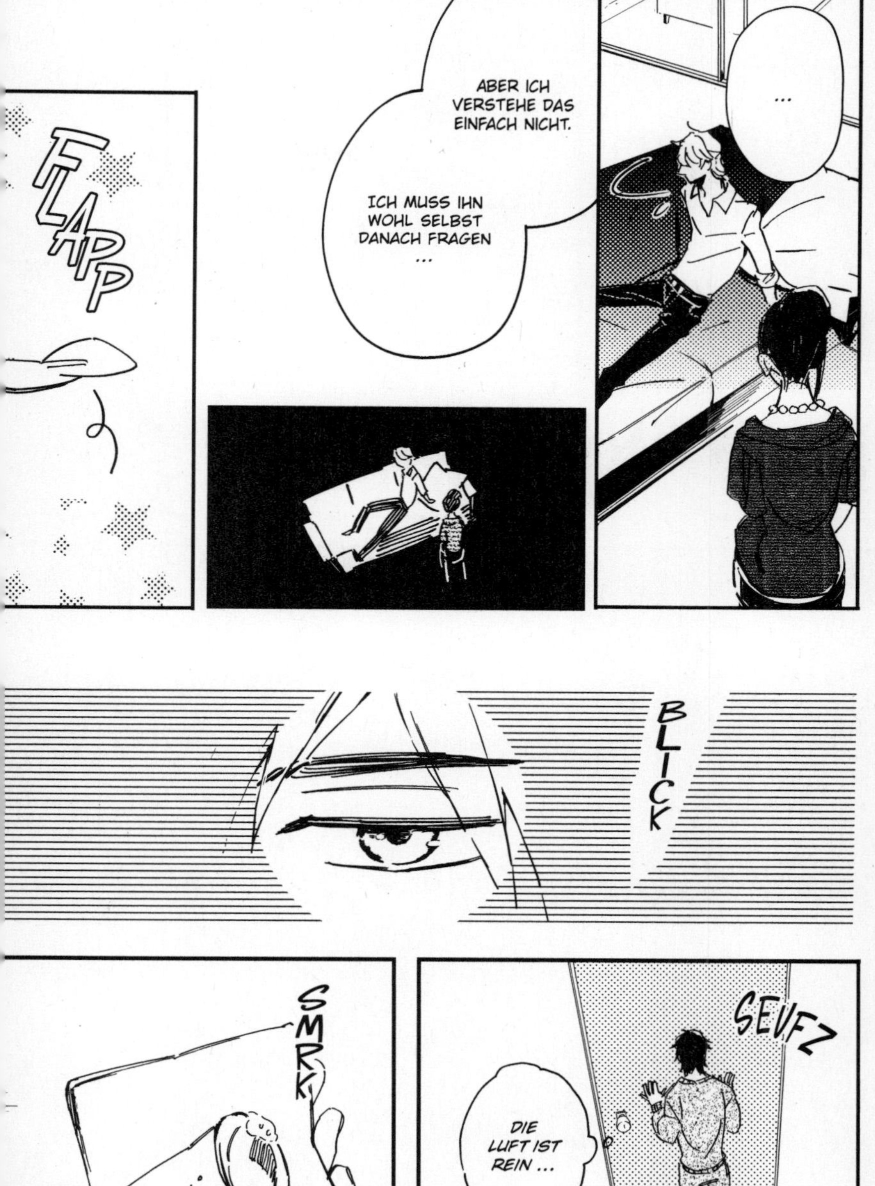
...
ABER ICH VERSTEHE DAS EINFACH NICHT.
ICH MUSS IHN WOHL SELBST DANACH FRAGEN ...
FLAPP
BLICK
SEUFZ
DIE LUFT IST REIN ...
SMRK

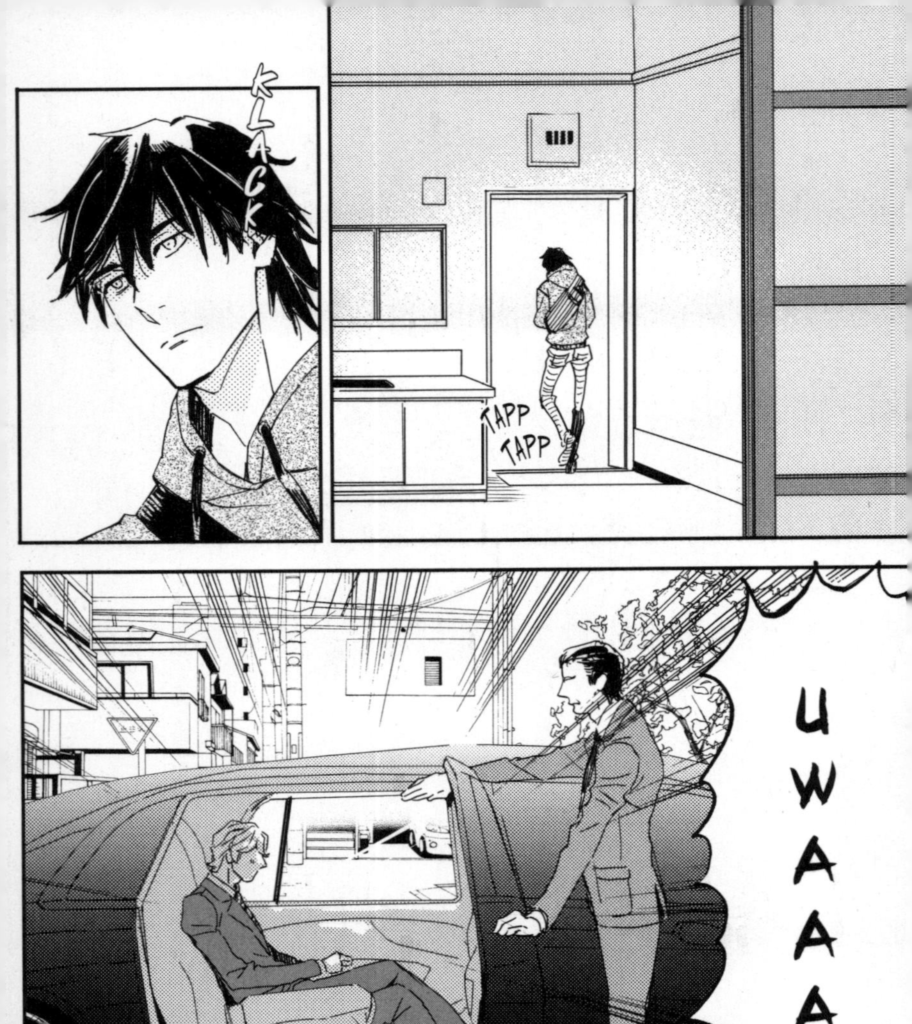
TAPP
TAPP
KLACK
UWAAA!
Eine schwarze Limousine!

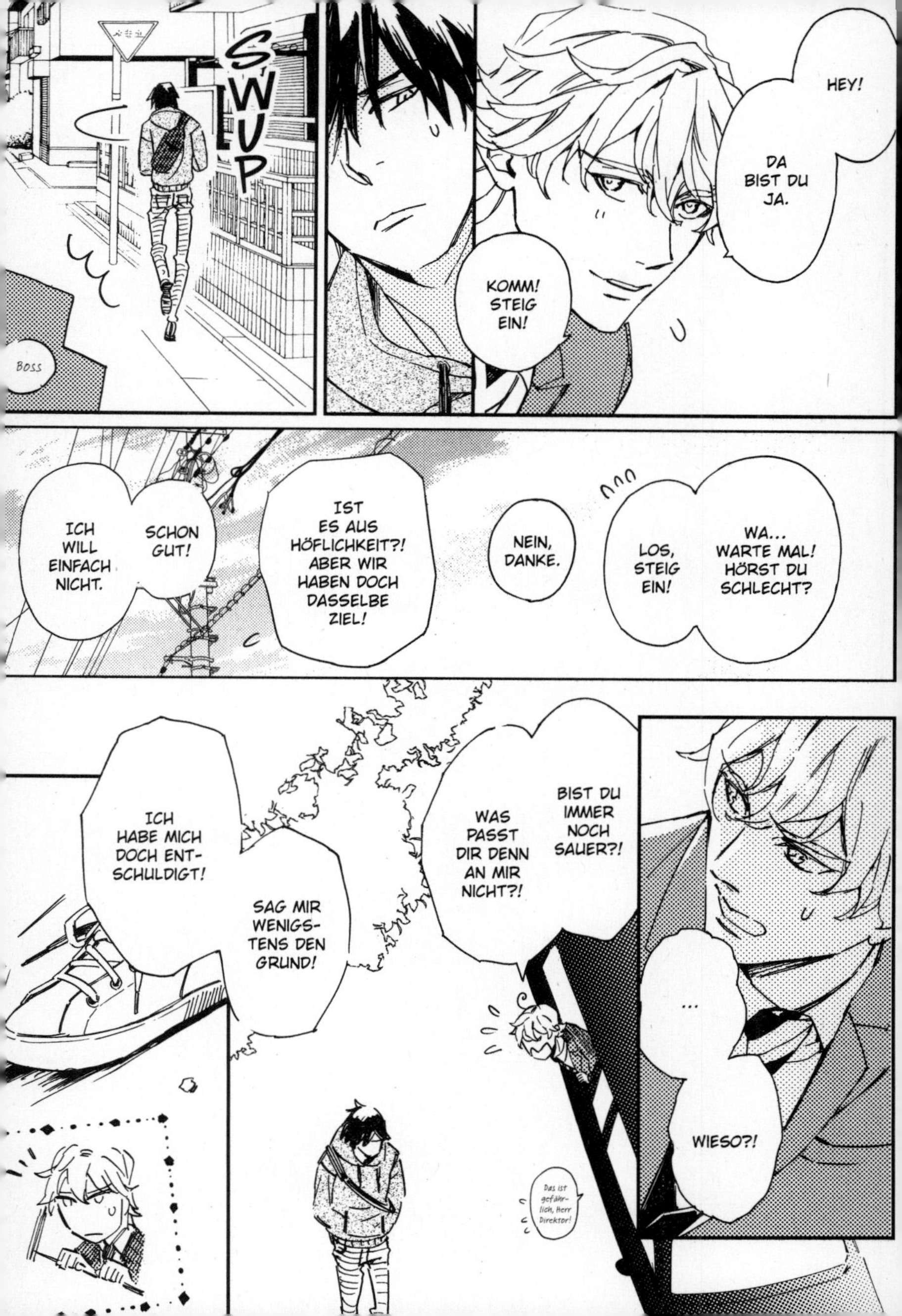
HEY!
DA BIST DU JA.
KOMM! STEIG EIN!
SWUP
BOSS
WA... WARTE MAL! HÖRST DU SCHLECHT?
LOS, STEIG EIN!
NEIN, DANKE.
IST ES AUS HÖFLICHKEIT?! ABER WIR HABEN DOCH DASSELBE ZIEL!
SCHON GUT!
ICH WILL EINFACH NICHT.
...
WIESO?!
BIST DU IMMER NOCH SAUER?!
WAS PASST DIR DENN AN MIR NICHT?!
Das ist gefährlich, Herr Direktor!
SAG MIR WENIGSTENS DEN GRUND!
ICH HABE MICH DOCH ENTSCHULDIGT!

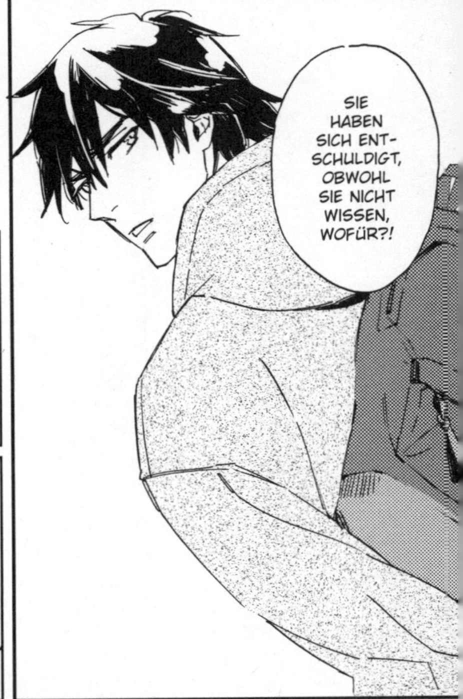
SIE HABEN SICH ENT-SCHULDIGT, OBWOHL SIE NICHT WISSEN, WOFÜR?!

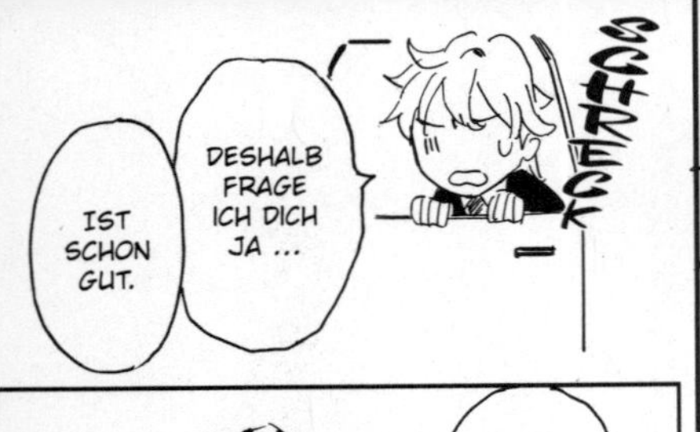
SCHRECK
DESHALB FRAGE ICH DICH JA ...
IST SCHON GUT.

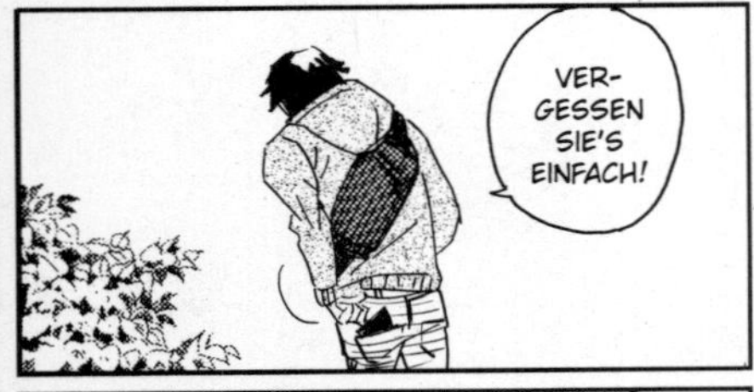
VER-GESSEN SIE'S EINFACH!

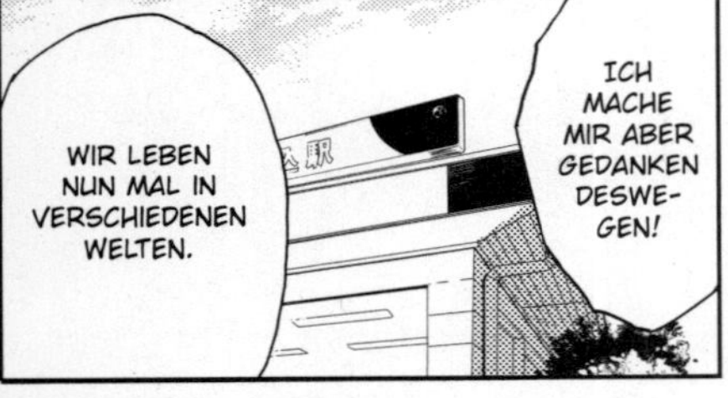
ICH MACHE MIR ABER GEDANKEN DESWE-GEN!
WIR LEBEN NUN MAL IN VERSCHIEDENEN WELTEN.

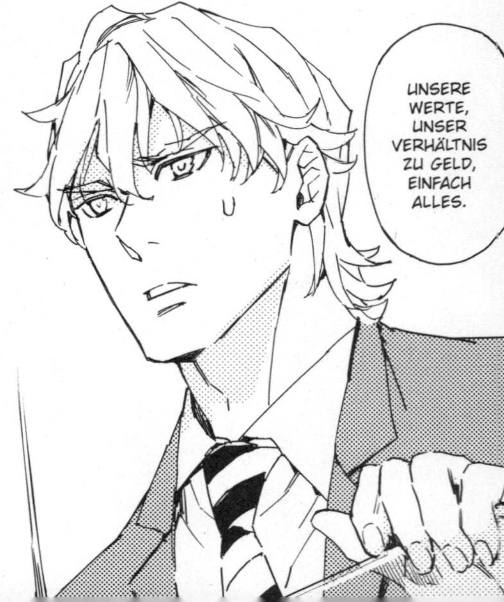
UNSERE WERTE, UNSER VERHÄLTNIS ZU GELD, EINFACH ALLES.

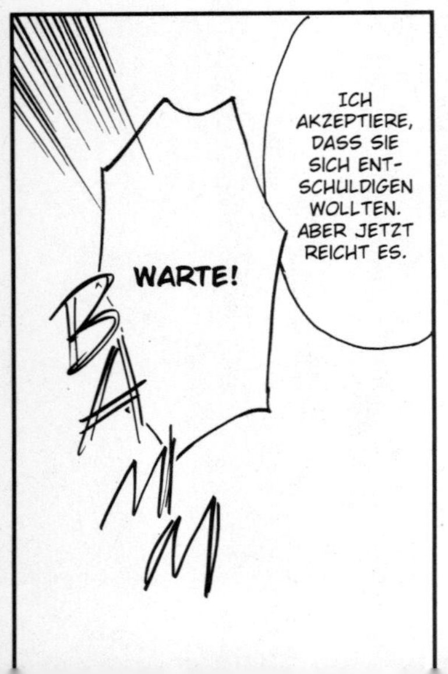
ICH AKZEPTIERE, DASS SIE SICH ENT-SCHULDIGEN WOLLTEN. ABER JETZT REICHT ES.
WARTE!
BAMM

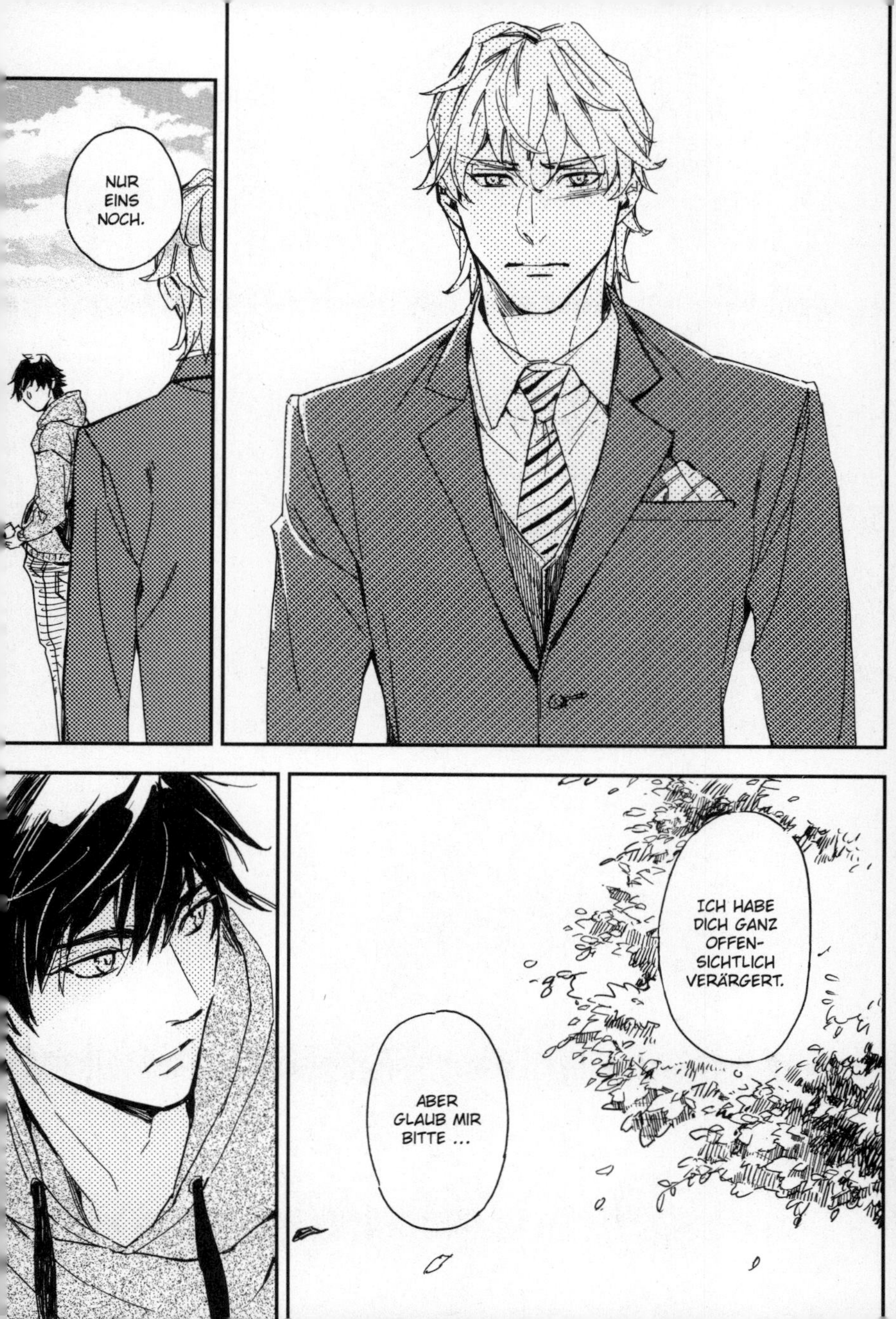

NUR EINS NOCH.

ICH HABE DICH GANZ OFFEN-SICHTLICH VERÄRGERT.

ABER GLAUB MIR BITTE …

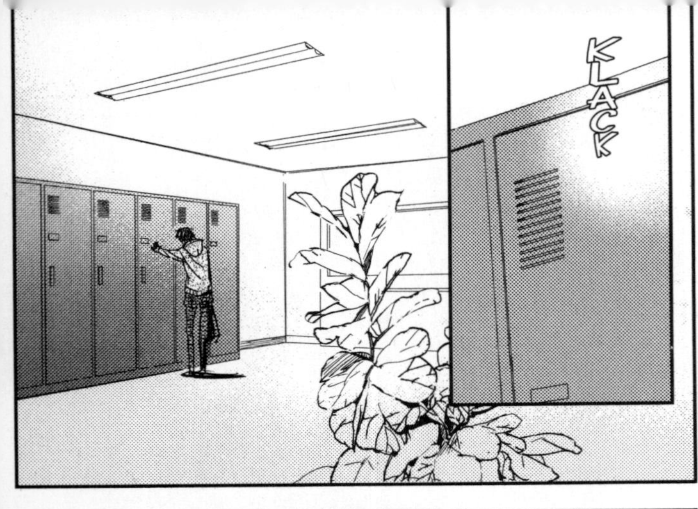
KLACK

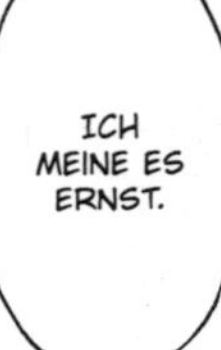
ICH MEINE ES ERNST.

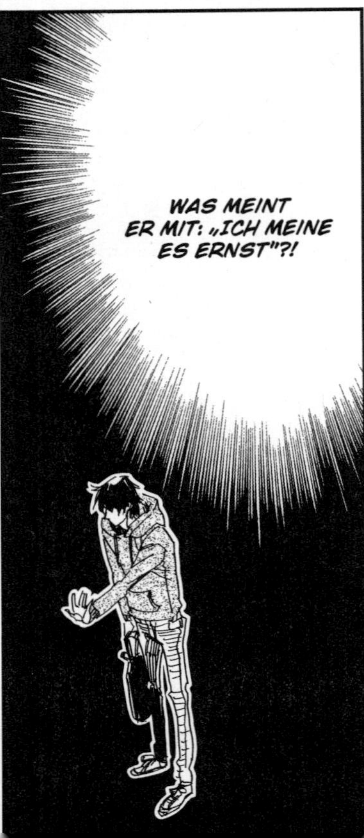
WAS MEINT ER MIT: „ICH MEINE ES ERNST"?!

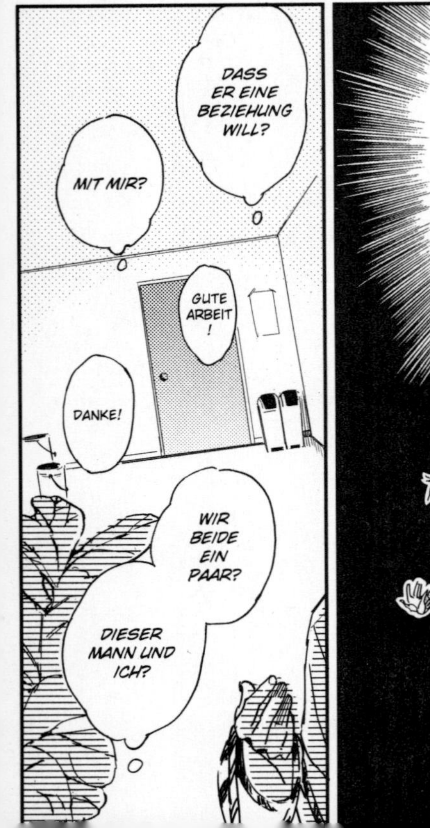
DASS ER EINE BEZIEHUNG WILL?
MIT MIR?
GUTE ARBEIT!
DANKE!
WIR BEIDE EIN PAAR?
DIESER MANN UND ICH?

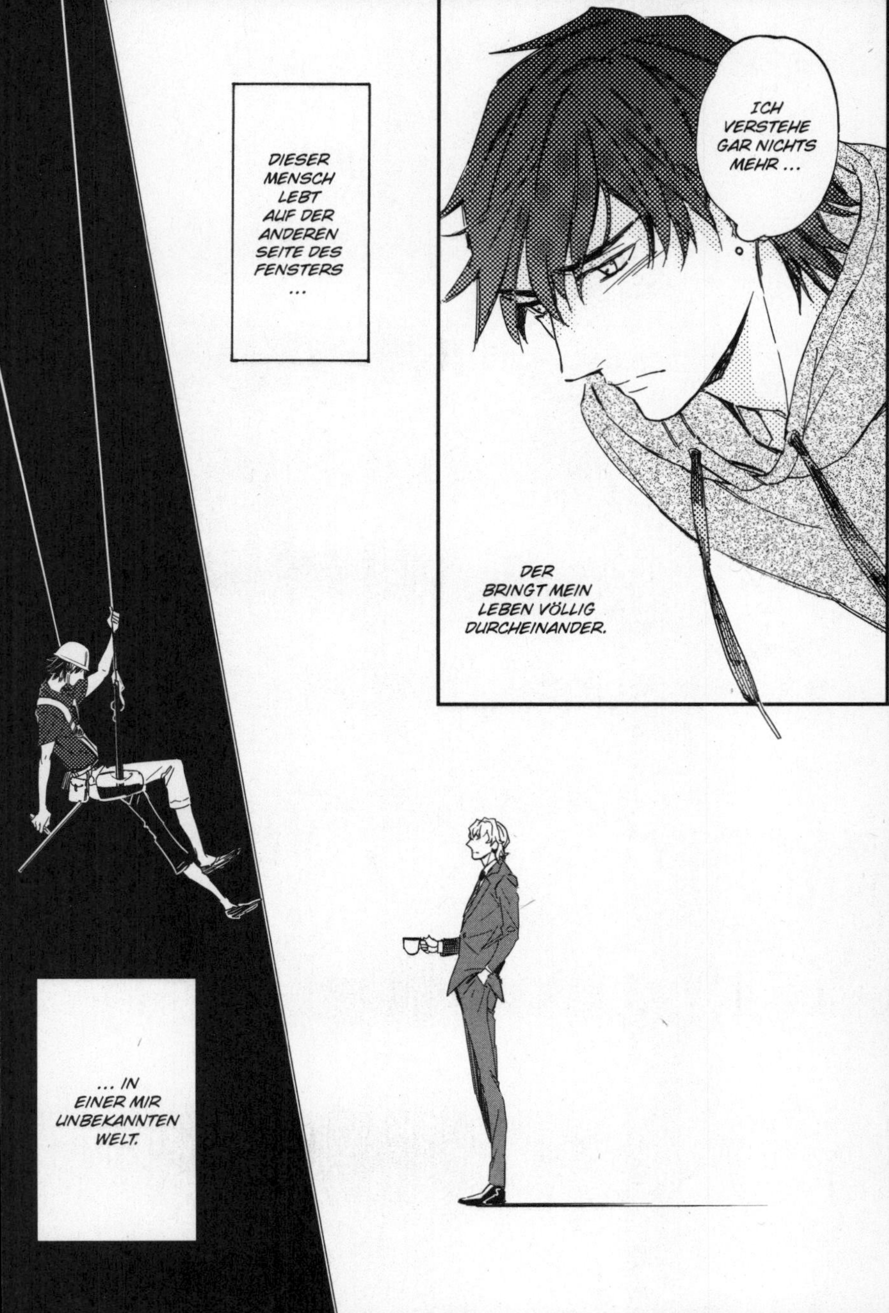
ICH VERSTEHE GAR NICHTS MEHR ...
DER BRINGT MEIN LEBEN VÖLLIG DURCHEINANDER.
DIESER MENSCH LEBT AUF DER ANDEREN SEITE DES FENSTERS ...
... IN EINER MIR UNBEKANNTEN WELT.

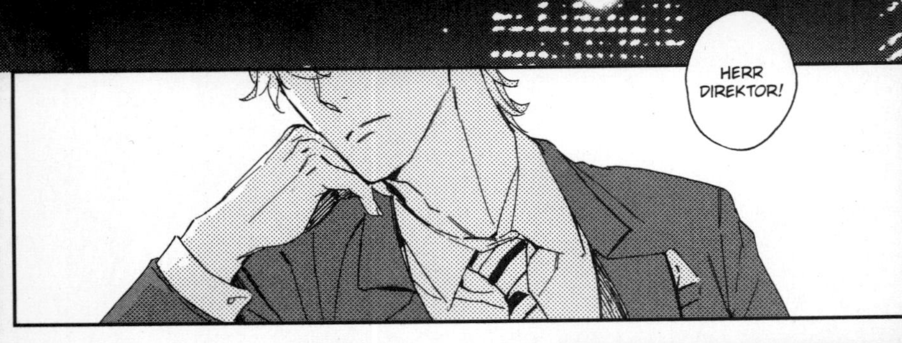

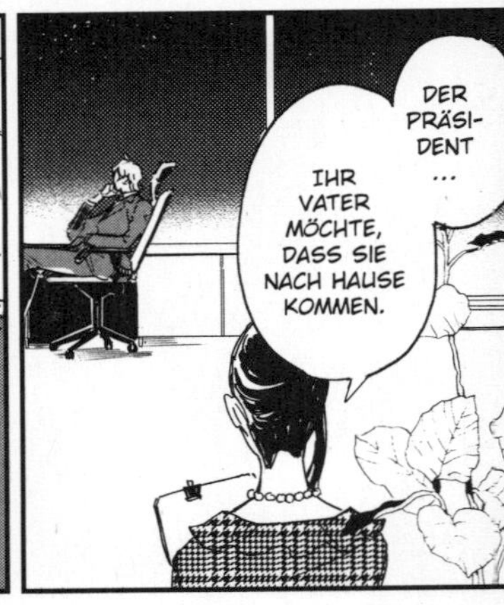

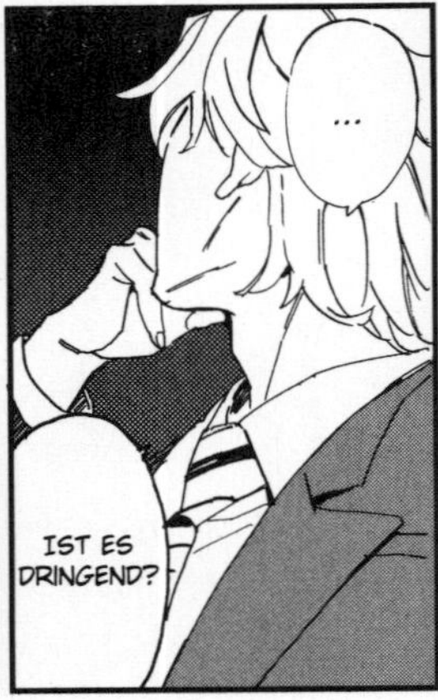

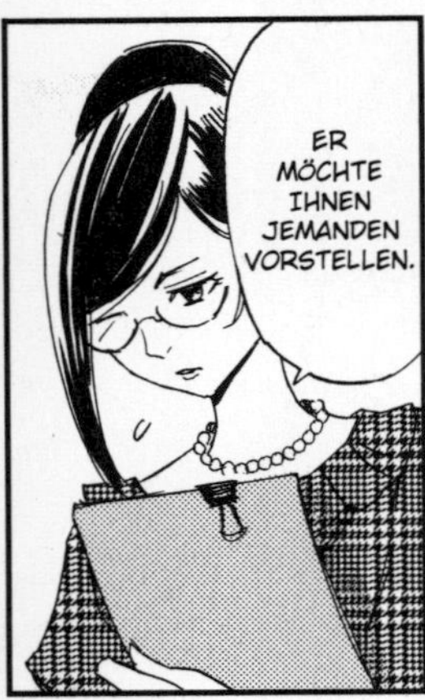

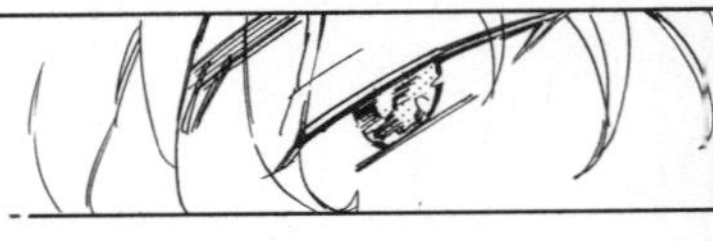

ICH LERN'S WOHL NICHT MEHR.

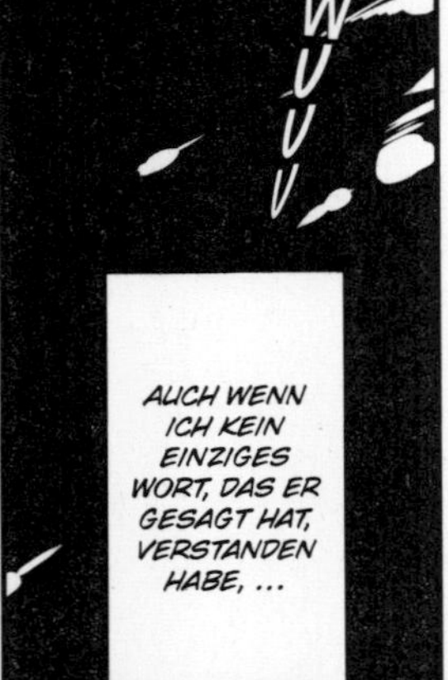

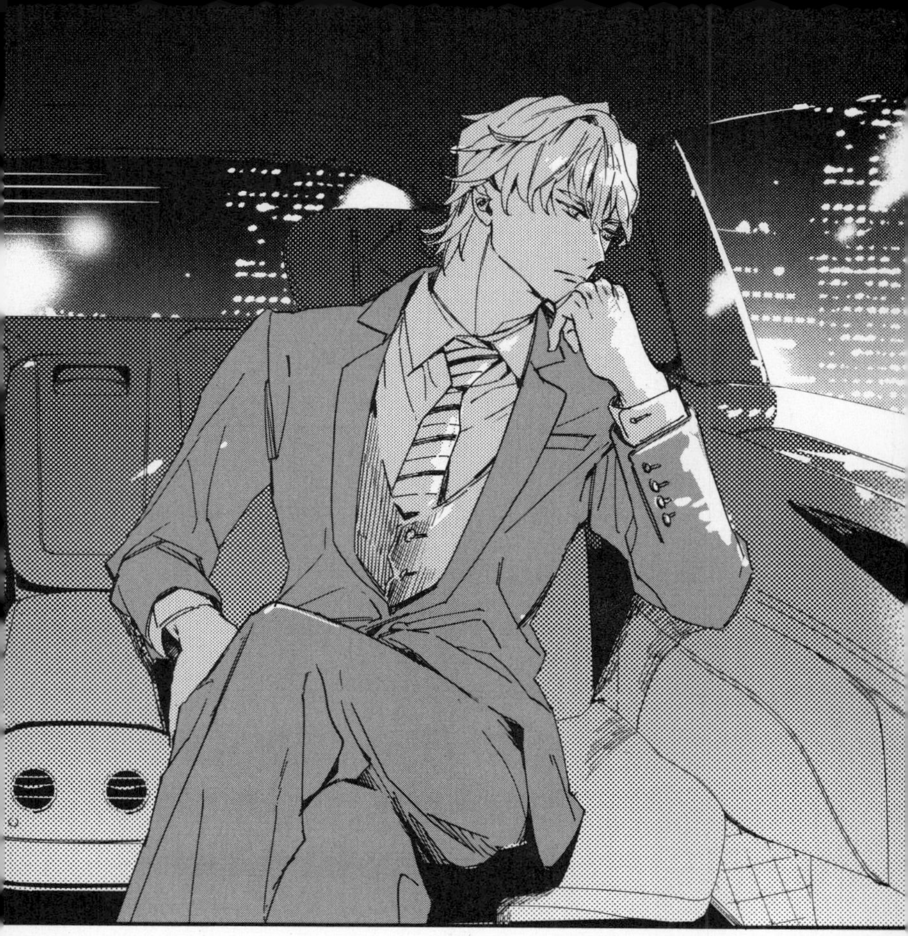

... EINE SACHE HABE ICH ZUMINDEST KAPIERT ...

ER IST JEMAND, DER SICH SELBST LIEBEN KANN.

Kapitel 1 – Ende –

Treffpunkt Wolke Sieben

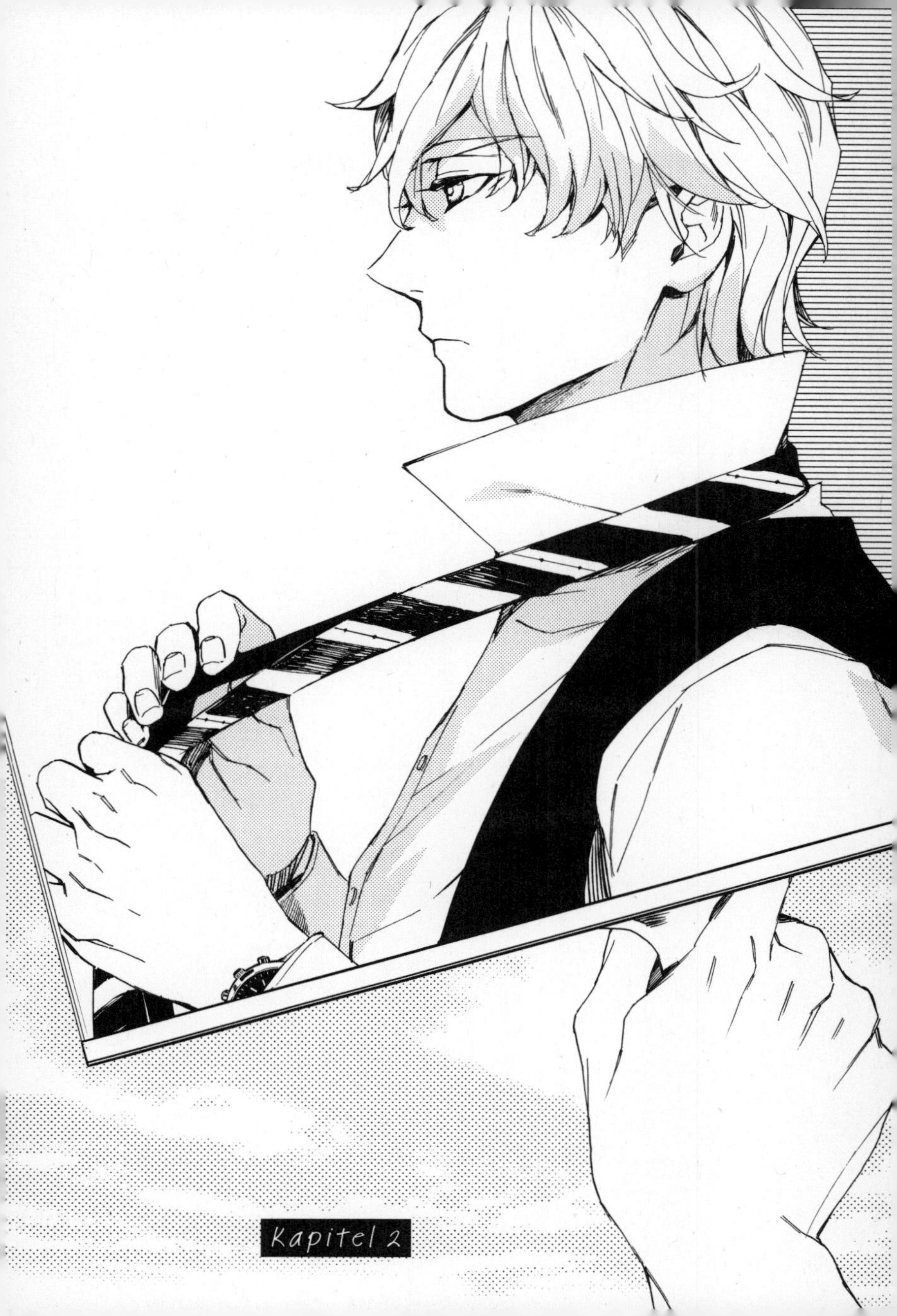
Kapitel 2

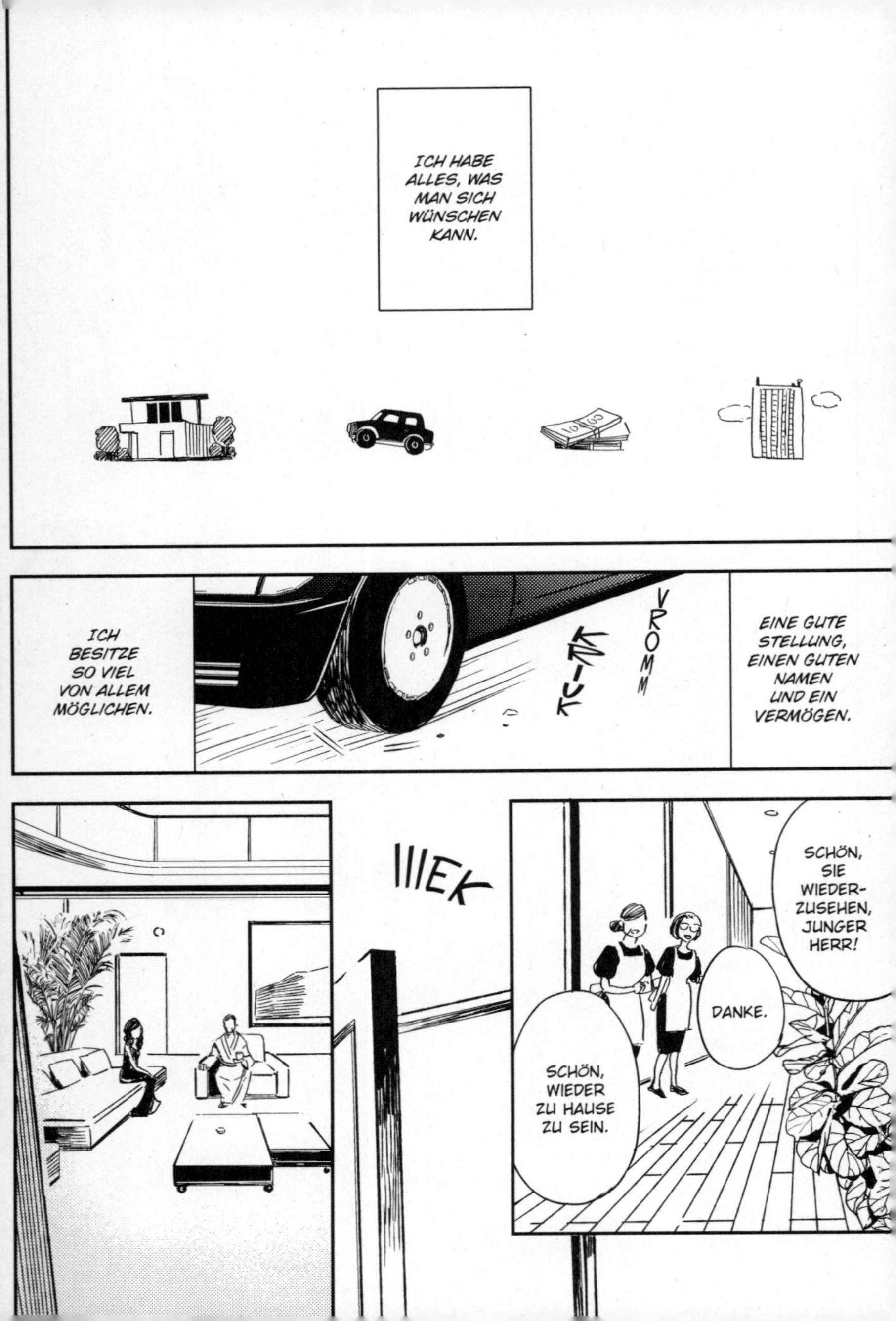

ICH HABE ALLES, WAS MAN SICH WÜNSCHEN KANN.

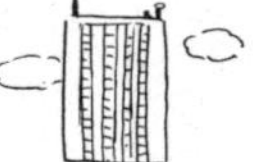

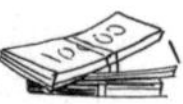

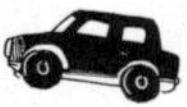

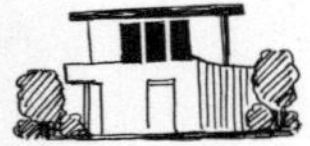

EINE GUTE STELLUNG, EINEN GUTEN NAMEN UND EIN VERMÖGEN.

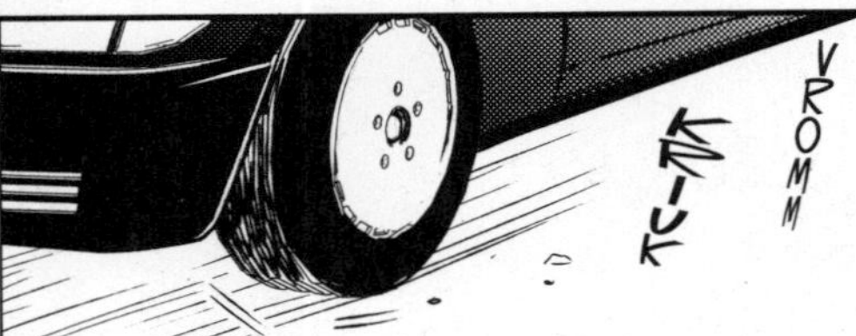

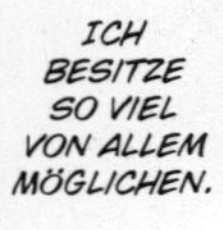

SCHÖN, SIE WIEDERZUSEHEN, JUNGER HERR!

DANKE.

SCHÖN, WIEDER ZU HAUSE ZU SEIN.

IIIEK

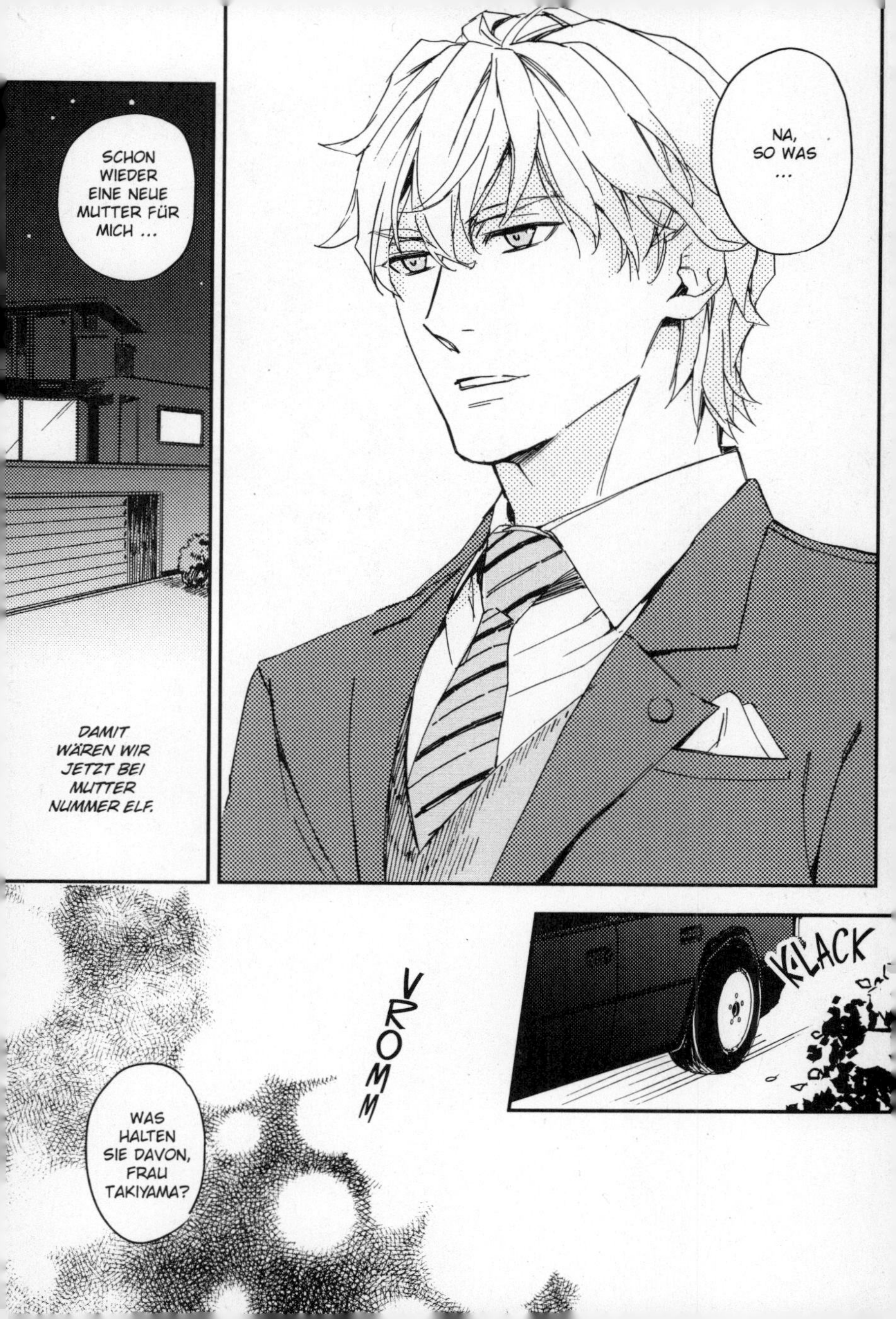

NA, SO WAS ...

SCHON WIEDER EINE NEUE MUTTER FÜR MICH ...

DAMIT WÄREN WIR JETZT BEI MUTTER NUMMER ELF.

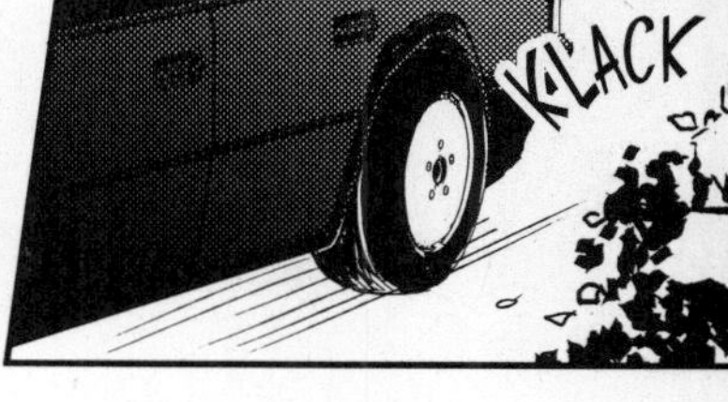

VROMM

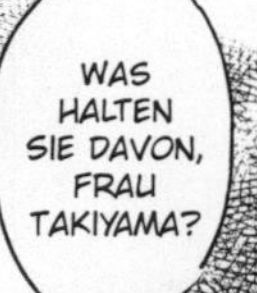

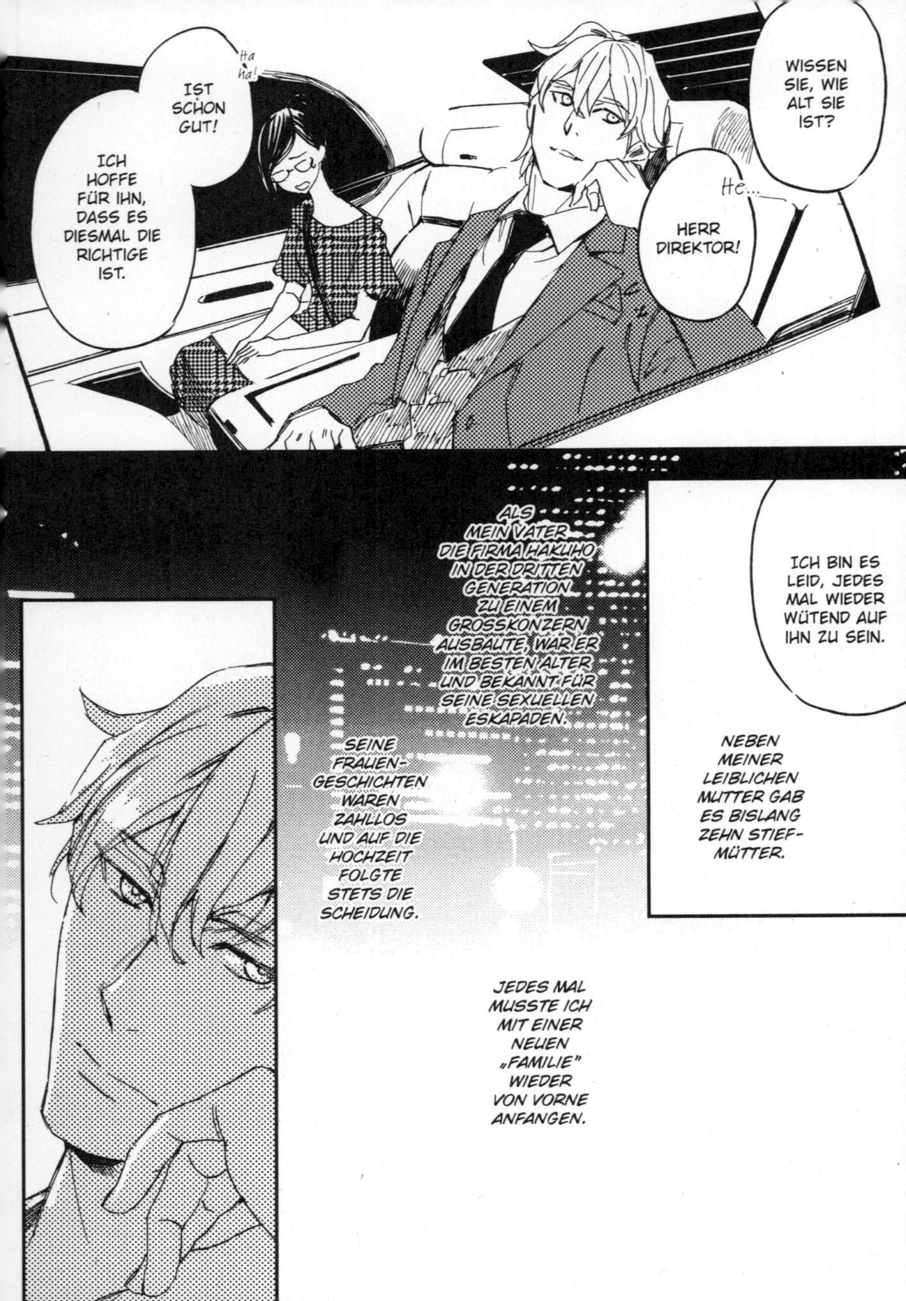
WISSEN SIE, WIE ALT SIE IST?
He...
HERR DIREKTOR!
Ha ha!
IST SCHON GUT!
ICH HOFFE FÜR IHN, DASS ES DIESMAL DIE RICHTIGE IST.
ICH BIN ES LEID, JEDES MAL WIEDER WÜTEND AUF IHN ZU SEIN.
NEBEN MEINER LEIBLICHEN MUTTER GAB ES BISLANG ZEHN STIEF-MÜTTER.
ALS MEIN VATER DIE FIRMA HAKUHO IN DER DRITTEN GENERATION ZU EINEM GROSSKONZERN AUSBAUTE, WAR ER IM BESTEN ALTER UND BEKANNT FÜR SEINE SEXUELLEN ESKAPADEN.
SEINE FRAUEN-GESCHICHTEN WAREN ZAHLLOS UND AUF DIE HOCHZEIT FOLGTE STETS DIE SCHEIDUNG.
JEDES MAL MUSSTE ICH MIT EINER NEUEN „FAMILIE" WIEDER VON VORNE ANFANGEN.

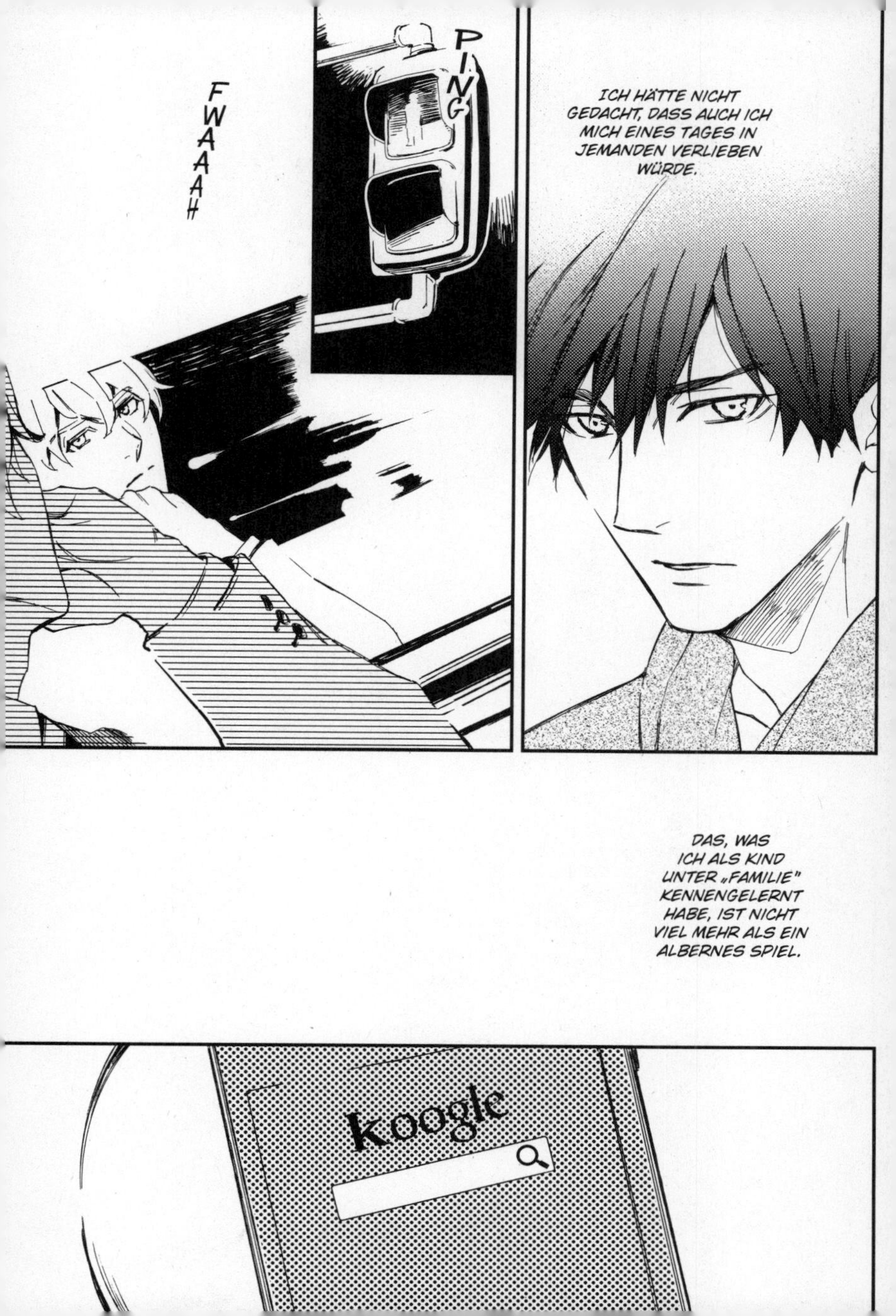

ICH HÄTTE NICHT GEDACHT, DASS AUCH ICH MICH EINES TAGES IN JEMANDEN VERLIEBEN WÜRDE.

PING

FWAAAAH

DAS, WAS ICH ALS KIND UNTER „FAMILIE" KENNENGELERNT HABE, IST NICHT VIEL MEHR ALS EIN ALBERNES SPIEL.

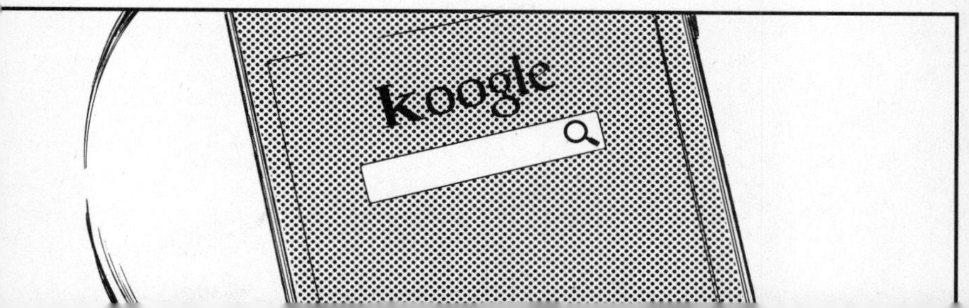

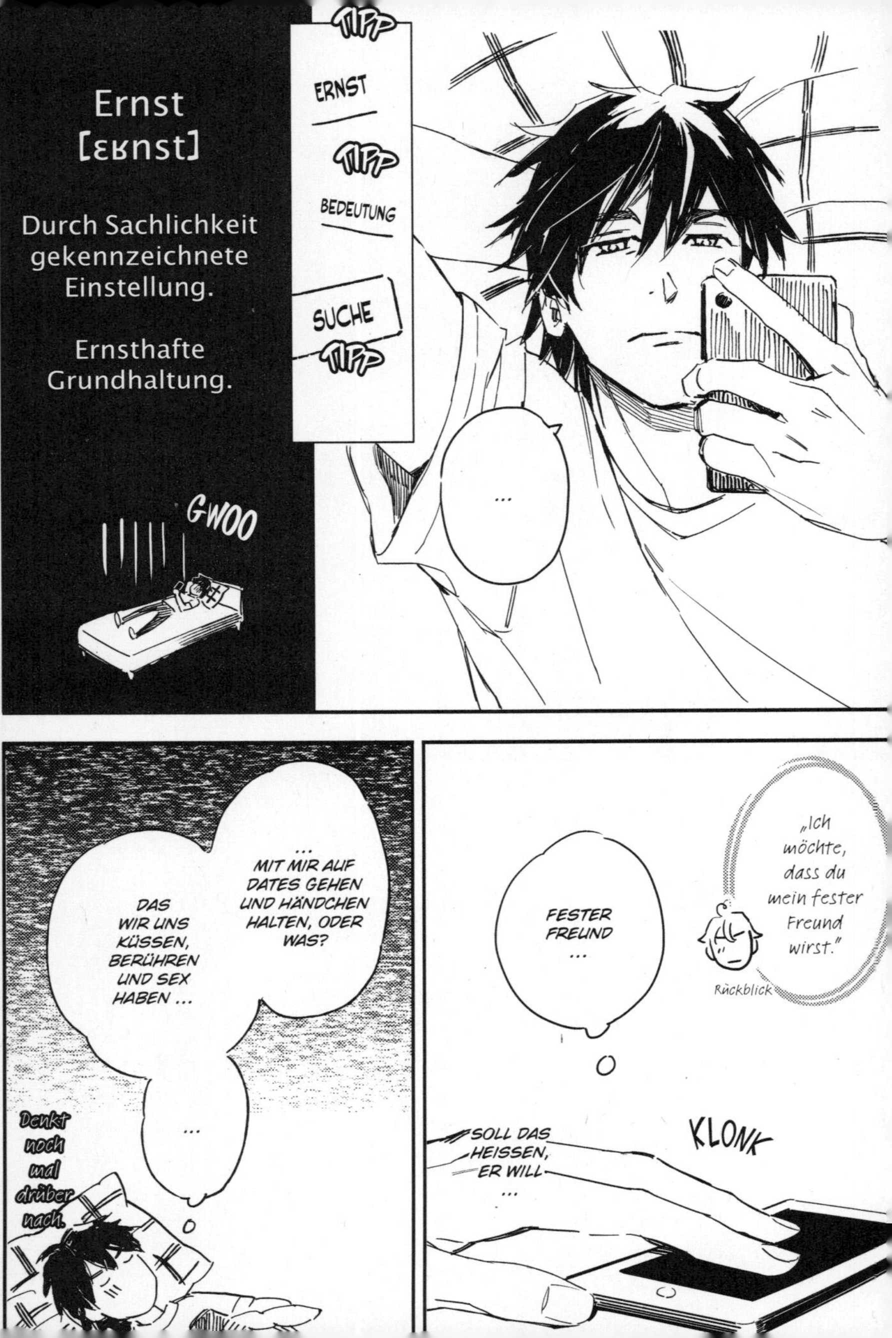

TIPP
ERNST
TIPP
BEDEUTUNG
SUCHE
TIPP
…

Ernst
[ɛʁnst]

Durch Sachlichkeit gekennzeichnete Einstellung.

Ernsthafte Grundhaltung.

GWOO

„Ich möchte, dass du mein fester Freund wirst."
Rückblick
FESTER FREUND …
KLONK
SOLL DAS HEISSEN, ER WILL …

… MIT MIR AUF DATES GEHEN UND HÄNDCHEN HALTEN, ODER WAS?
DAS WIR UNS KÜSSEN, BERÜHREN UND SEX HABEN …
…
Denkt noch mal drüber nach.

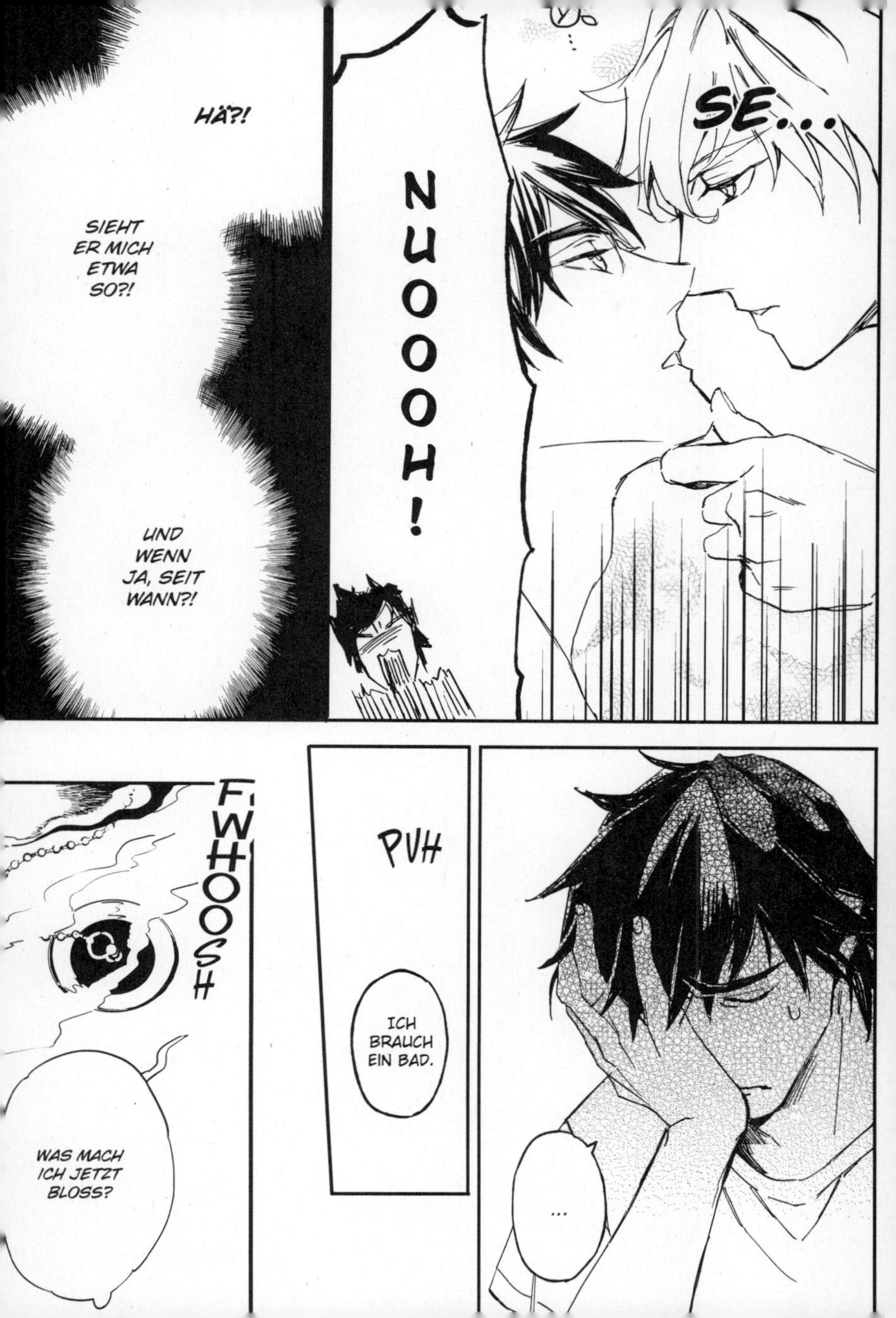

SE...

NUOOOOH!

HÄ?!

SIEHT ER MICH ETWA SO?!

UND WENN JA, SEIT WANN?!

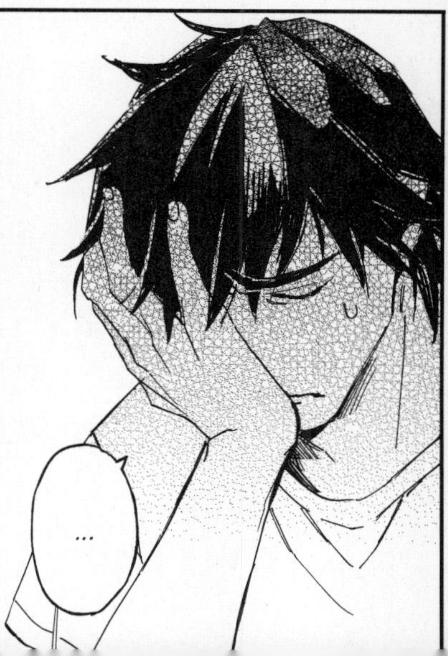

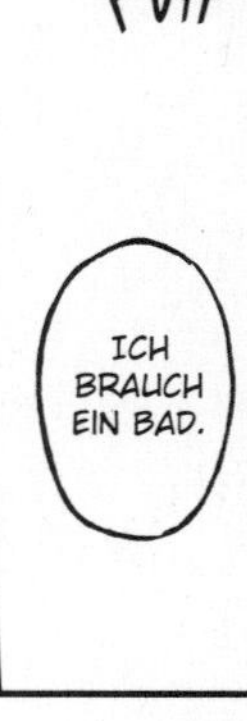

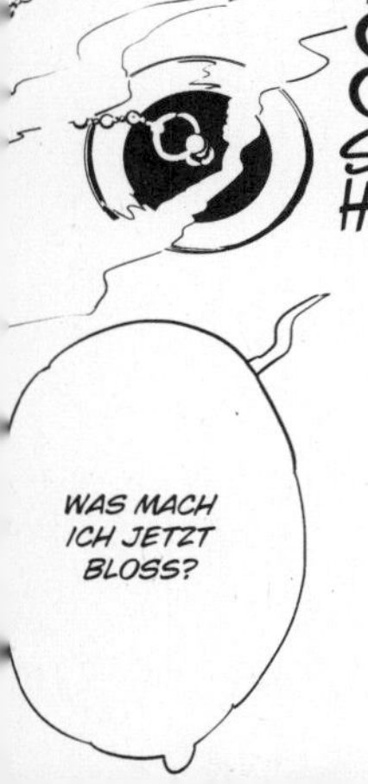

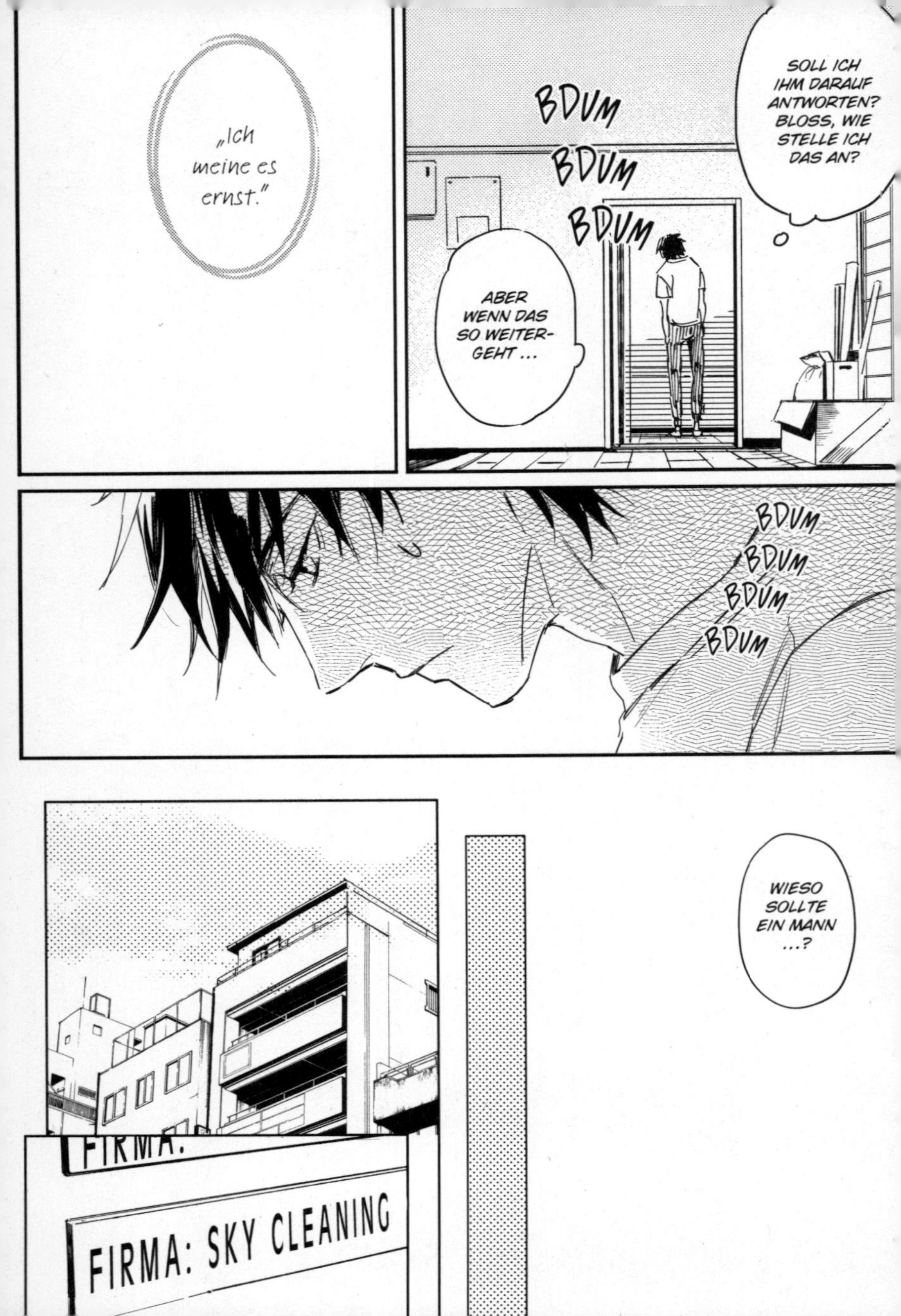
„Ich meine es ernst."
SOLL ICH IHM DARAUF ANTWORTEN? BLOSS, WIE STELLE ICH DAS AN?
BDUM
BDUM
BDUM
ABER WENN DAS SO WEITER-GEHT ...
BDUM
BDUM
BDUM
BDUM
WIESO SOLLTE EIN MANN ...?
FIRMA:
FIRMA: SKY CLEANING

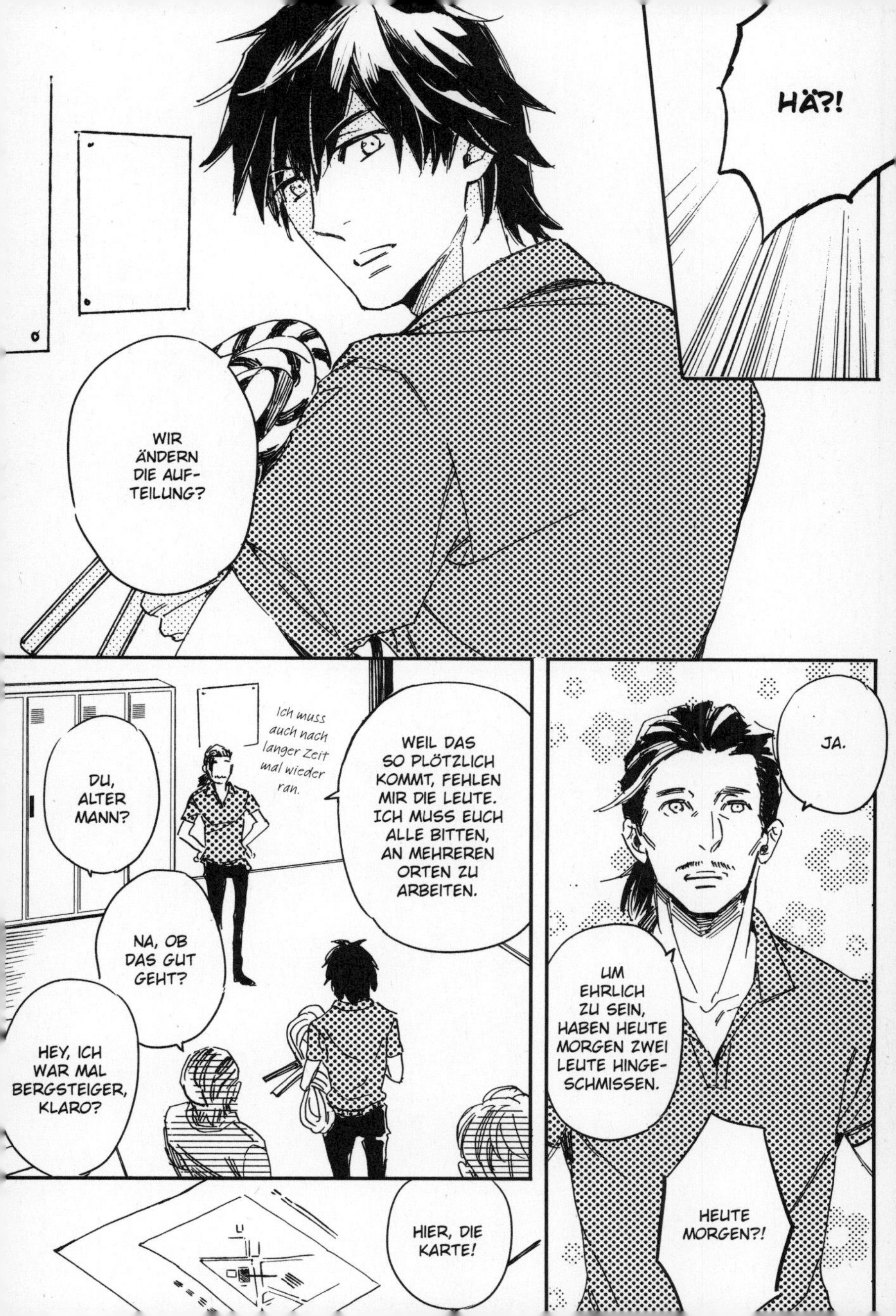
HÄ?!
WIR ÄNDERN DIE AUF-TEILUNG?
JA.
UM EHRLICH ZU SEIN, HABEN HEUTE MORGEN ZWEI LEUTE HINGE-SCHMISSEN.
HEUTE MORGEN?!
WEIL DAS SO PLÖTZLICH KOMMT, FEHLEN MIR DIE LEUTE. ICH MUSS EUCH ALLE BITTEN, AN MEHREREN ORTEN ZU ARBEITEN.
Ich muss auch nach langer Zeit mal wieder ran.
DU, ALTER MANN?
NA, OB DAS GUT GEHT?
HEY, ICH WAR MAL BERGSTEIGER, KLARO?
HIER, DIE KARTE!

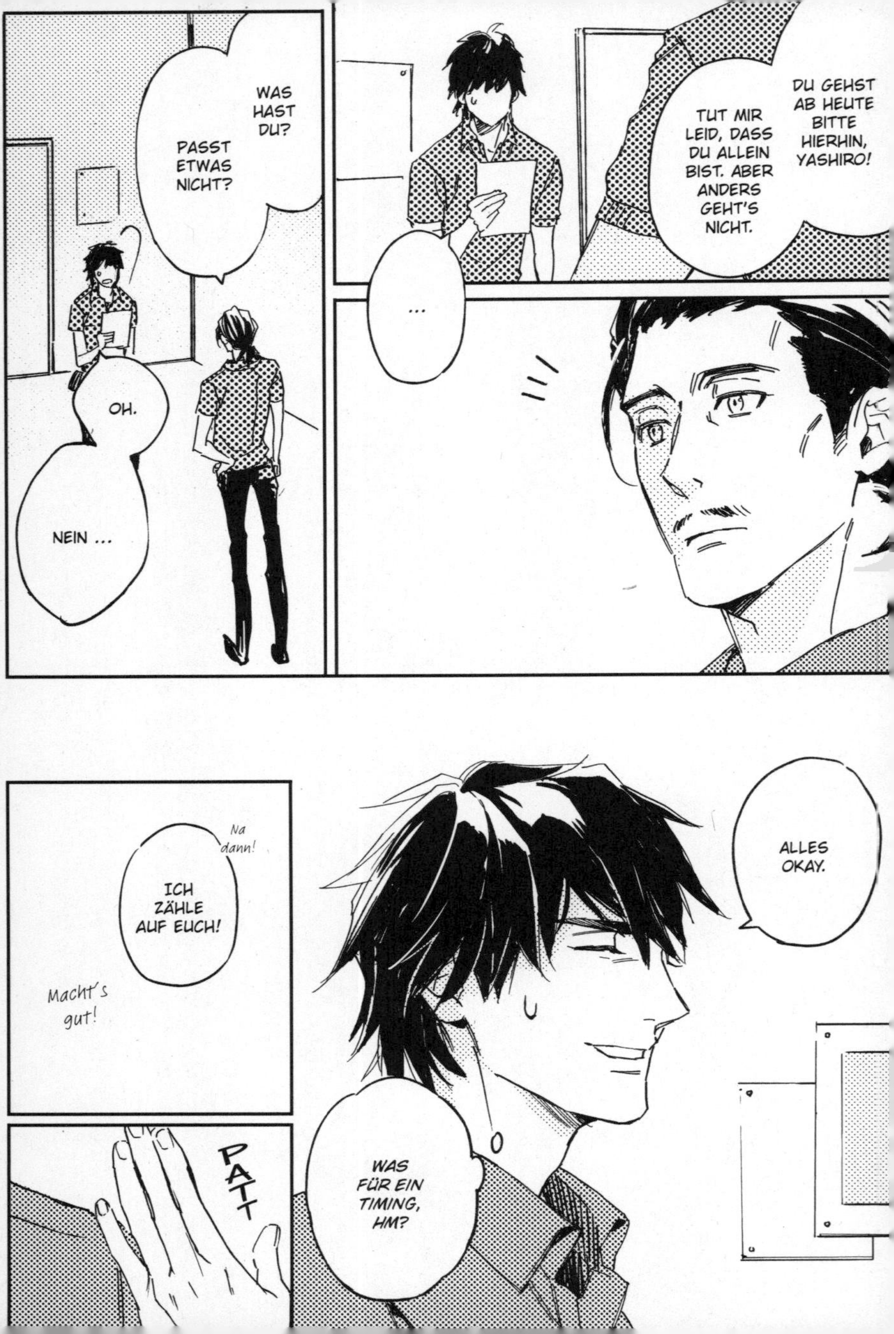

DU GEHST AB HEUTE BITTE HIERHIN, YASHIRO!
TUT MIR LEID, DASS DU ALLEIN BIST. ABER ANDERS GEHT'S NICHT.
...
WAS HAST DU?
PASST ETWAS NICHT?
OH.
NEIN ...
ALLES OKAY.
WAS FÜR EIN TIMING, HM?
Na dann!
ICH ZÄHLE AUF EUCH!
Macht's gut!
PATT

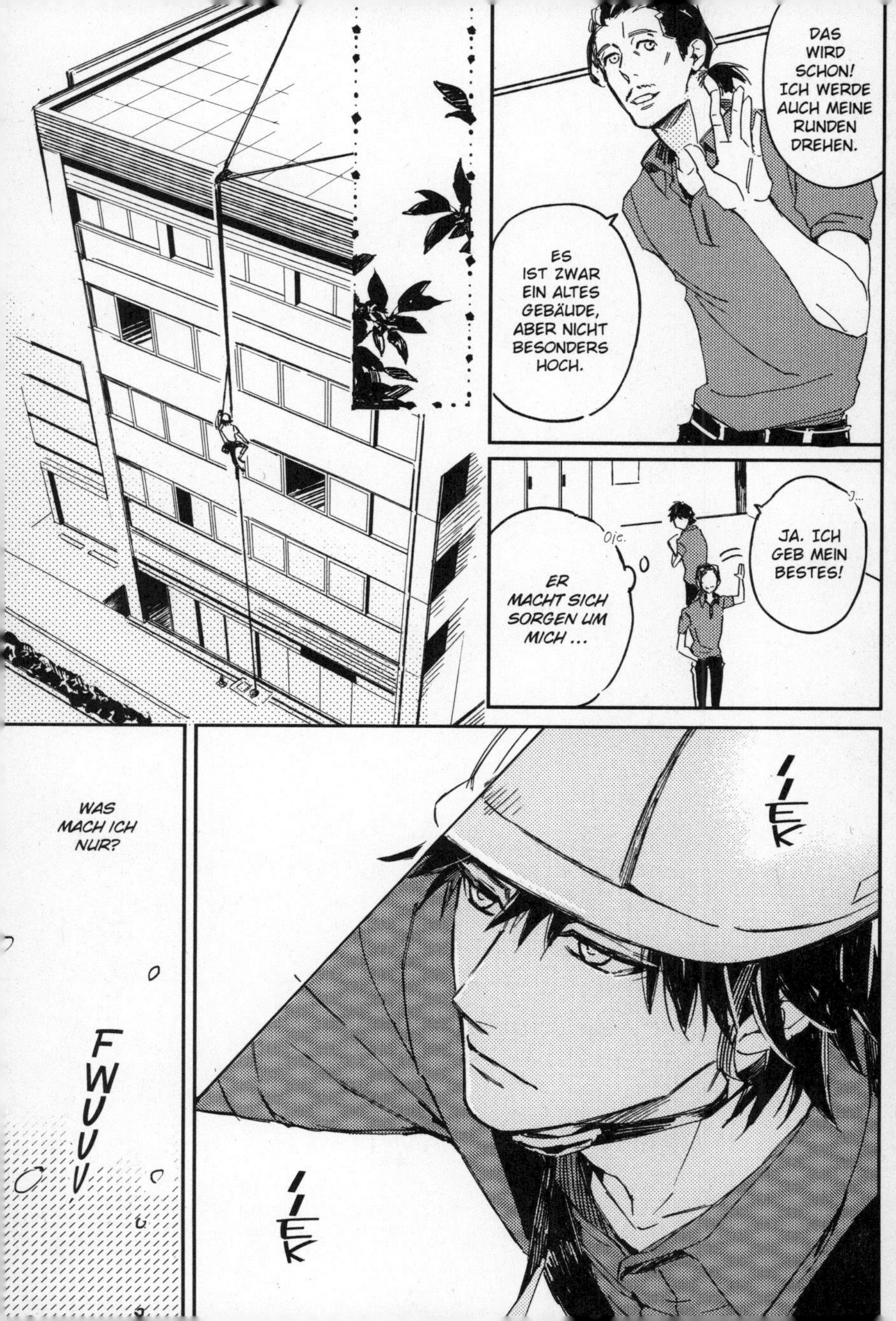
DAS WIRD SCHON! ICH WERDE AUCH MEINE RUNDEN DREHEN.
ES IST ZWAR EIN ALTES GEBÄUDE, ABER NICHT BESONDERS HOCH.
J...
JA. ICH GEB MEIN BESTES!
Oje.
ER MACHT SICH SORGEN UM MICH ...
IIEK
WAS MACH ICH NUR?
FWUUUV
IIEK

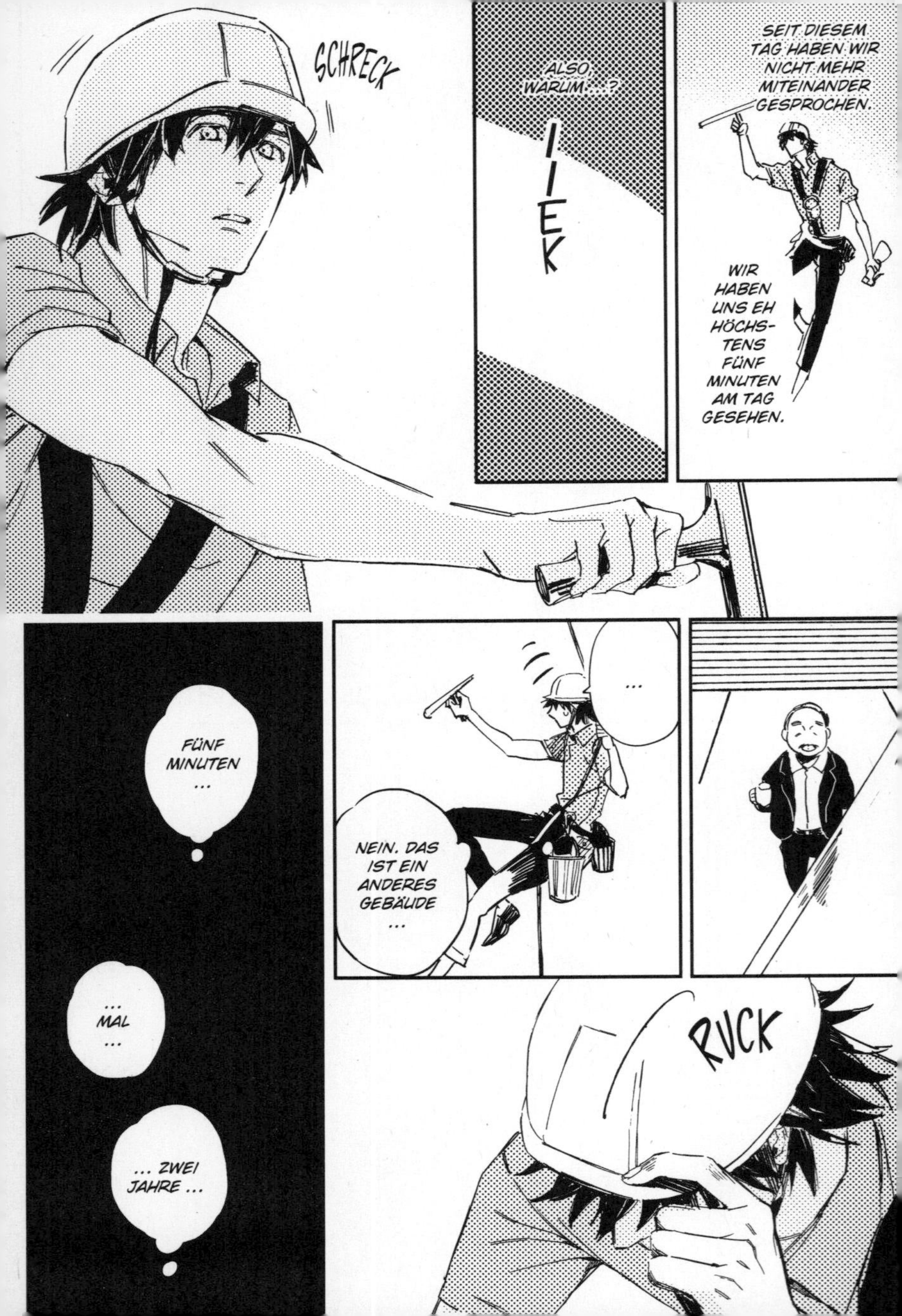
SEIT DIESEM TAG HABEN WIR NICHT MEHR MITEINANDER GESPROCHEN.
WIR HABEN UNS EH HÖCHSTENS FÜNF MINUTEN AM TAG GESEHEN.
ALSO, WARUM ...?
IIIEK
SCHRECK
...
NEIN. DAS IST EIN ANDERES GEBÄUDE ...
RUCK
FÜNF MINUTEN ...
... MAL ...
... ZWEI JAHRE ...

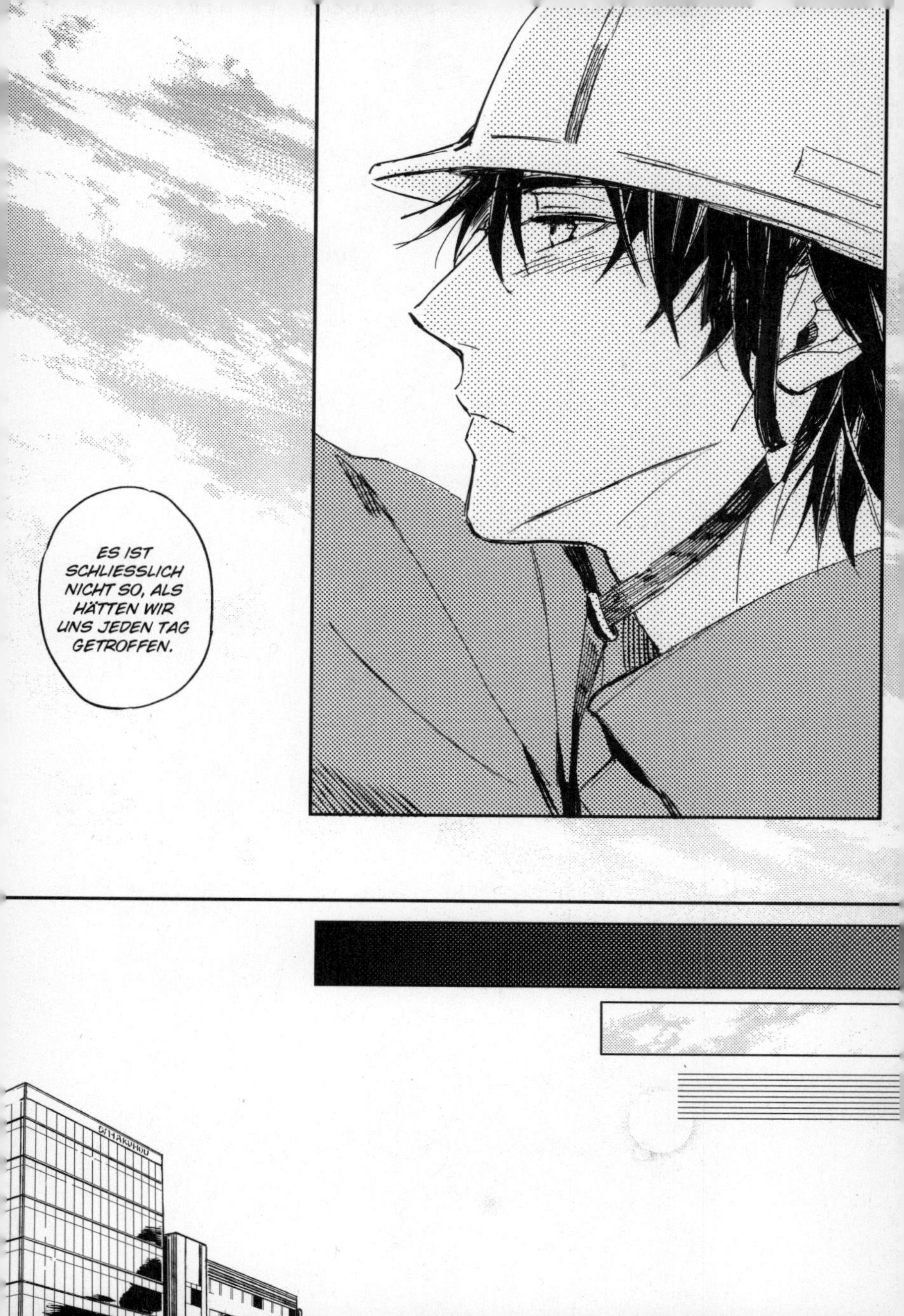
ES IST SCHLIESSLICH NICHT SO, ALS HÄTTEN WIR UNS JEDEN TAG GETROFFEN.

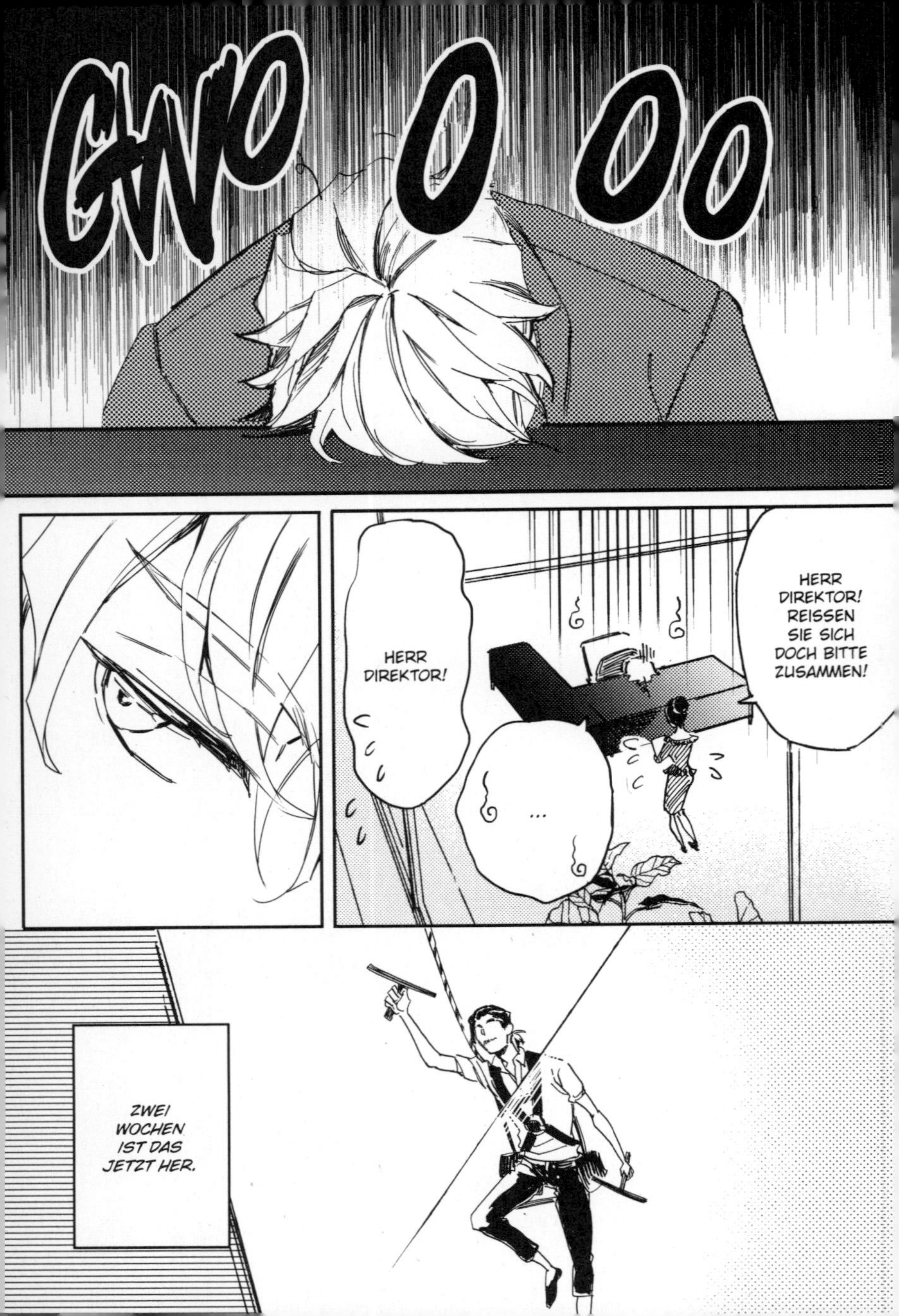
GWOOOO
HERR DIREKTOR! REISSEN SIE SICH DOCH BITTE ZUSAMMEN!
HERR DIREKTOR!
...
ZWEI WOCHEN IST DAS JETZT HER.

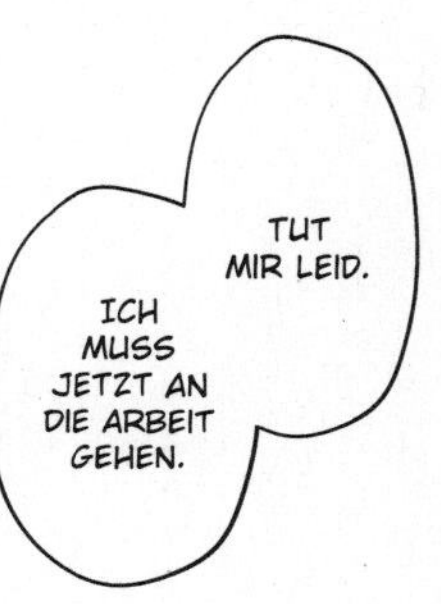

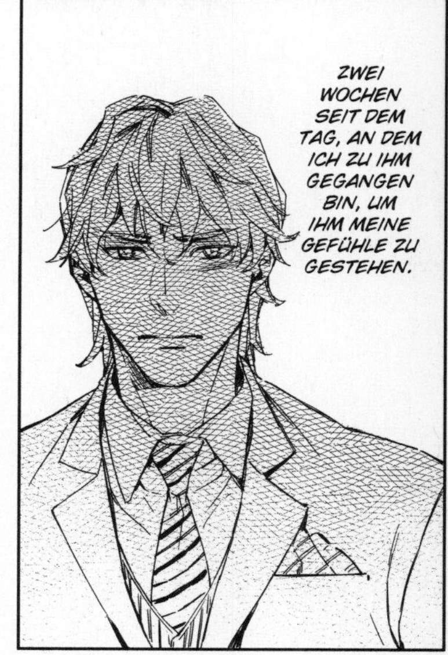

SEITDEM HABE ICH IHN NICHT MEHR GESEHEN.

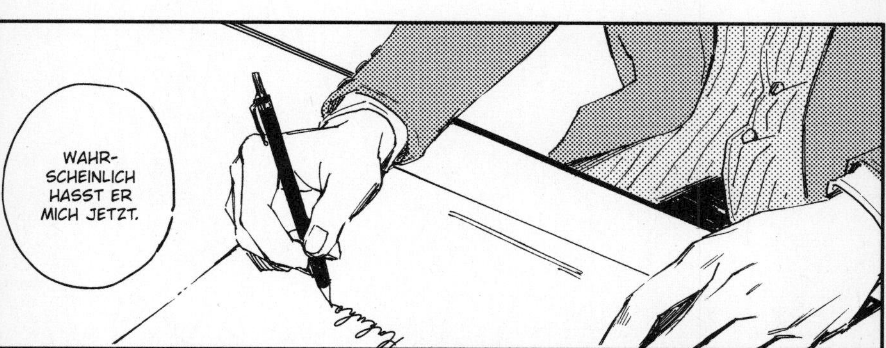

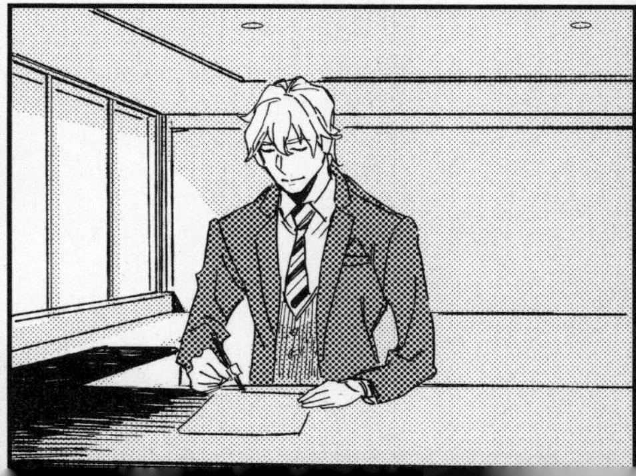

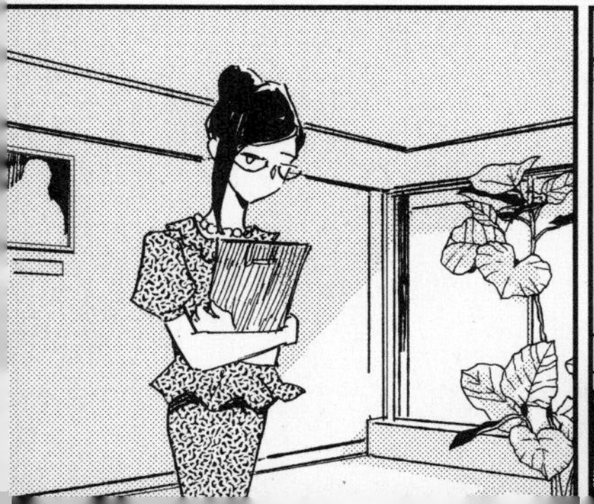

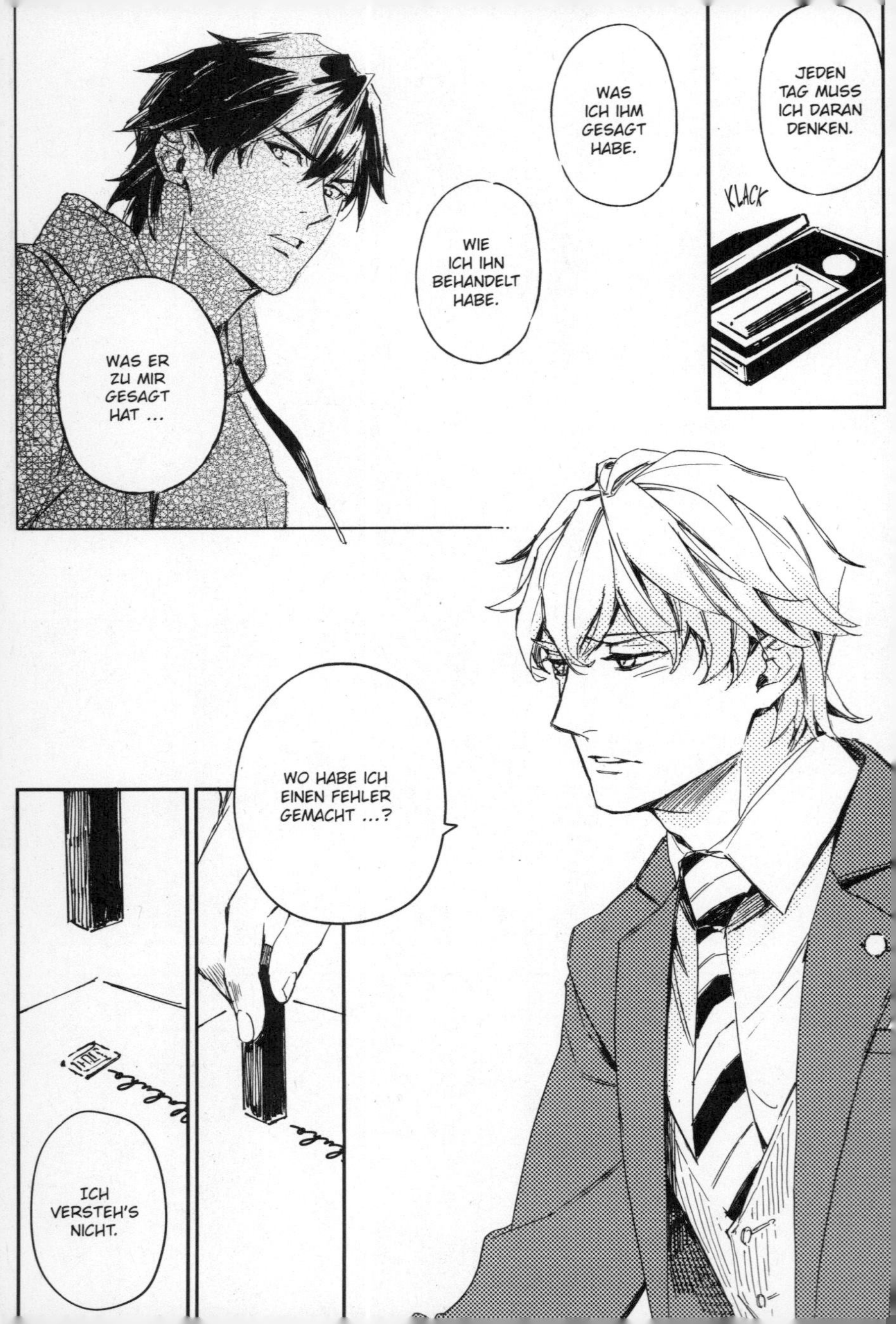
JEDEN TAG MUSS ICH DARAN DENKEN.
KLACK
WAS ICH IHM GESAGT HABE.
WIE ICH IHN BEHANDELT HABE.
WAS ER ZU MIR GESAGT HAT ...
WO HABE ICH EINEN FEHLER GEMACHT ...?
ICH VERSTEH'S NICHT.

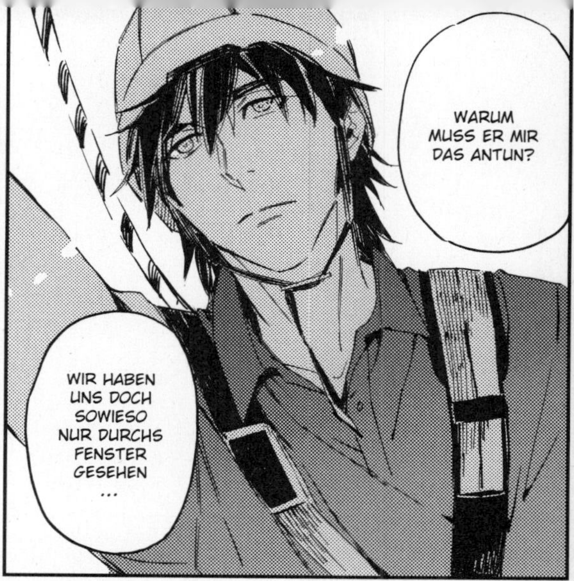

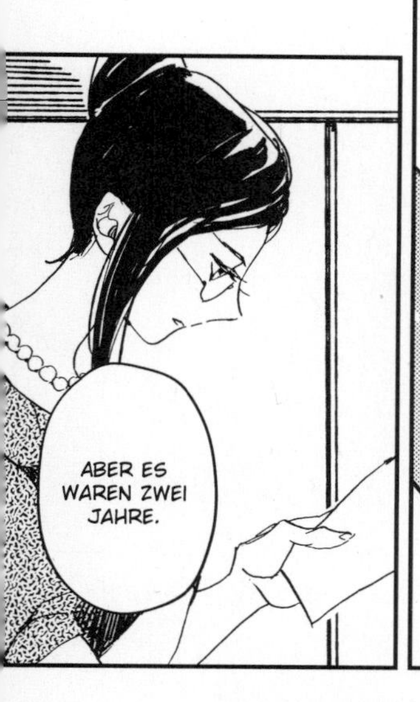

ZEIT GENUG, UM SICH ZU VERLIEBEN.

UND DANN WAR SIE DA, DIE „LIEBE“.

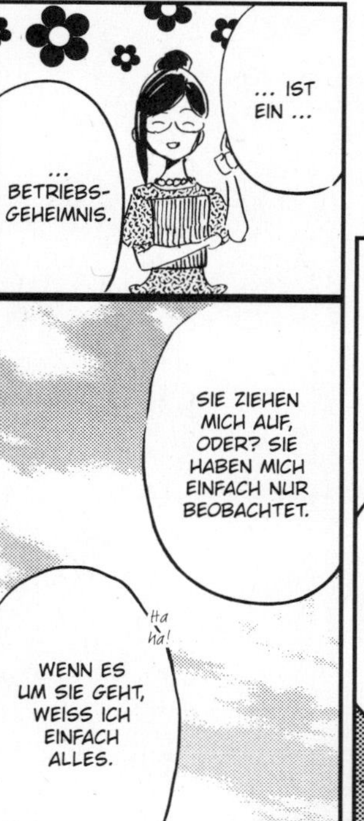

Wie alt sind Sie eigentlich?

Wie ich sagte: Betriebsgeheimnis!

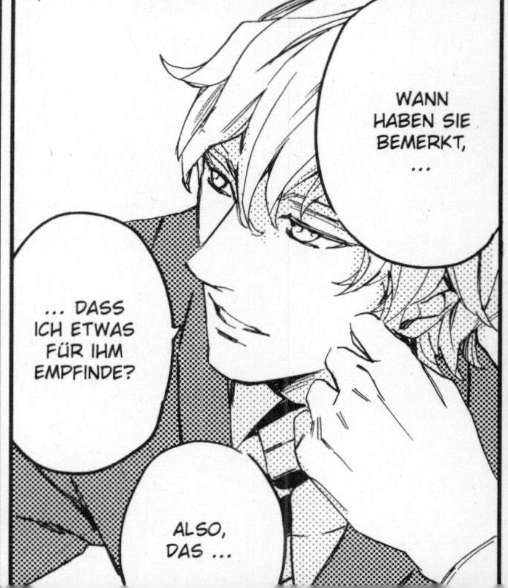

ICH WEISS NOCH, WAS FRAU TAKIYAMA DAMALS ZU MIR GESAGT HAT.

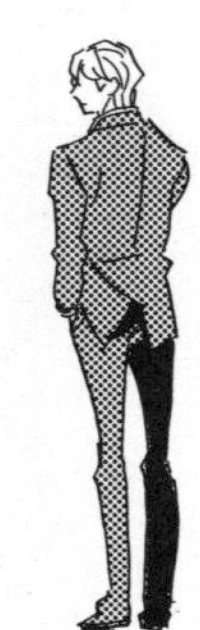
„HERR DIREKTOR!"

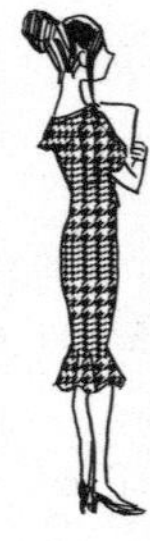
„SIND SIE ETWA VERLIEBT?"

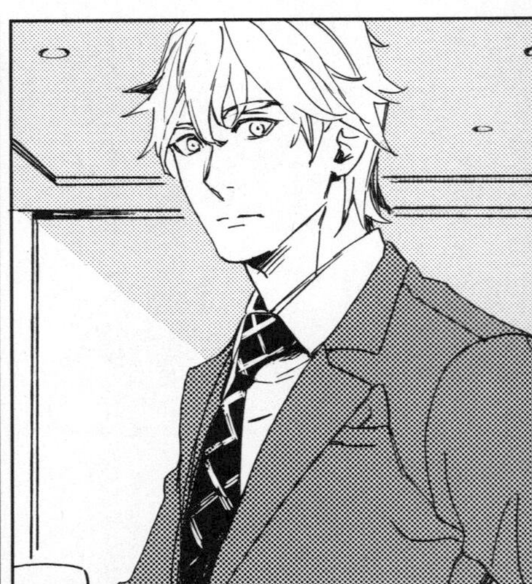

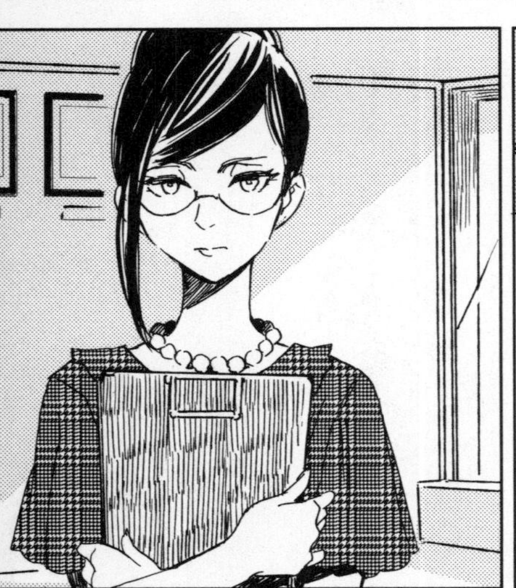

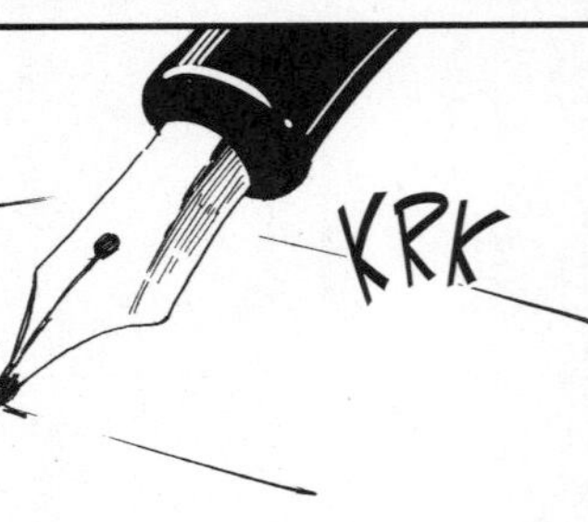
ZUERST HABE ICH OHNE GROSS NACHZU-DENKEN GELACHT.
KRK

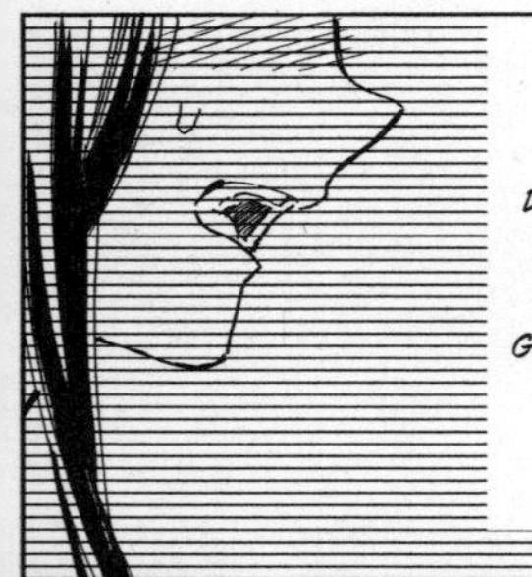
DA IST SIE FÜRCH-TERLICH WÜTEND GEWORDEN.

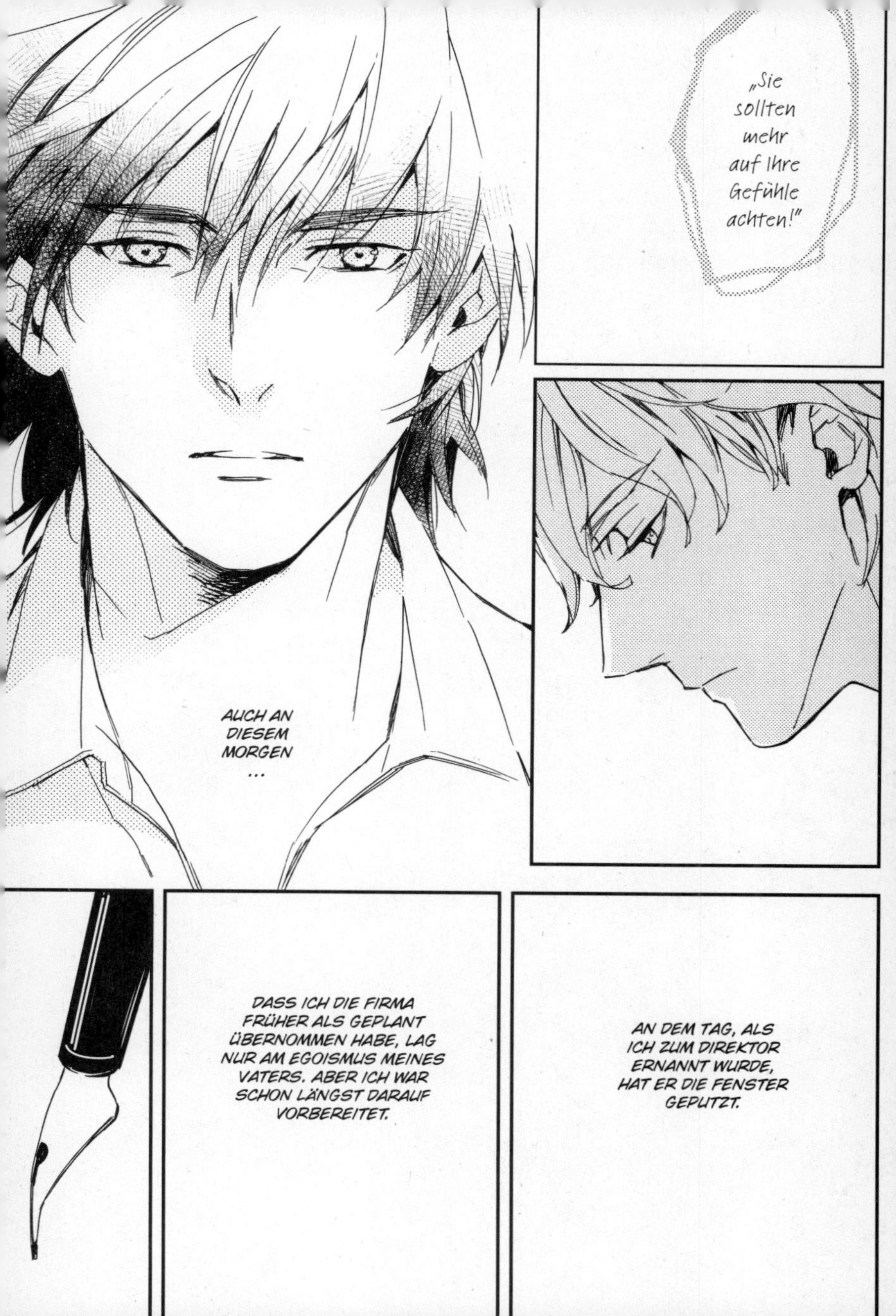
„Sie sollten mehr auf Ihre Gefühle achten!"
AUCH AN DIESEM MORGEN ...
AN DEM TAG, ALS ICH ZUM DIREKTOR ERNANNT WURDE, HAT ER DIE FENSTER GEPUTZT.
DASS ICH DIE FIRMA FRÜHER ALS GEPLANT ÜBERNOMMEN HABE, LAG NUR AM EGOISMUS MEINES VATERS. ABER ICH WAR SCHON LÄNGST DARAUF VORBEREITET.

JEDENFALLS
DACHTE ICH
DAS.

h stimme der Ernennung zum Direktor von Hakuho Foods zu.

TOCK

Hakuho Tamaki

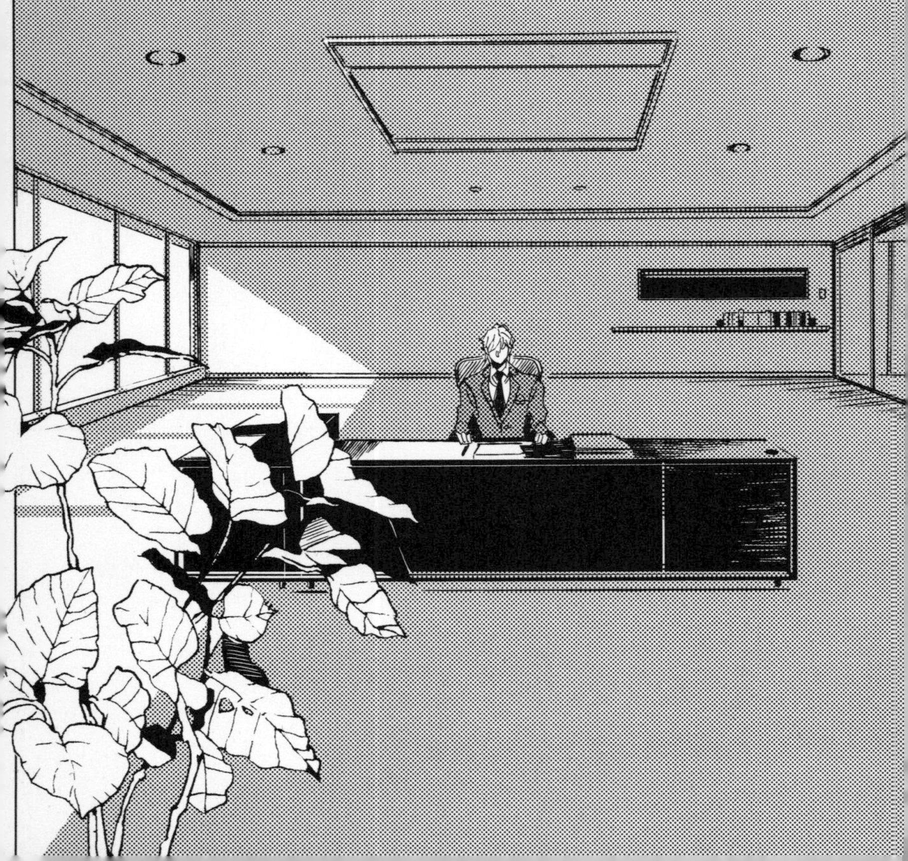

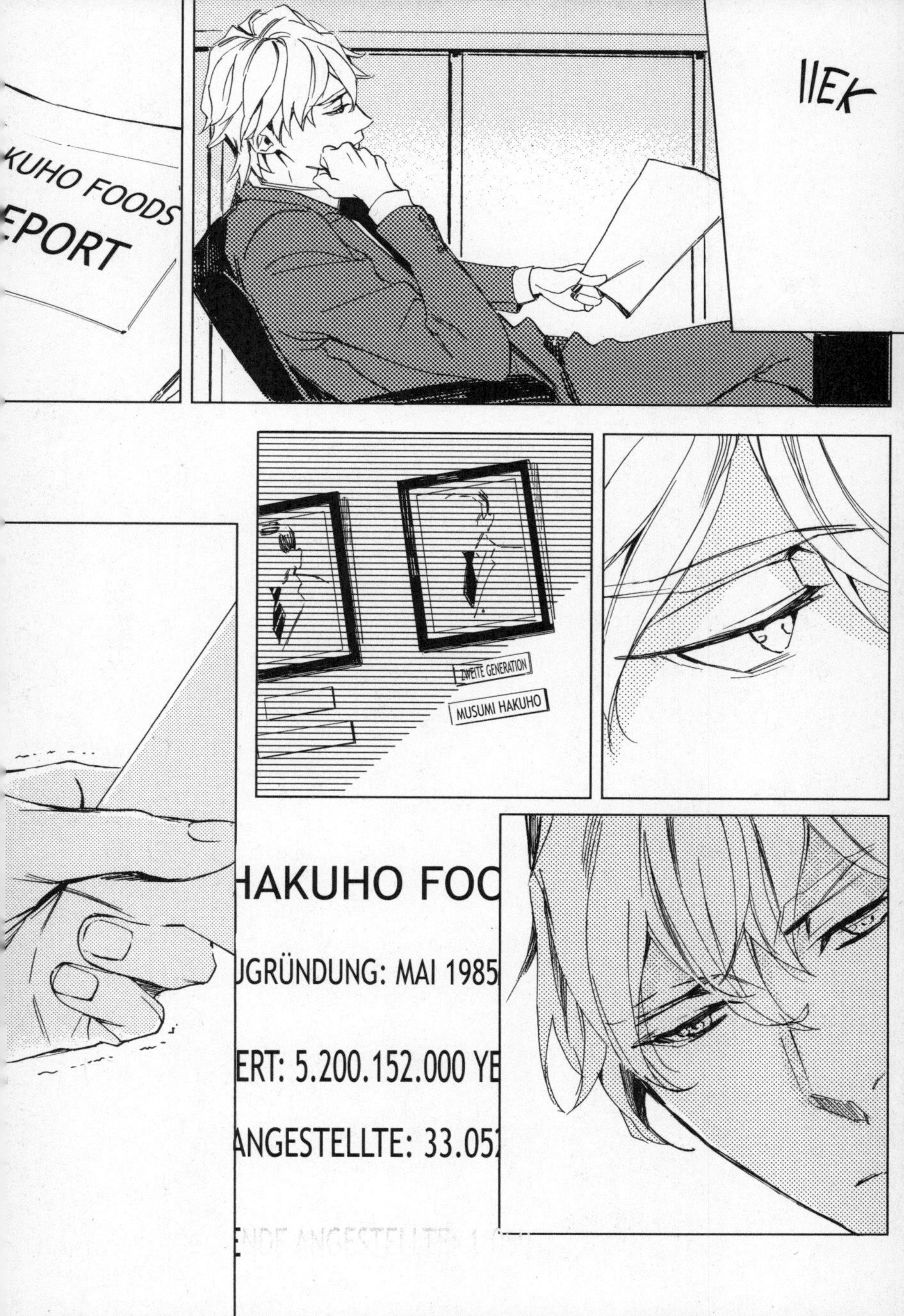
IIEK
KUHO FOODS
EPORT
ZWEITE GENERATION
MUSUMI HAKUHO
HAKUHO FOO
UGRÜNDUNG: MAI 1985
ERT: 5.200.152.000 YE
ANGESTELLTE: 33.05

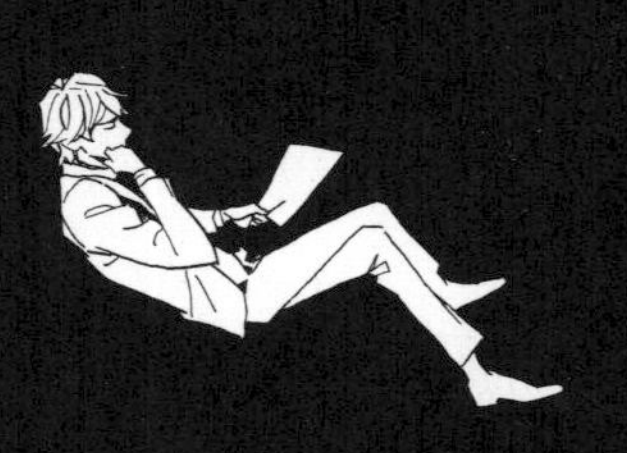

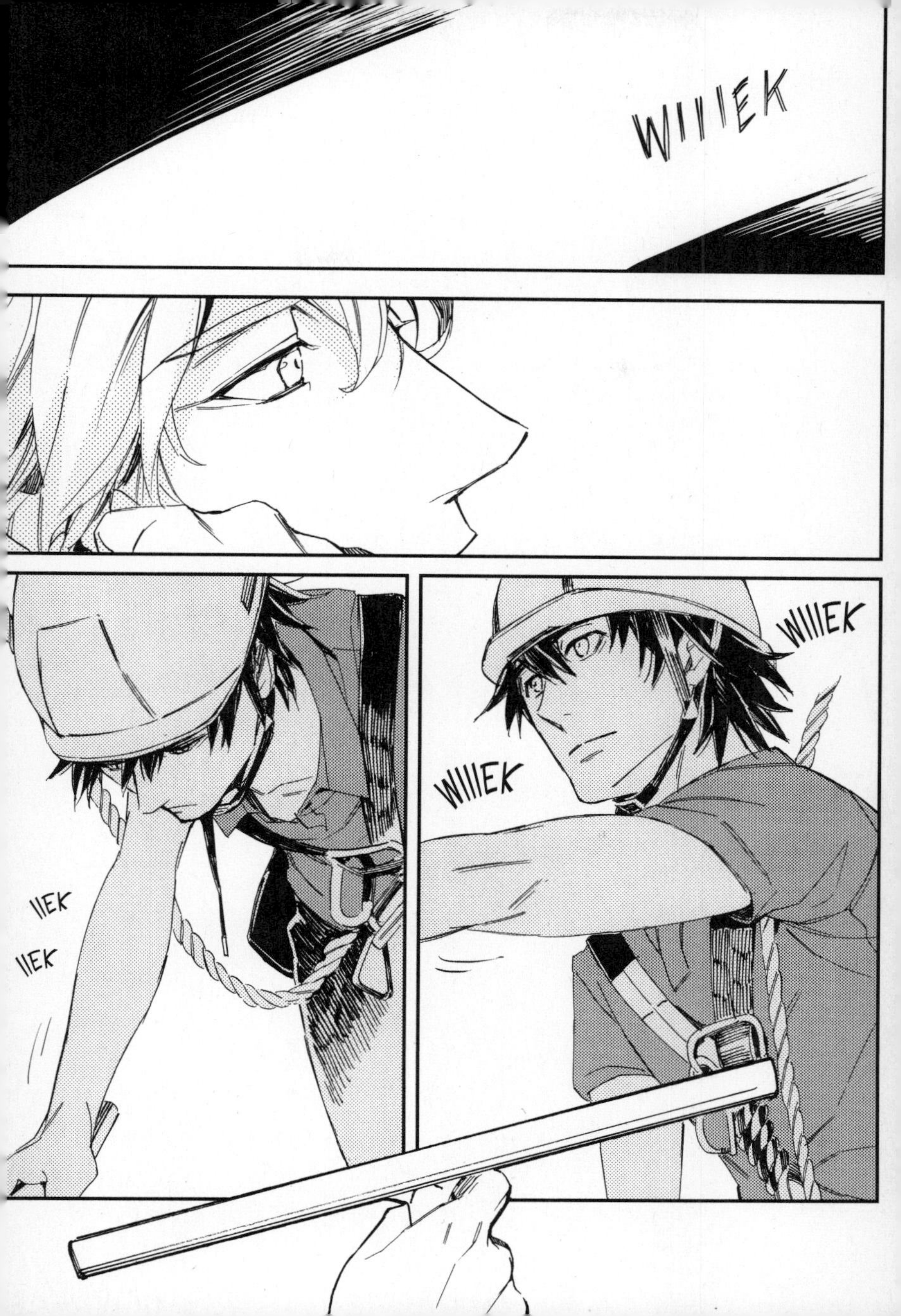
WIIIEK
WIIIEK
WIIIEK
IIEK
IIEK

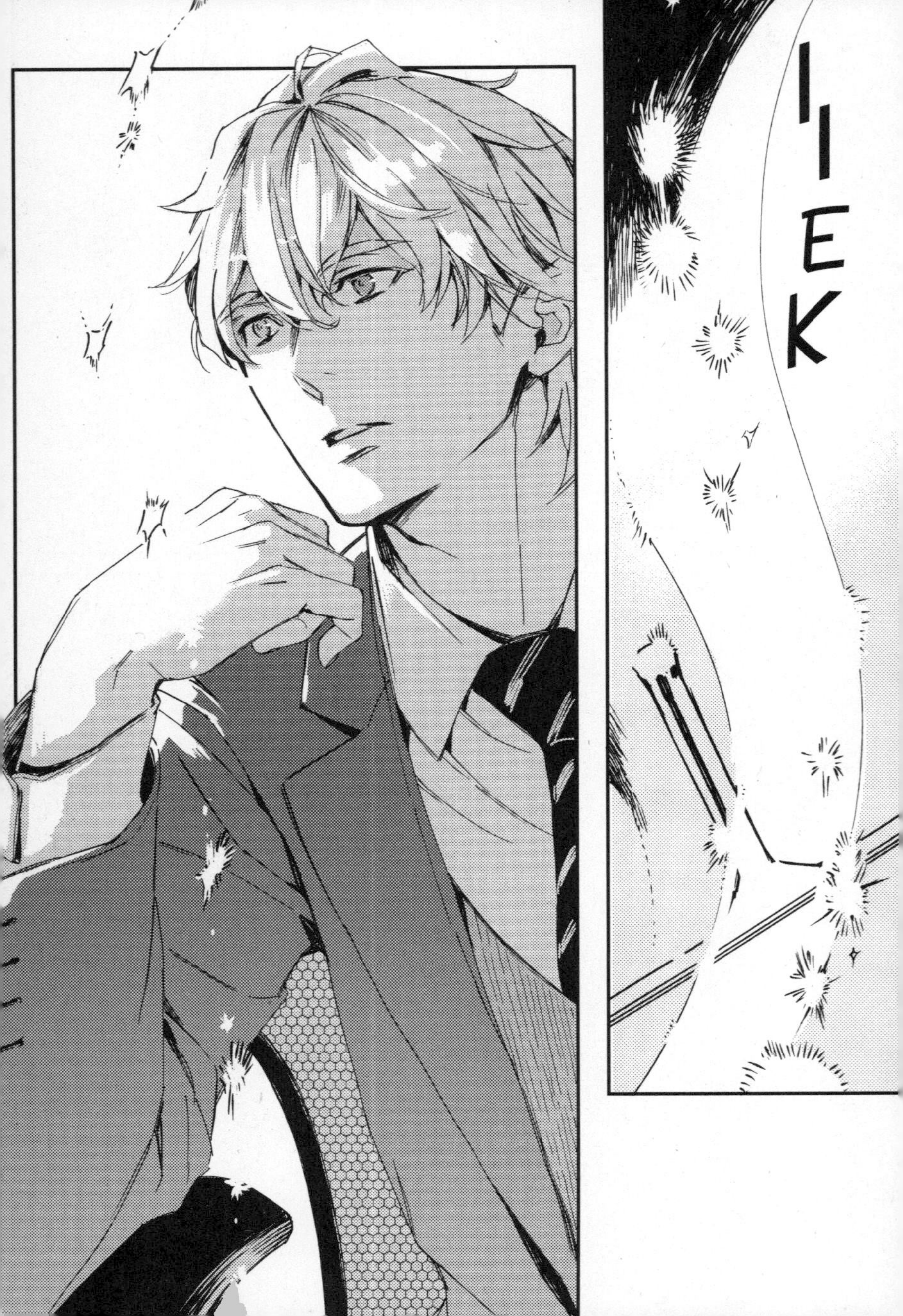

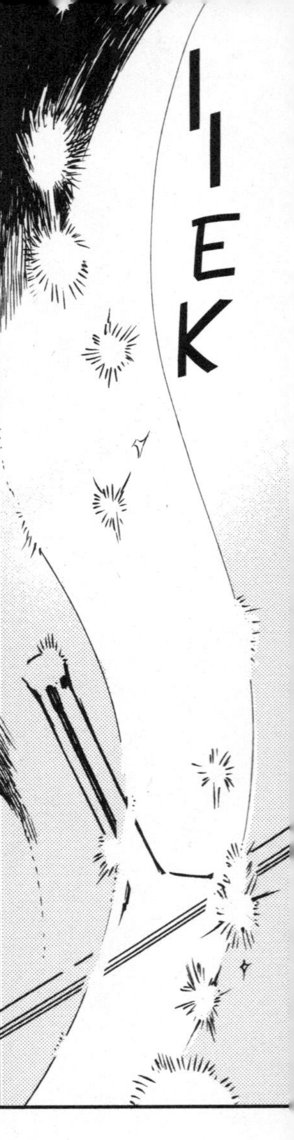
IIEK

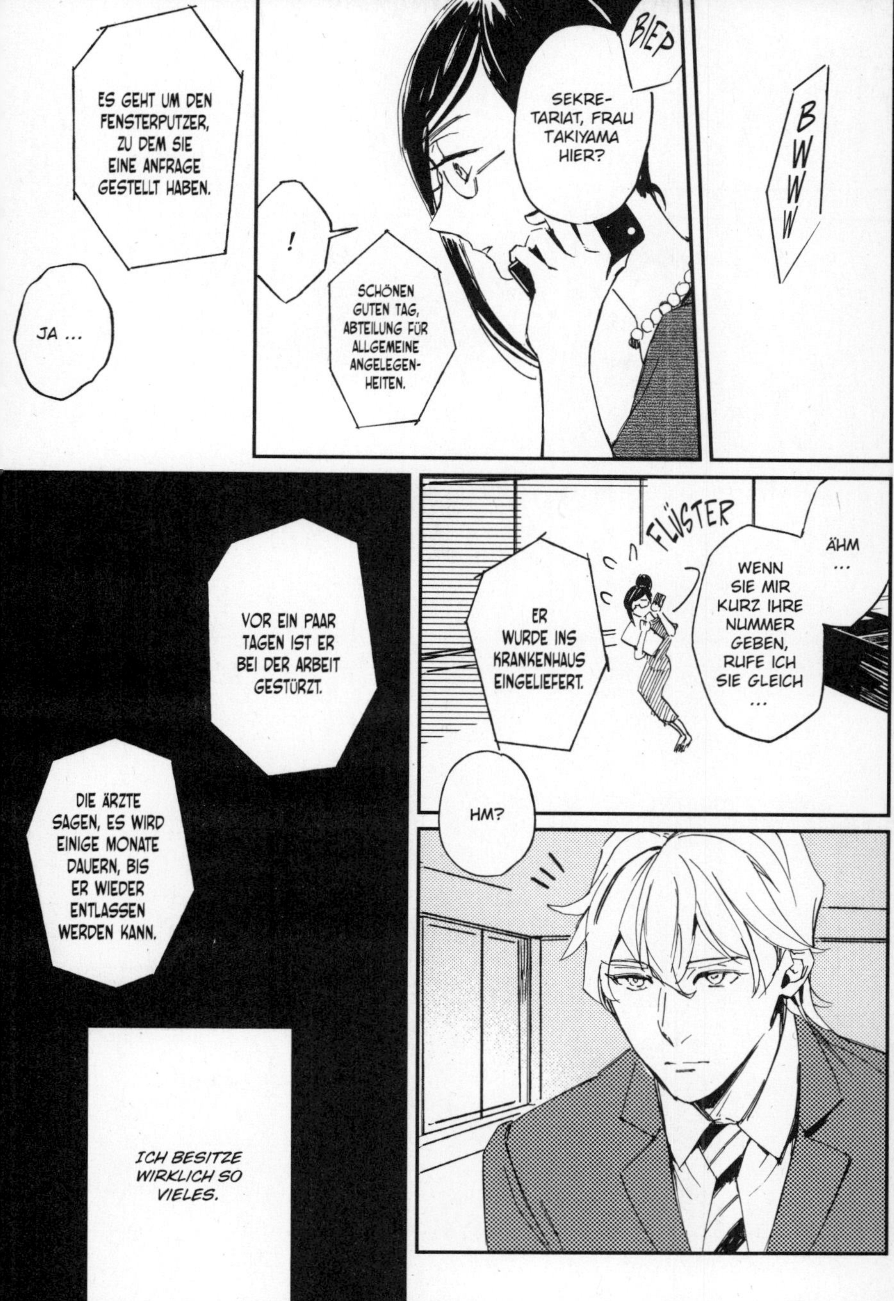
BWWW
BIEP
SEKRE-TARIAT, FRAU TAKIYAMA HIER?
SCHÖNEN GUTEN TAG, ABTEILUNG FÜR ALLGEMEINE ANGELEGEN-HEITEN.
!
ES GEHT UM DEN FENSTERPUTZER, ZU DEM SIE EINE ANFRAGE GESTELLT HABEN.
JA ...
ÄHM ...
WENN SIE MIR KURZ IHRE NUMMER GEBEN, RUFE ICH SIE GLEICH ...
FLÜSTER
ER WURDE INS KRANKENHAUS EINGELIEFERT.
HM?
VOR EIN PAAR TAGEN IST ER BEI DER ARBEIT GESTÜRZT.
DIE ÄRZTE SAGEN, ES WIRD EINIGE MONATE DAUERN, BIS ER WIEDER ENTLASSEN WERDEN KANN.
ICH BESITZE WIRKLICH SO VIELES.

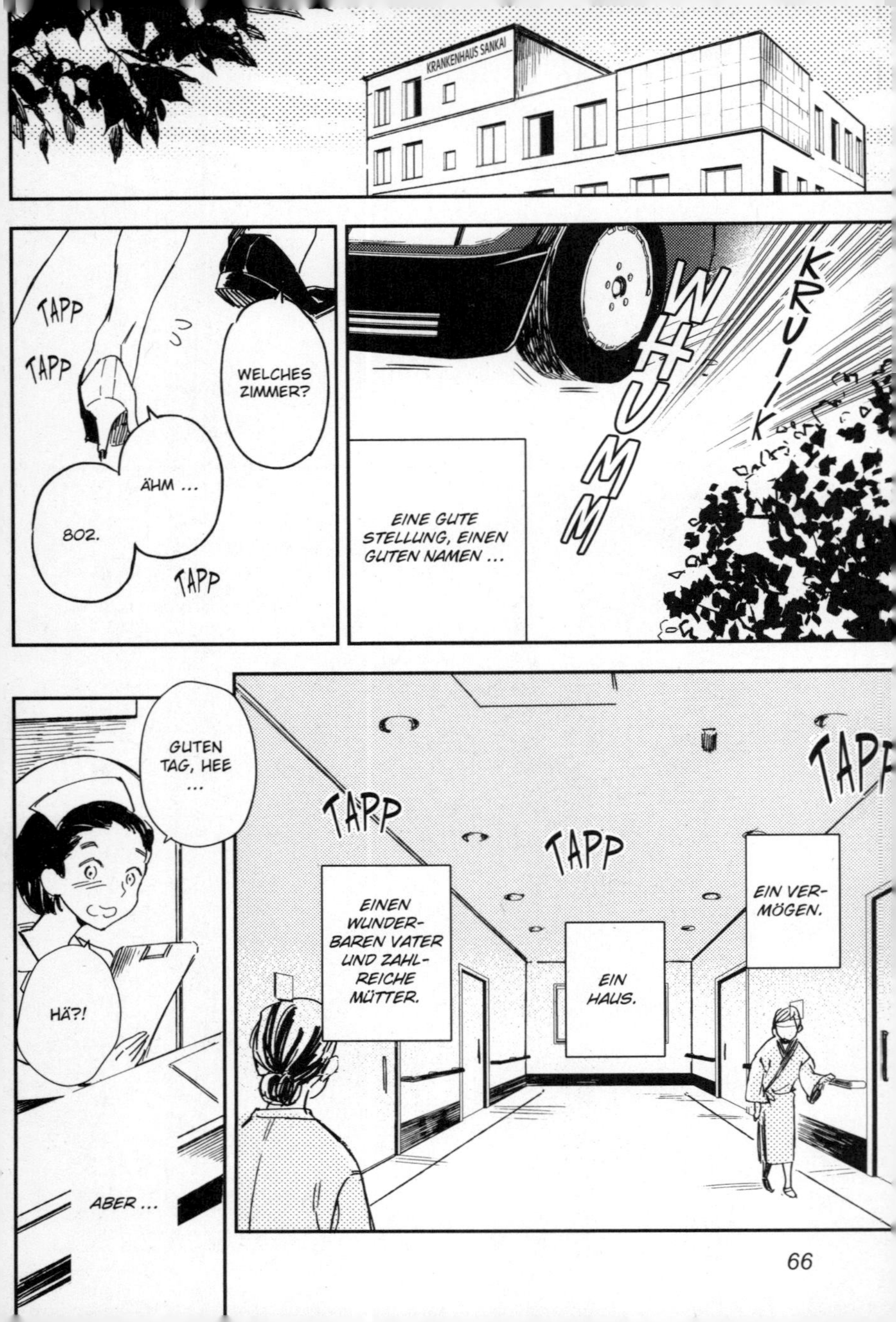

KRANKENHAUS SANKAI

KRUIIK
WHUMM
EINE GUTE STELLUNG, EINEN GUTEN NAMEN …

TAPP
TAPP
WELCHES ZIMMER?
ÄHM …
802.
TAPP

TAPP
TAPP
TAPP
EIN VERMÖGEN.
EIN HAUS.
EINEN WUNDERBAREN VATER UND ZAHLREICHE MÜTTER.

GUTEN TAG, HEE …
HÄ?!
ABER …

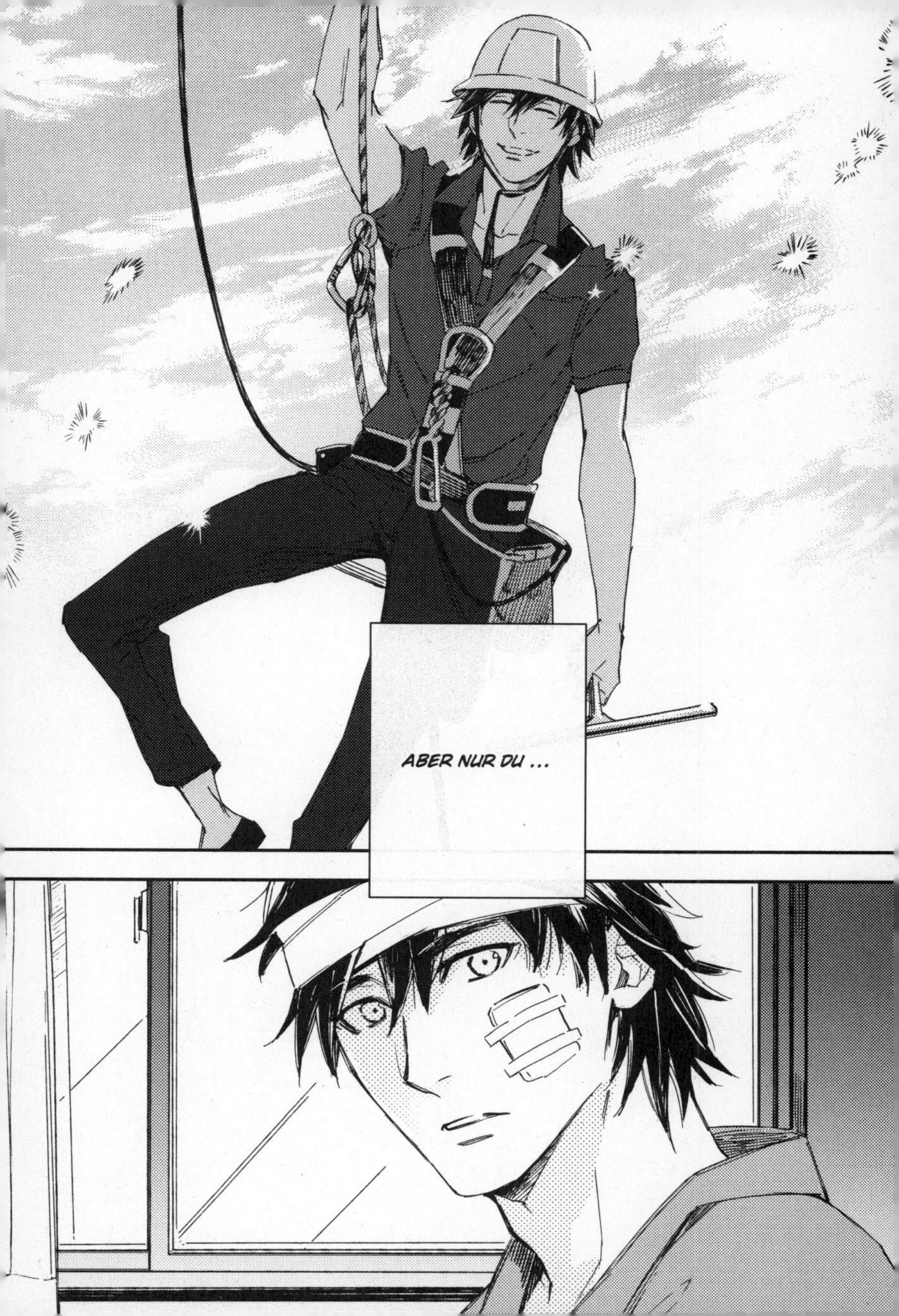
ABER NUR DU ...

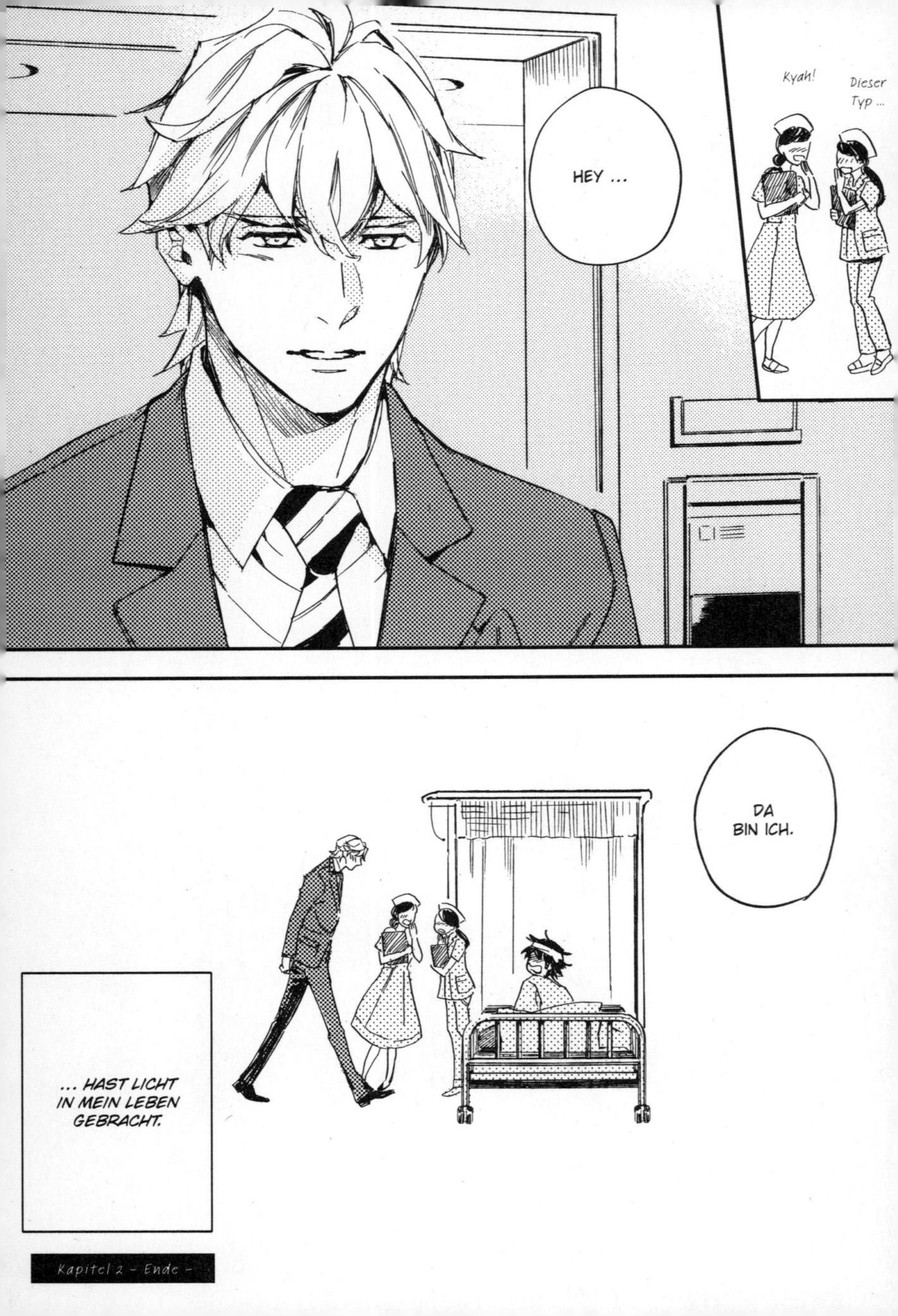

Dieser Typ ...

Kyah!

HEY ...

DA BIN ICH.

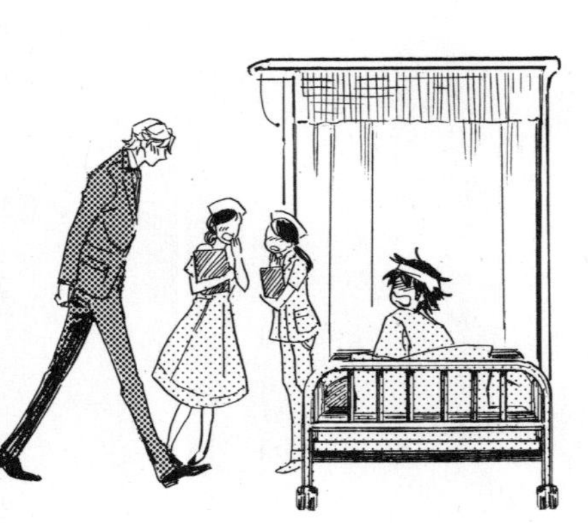

... HAST LICHT IN MEIN LEBEN GEBRACHT.

Kapitel 2 - Ende -

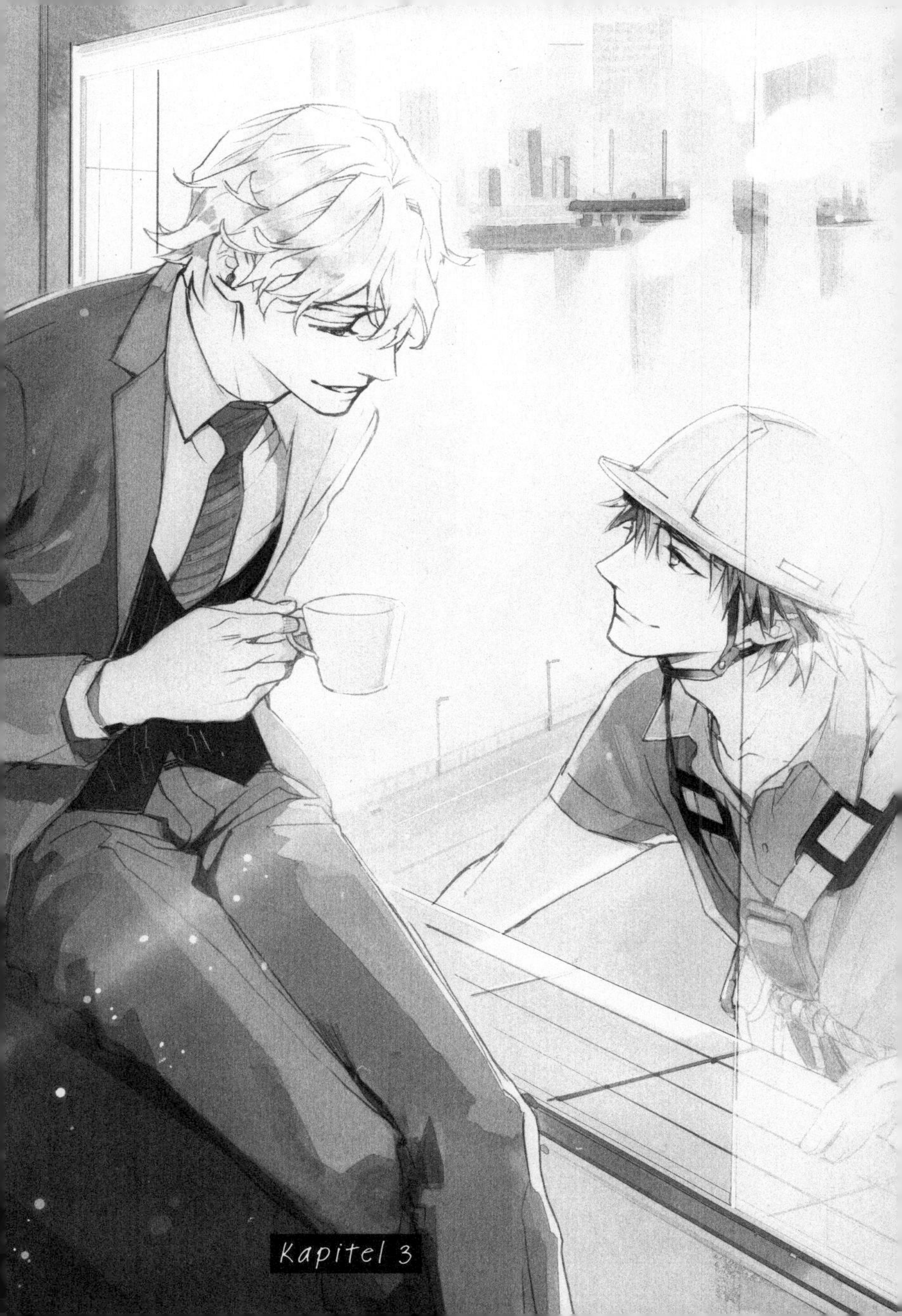
Kapitel 3

Treffpunkt Wolke Sieben

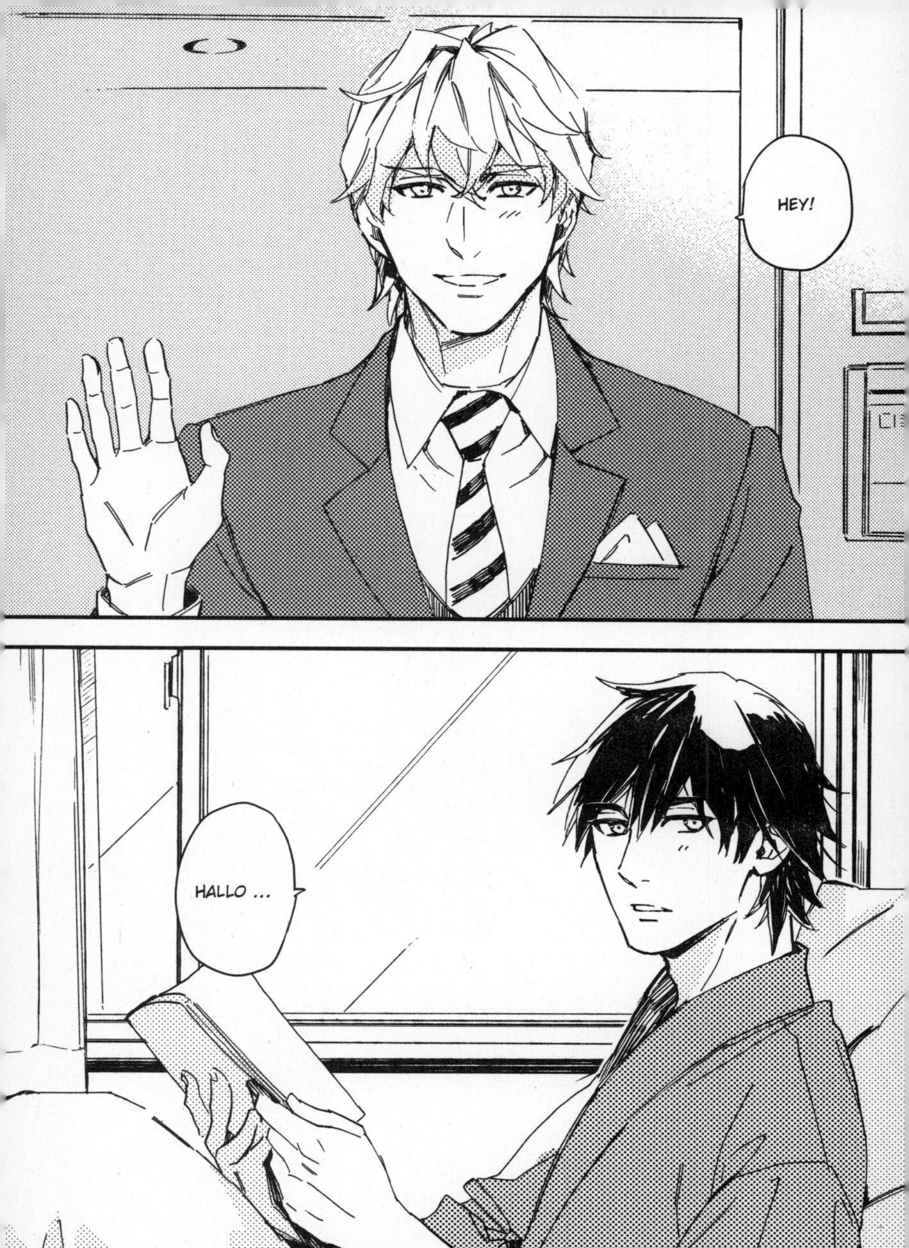
HEY!
HALLO ...

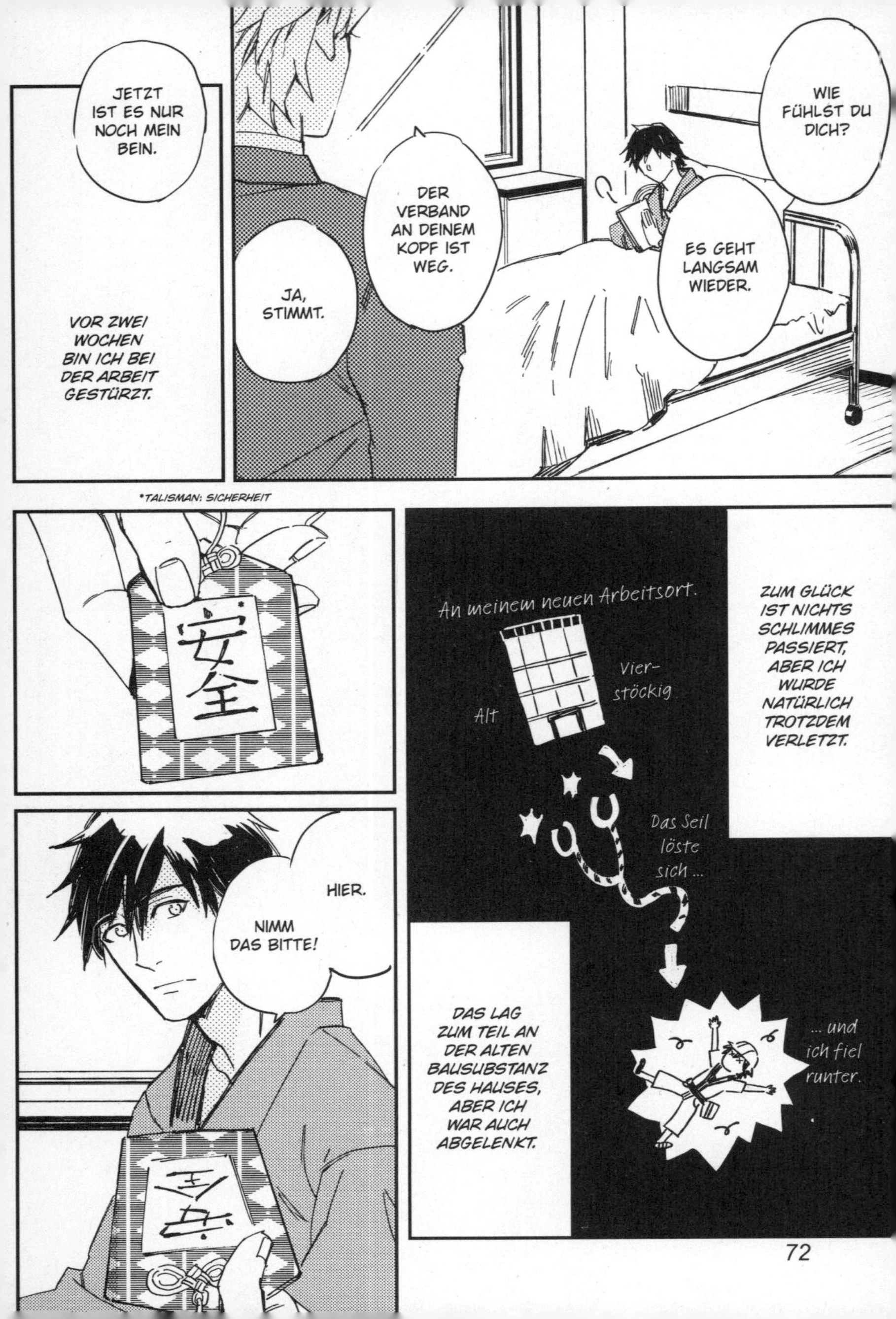

WIE FÜHLST DU DICH?

ES GEHT LANGSAM WIEDER.

DER VERBAND AN DEINEM KOPF IST WEG.

JA, STIMMT.

JETZT IST ES NUR NOCH MEIN BEIN.

VOR ZWEI WOCHEN BIN ICH BEI DER ARBEIT GESTÜRZT.

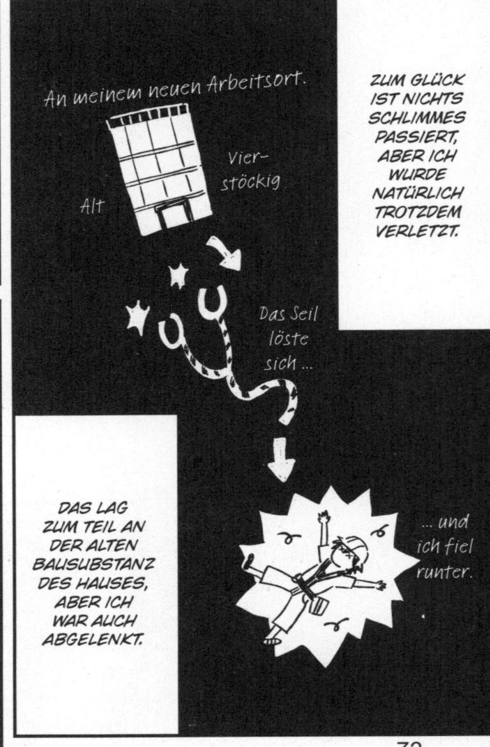

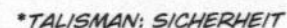
*TALISMAN: SICHERHEIT

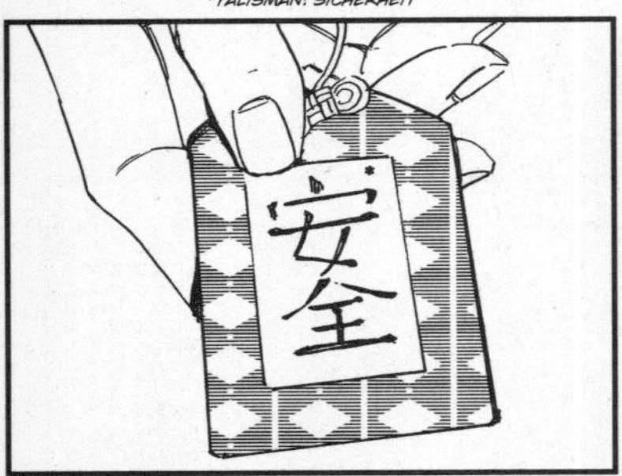

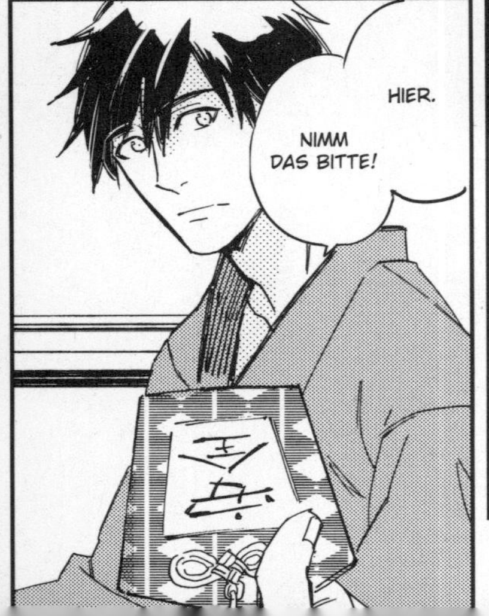

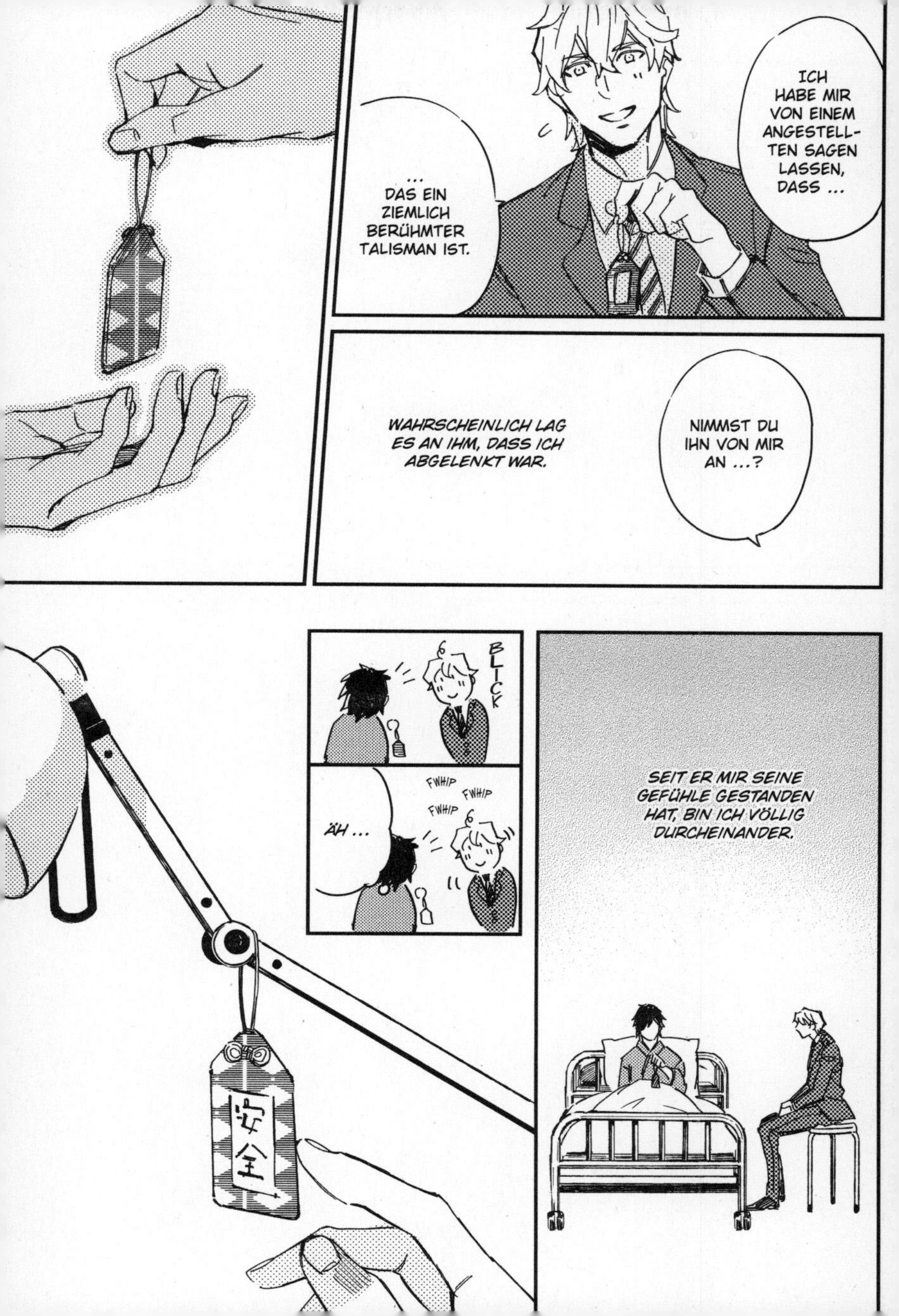

ICH HABE MIR VON EINEM ANGESTELL-TEN SAGEN LASSEN, DASS …

… DAS EIN ZIEMLICH BERÜHMTER TALISMAN IST.

NIMMST DU IHN VON MIR AN …?

WAHRSCHEINLICH LAG ES AN IHM, DASS ICH ABGELENKT WAR.

BLICK

FWHIP

FWHIP

FWHIP

ÄH …

SEIT ER MIR SEINE GEFÜHLE GESTANDEN HAT, BIN ICH VÖLLIG DURCHEINANDER.

安全

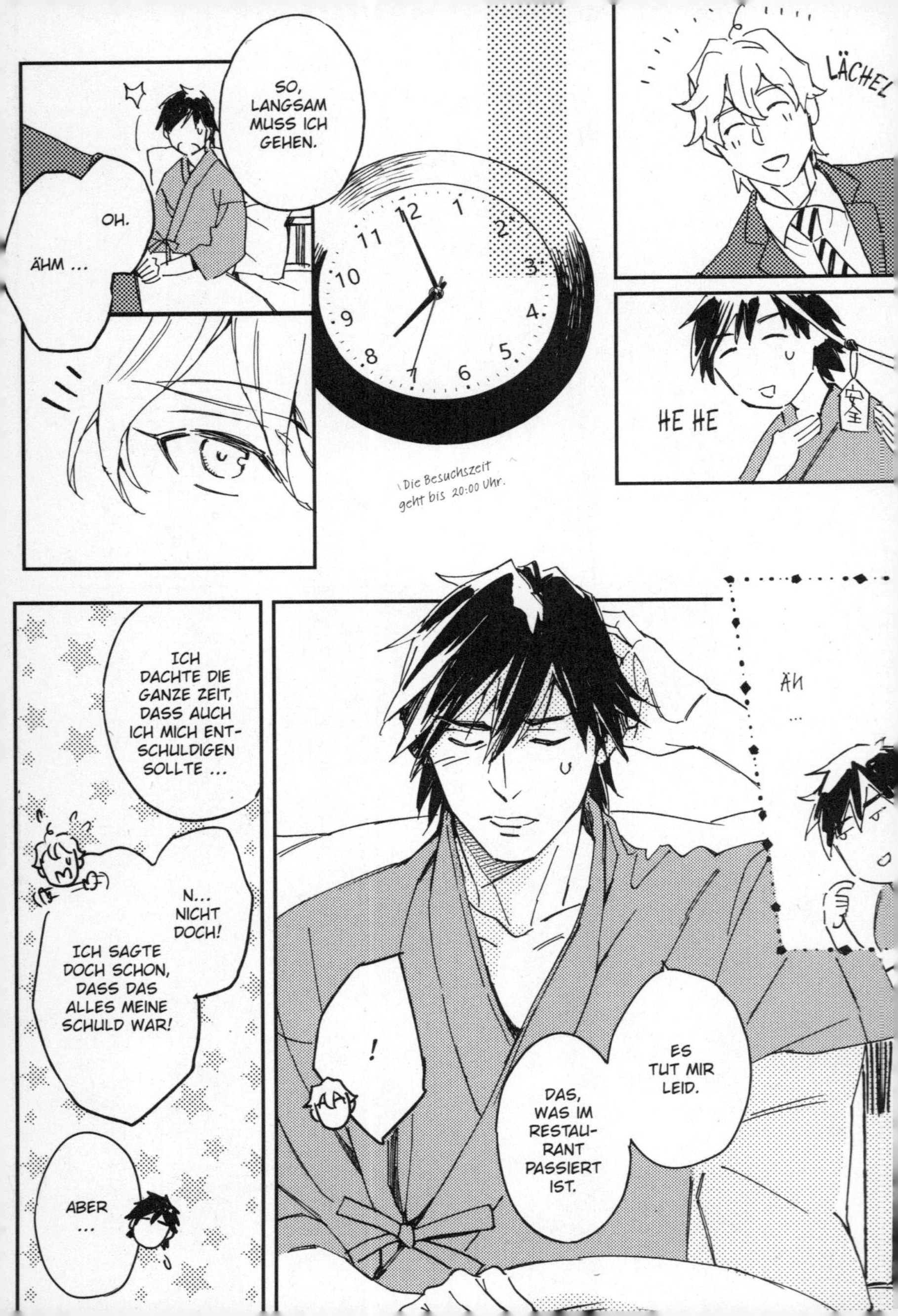
LÄCHEL
SO, LANGSAM MUSS ICH GEHEN.
OH.
ÄHM ...
HE HE
Die Besuchszeit geht bis 20:00 Uhr.
ÄH ...
ES TUT MIR LEID.
DAS, WAS IM RESTAURANT PASSIERT IST.
!
ICH DACHTE DIE GANZE ZEIT, DASS AUCH ICH MICH ENTSCHULDIGEN SOLLTE ...
N... NICHT DOCH!
ICH SAGTE DOCH SCHON, DASS DAS ALLES MEINE SCHULD WAR!
ABER ...

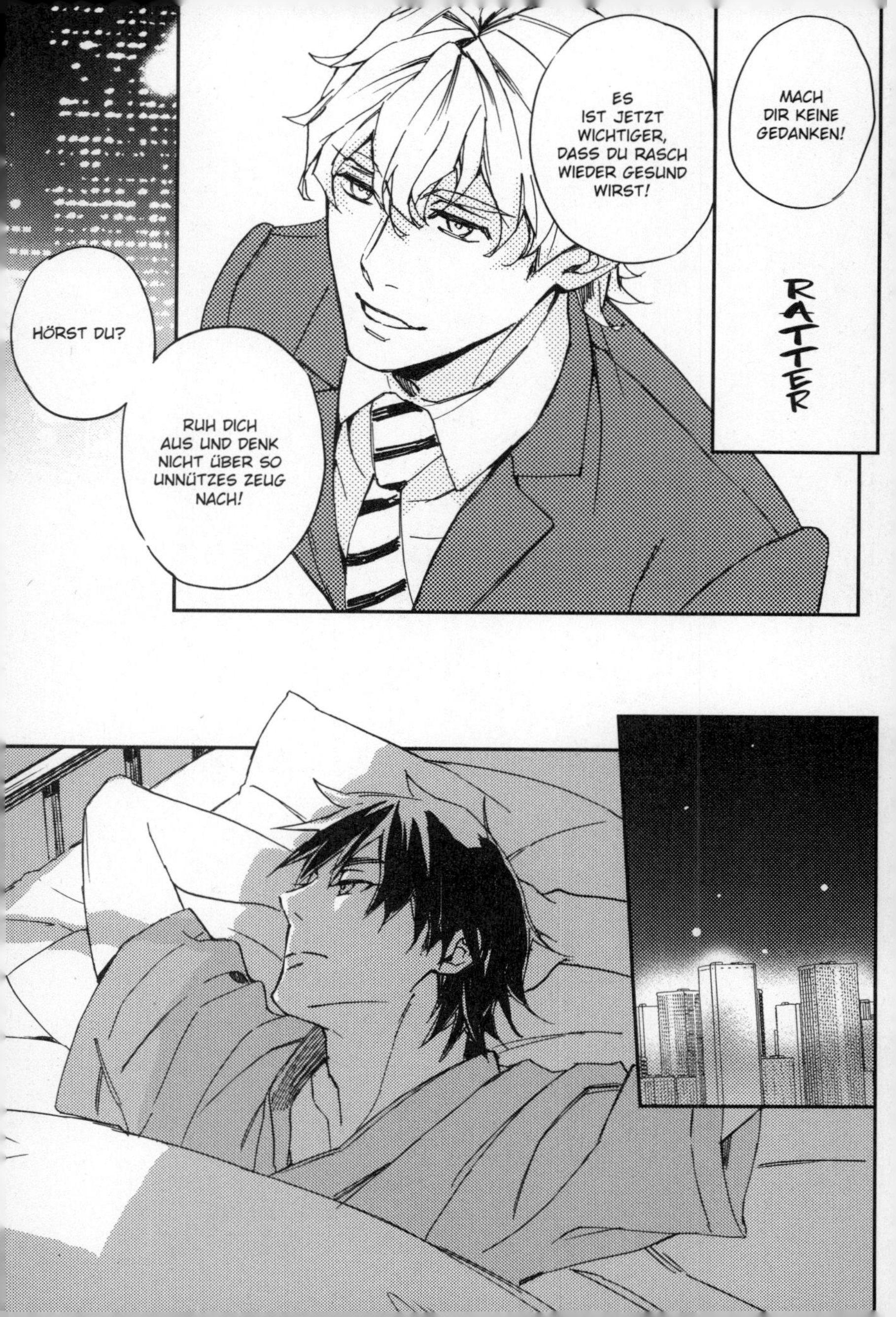

MACH DIR KEINE GEDANKEN!

RATTER

ES IST JETZT WICHTIGER, DASS DU RASCH WIEDER GESUND WIRST!

HÖRST DU?

RUH DICH AUS UND DENK NICHT ÜBER SO UNNÜTZES ZEUG NACH!

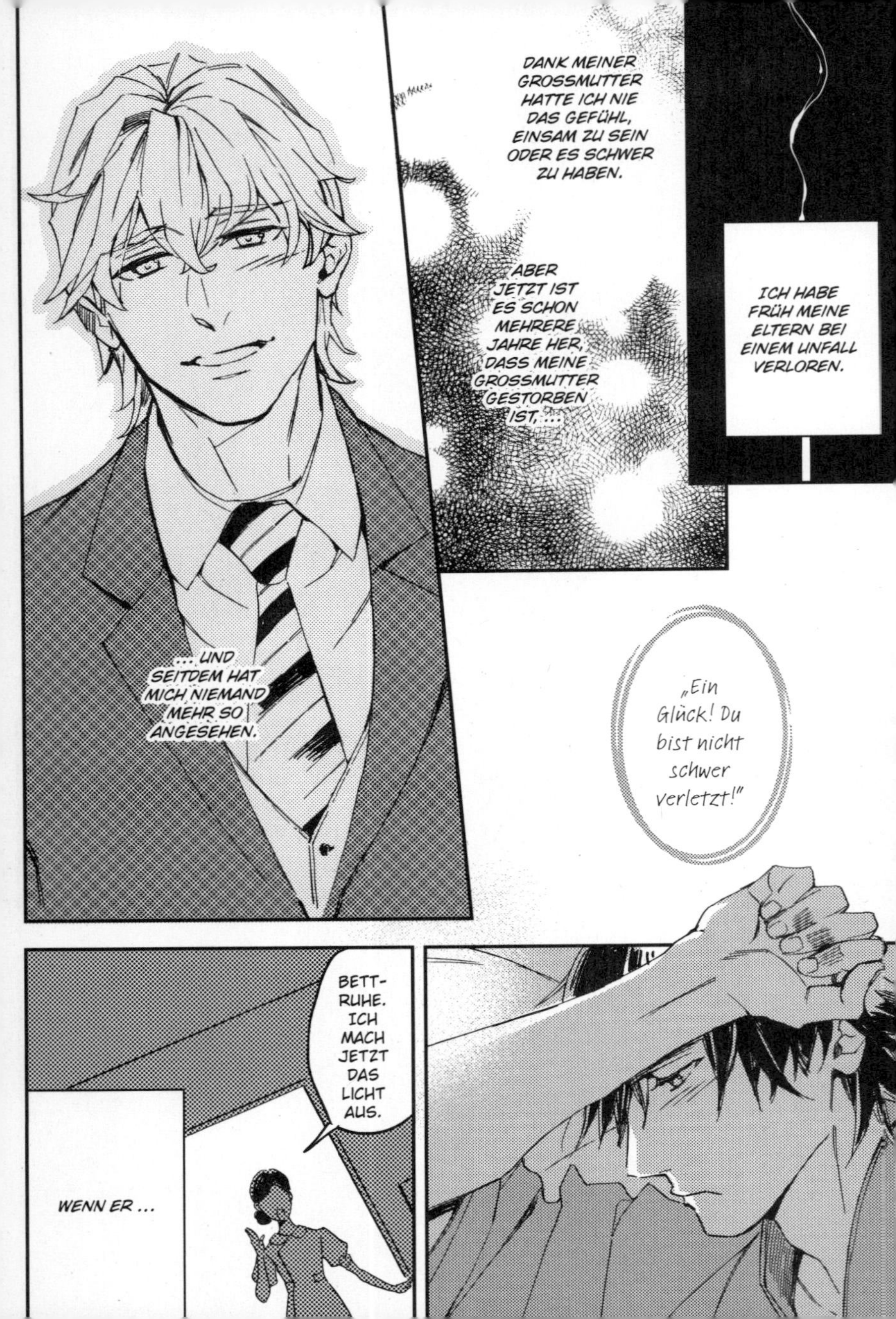
ICH HABE FRÜH MEINE ELTERN BEI EINEM UNFALL VERLOREN.
DANK MEINER GROSSMUTTER HATTE ICH NIE DAS GEFÜHL, EINSAM ZU SEIN ODER ES SCHWER ZU HABEN.
ABER JETZT IST ES SCHON MEHRERE JAHRE HER, DASS MEINE GROSSMUTTER GESTORBEN IST, …
„Ein Glück! Du bist nicht schwer verletzt!"
… UND SEITDEM HAT MICH NIEMAND MEHR SO ANGESEHEN.
BETT-RUHE. ICH MACH JETZT DAS LICHT AUS.
WENN ER …

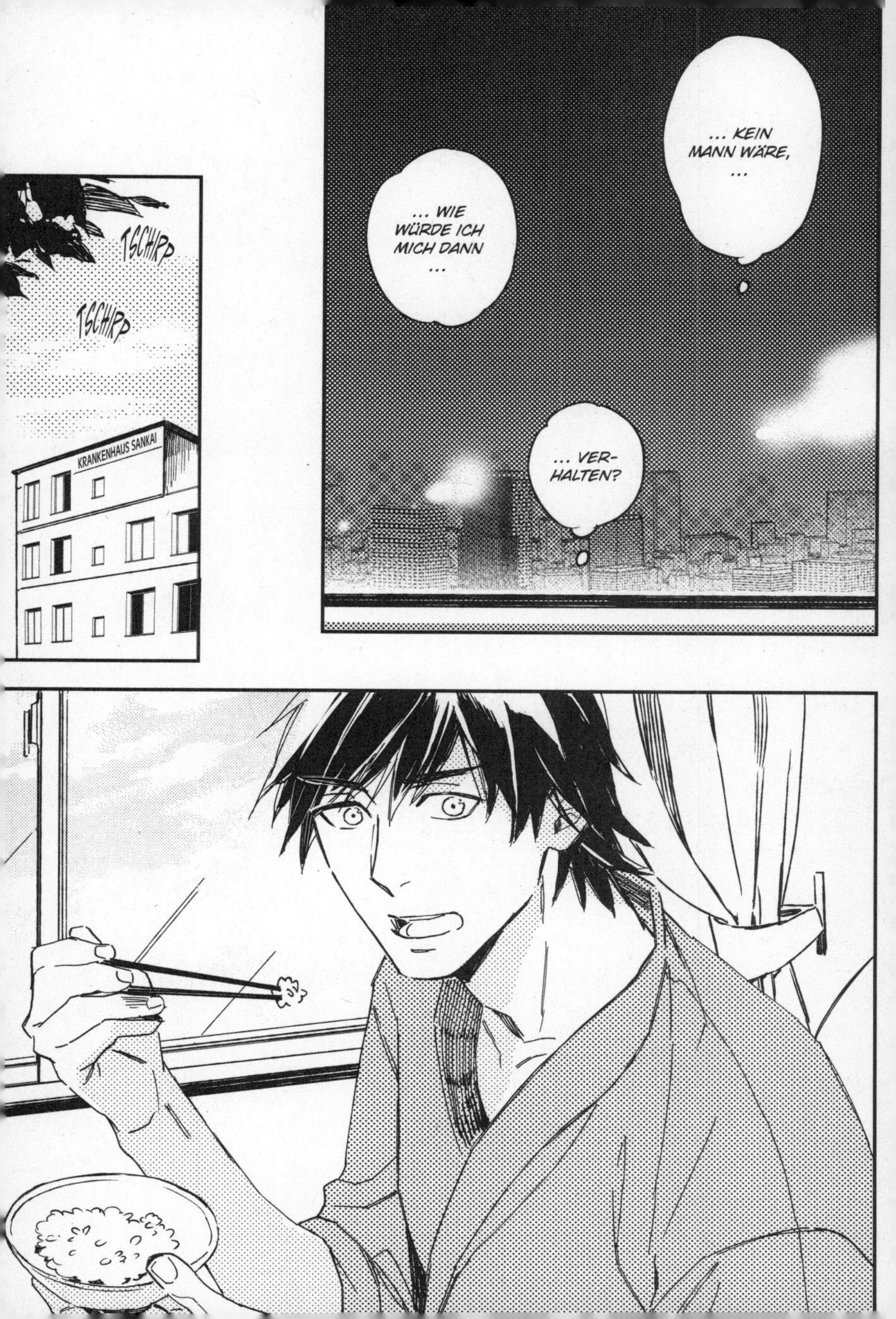

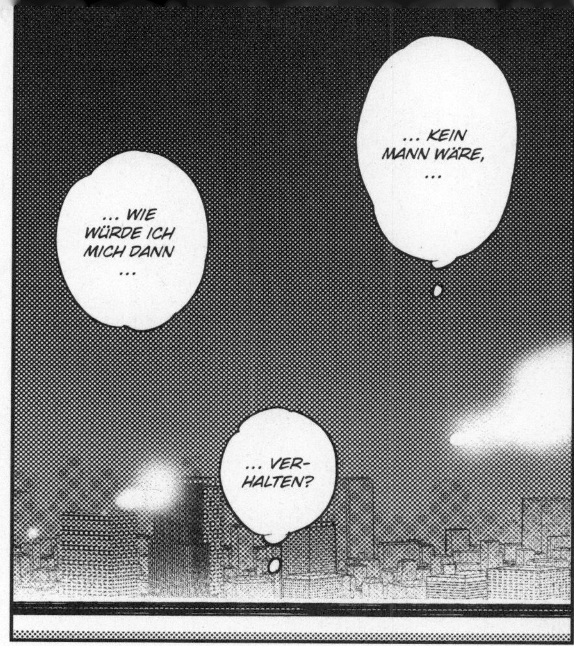
... KEIN MANN WÄRE, ...
... WIE WÜRDE ICH MICH DANN ...
... VER-HALTEN?

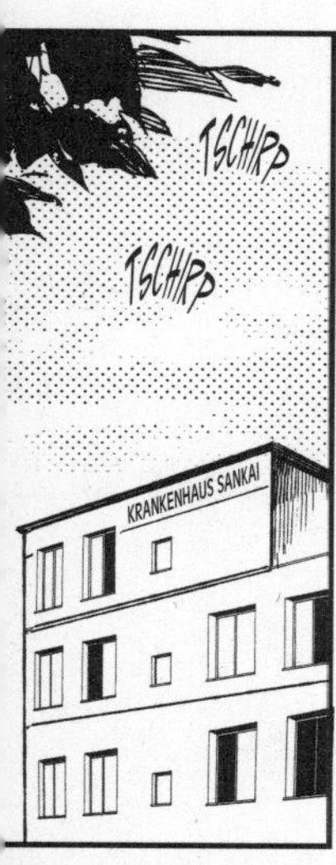
TSCHIRP
TSCHIRP
KRANKENHAUS SANKAI

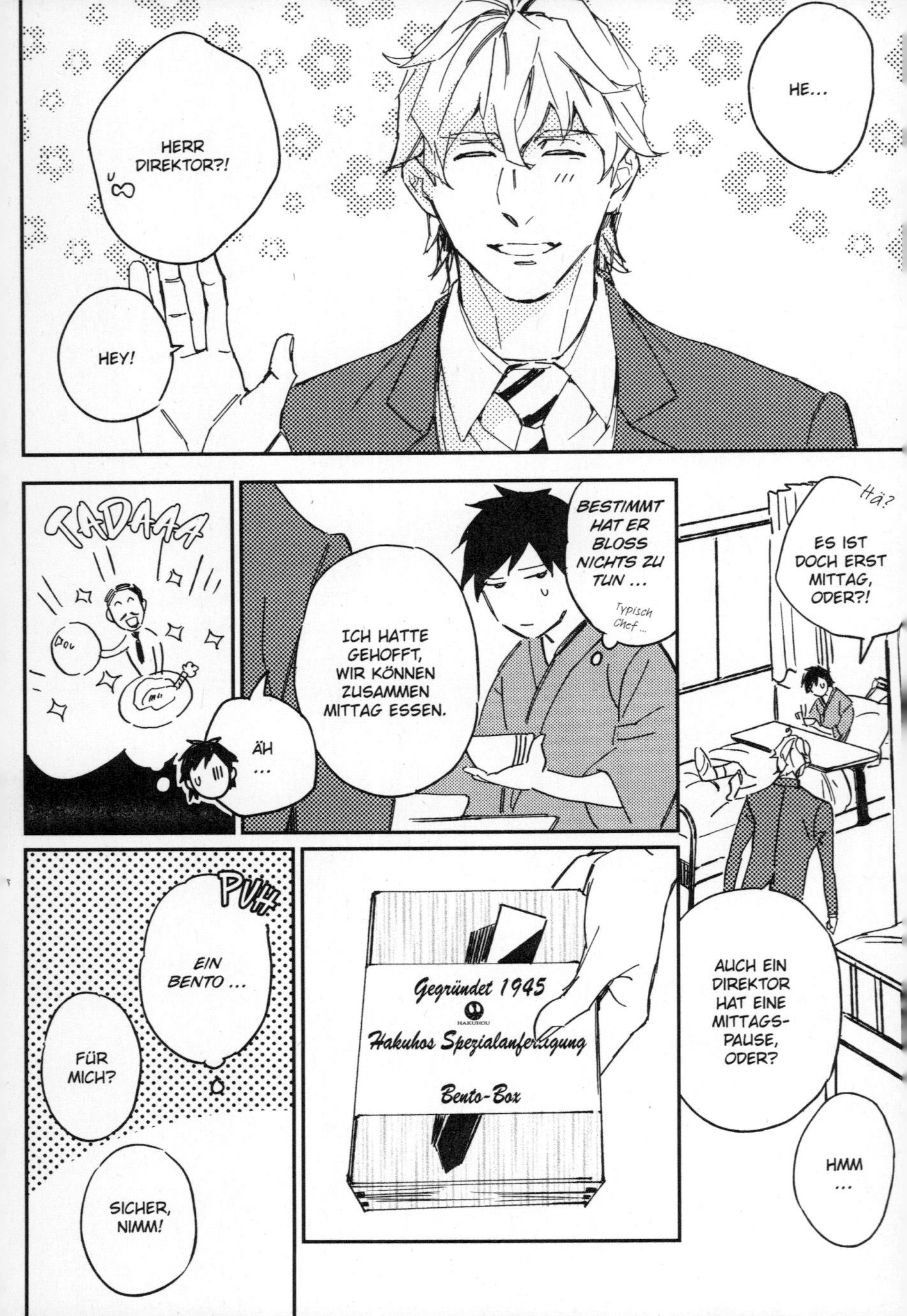
HE…
HERR DIREKTOR?!
HEY!
Hä?
ES IST DOCH ERST MITTAG, ODER?!
BESTIMMT HAT ER BLOSS NICHTS ZU TUN …
Typisch Chef …
ICH HATTE GEHOFFT, WIR KÖNNEN ZUSAMMEN MITTAG ESSEN.
ÄH …
TADAAA
AUCH EIN DIREKTOR HAT EINE MITTAGS-PAUSE, ODER?
HMM …
Gegründet 1945
HAKUHOU
Hakuhos Spezialanfertigung
Bento-Box
PUH
EIN BENTO …
FÜR MICH?
SICHER, NIMM!

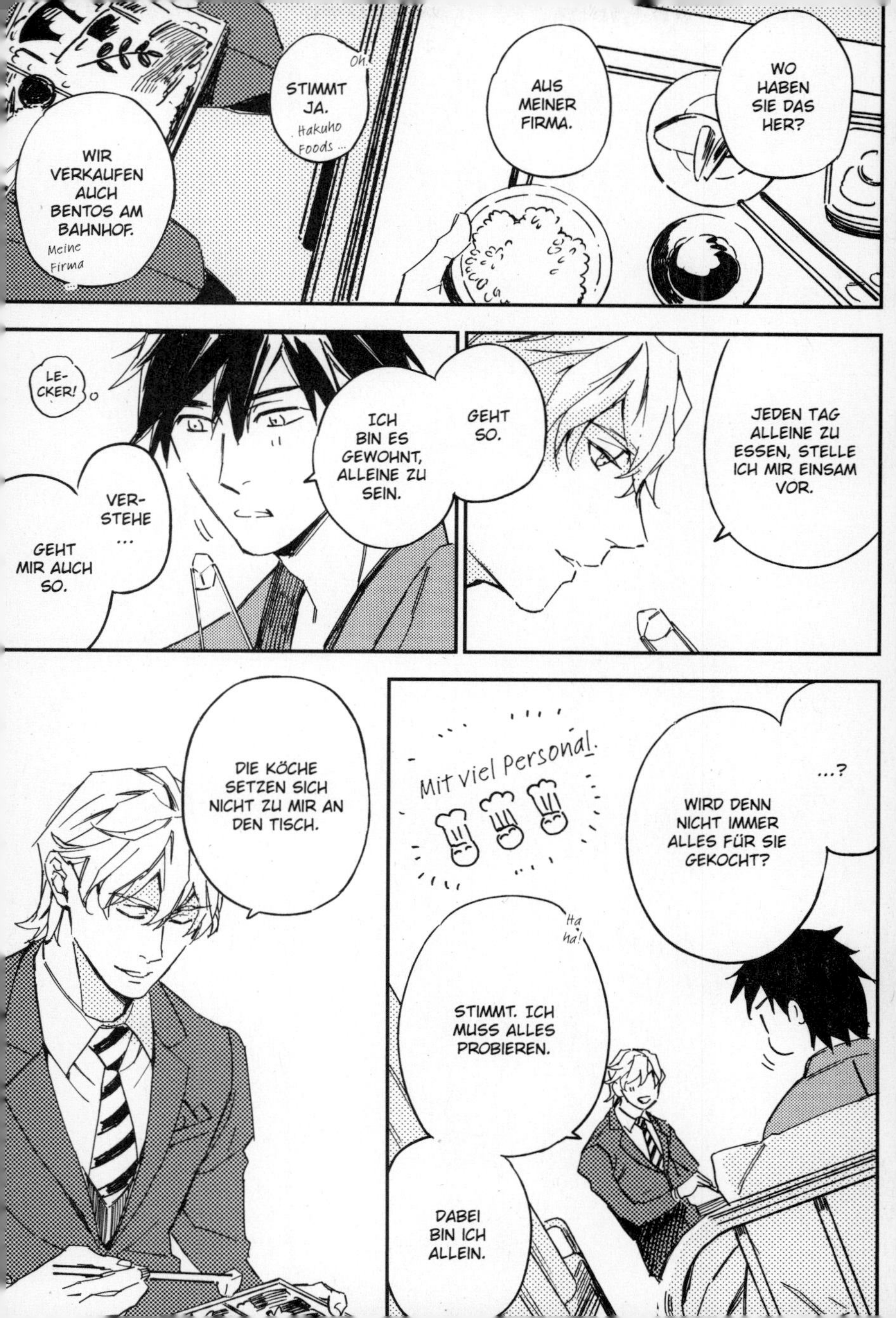

WO HABEN SIE DAS HER?
AUS MEINER FIRMA.
Oh.
STIMMT JA.
Hakuho Foods ...
WIR VERKAUFEN AUCH BENTOS AM BAHNHOF.
Meine Firma ...
JEDEN TAG ALLEINE ZU ESSEN, STELLE ICH MIR EINSAM VOR.
GEHT SO.
ICH BIN ES GEWOHNT, ALLEINE ZU SEIN.
LE-CKER!
VER-STEHE ...
GEHT MIR AUCH SO.
...?
WIRD DENN NICHT IMMER ALLES FÜR SIE GEKOCHT?
Mit viel Personal.
DIE KÖCHE SETZEN SICH NICHT ZU MIR AN DEN TISCH.
Ha ha!
STIMMT. ICH MUSS ALLES PROBIEREN.
DABEI BIN ICH ALLEIN.

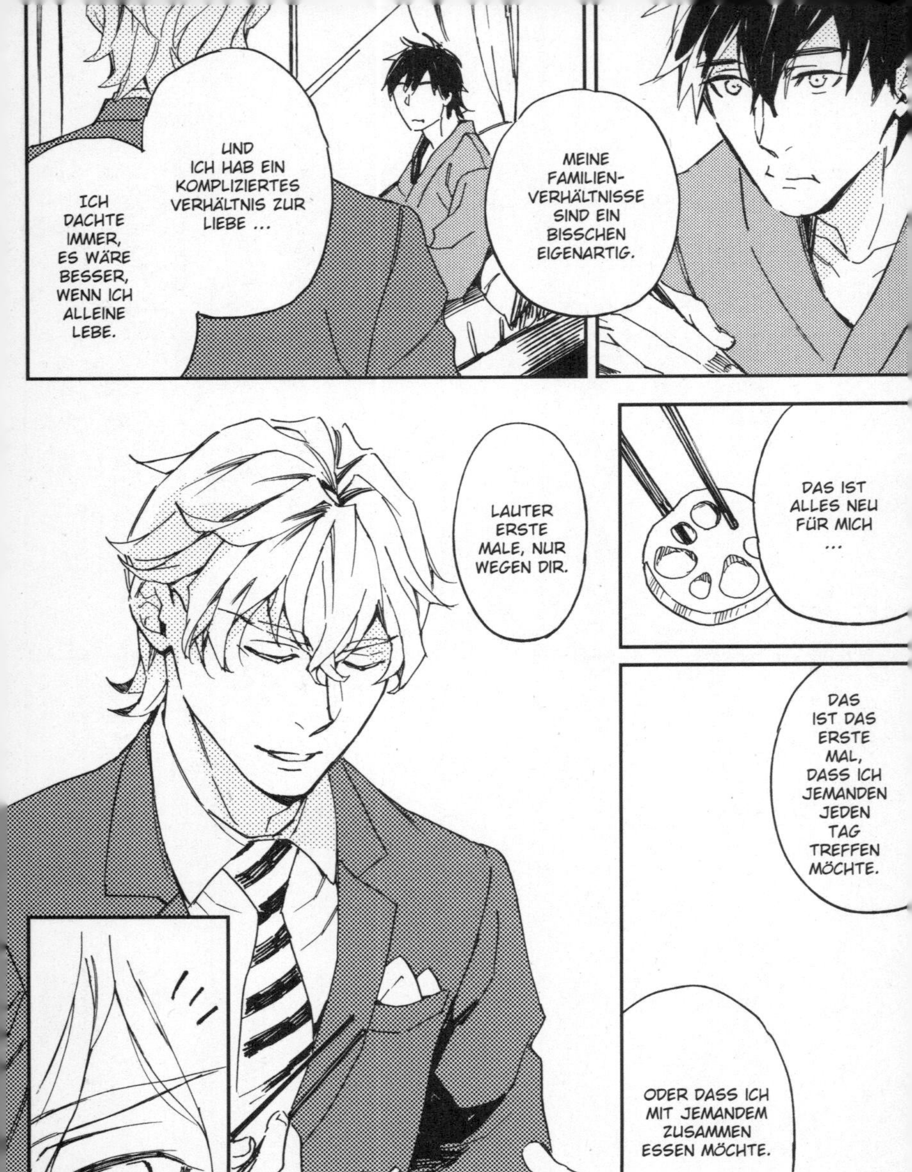
MEINE FAMILIEN-VERHÄLTNISSE SIND EIN BISSCHEN EIGENARTIG.
UND ICH HAB EIN KOMPLIZIERTES VERHÄLTNIS ZUR LIEBE …
ICH DACHTE IMMER, ES WÄRE BESSER, WENN ICH ALLEINE LEBE.
DAS IST ALLES NEU FÜR MICH …
DAS IST DAS ERSTE MAL, DASS ICH JEMANDEN JEDEN TAG TREFFEN MÖCHTE.
ODER DASS ICH MIT JEMANDEM ZUSAMMEN ESSEN MÖCHTE.
LAUTER ERSTE MALE, NUR WEGEN DIR.

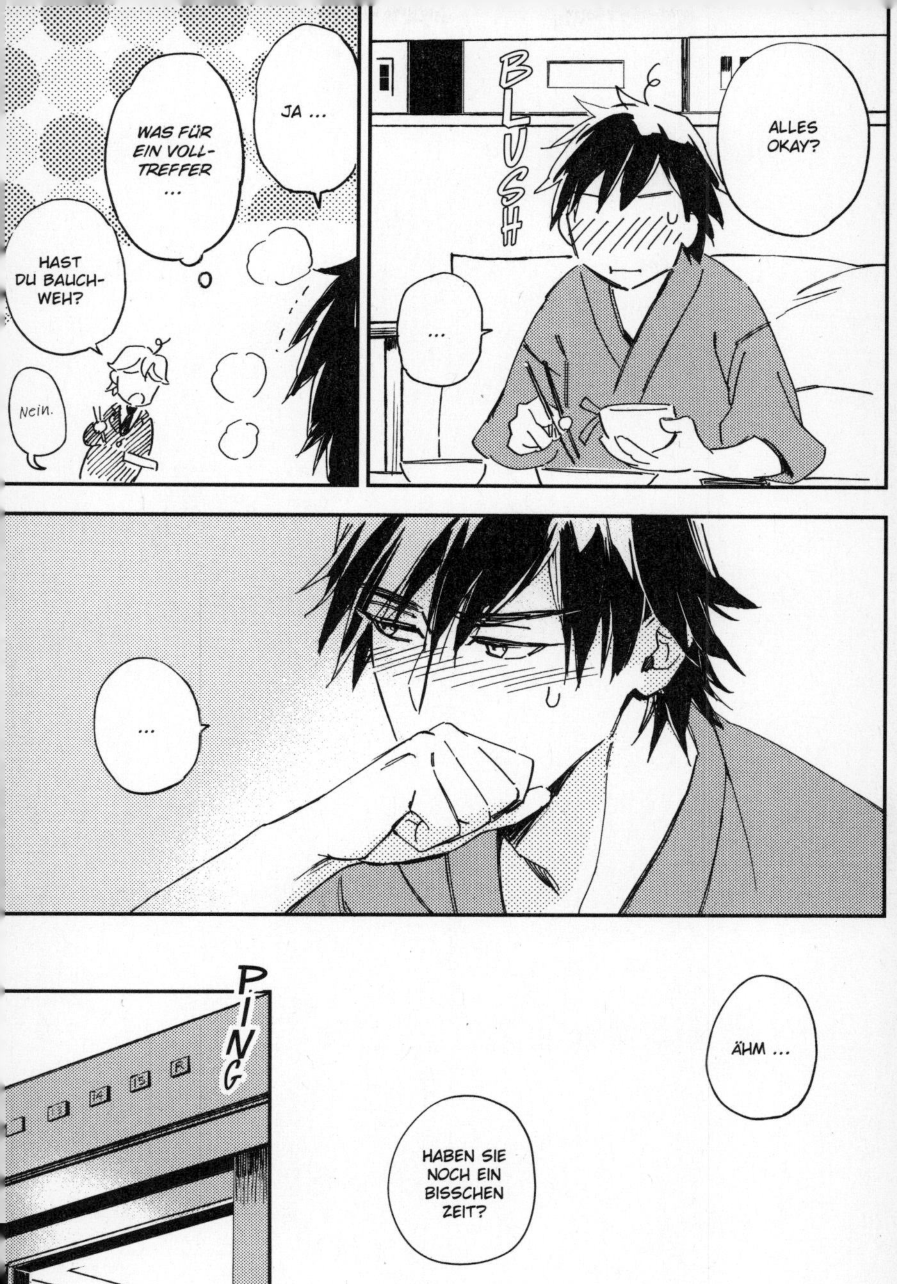
BLUSH
ALLES OKAY?
...
JA ...
WAS FÜR EIN VOLL-TREFFER ...
HAST DU BAUCH-WEH?
Nein.
...
PING
ÄHM ...
HABEN SIE NOCH EIN BISSCHEN ZEIT?

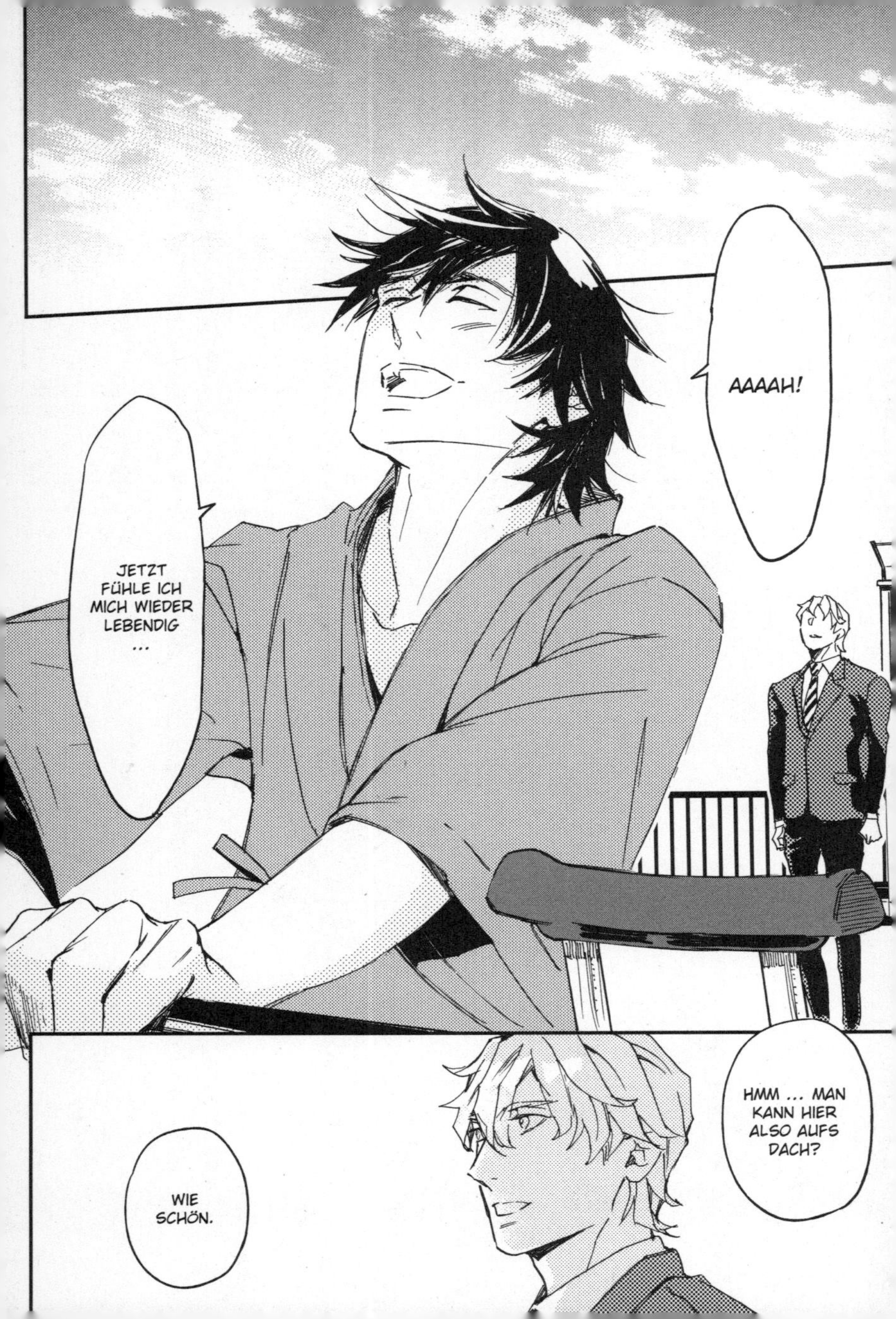
AAAAH!
JETZT FÜHLE ICH MICH WIEDER LEBENDIG …
HMM … MAN KANN HIER ALSO AUFS DACH?
WIE SCHÖN.

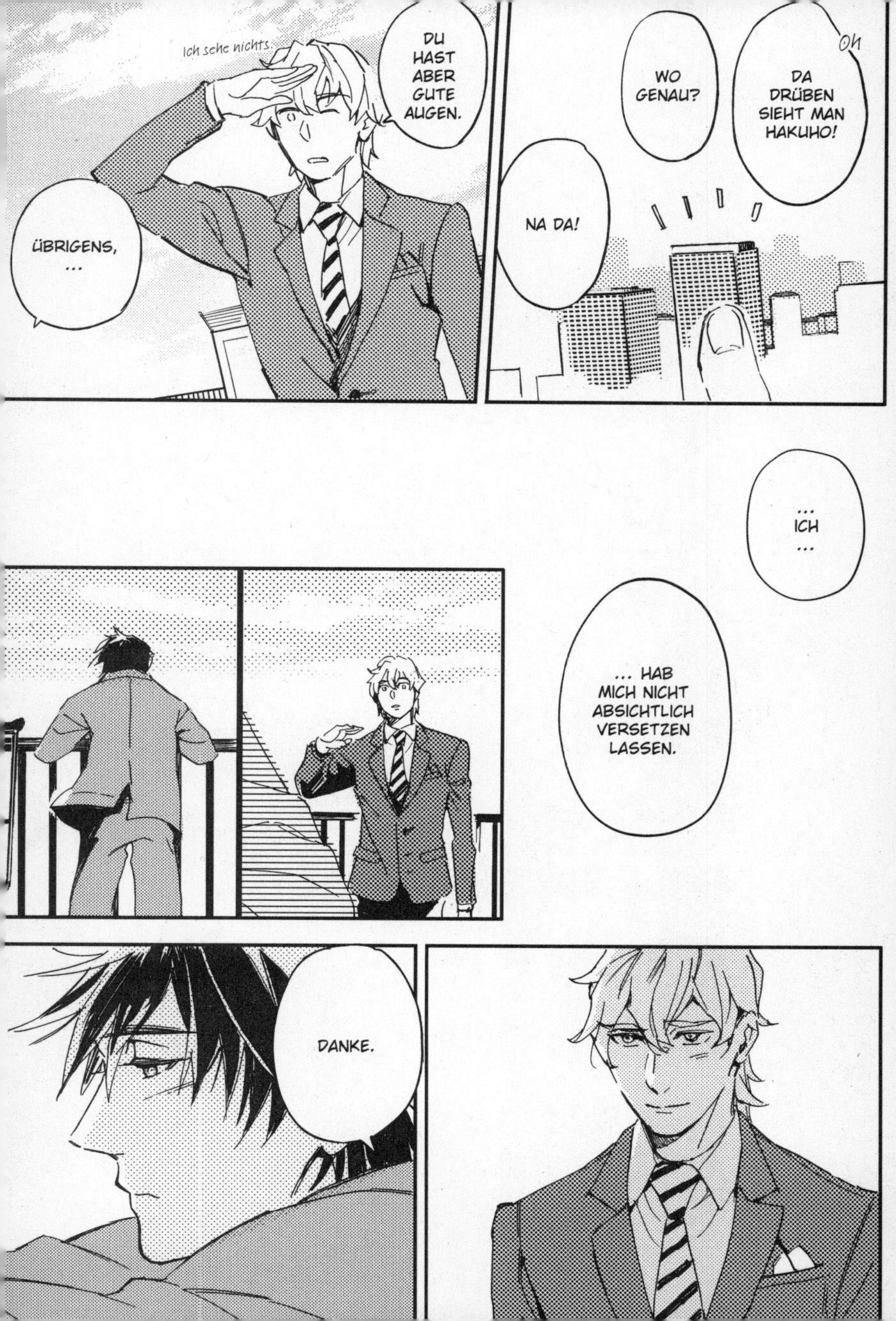
Oh
DA DRÜBEN SIEHT MAN HAKUHO!
WO GENAU?
NA DA!
DU HAST ABER GUTE AUGEN.
Ich sehe nichts.
ÜBRIGENS, ...
... ICH ...
... HAB MICH NICHT ABSICHTLICH VERSETZEN LASSEN.
DANKE.

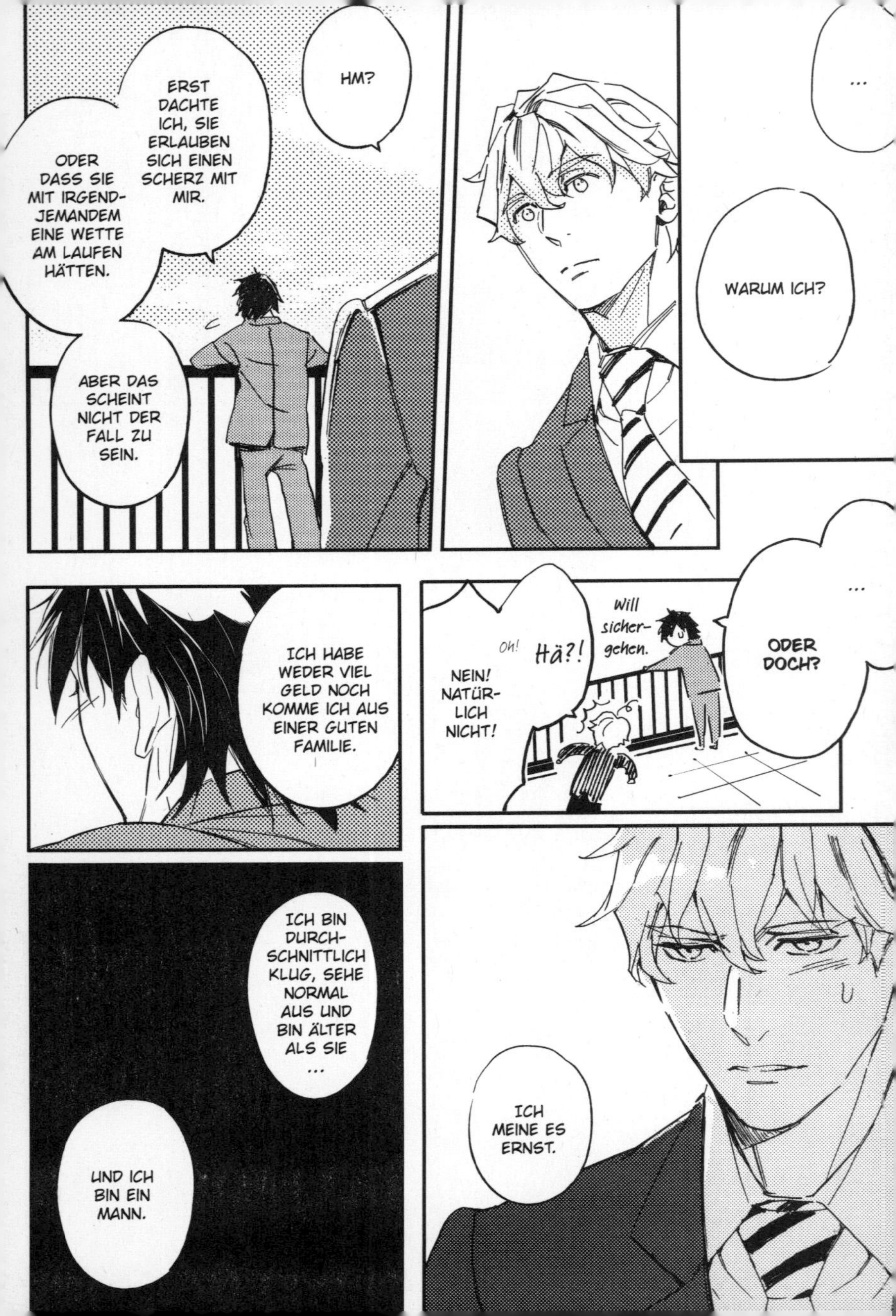
...
WARUM ICH?
HM?
ERST DACHTE ICH, SIE ERLAUBEN SICH EINEN SCHERZ MIT MIR.
ODER DASS SIE MIT IRGEND-JEMANDEM EINE WETTE AM LAUFEN HÄTTEN.
ABER DAS SCHEINT NICHT DER FALL ZU SEIN.
...
ODER DOCH?
Will sicher-gehen.
Hä?!
Oh!
NEIN! NATÜR-LICH NICHT!
ICH HABE WEDER VIEL GELD NOCH KOMME ICH AUS EINER GUTEN FAMILIE.
ICH BIN DURCH-SCHNITTLICH KLUG, SEHE NORMAL AUS UND BIN ÄLTER ALS SIE ...
UND ICH BIN EIN MANN.
ICH MEINE ES ERNST.

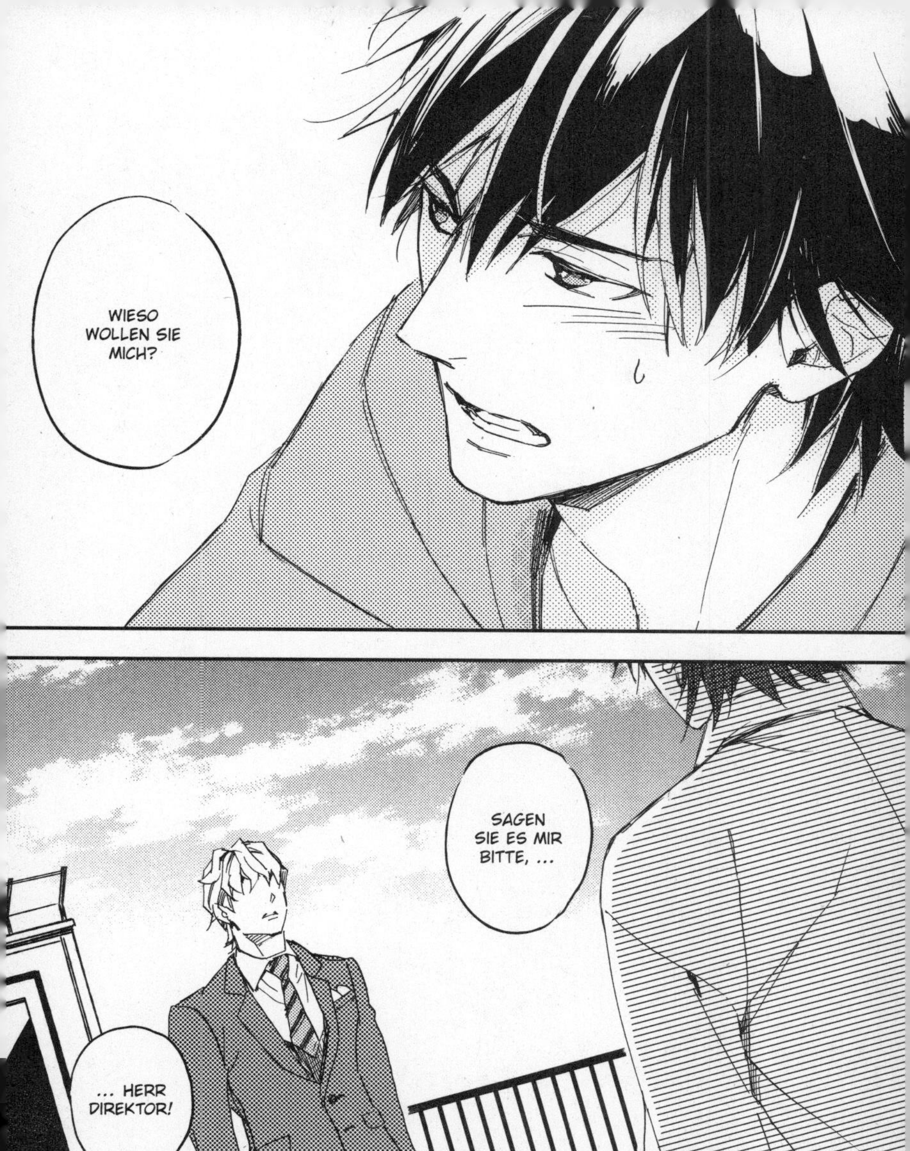
WIESO WOLLEN SIE MICH?
SAGEN SIE ES MIR BITTE, ...
... HERR DIREKTOR!

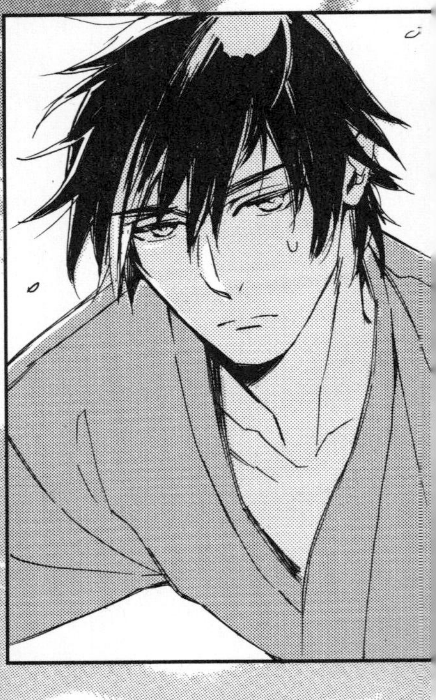

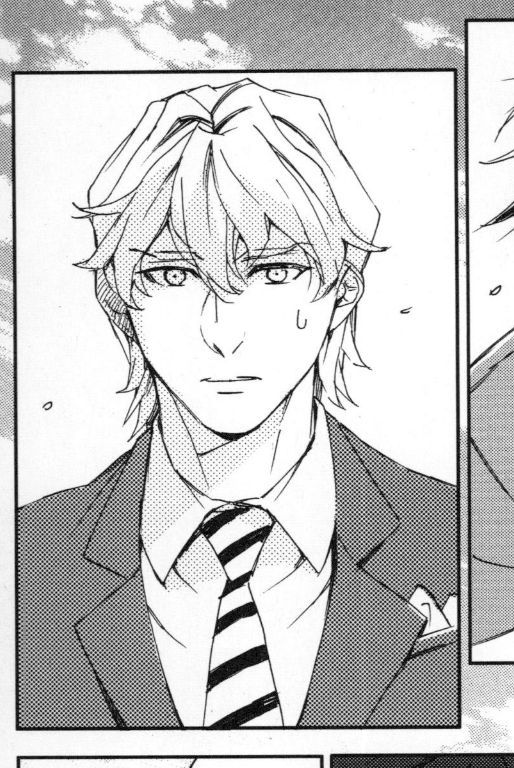

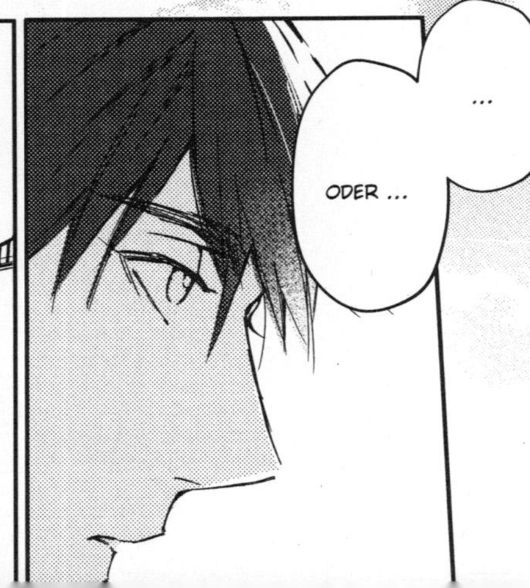

...
ODER ...

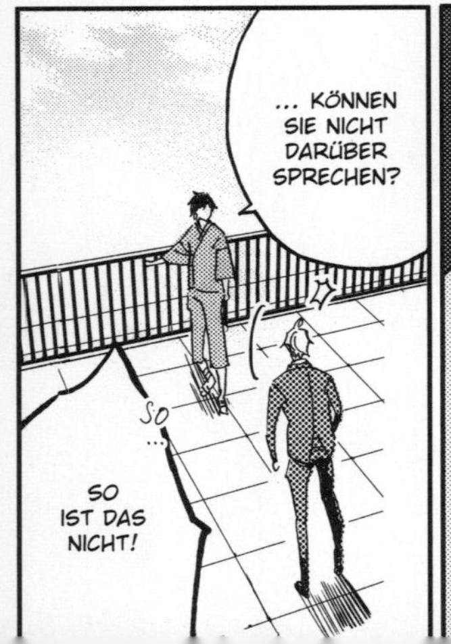

... KÖNNEN SIE NICHT DARÜBER SPRECHEN?
SO ...
SO IST DAS NICHT!

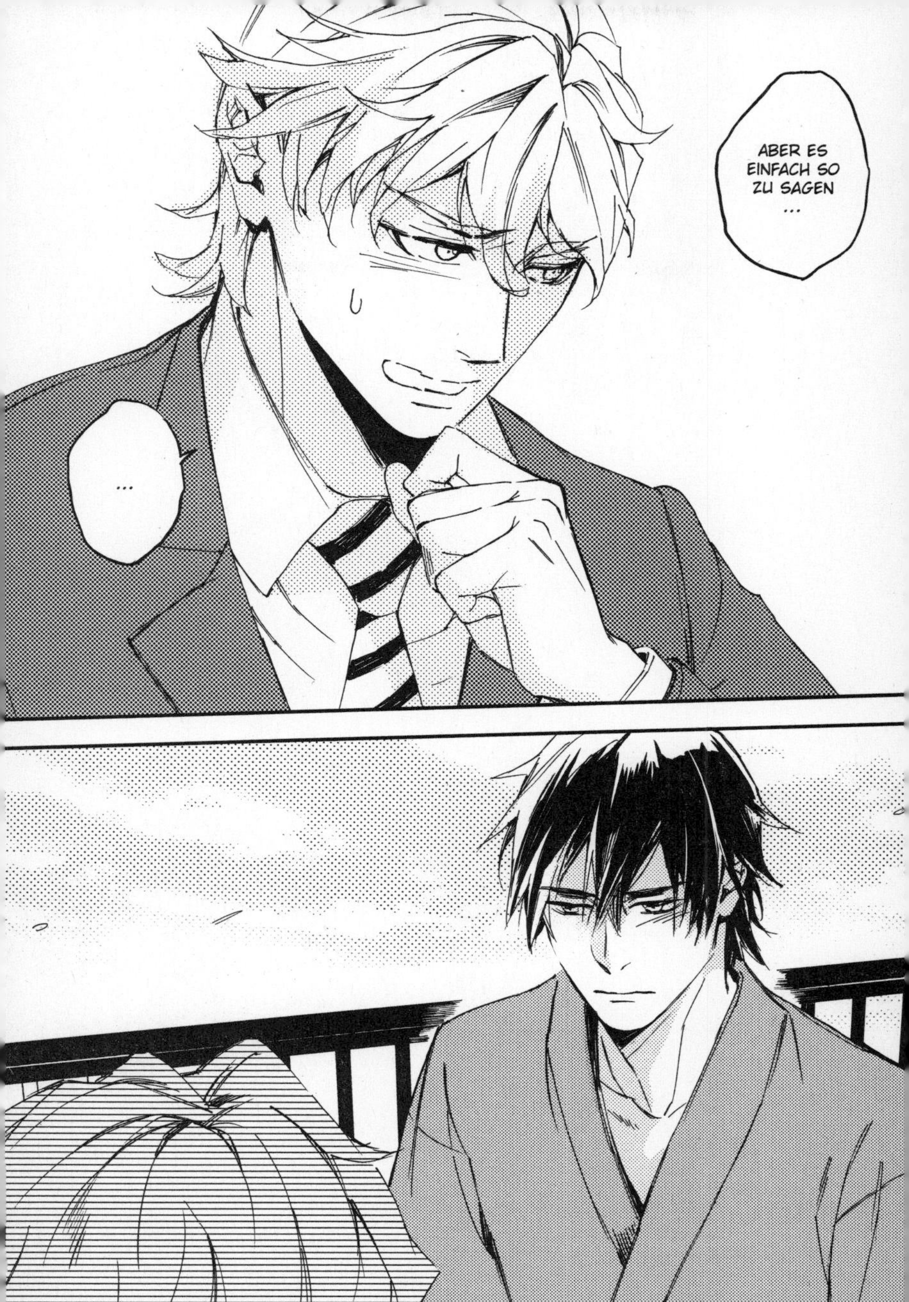
ABER ES EINFACH SO ZU SAGEN ...
...

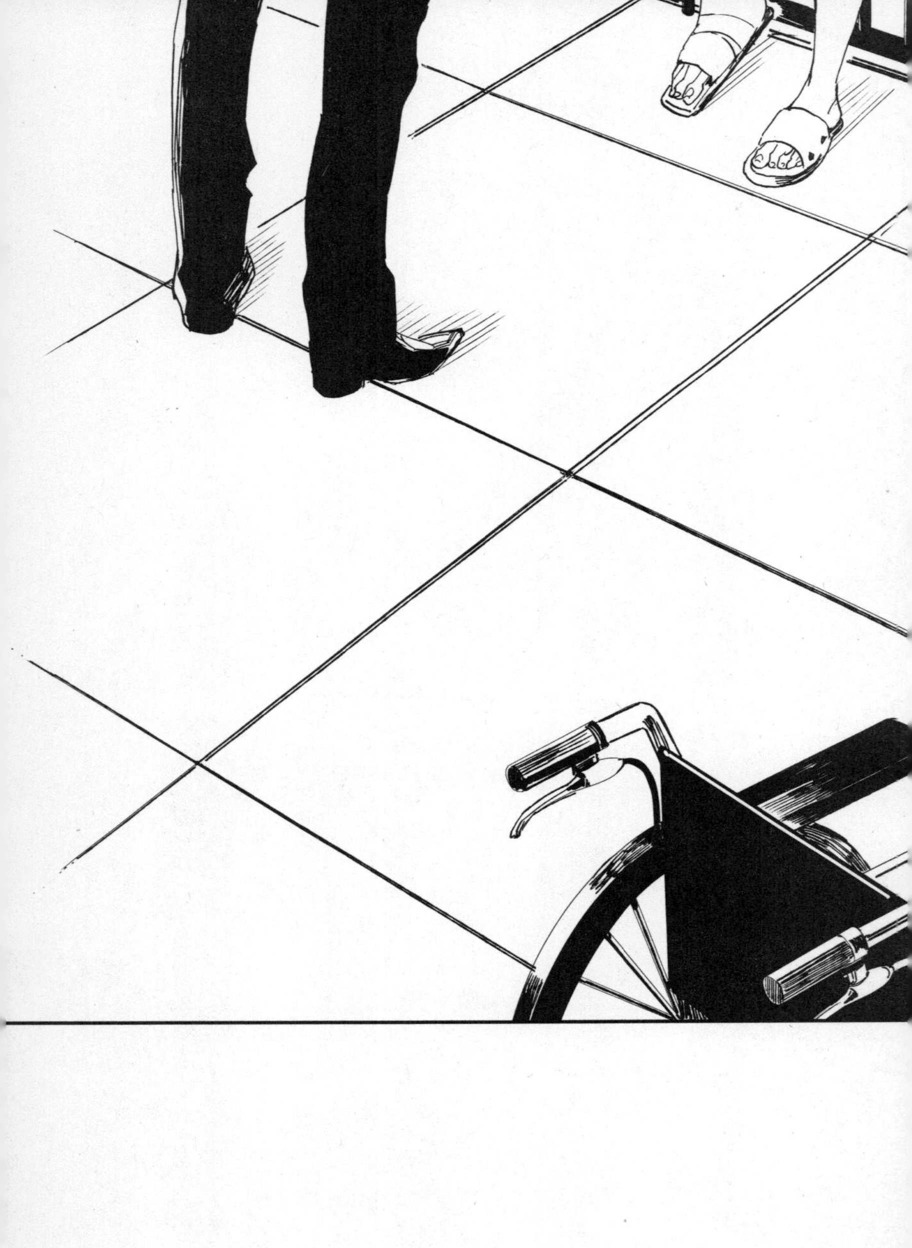

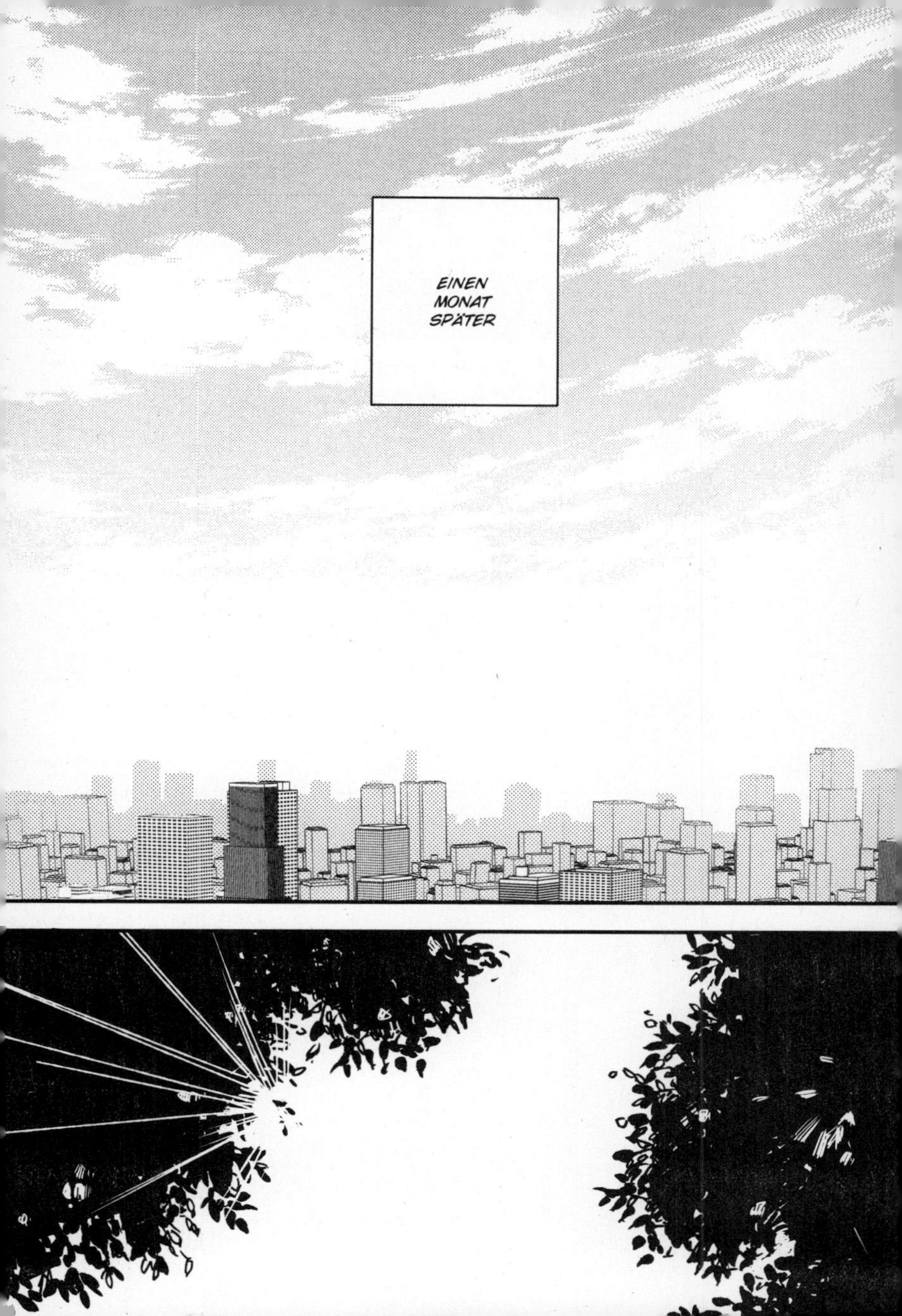
EINEN
MONAT
SPÄTER

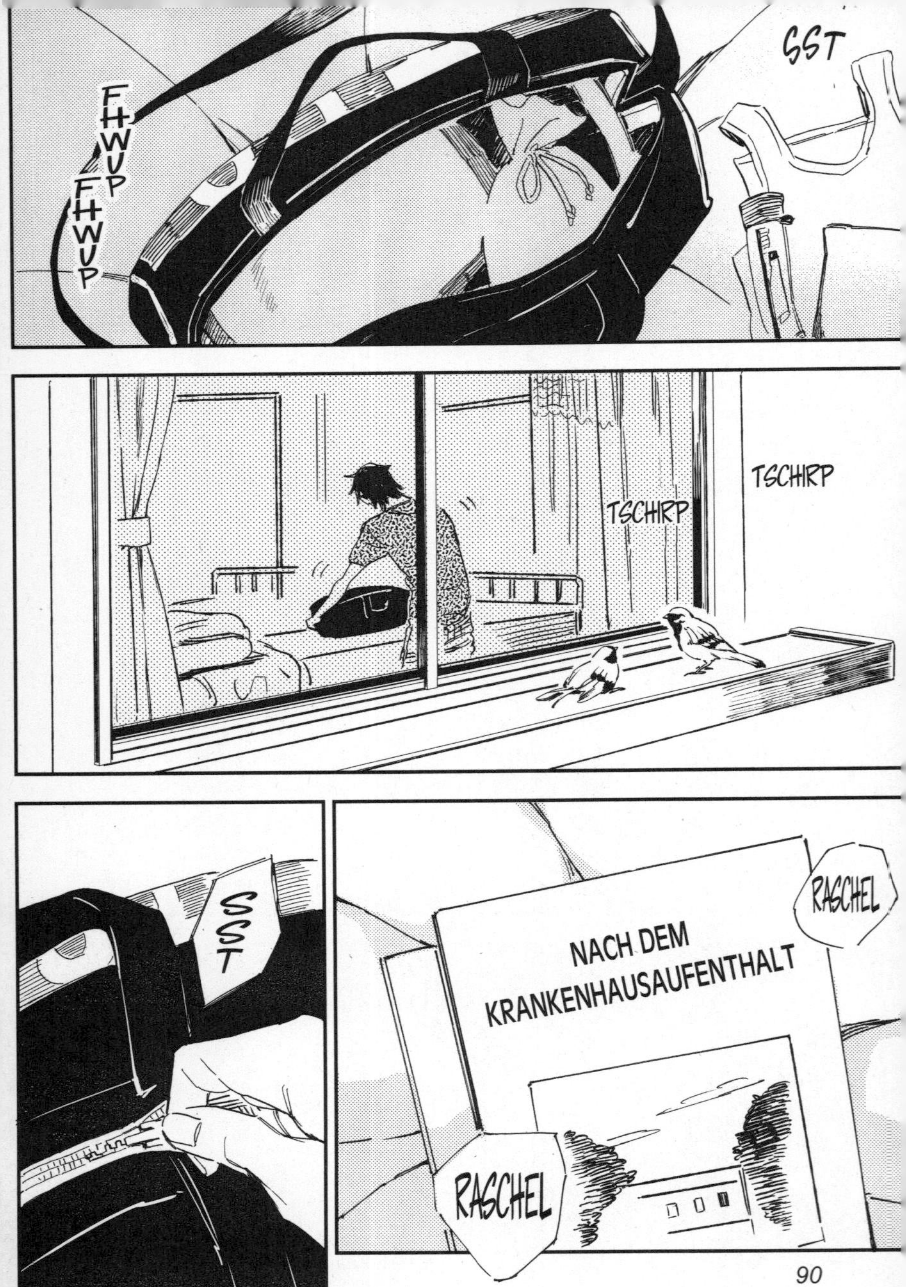

SST
FHWUP
FHWUP

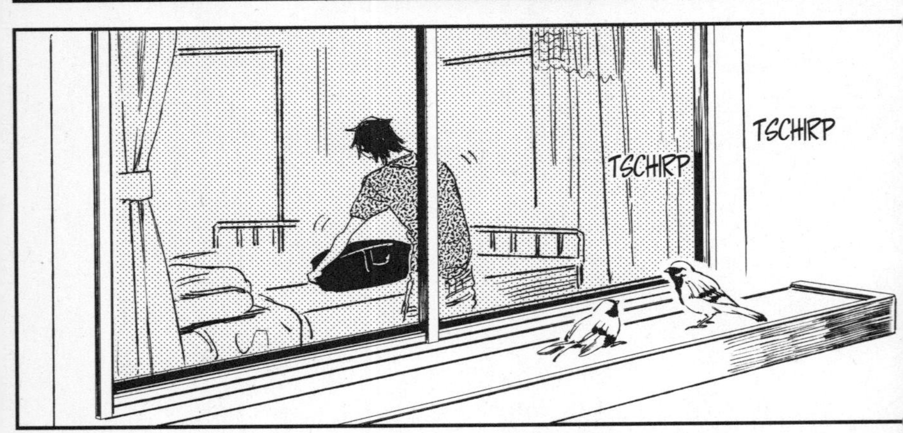

RASCHEL
NACH DEM KRANKENHAUSAUFENTHALT
RASCHEL
SST

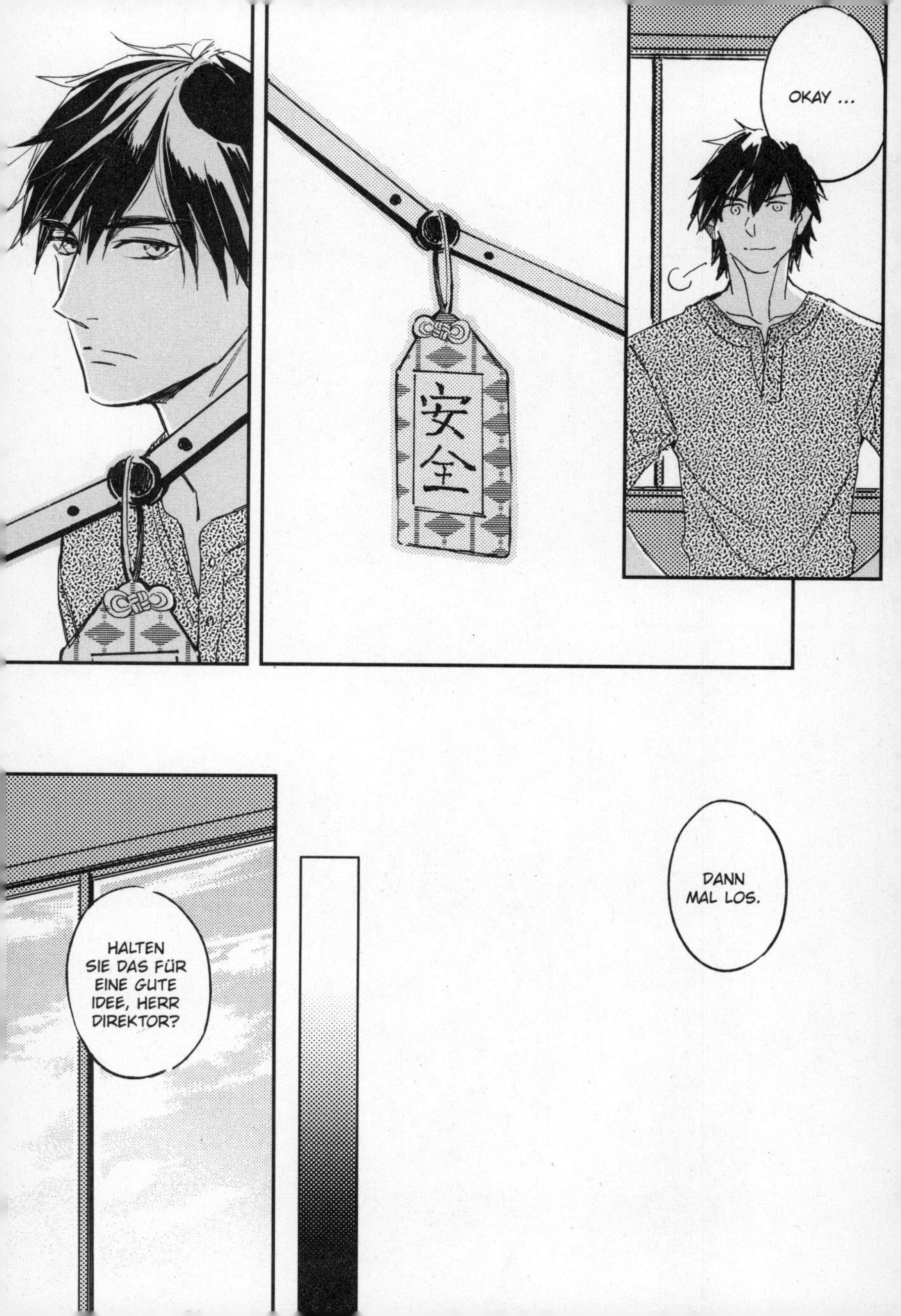

OKAY ...

安全

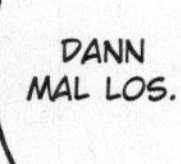

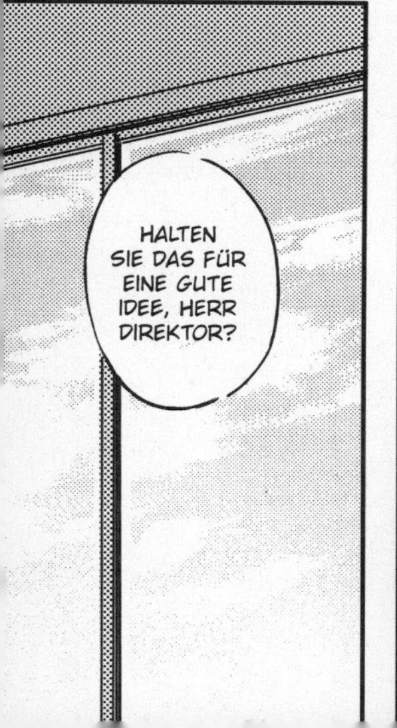

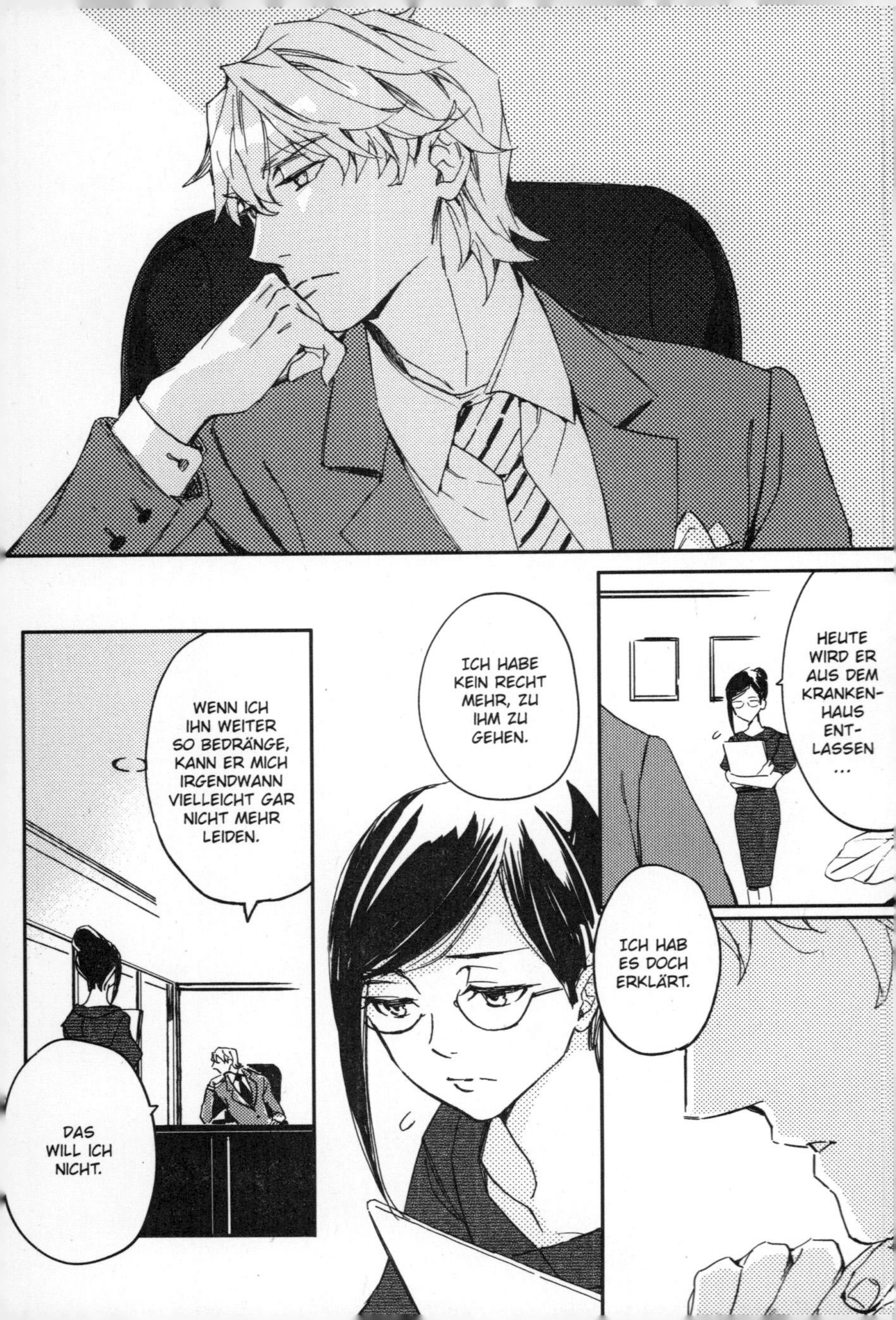
HEUTE WIRD ER AUS DEM KRANKEN-HAUS ENT-LASSEN ...
ICH HABE KEIN RECHT MEHR, ZU IHM ZU GEHEN.
ICH HAB ES DOCH ERKLÄRT.
WENN ICH IHN WEITER SO BEDRÄNGE, KANN ER MICH IRGENDWANN VIELLEICHT GAR NICHT MEHR LEIDEN.
DAS WILL ICH NICHT.

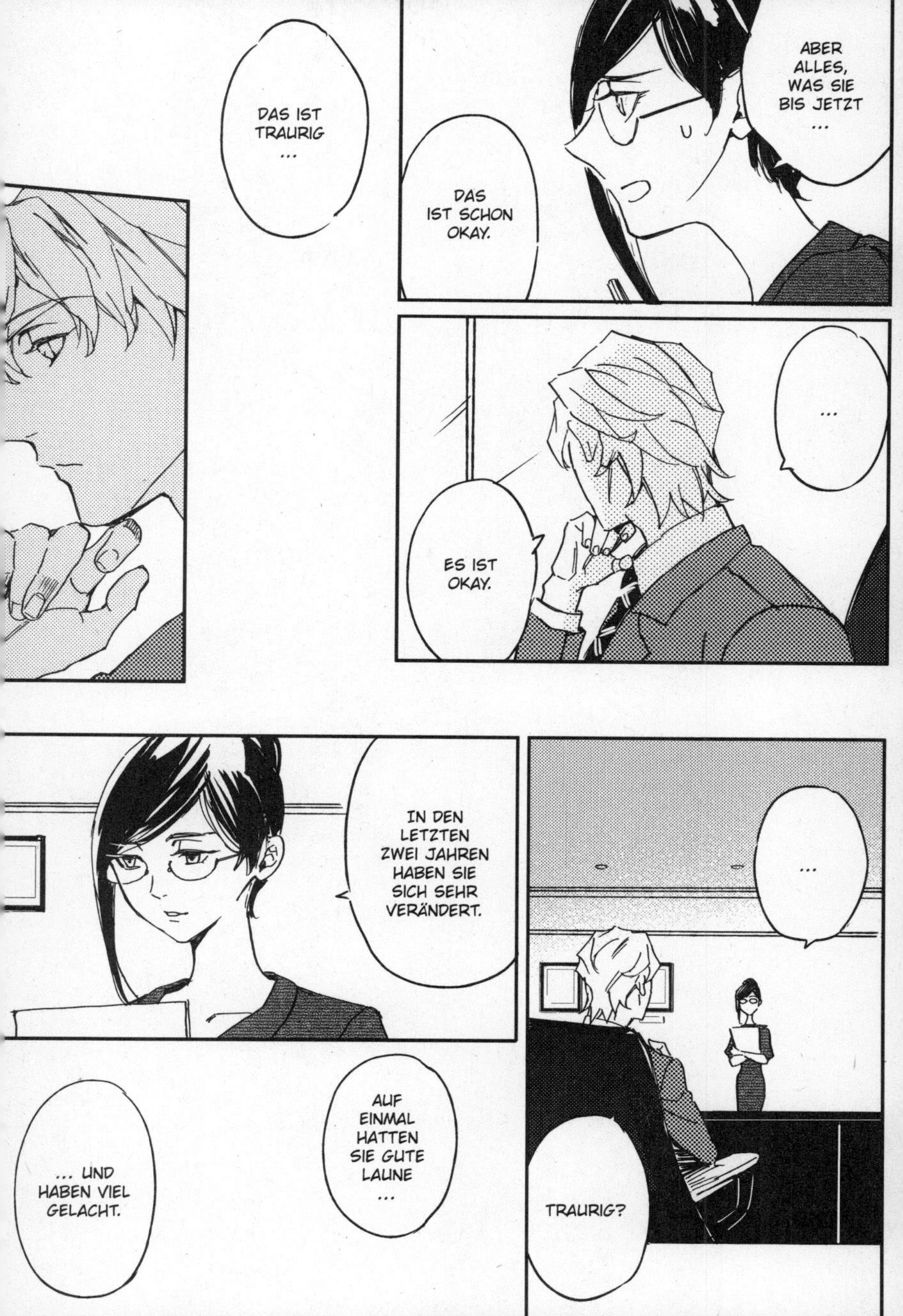
ABER ALLES, WAS SIE BIS JETZT ...
DAS IST SCHON OKAY.
DAS IST TRAURIG ...
...
ES IST OKAY.
...
TRAURIG?
IN DEN LETZTEN ZWEI JAHREN HABEN SIE SICH SEHR VERÄNDERT.
AUF EINMAL HATTEN SIE GUTE LAUNE ...
... UND HABEN VIEL GELACHT.

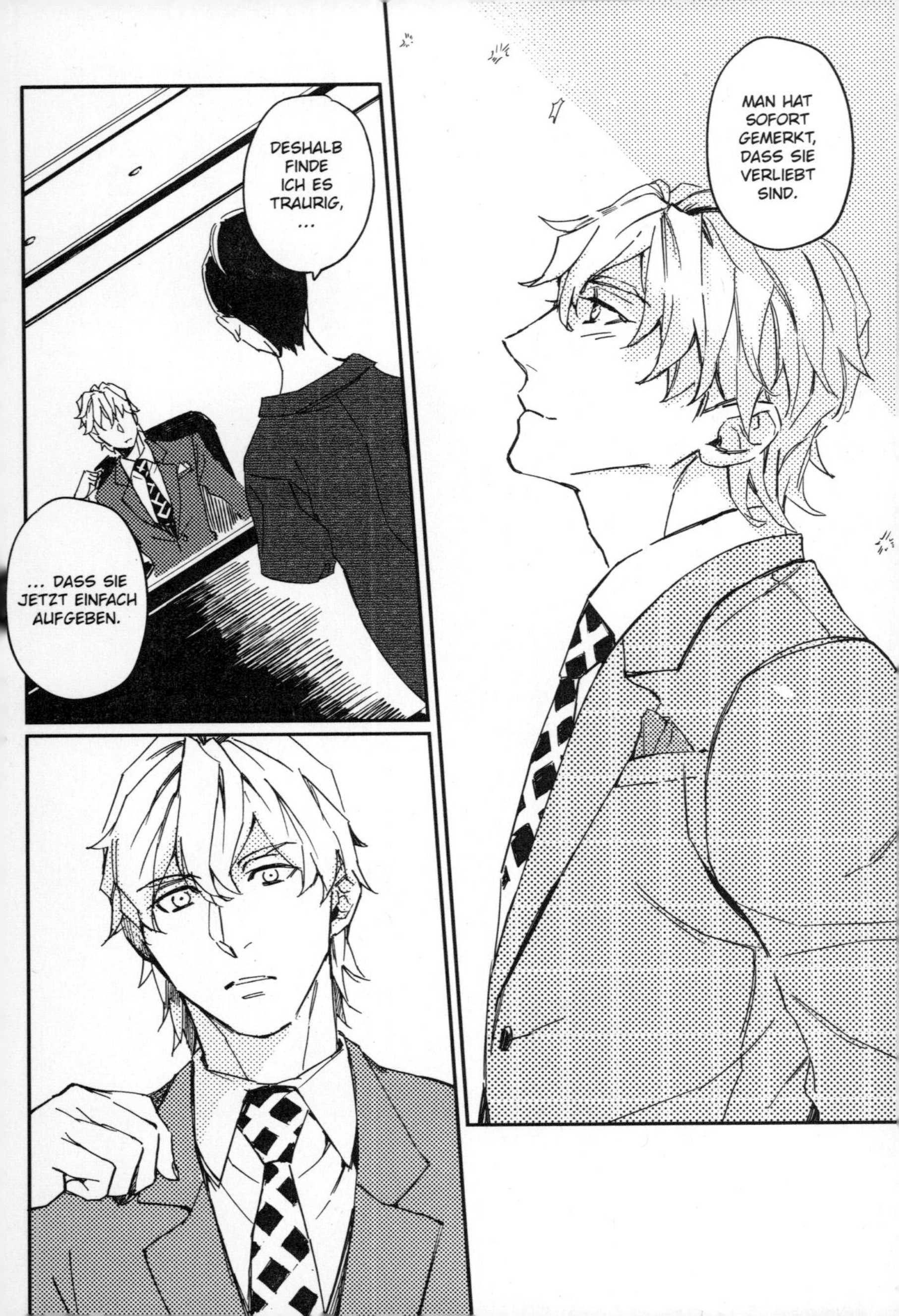
MAN HAT SOFORT GEMERKT, DASS SIE VERLIEBT SIND.
DESHALB FINDE ICH ES TRAURIG, ...
... DASS SIE JETZT EINFACH AUFGEBEN.

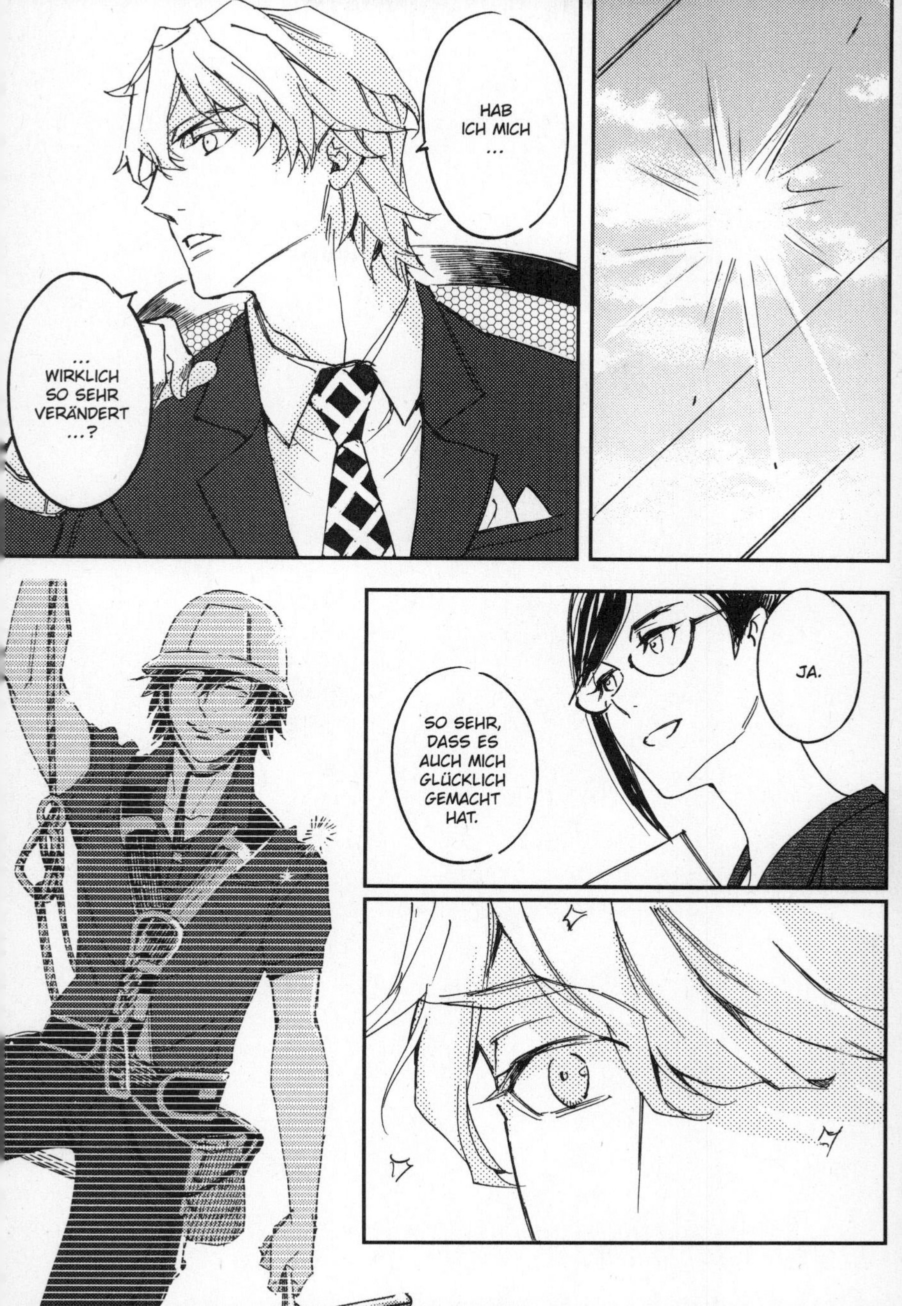
HAB ICH MICH …
… WIRKLICH SO SEHR VERÄNDERT …?
JA.
SO SEHR, DASS ES AUCH MICH GLÜCKLICH GEMACHT HAT.

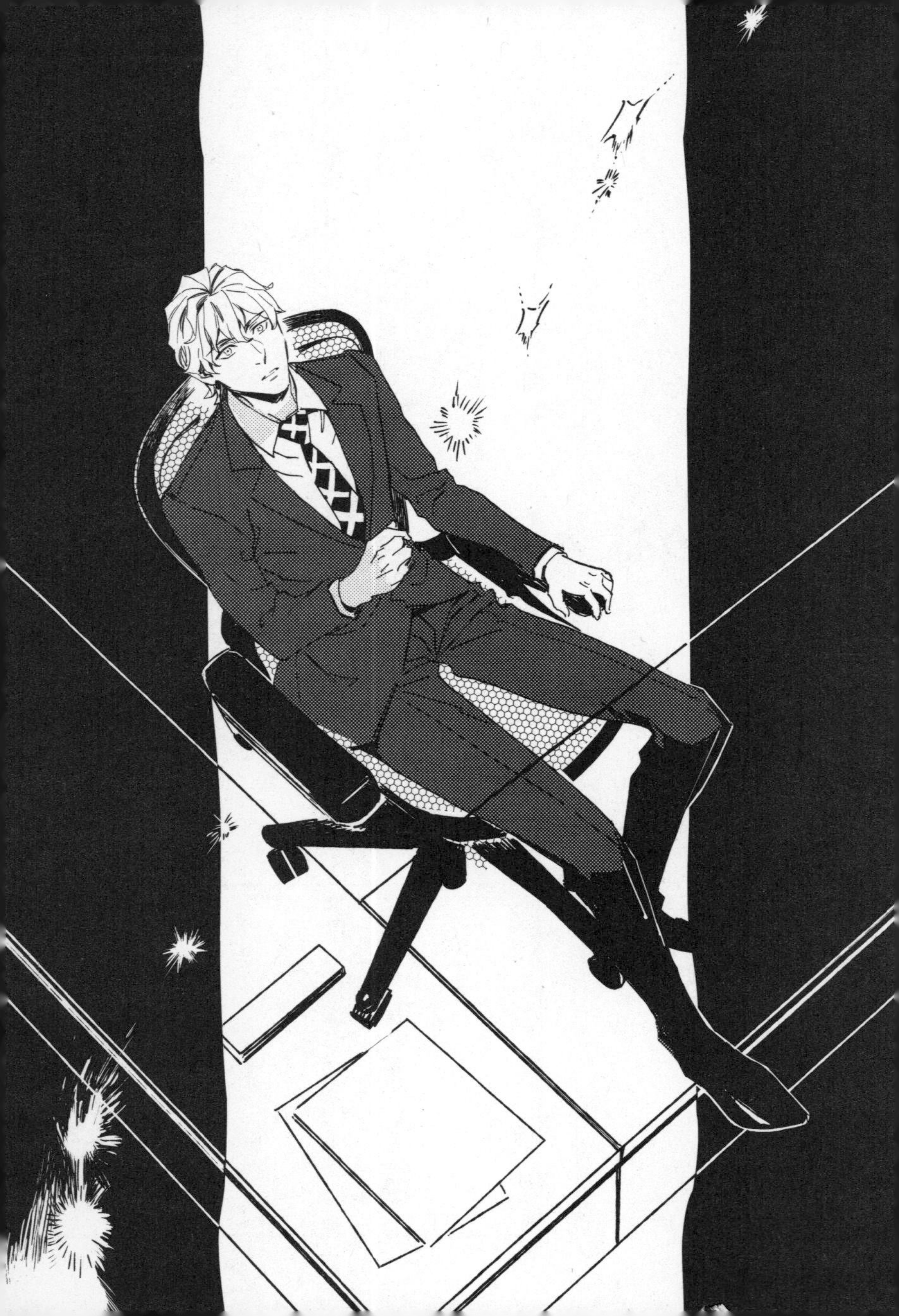

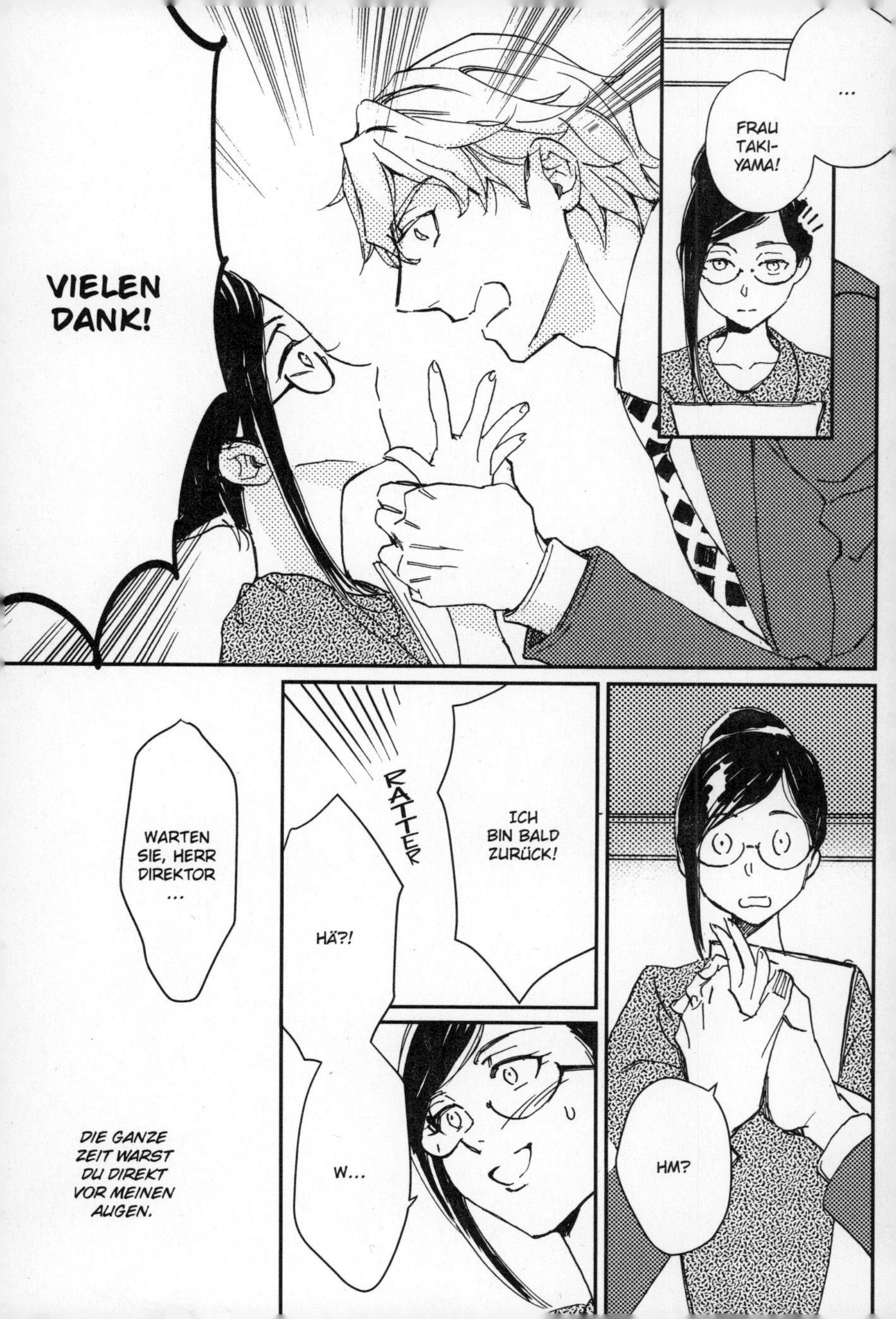

…

FRAU TAKI-YAMA!

VIELEN DANK!

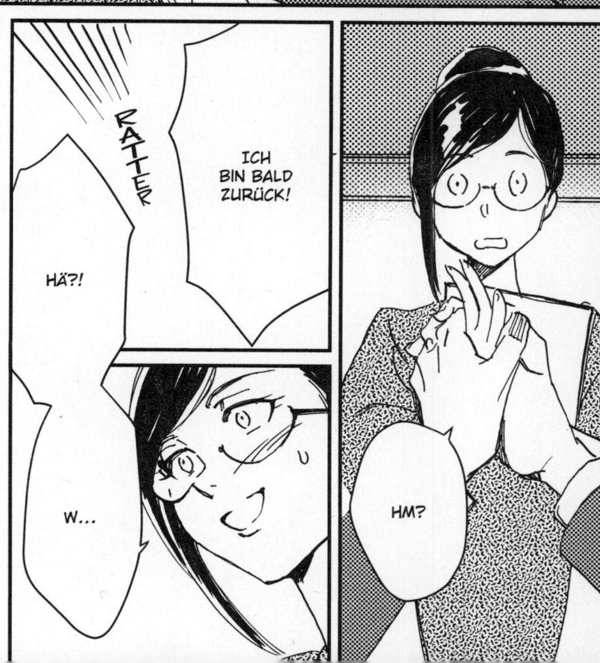

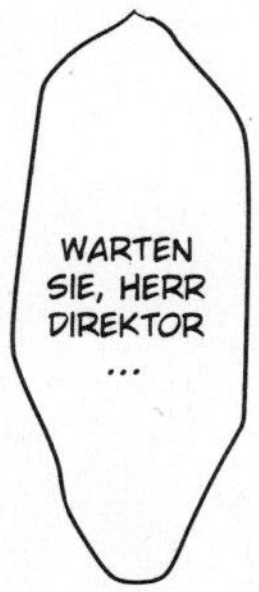

DIE GANZE ZEIT WARST DU DIREKT VOR MEINEN AUGEN.

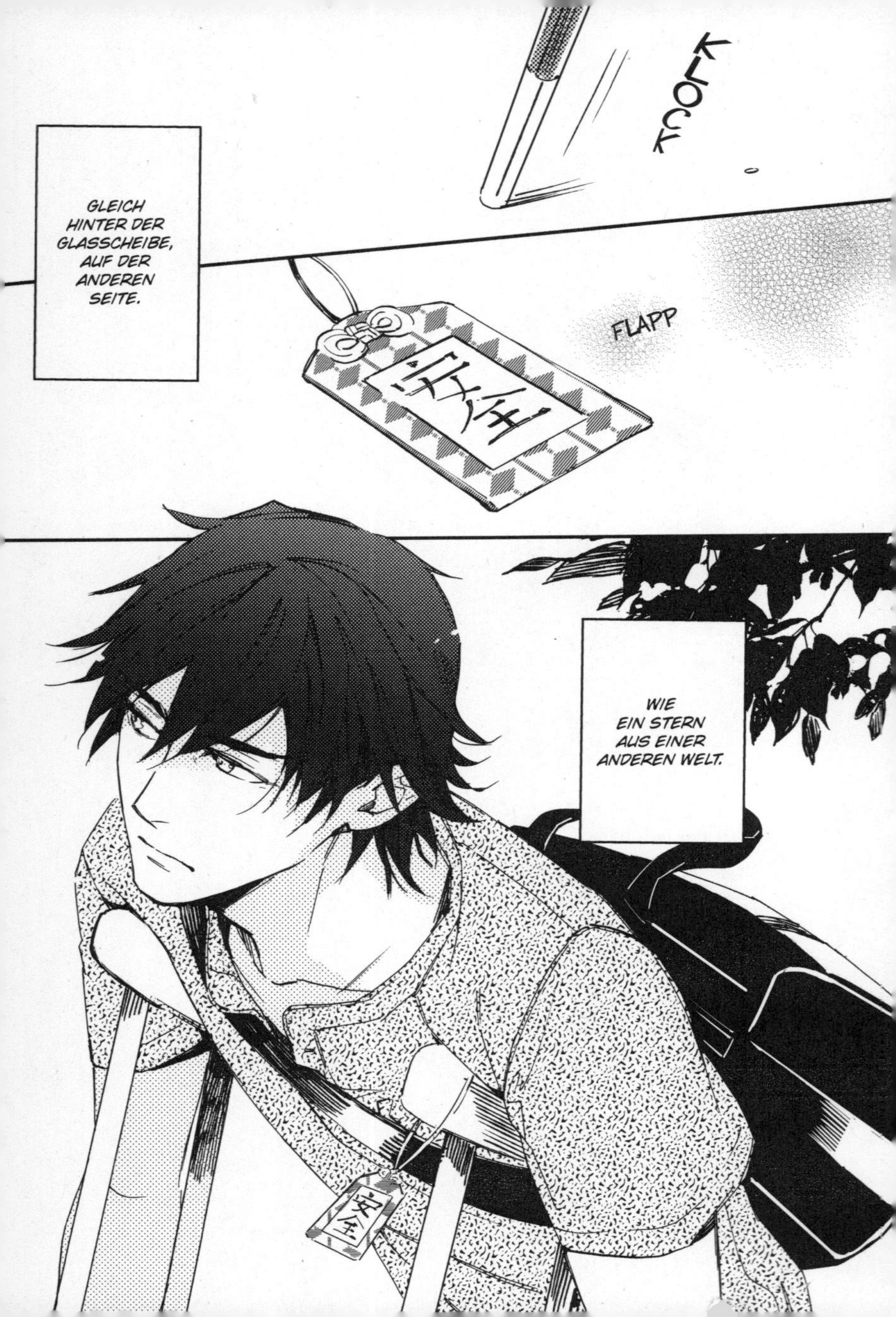
KLOCK
GLEICH HINTER DER GLASSCHEIBE, AUF DER ANDEREN SEITE.
FLAPP
安全
WIE EIN STERN AUS EINER ANDEREN WELT.
安全

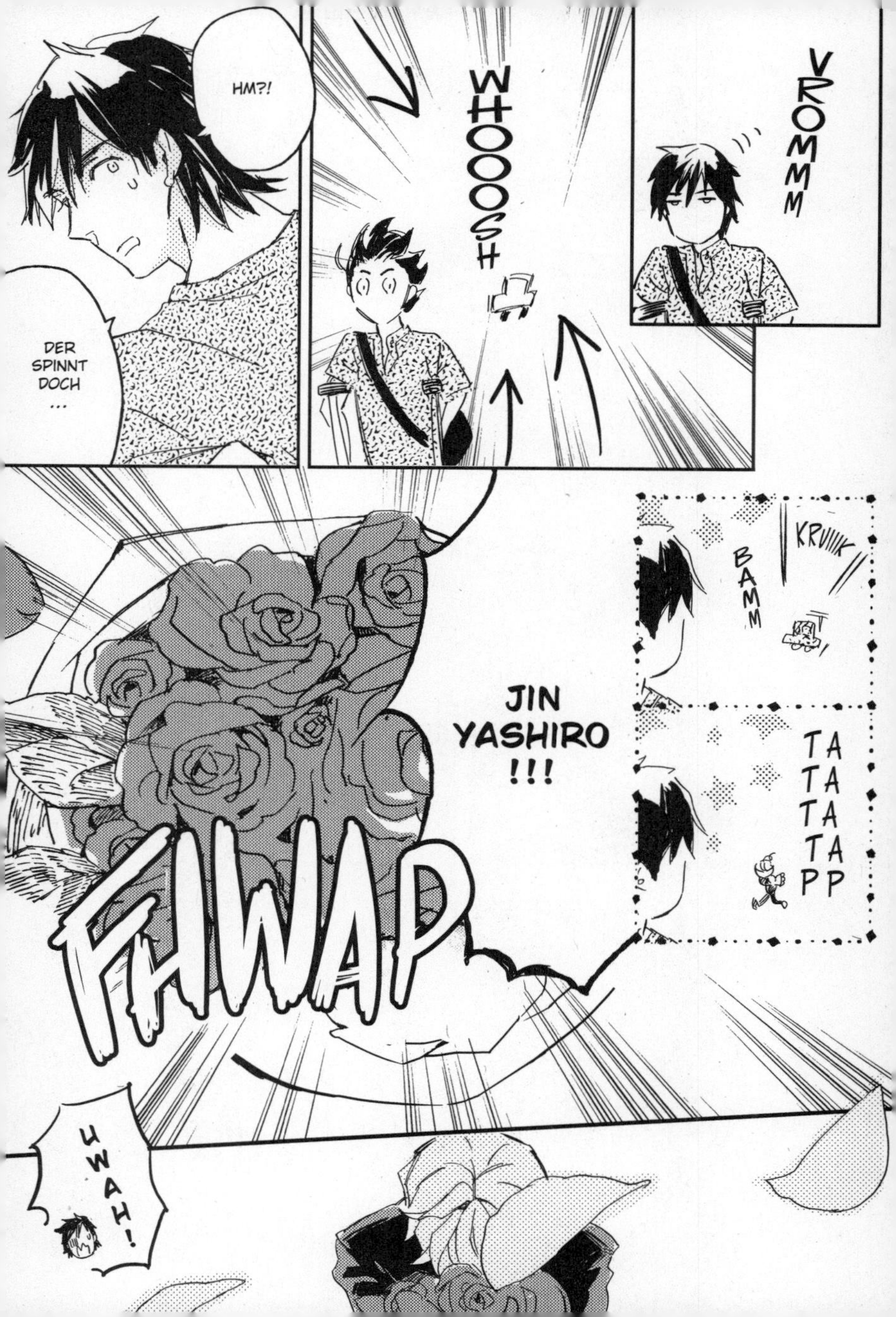
VROMMM
WHOOOOSH
HM?!
DER SPINNT DOCH ...
KRUIIIK
BAMM
TATATAP
TATATAP
JIN YASHIRO !!!
FHWAP
UWAH!

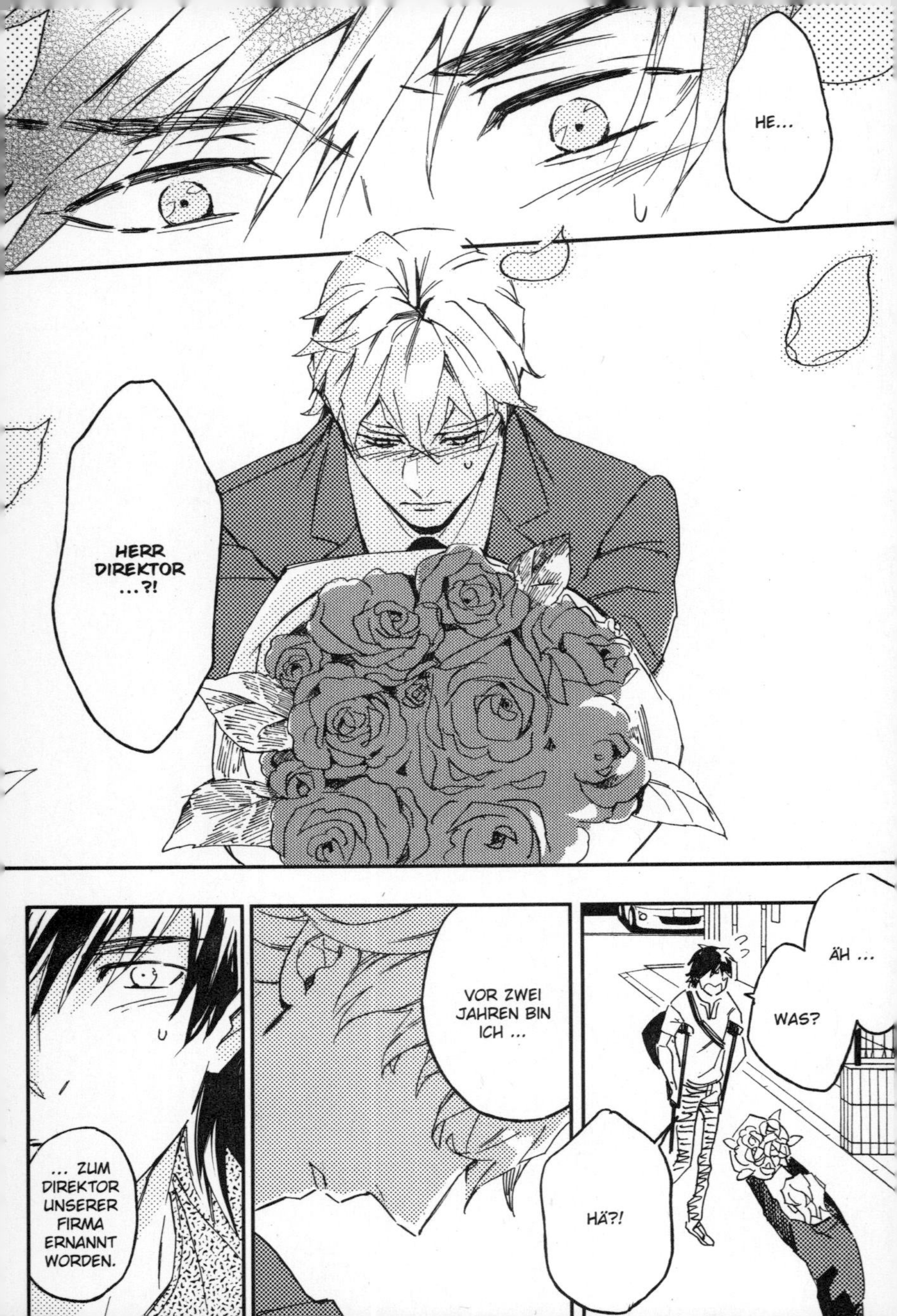
HE…
HERR DIREKTOR …?!
ÄH …
WAS?
HÄ?!
VOR ZWEI JAHREN BIN ICH …
… ZUM DIREKTOR UNSERER FIRMA ERNANNT WORDEN.

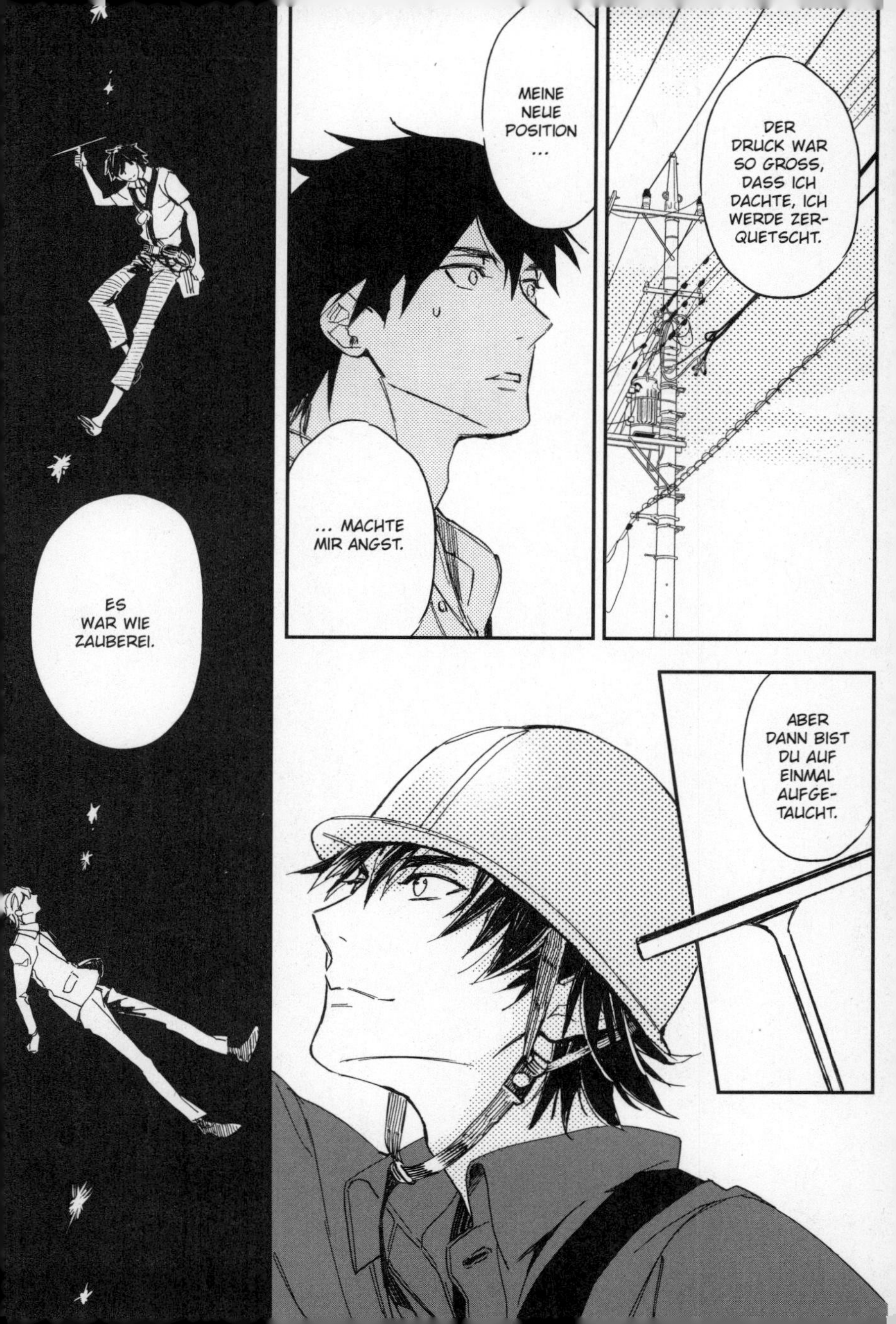
DER DRUCK WAR SO GROSS, DASS ICH DACHTE, ICH WERDE ZERQUETSCHT.
MEINE NEUE POSITION ...
... MACHTE MIR ANGST.
ABER DANN BIST DU AUF EINMAL AUFGETAUCHT.
ES WAR WIE ZAUBEREI.

WIE VON ZAUBERHAND HAST DU MEIN HERZ LEICHTER WERDEN LASSEN.

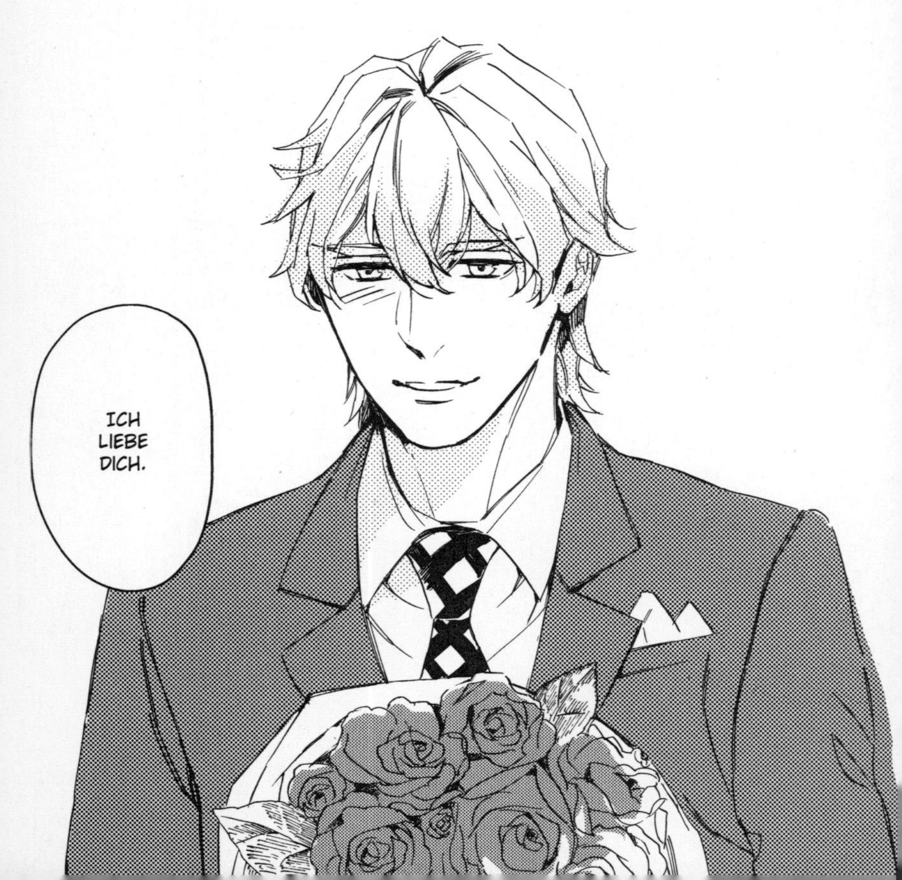

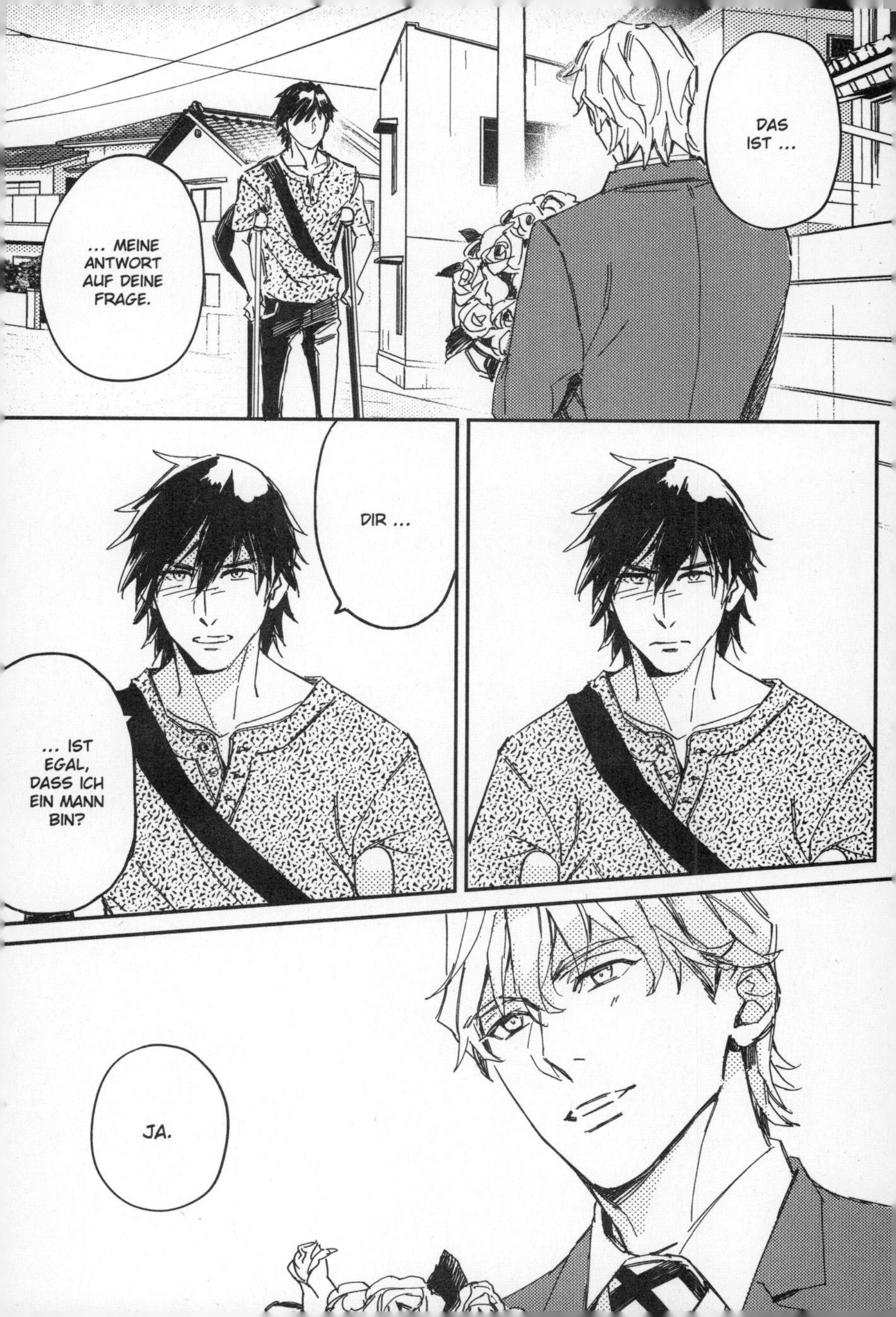
DAS IST …
… MEINE ANTWORT AUF DEINE FRAGE.
DIR …
… IST EGAL, DASS ICH EIN MANN BIN?
JA.

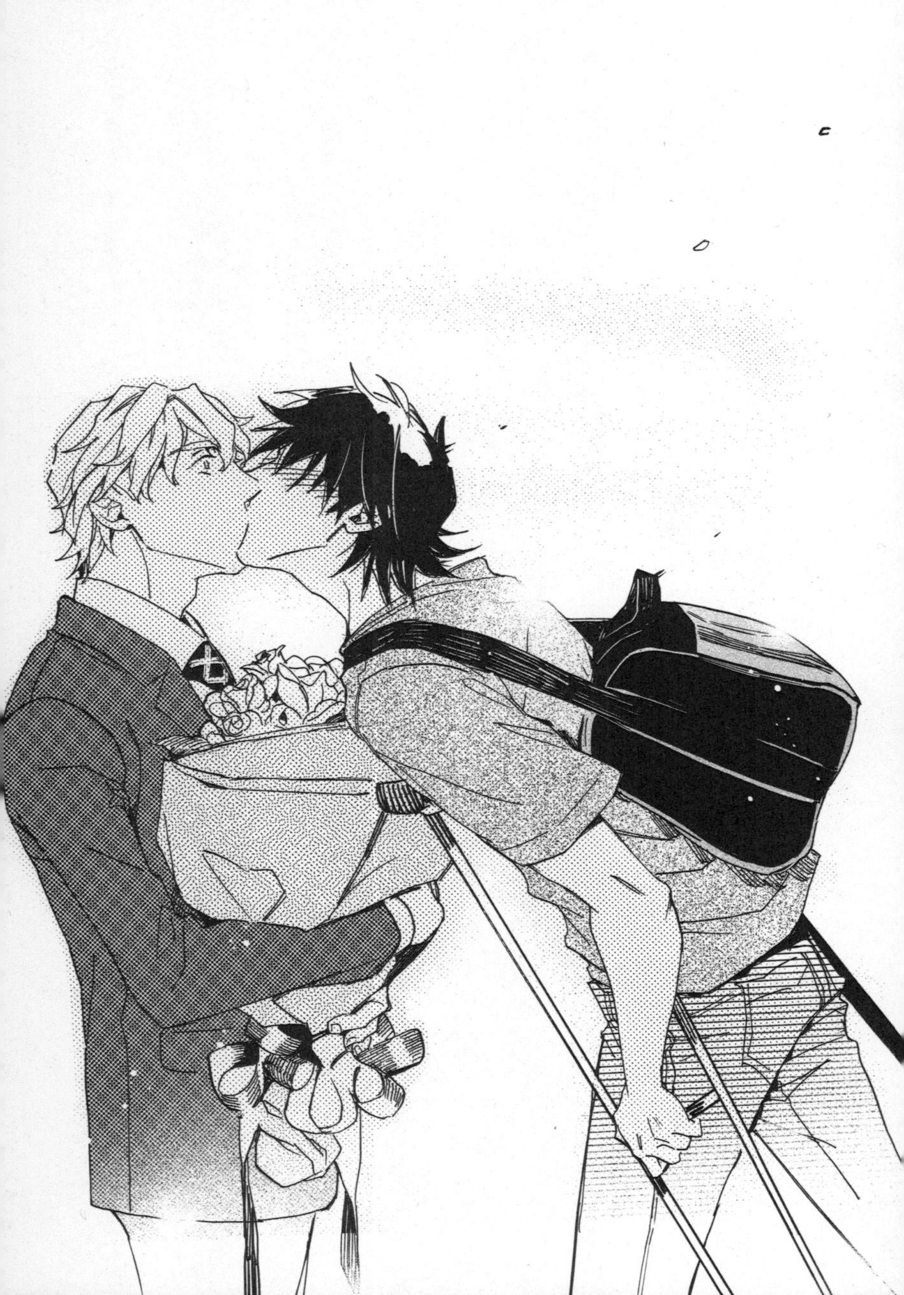

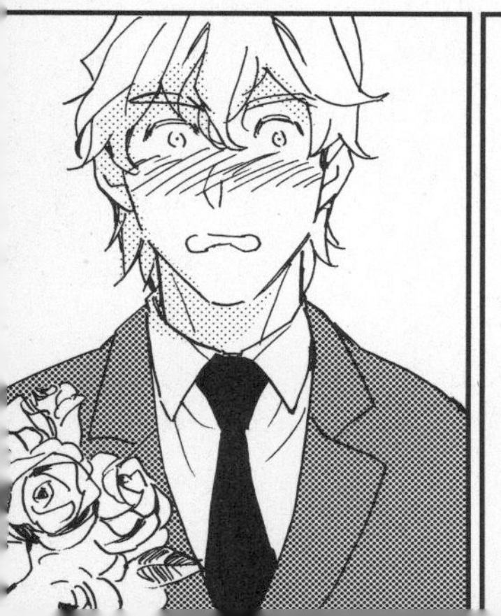
WARUM ICH? ICH BIN DOCH EIN MANN! DAS HAT MICH DIE GANZE ZEIT NICHT LOSGELASSEN.

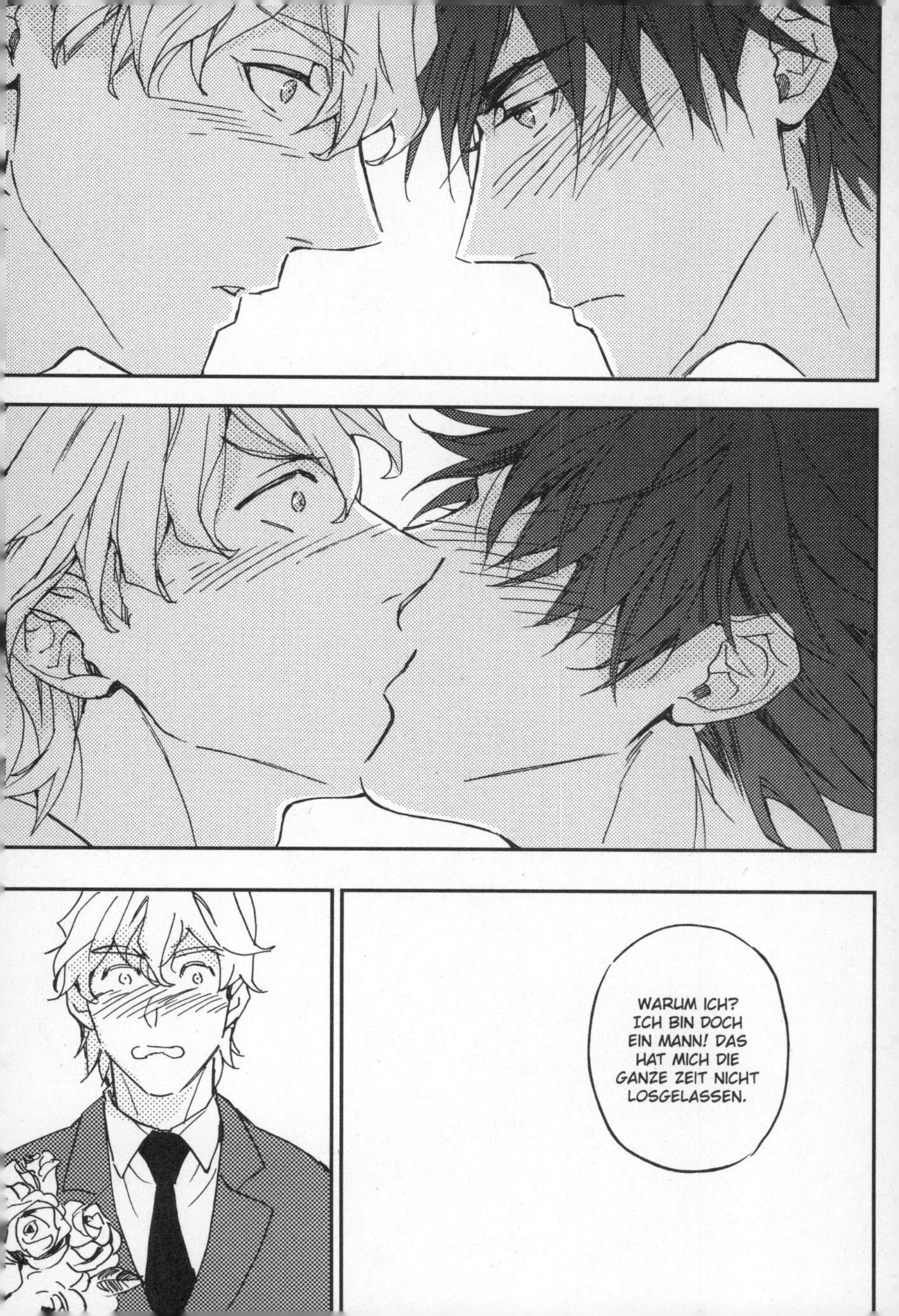

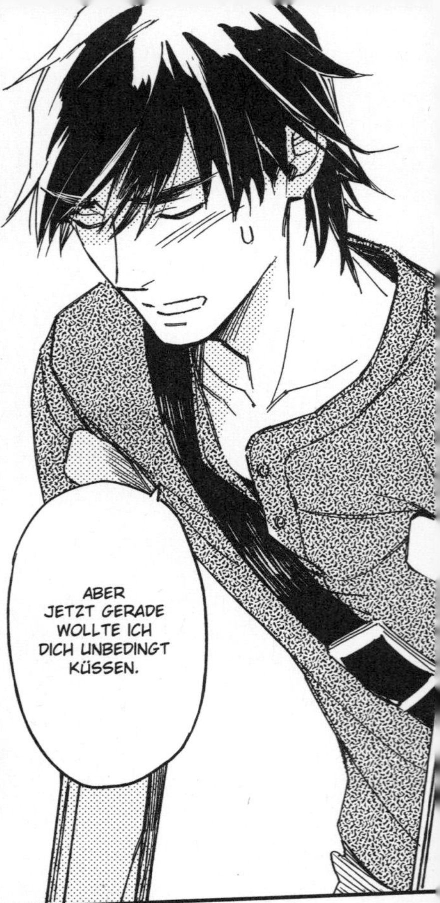
ABER JETZT GERADE WOLLTE ICH DICH UNBEDINGT KÜSSEN.

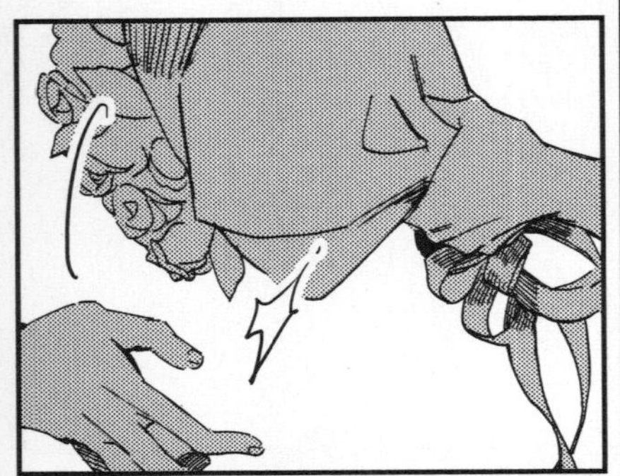

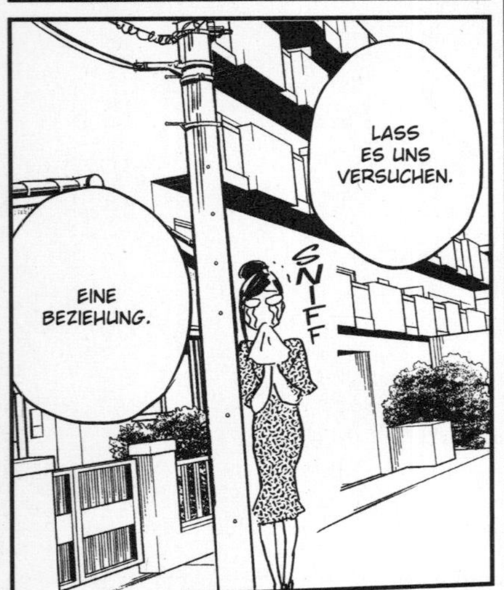
LASS ES UNS VERSUCHEN.
EINE BEZIEHUNG.
SNIFF

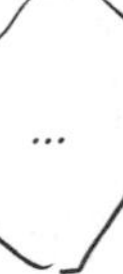
...

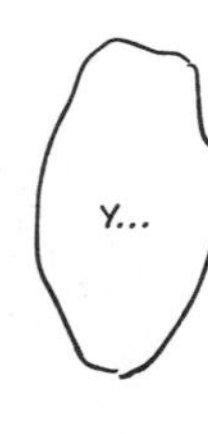
Y...

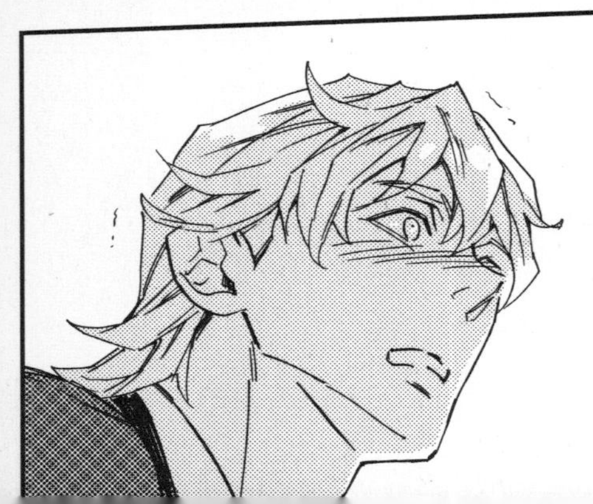

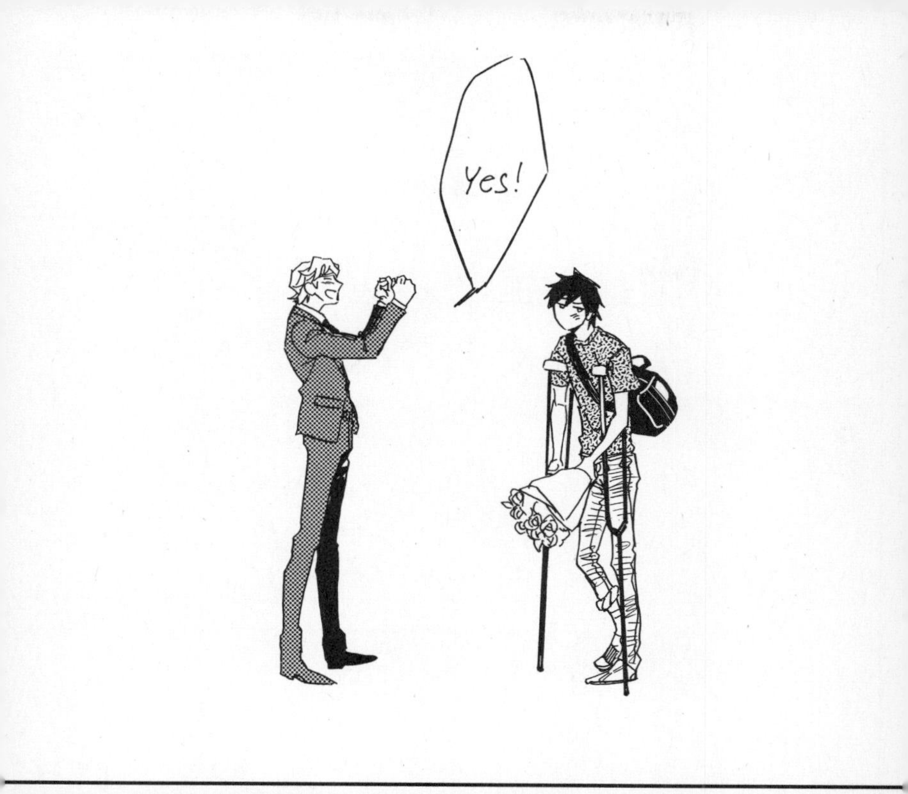

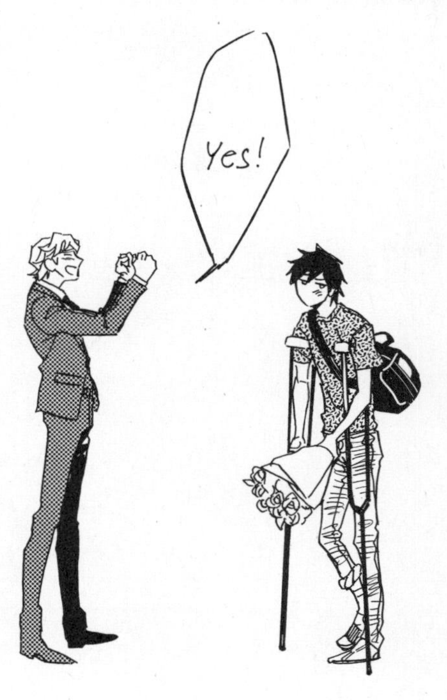

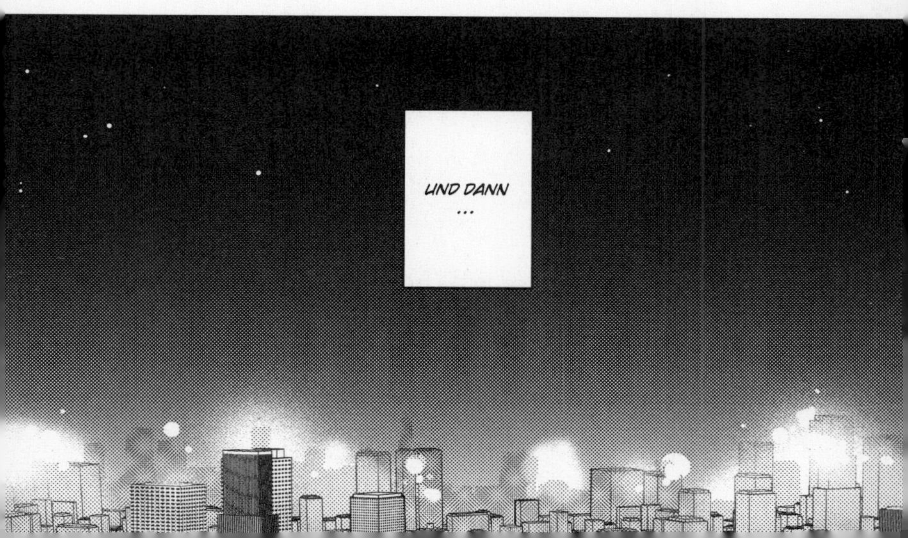

UND DANN
...

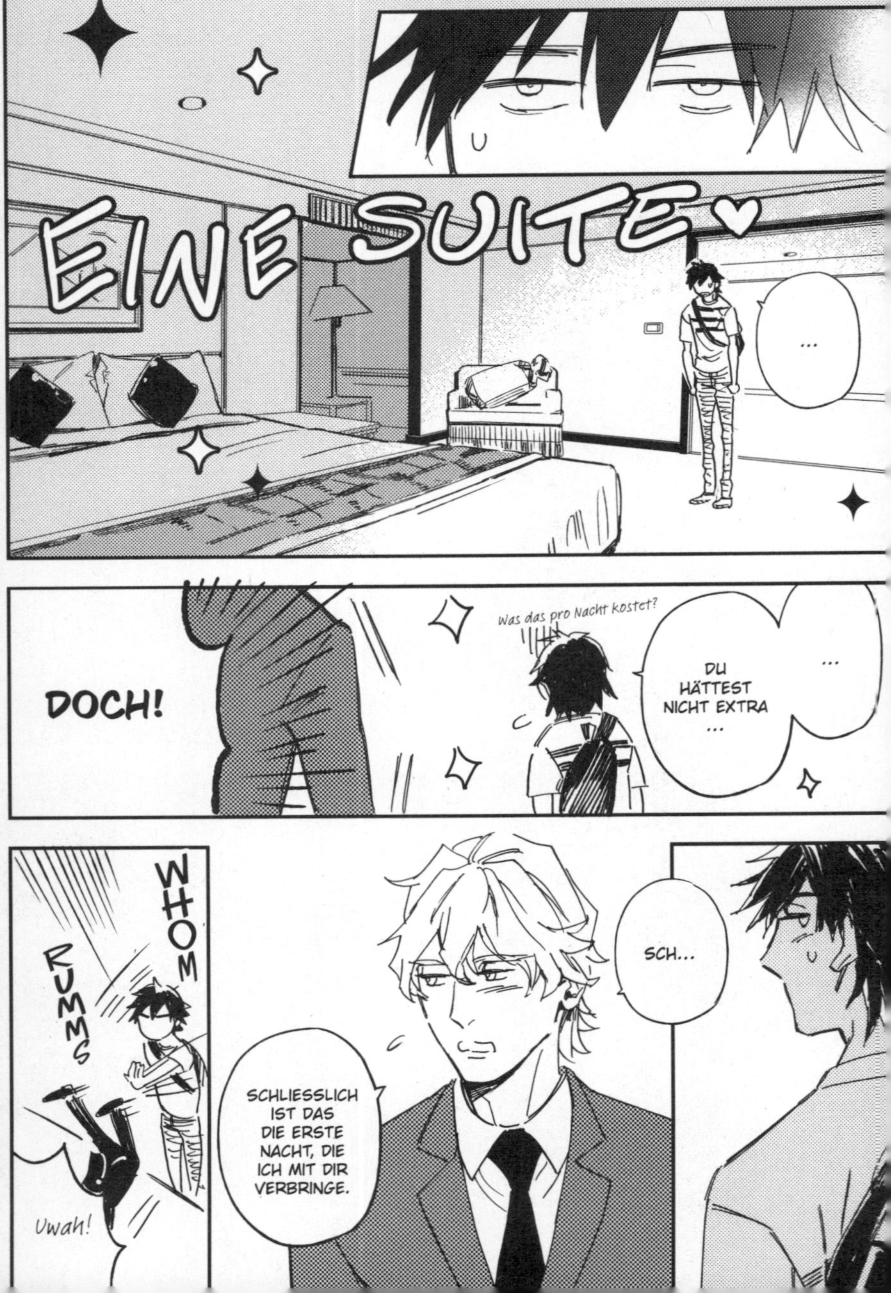

EINE SUITE♥

...

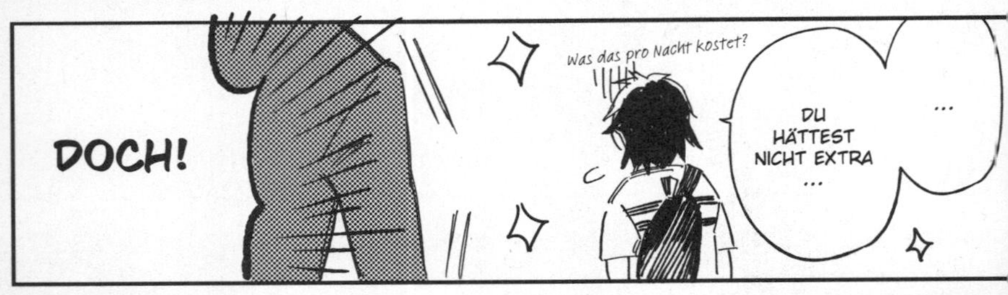
...
DU HÄTTEST NICHT EXTRA ...
Was das pro Nacht kostet?
DOCH!

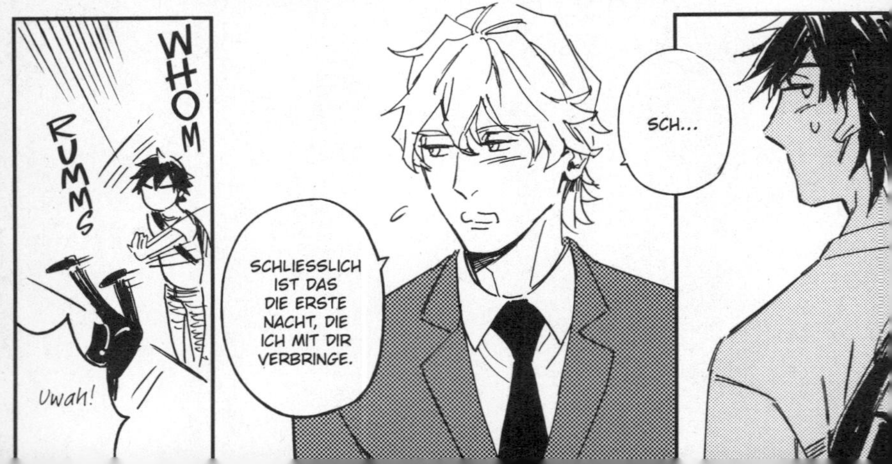
SCH...
SCHLIESSLICH IST DAS DIE ERSTE NACHT, DIE ICH MIT DIR VERBRINGE.
WHOM
RUMMS
Uwah!

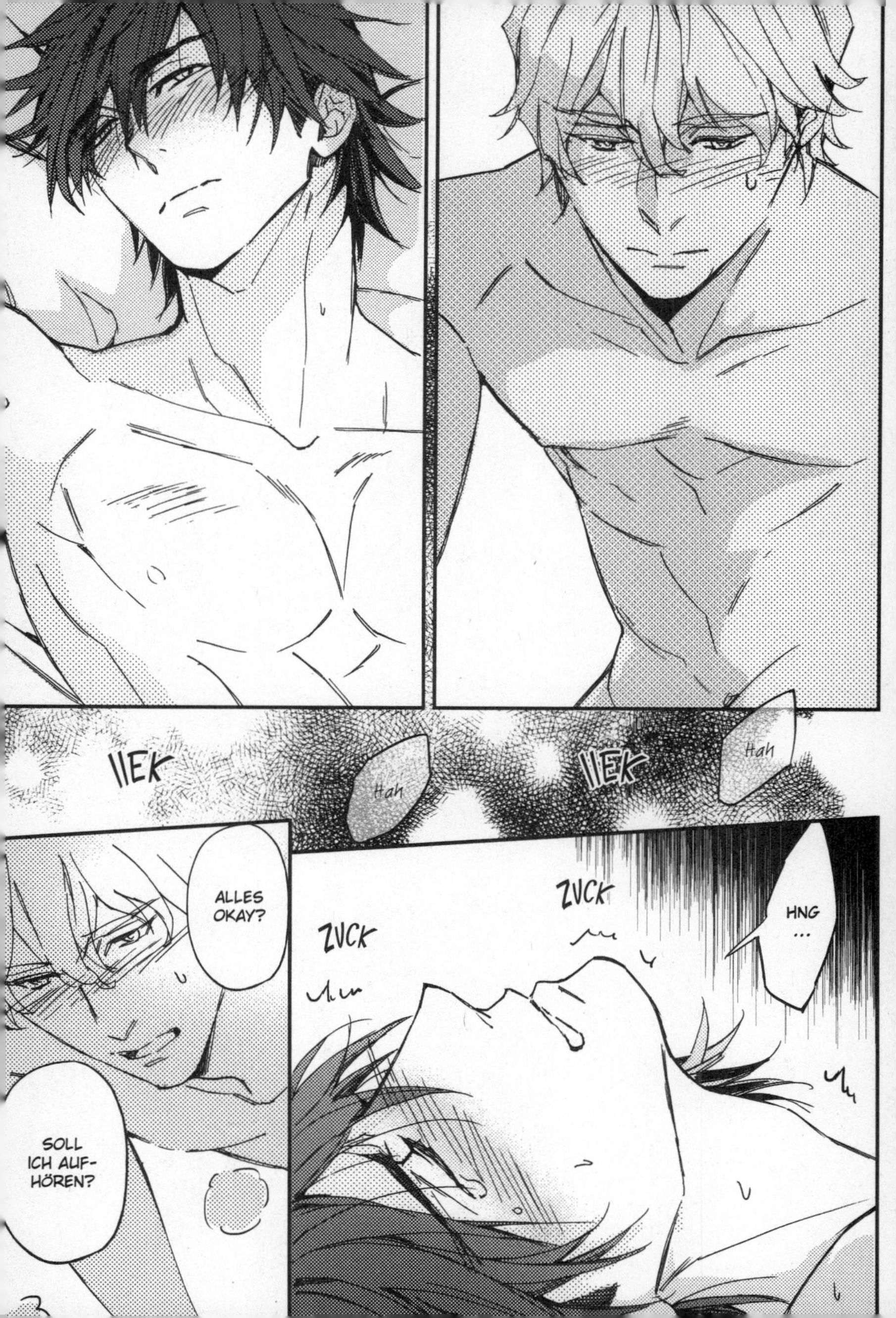
Hah
IIEK
Hah
IIEK
HNG …
ZUCK
ZUCK
ALLES OKAY?
SOLL ICH AUF-HÖREN?

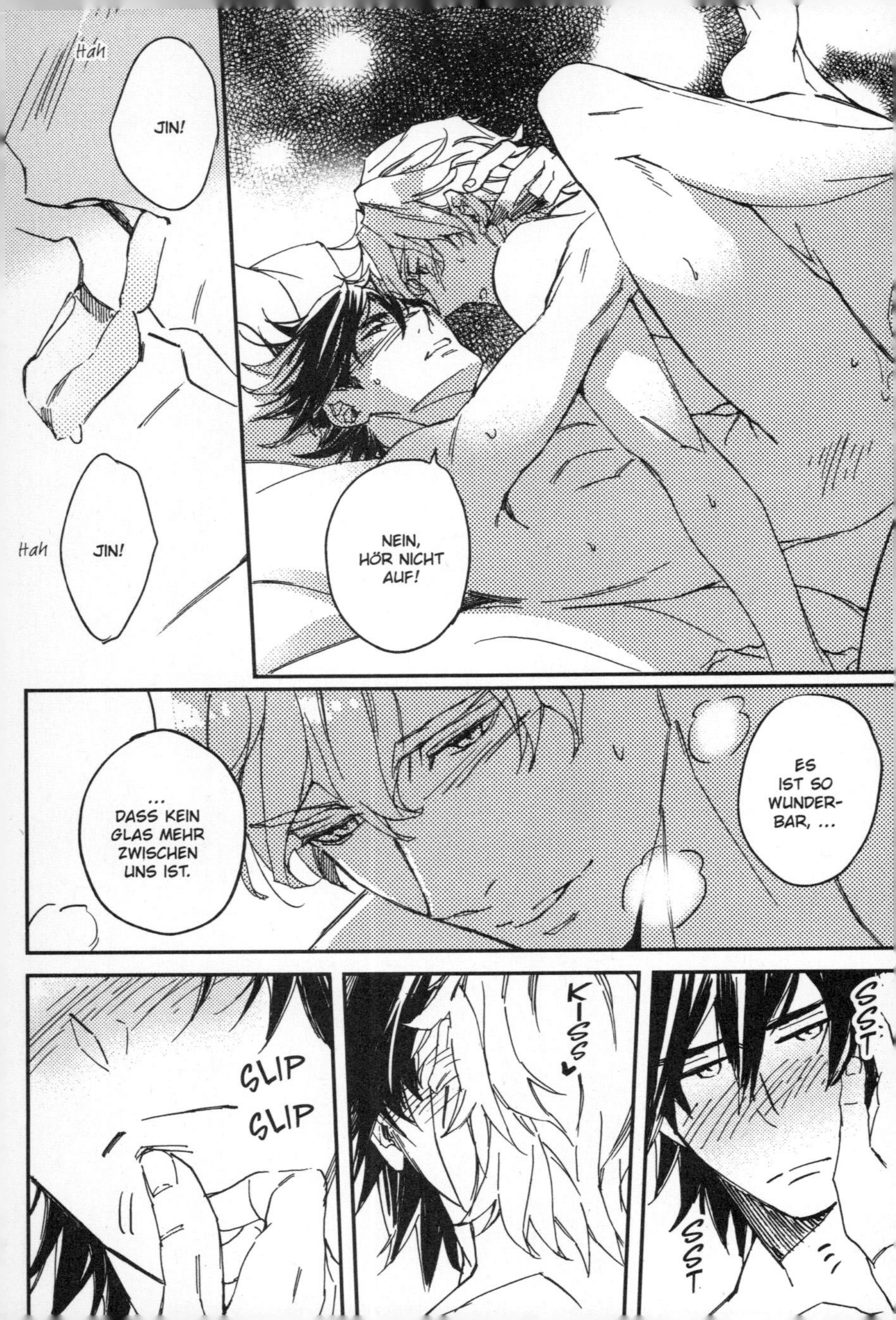
NEIN, HÖR NICHT AUF!
Hah
JIN!
Hah
JIN!
ES IST SO WUNDER-BAR, ...
... DASS KEIN GLAS MEHR ZWISCHEN UNS IST.
SST
SST
KISS
SLIP
SLIP

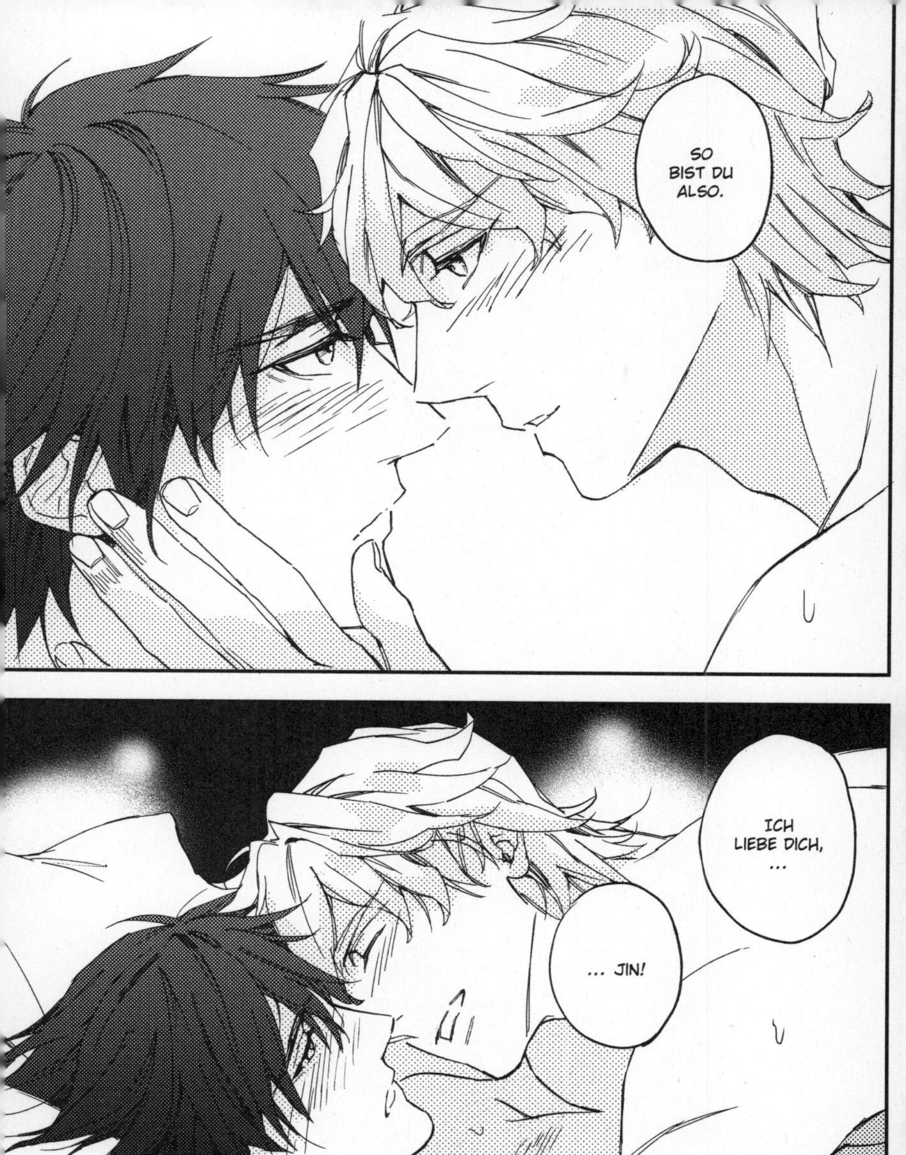
SO BIST DU ALSO.
ICH LIEBE DICH, ...
... JIN!

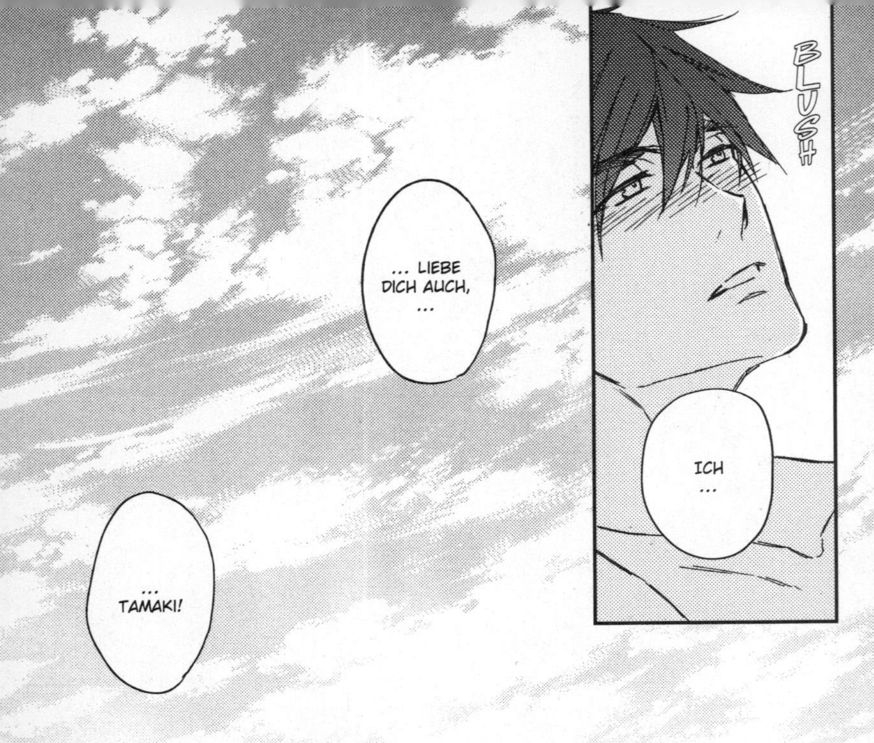

FÜR EINEN FENSTERPUTZER BEGINNT DER TAG SEHR FRÜH.

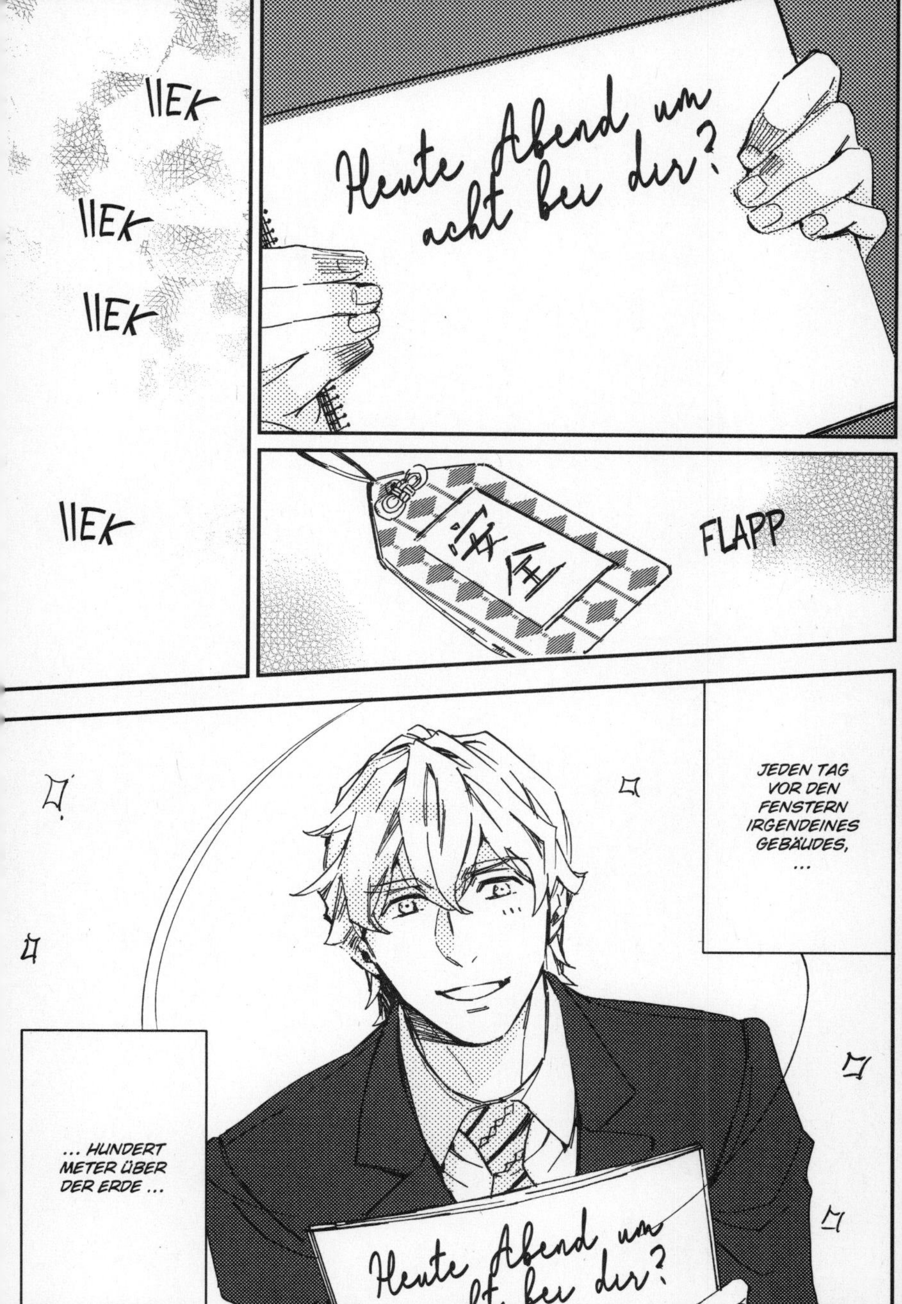
Heute Abend um acht bei dir?
IIEK
IIEK
IIEK
IIEK
安全
FLAPP
JEDEN TAG VOR DEN FENSTERN IRGENDEINES GEBÄUDES, ...
... HUNDERT METER ÜBER DER ERDE ...
Heute Abend um acht bei dir?

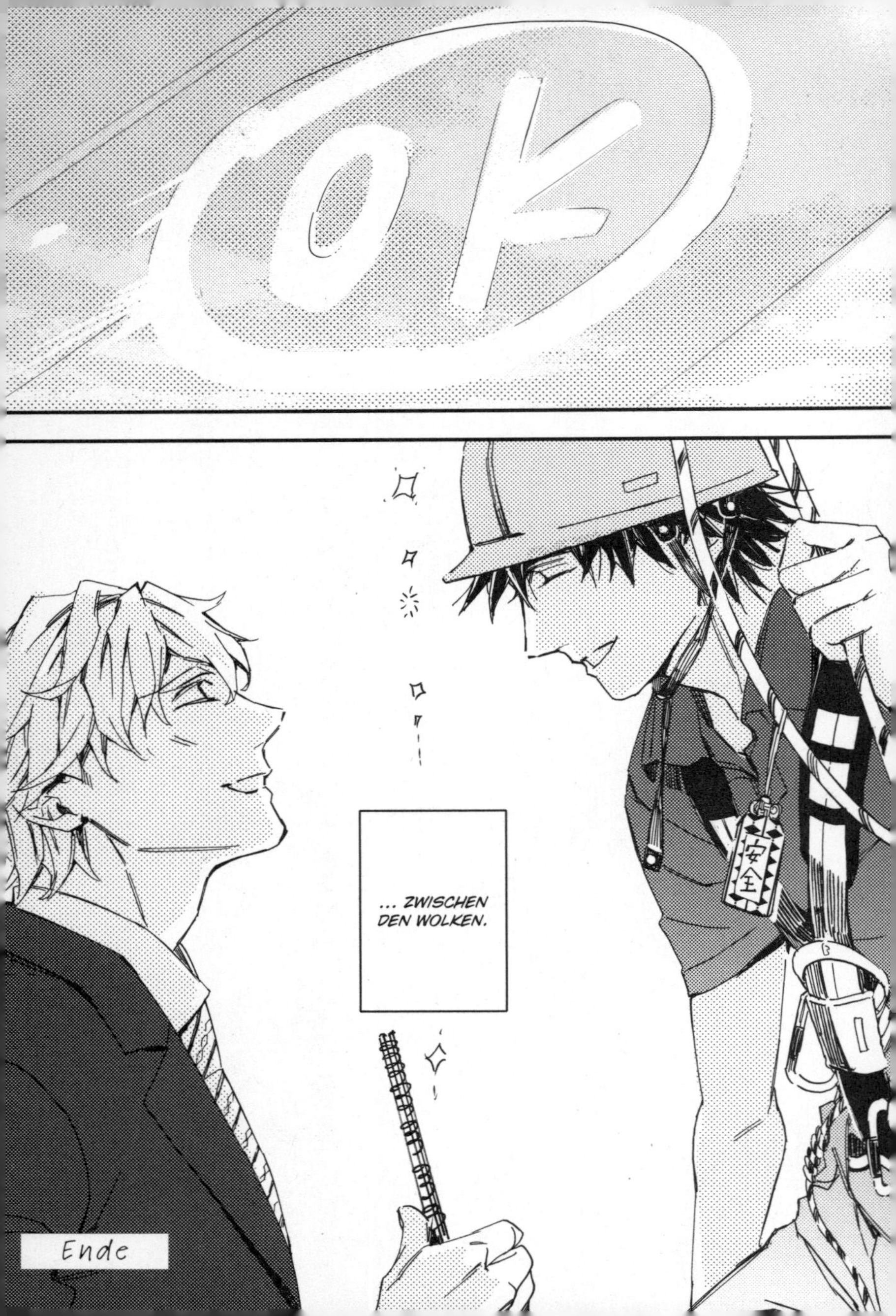
OK
... ZWISCHEN DEN WOLKEN.
安全
Ende

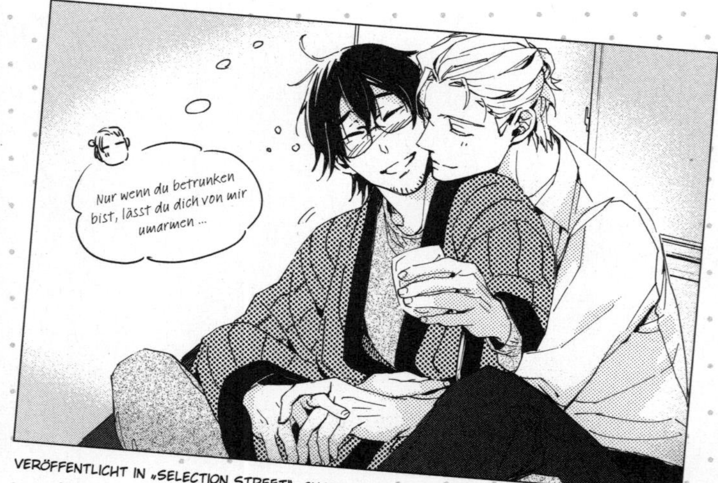

VERÖFFENTLICHT IN „SELECTION STREET", CHARA SELECTION JANUAR 2018

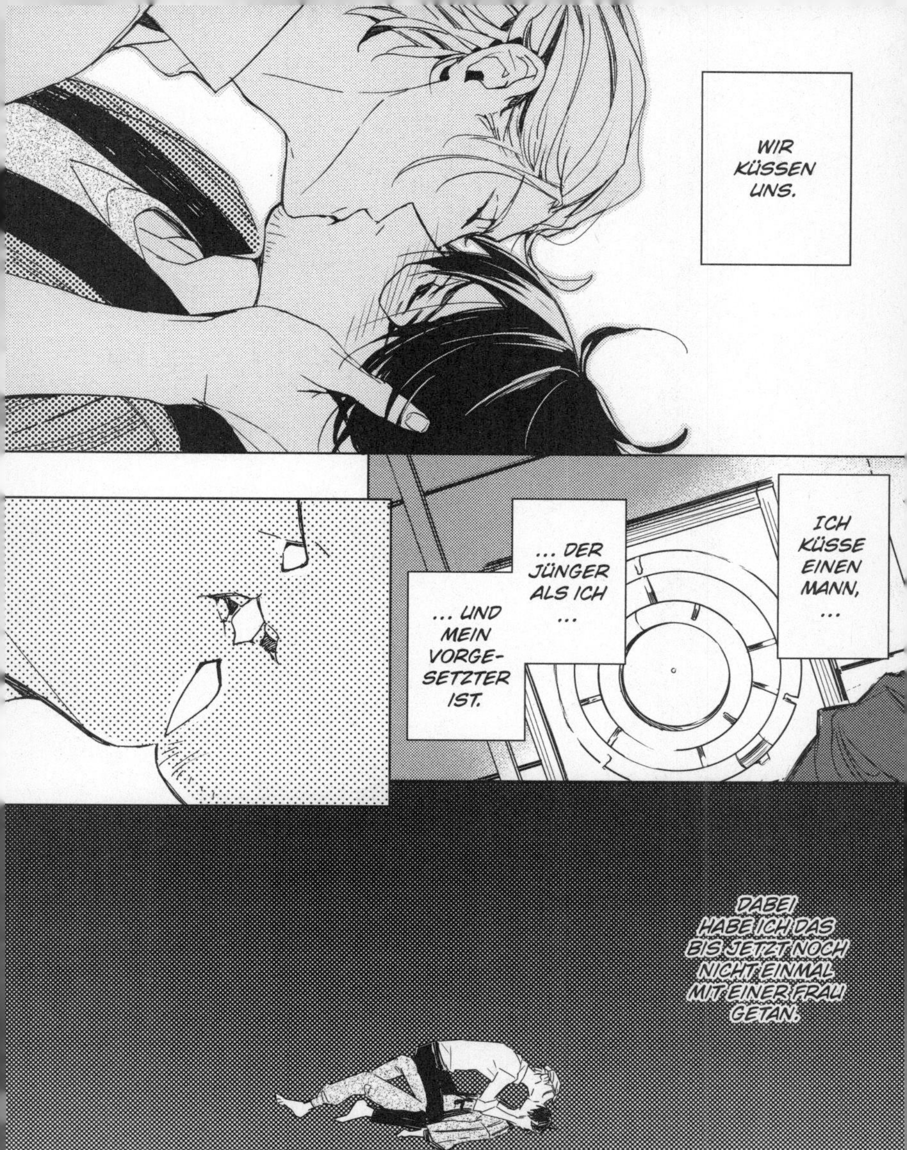
WIR KÜSSEN UNS.
ICH KÜSSE EINEN MANN, ...
... DER JÜNGER ALS ICH ...
... UND MEIN VORGE-SETZTER IST.
DABEI HABE ICH DAS BIS JETZT NOCH NICHT EINMAL MIT EINER FRAU GETAN.

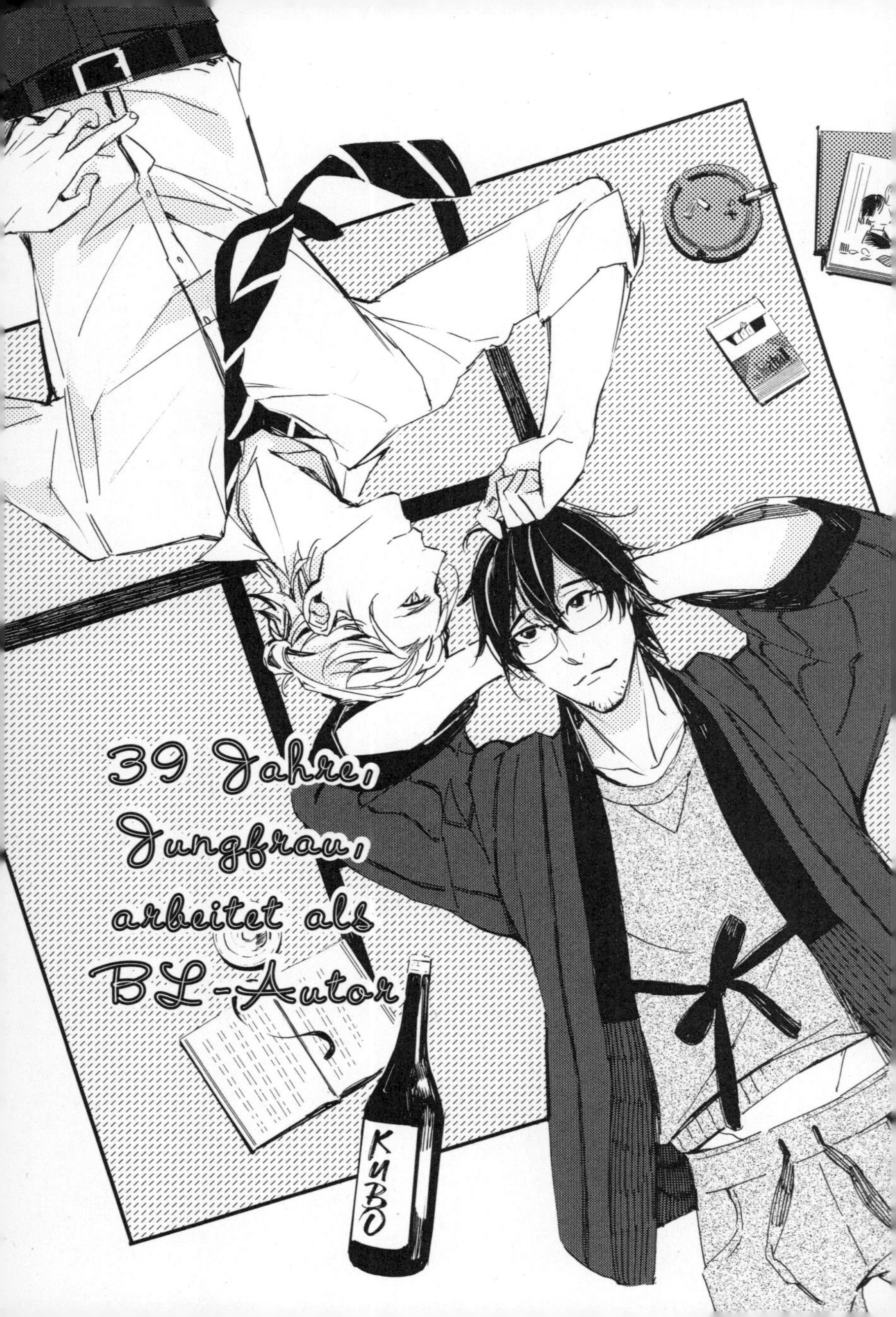
39 Jahre,
Jungfrau,
arbeitet als
BL-Autor
KUBO

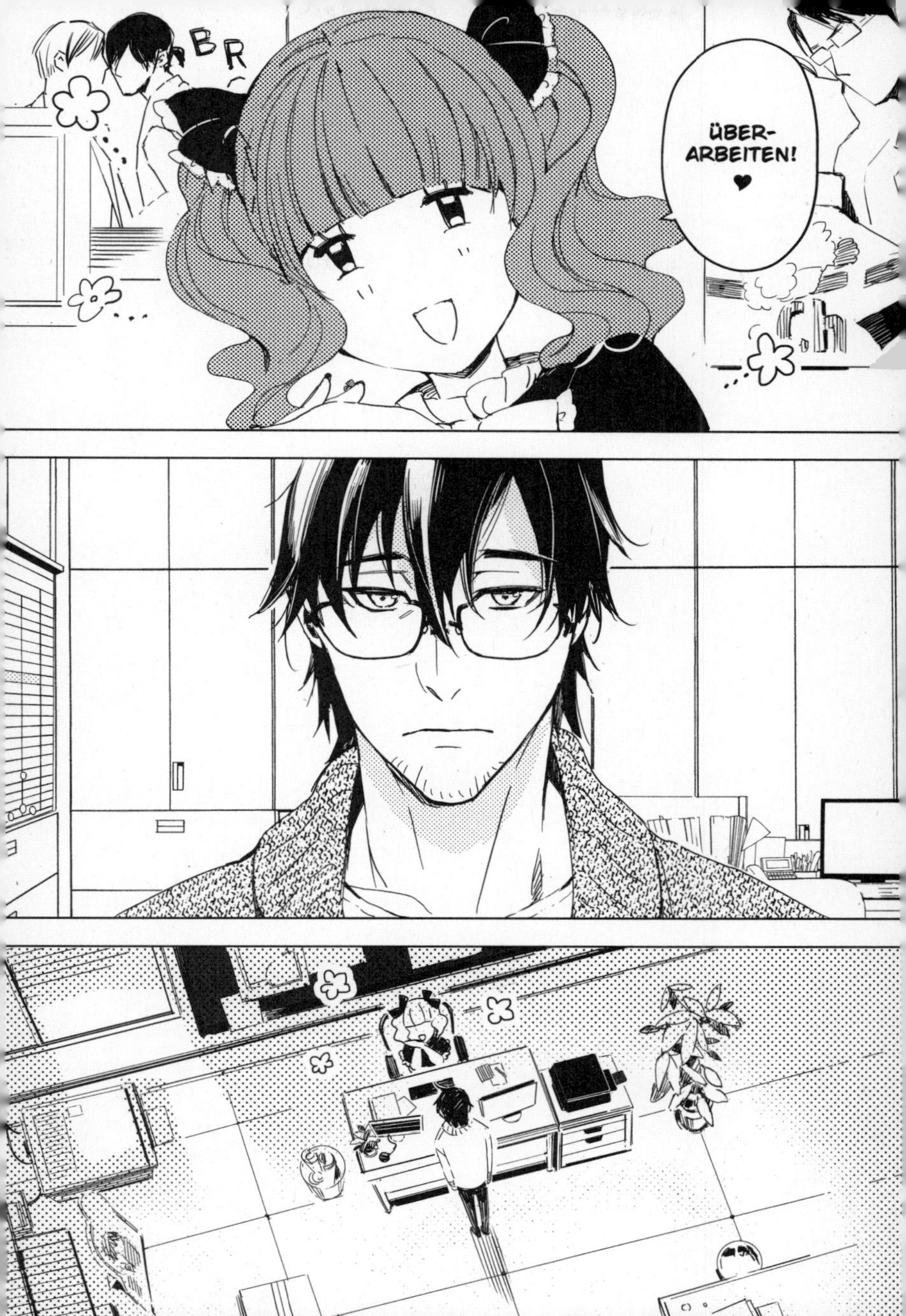
ÜBER-
ARBEITEN!
♥
BR

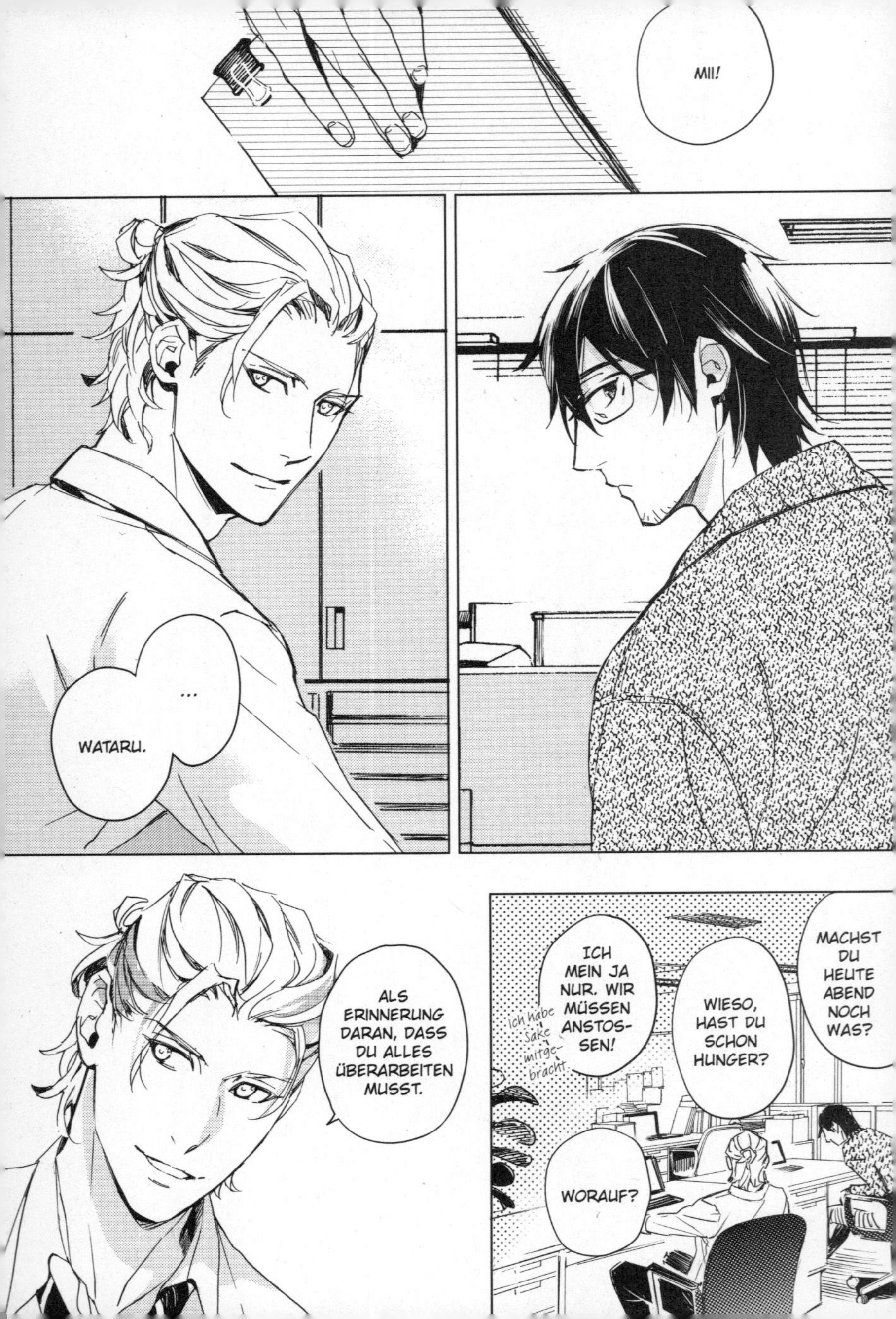
MII!
... WATARU.
MACHST DU HEUTE ABEND NOCH WAS?
WIESO, HAST DU SCHON HUNGER?
ICH MEIN JA NUR. WIR MÜSSEN ANSTOS-SEN!
Ich habe Sake mitge-bracht.
WORAUF?
ALS ERINNERUNG DARAN, DASS DU ALLES ÜBERARBEITEN MUSST.

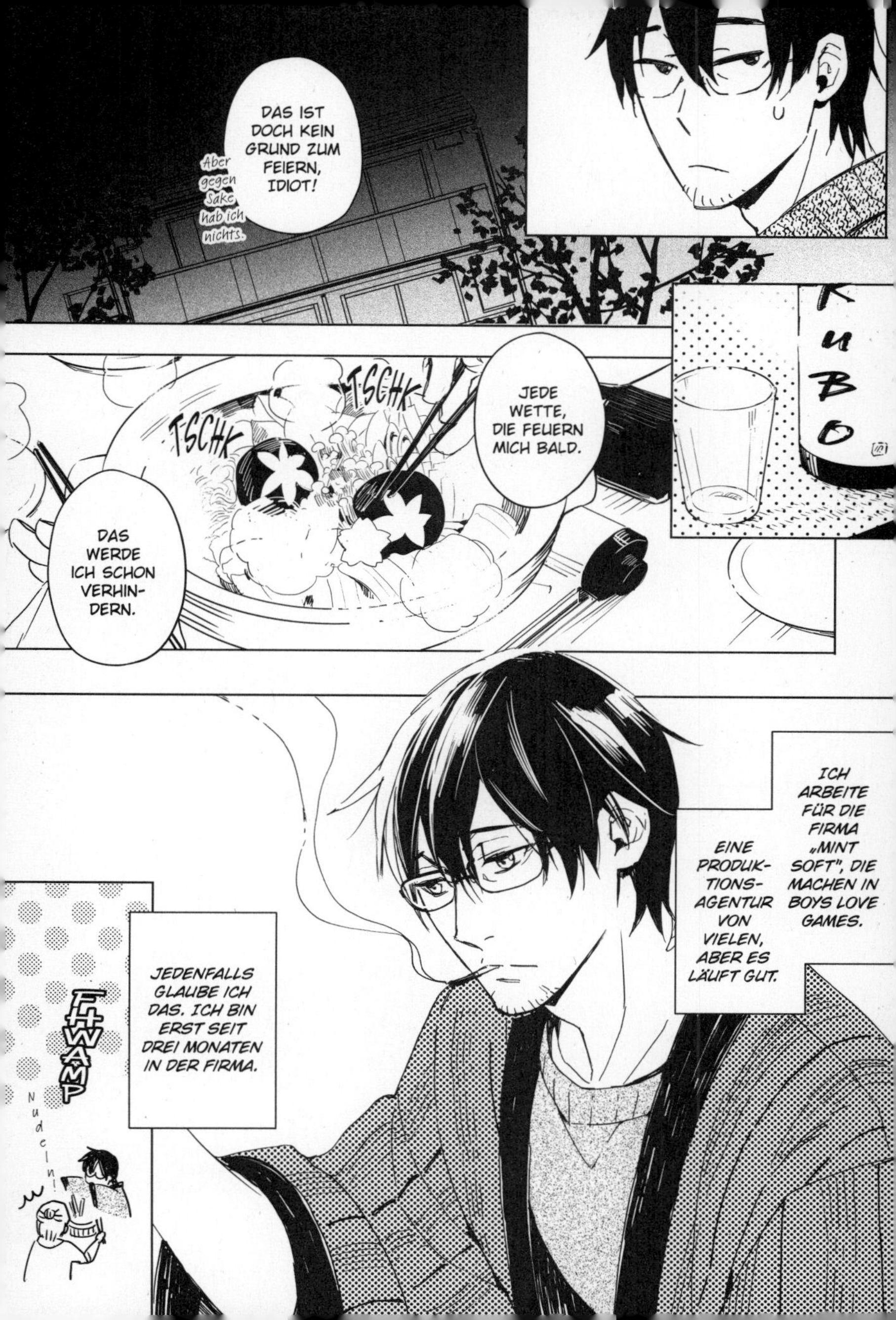
DAS IST DOCH KEIN GRUND ZUM FEIERN, IDIOT!
Aber gegen Sake hab ich nichts.
KUBO
JEDE WETTE, DIE FEUERN MICH BALD.
TSCHK
TSCHK
DAS WERDE ICH SCHON VERHINDERN.
ICH ARBEITE FÜR DIE FIRMA „MINT SOFT", DIE MACHEN IN BOYS LOVE GAMES.
EINE PRODUKTIONSAGENTUR VON VIELEN, ABER ES LÄUFT GUT.
JEDENFALLS GLAUBE ICH DAS. ICH BIN ERST SEIT DREI MONATEN IN DER FIRMA.
FHWAMP
Nudeln!

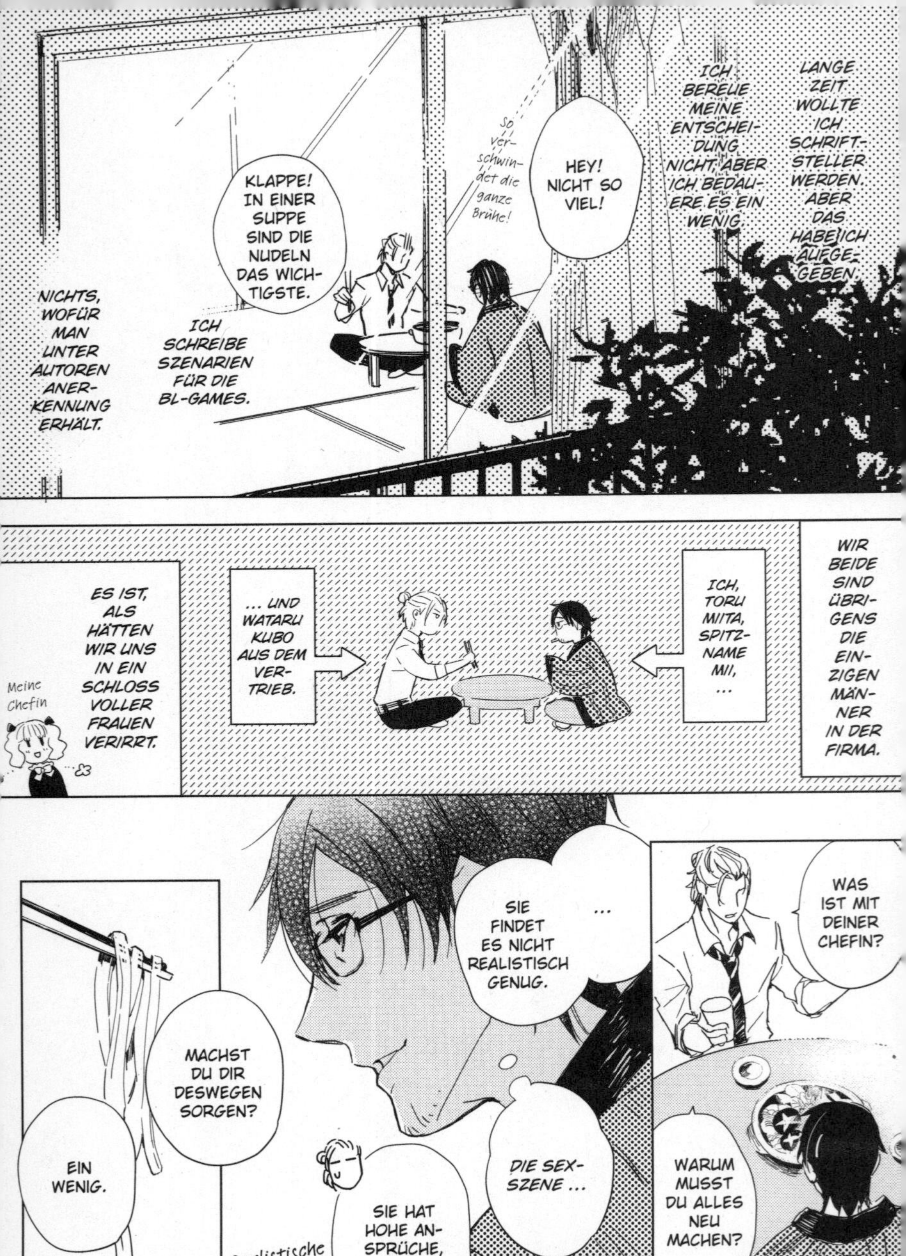
LANGE ZEIT WOLLTE ICH SCHRIFTSTELLER WERDEN. ABER DAS HABE ICH AUFGEGEBEN.
ICH BEREUE MEINE ENTSCHEIDUNG NICHT, ABER ICH BEDAUERE ES EIN WENIG.
HEY! NICHT SO VIEL!
So verschwindet die ganze Brühe!
KLAPPE! IN EINER SUPPE SIND DIE NUDELN DAS WICHTIGSTE.
ICH SCHREIBE SZENARIEN FÜR DIE BL-GAMES.
NICHTS, WOFÜR MAN UNTER AUTOREN ANERKENNUNG ERHÄLT.
WIR BEIDE SIND ÜBRIGENS DIE EINZIGEN MÄNNER IN DER FIRMA.
ICH, TORU MIITA, SPITZNAME MII, …
… UND WATARU KUBO AUS DEM VERTRIEB.
ES IST, ALS HÄTTEN WIR UNS IN EIN SCHLOSS VOLLER FRAUEN VERIRRT.
Meine Chefin
WAS IST MIT DEINER CHEFIN?
WARUM MUSST DU ALLES NEU MACHEN?
…
SIE FINDET ES NICHT REALISTISCH GENUG.
DIE SEXSZENE …
SIE HAT HOHE ANSPRÜCHE, ODER?
Realistische BL-Stories …
MACHST DU DIR DESWEGEN SORGEN?
EIN WENIG.

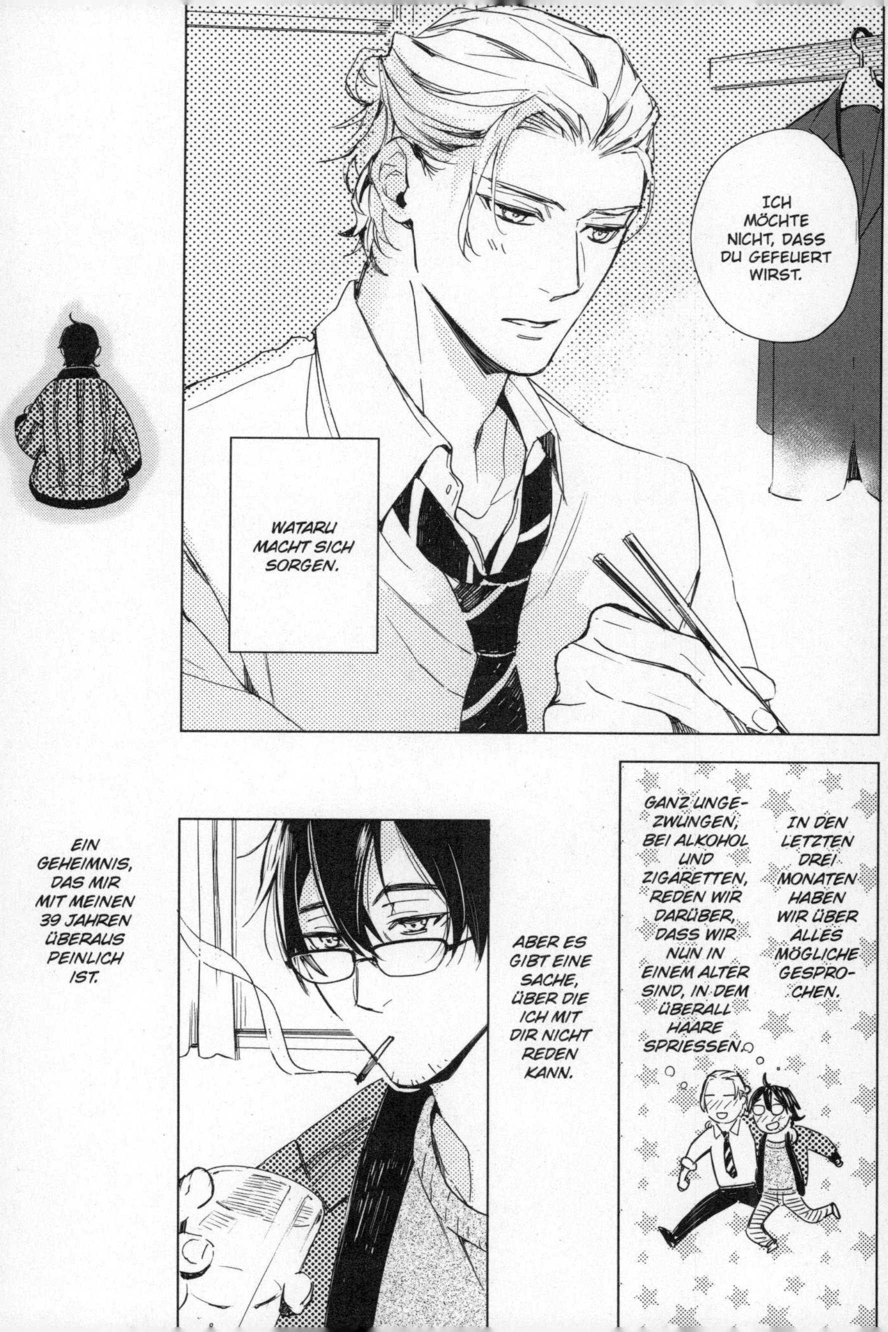

ICH MÖCHTE NICHT, DASS DU GEFEUERT WIRST.

WATARU MACHT SICH SORGEN.

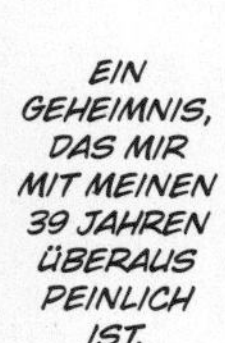

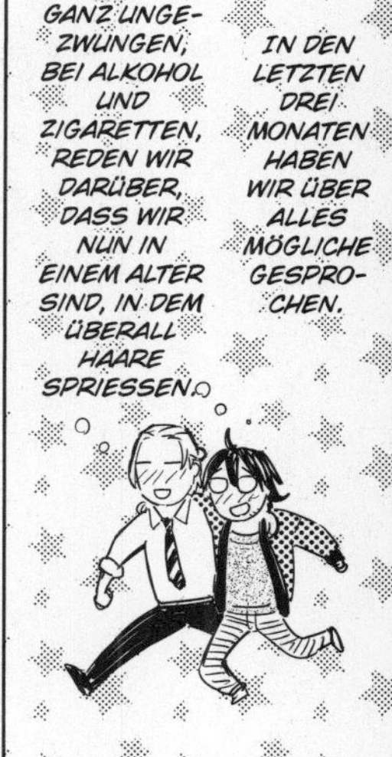

ABER ES GIBT EINE SACHE, ÜBER DIE ICH MIT DIR NICHT REDEN KANN.

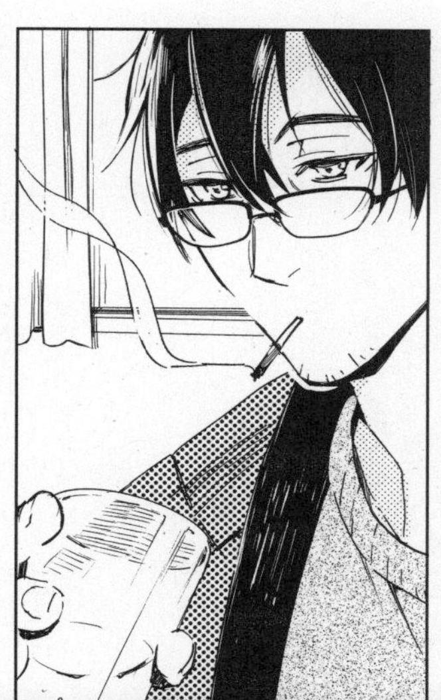

EIN GEHEIMNIS, DAS MIR MIT MEINEN 39 JAHREN ÜBERAUS PEINLICH IST.

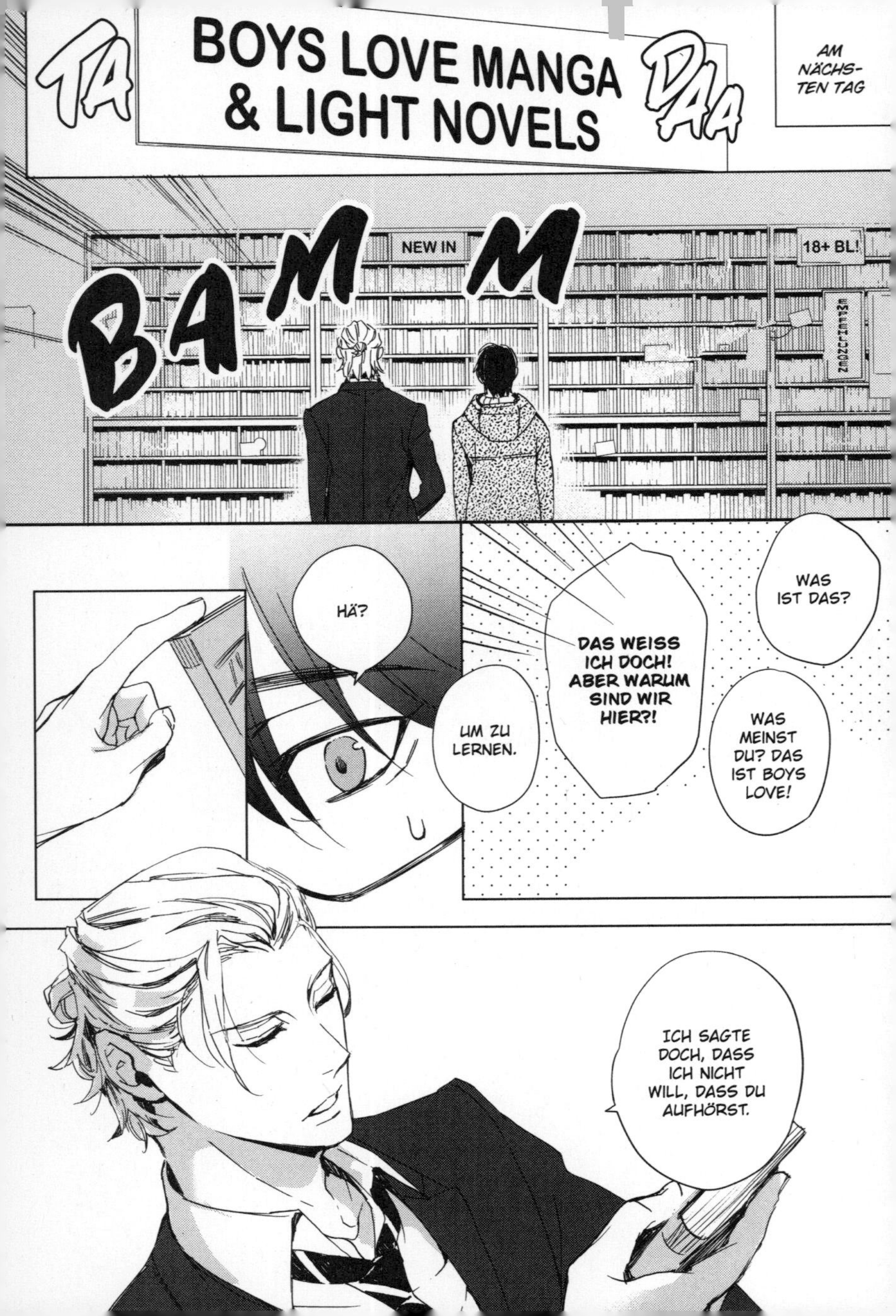

AM NÄCHSTEN TAG

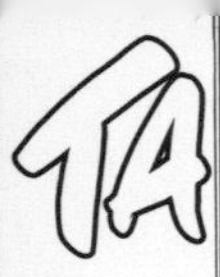

BOYS LOVE MANGA & LIGHT NOVELS

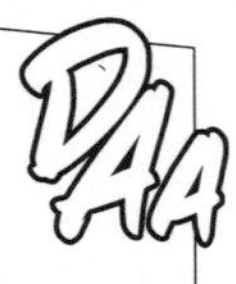

BAMM

NEW IN

18+ BL!

EMPFEHLUNGEN

WAS IST DAS?

WAS MEINST DU? DAS IST BOYS LOVE!

DAS WEISS ICH DOCH! ABER WARUM SIND WIR HIER?!

UM ZU LERNEN.

HÄ?

ICH SAGTE DOCH, DASS ICH NICHT WILL, DASS DU AUFHÖRST.

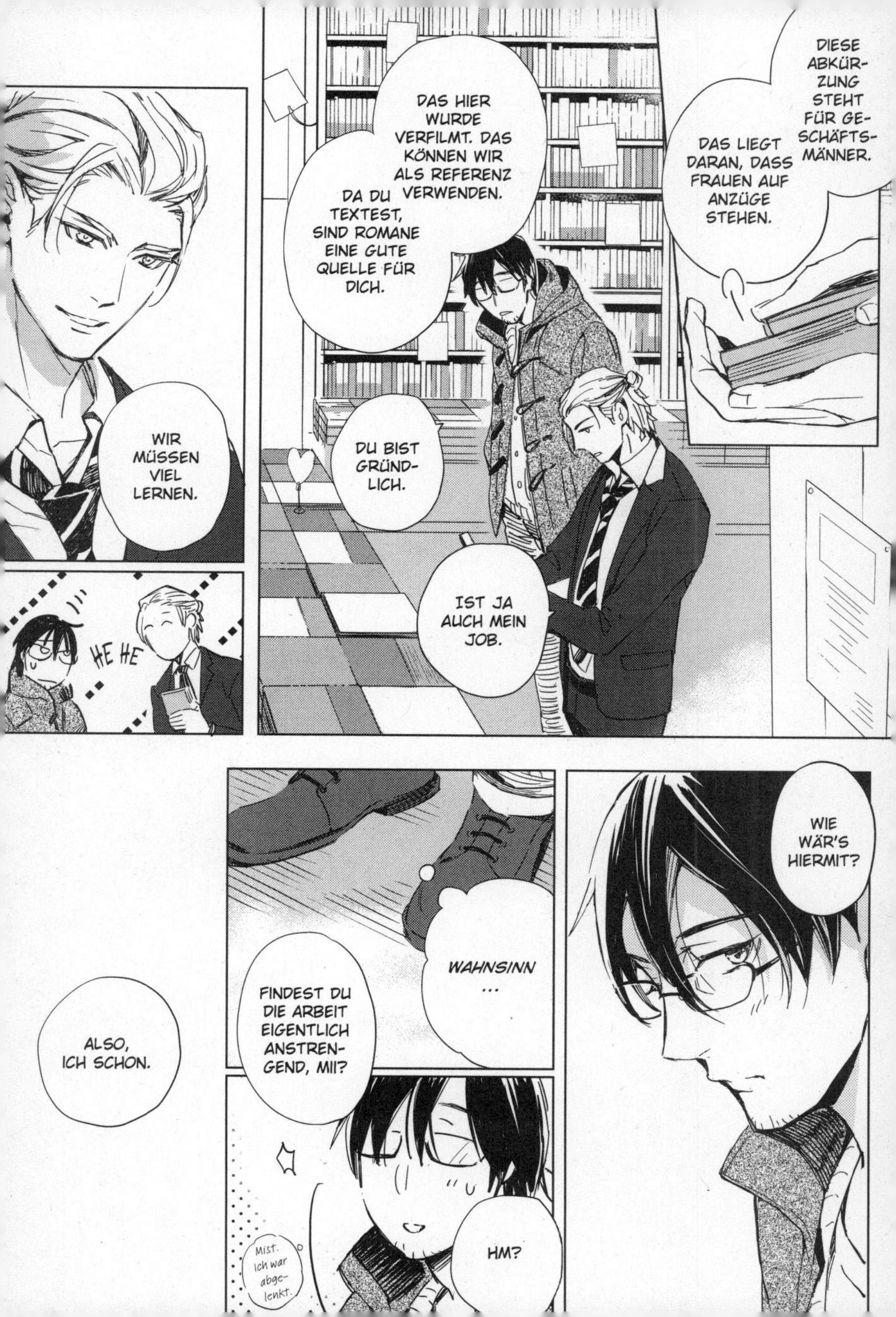

DIESE ABKÜRZUNG STEHT FÜR GESCHÄFTSMÄNNER.
DAS LIEGT DARAN, DASS FRAUEN AUF ANZÜGE STEHEN.
DAS HIER WURDE VERFILMT. DAS KÖNNEN WIR ALS REFERENZ VERWENDEN.
DA DU TEXTEST, SIND ROMANE EINE GUTE QUELLE FÜR DICH.
DU BIST GRÜNDLICH.
IST JA AUCH MEIN JOB.
WIR MÜSSEN VIEL LERNEN.
HE HE
WIE WÄR'S HIERMIT?
WAHNSINN ...
FINDEST DU DIE ARBEIT EIGENTLICH ANSTRENGEND, MII?
ALSO, ICH SCHON.
HM?
Mist. Ich war abgelenkt.

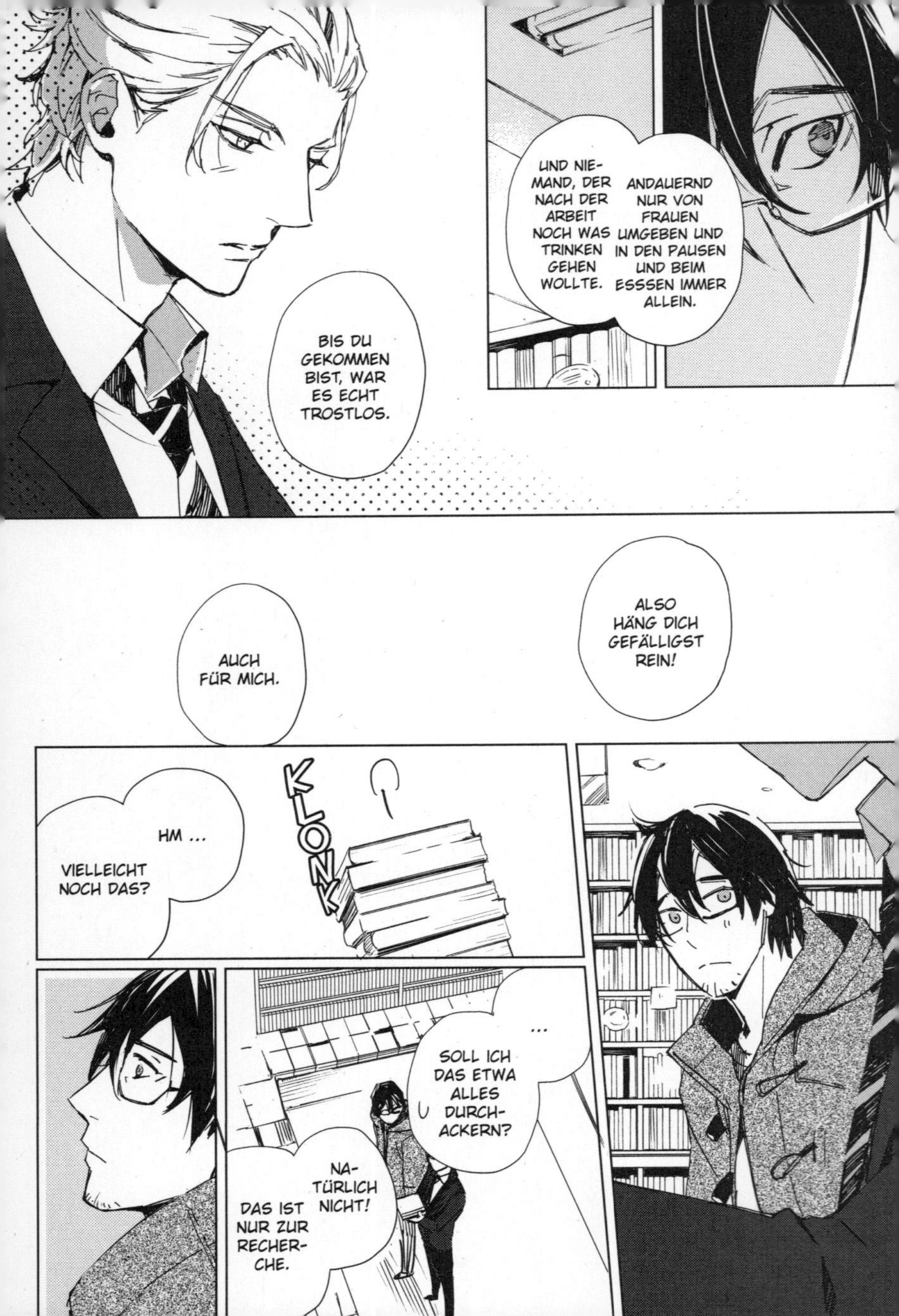
ANDAUERND NUR VON FRAUEN UMGEBEN UND IN DEN PAUSEN UND BEIM ESSSEN IMMER ALLEIN.
UND NIEMAND, DER NACH DER ARBEIT NOCH WAS TRINKEN GEHEN WOLLTE.
BIS DU GEKOMMEN BIST, WAR ES ECHT TROSTLOS.
ALSO HÄNG DICH GEFÄLLIGST REIN!
AUCH FÜR MICH.
KLONK
HM …
VIELLEICHT NOCH DAS?
…
SOLL ICH DAS ETWA ALLES DURCHACKERN?
NATÜRLICH NICHT!
DAS IST NUR ZUR RECHERCHE.

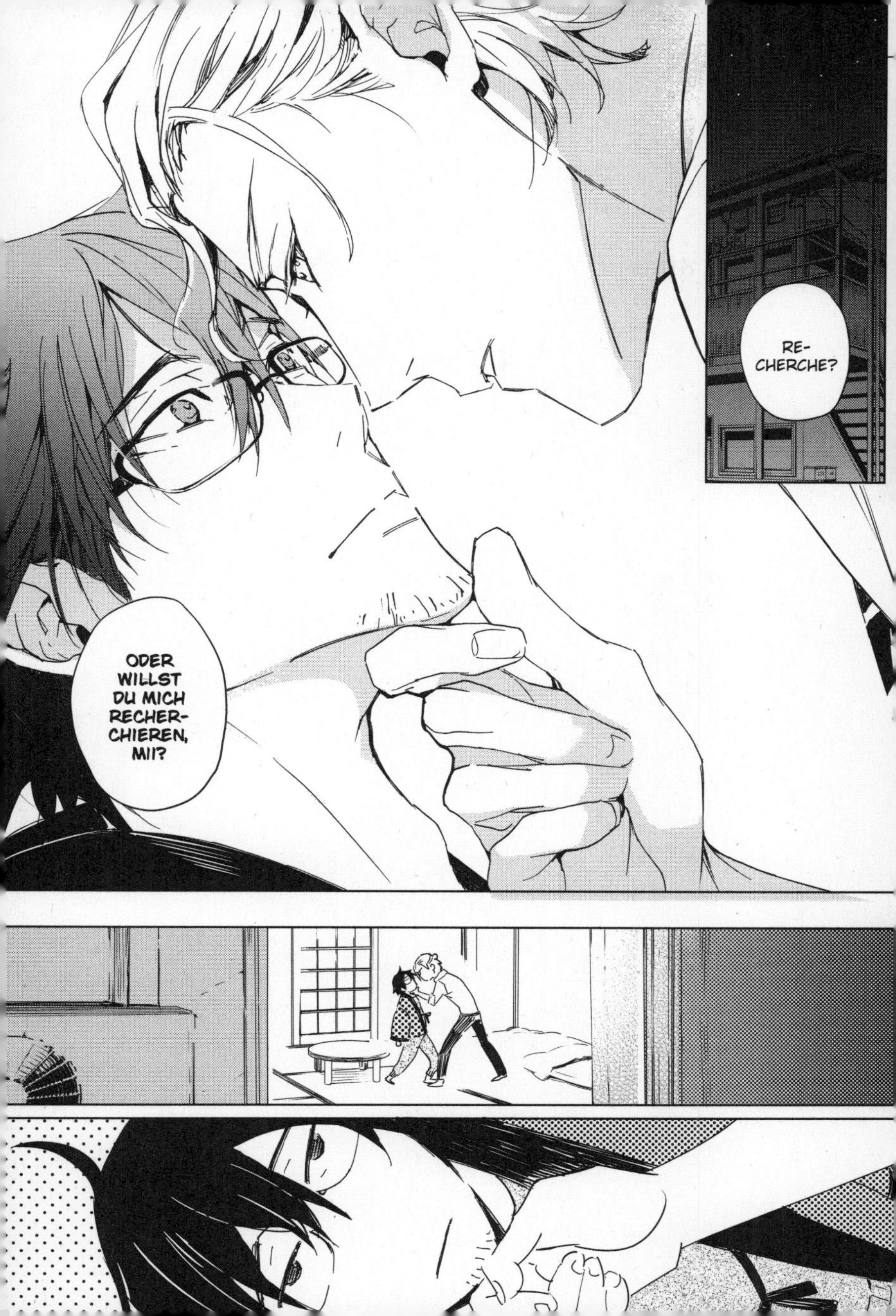
RE-
CHERCHE?
ODER WILLST DU MICH RECHER-
CHIEREN, MII?

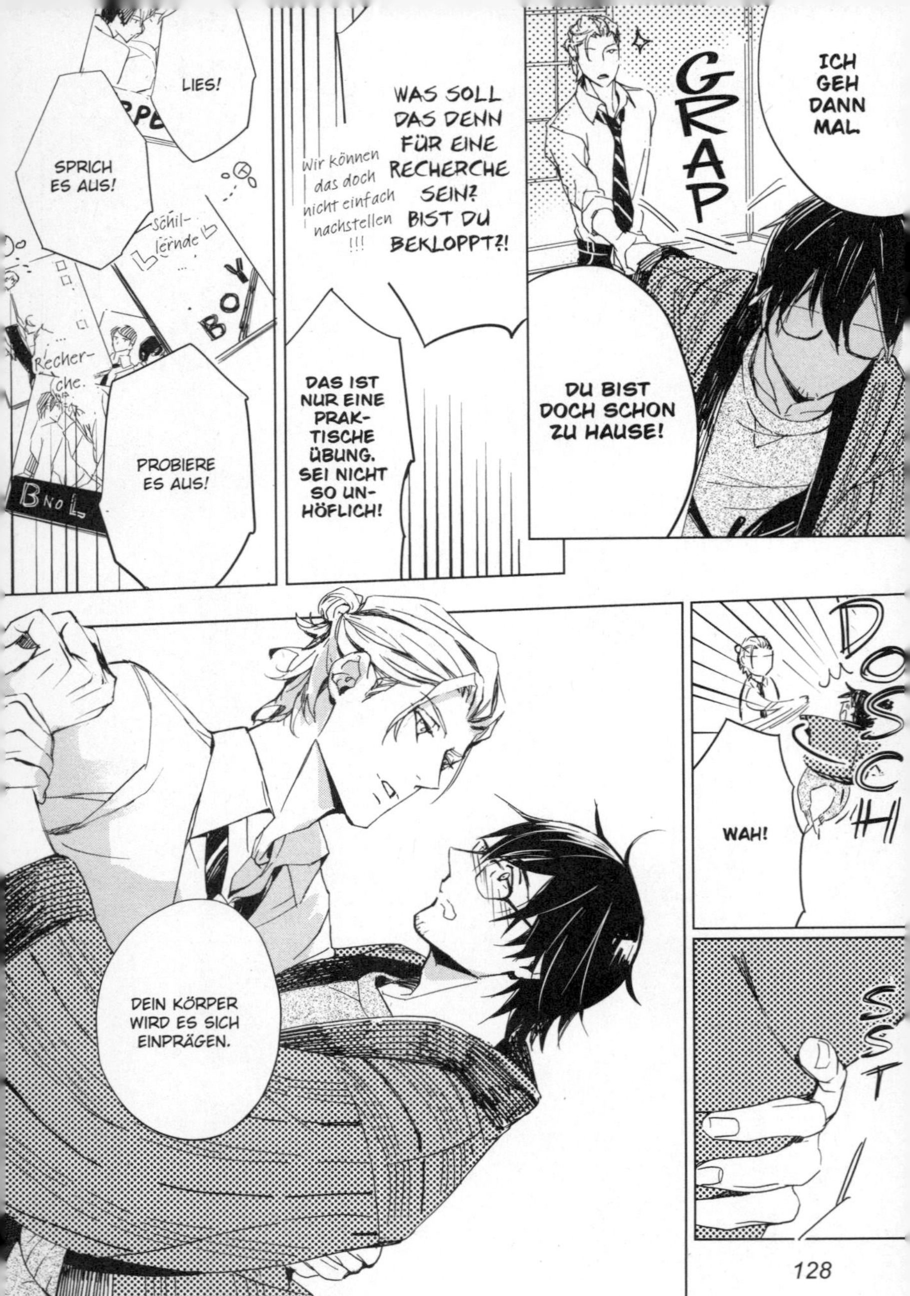

ICH GEH DANN MAL.

GRAP

DU BIST DOCH SCHON ZU HAUSE!

WAS SOLL DAS DENN FÜR EINE RECHERCHE SEIN? BIST DU BEKLOPPT?!

Wir können das doch nicht einfach nachstellen !!!

DAS IST NUR EINE PRAKTISCHE ÜBUNG. SEI NICHT SO UNHÖFLICH!

LIES!

SPRICH ES AUS!

Schillernde ...

BOY

... Recherche.

PROBIERE ES AUS!

BnoL

DOSCH

WAH!

DEIN KÖRPER WIRD ES SICH EINPRÄGEN.

SST

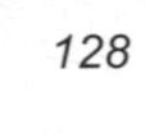

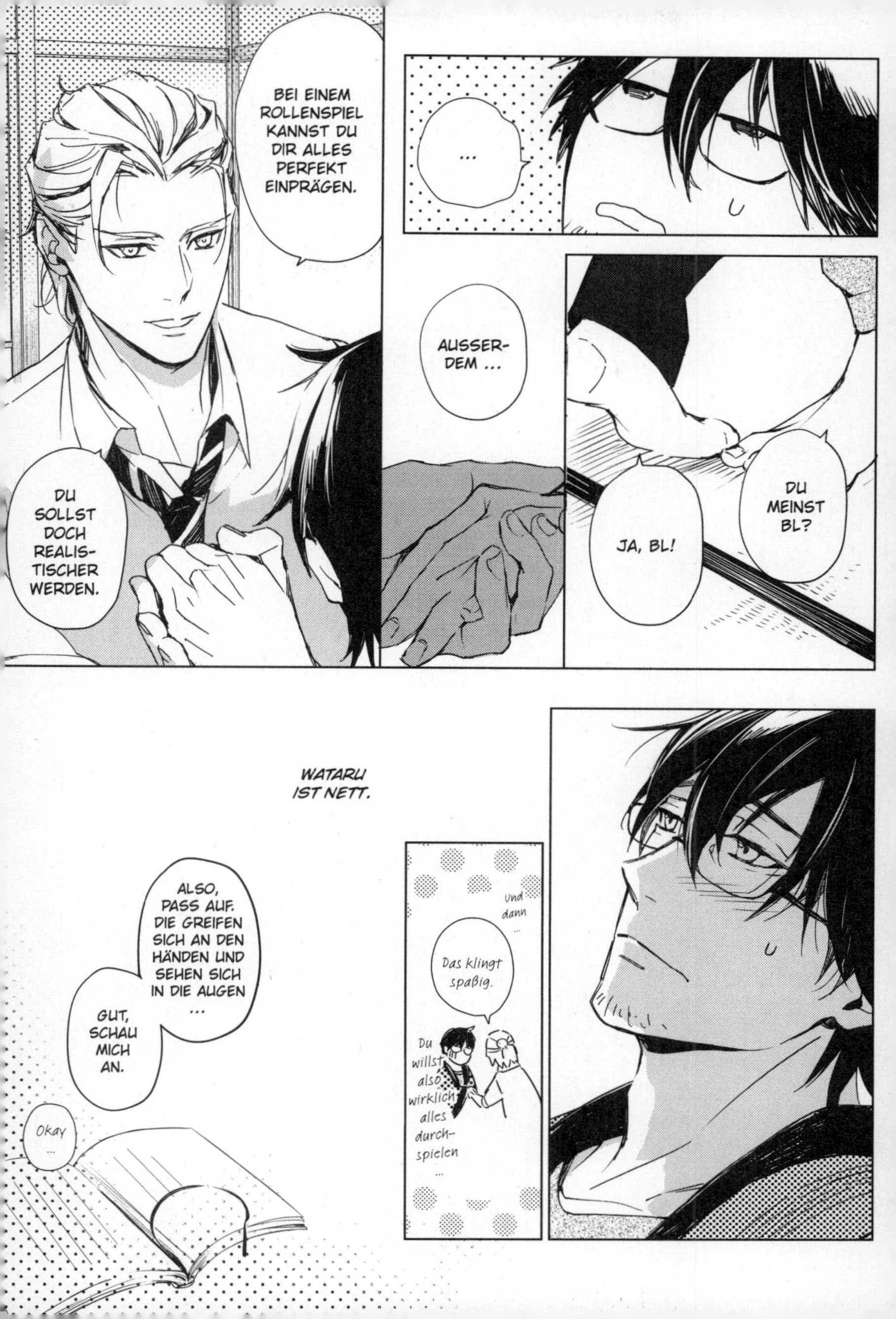

…

DU MEINST BL?

JA, BL!

AUSSER-DEM …

BEI EINEM ROLLENSPIEL KANNST DU DIR ALLES PERFEKT EINPRÄGEN.

DU SOLLST DOCH REALISTISCHER WERDEN.

Du willst also wirklich alles durchspielen …

Das klingt spaßig.

Und dann …

WATARU IST NETT.

ALSO, PASS AUF. DIE GREIFEN SICH AN DEN HÄNDEN UND SEHEN SICH IN DIE AUGEN …

GUT, SCHAU MICH AN.

Okay …

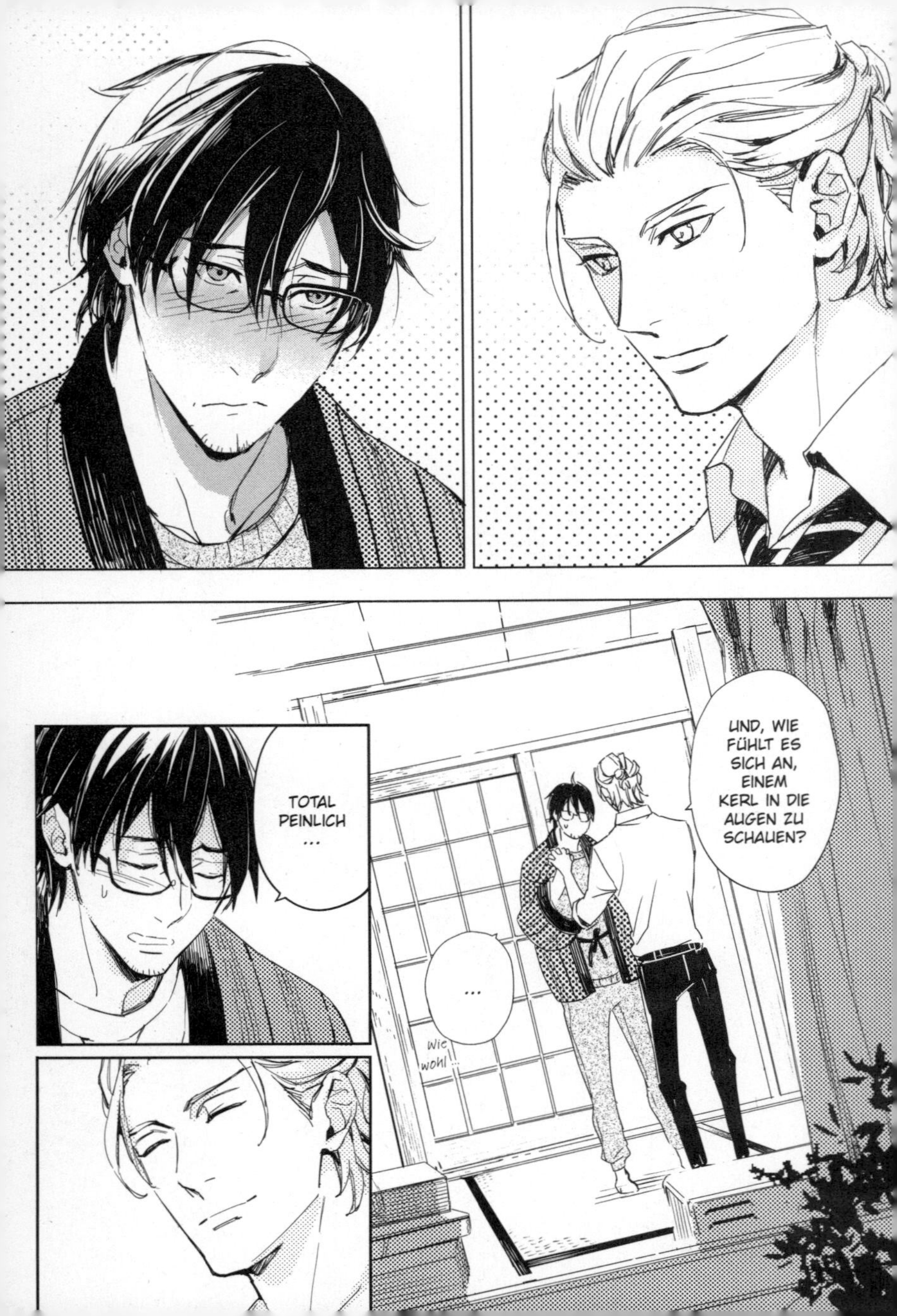

UND, WIE FÜHLT ES SICH AN, EINEM KERL IN DIE AUGEN ZU SCHAUEN?
...
Wie wohl...
TOTAL PEINLICH ...

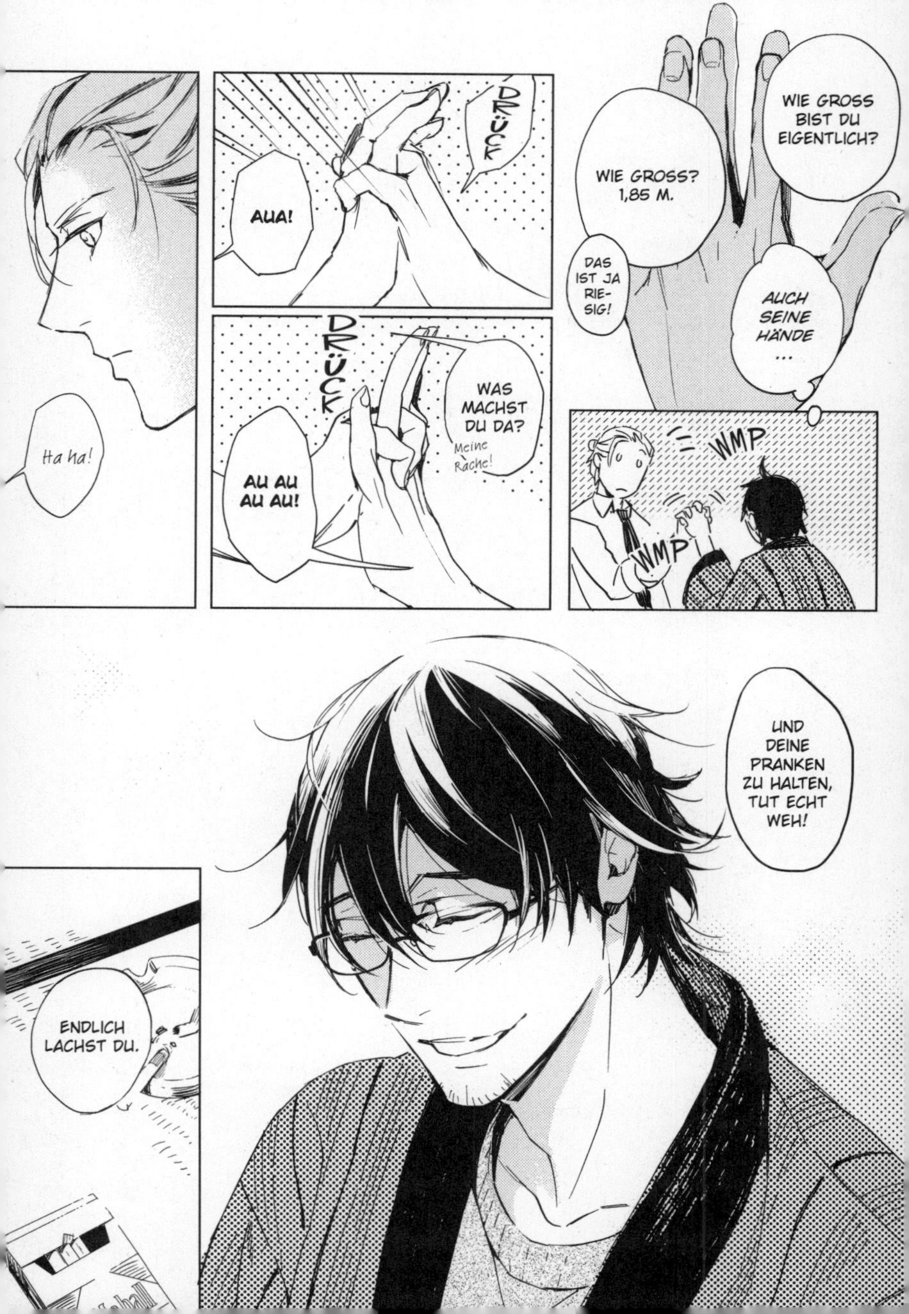

WIE GROSS BIST DU EIGENTLICH?
WIE GROSS? 1,85 M.
DAS IST JA RIE-SIG!
AUCH SEINE HÄNDE ...
WMP
WMP
DRÜCK
AUA!
DRÜCK
WAS MACHST DU DA?
Meine Rache!
AU AU AU AU!
Ha ha!
UND DEINE PRANKEN ZU HALTEN, TUT ECHT WEH!

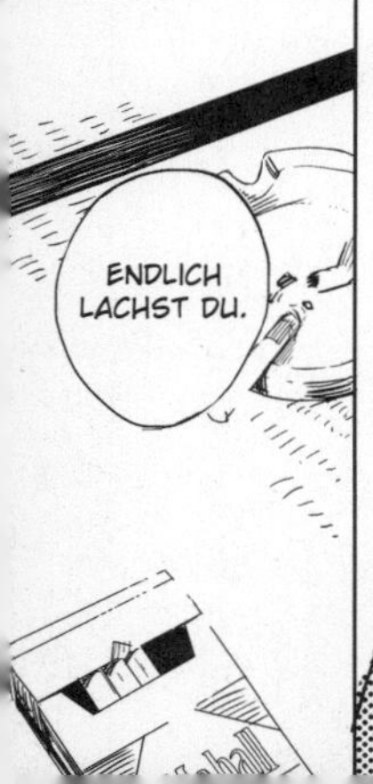

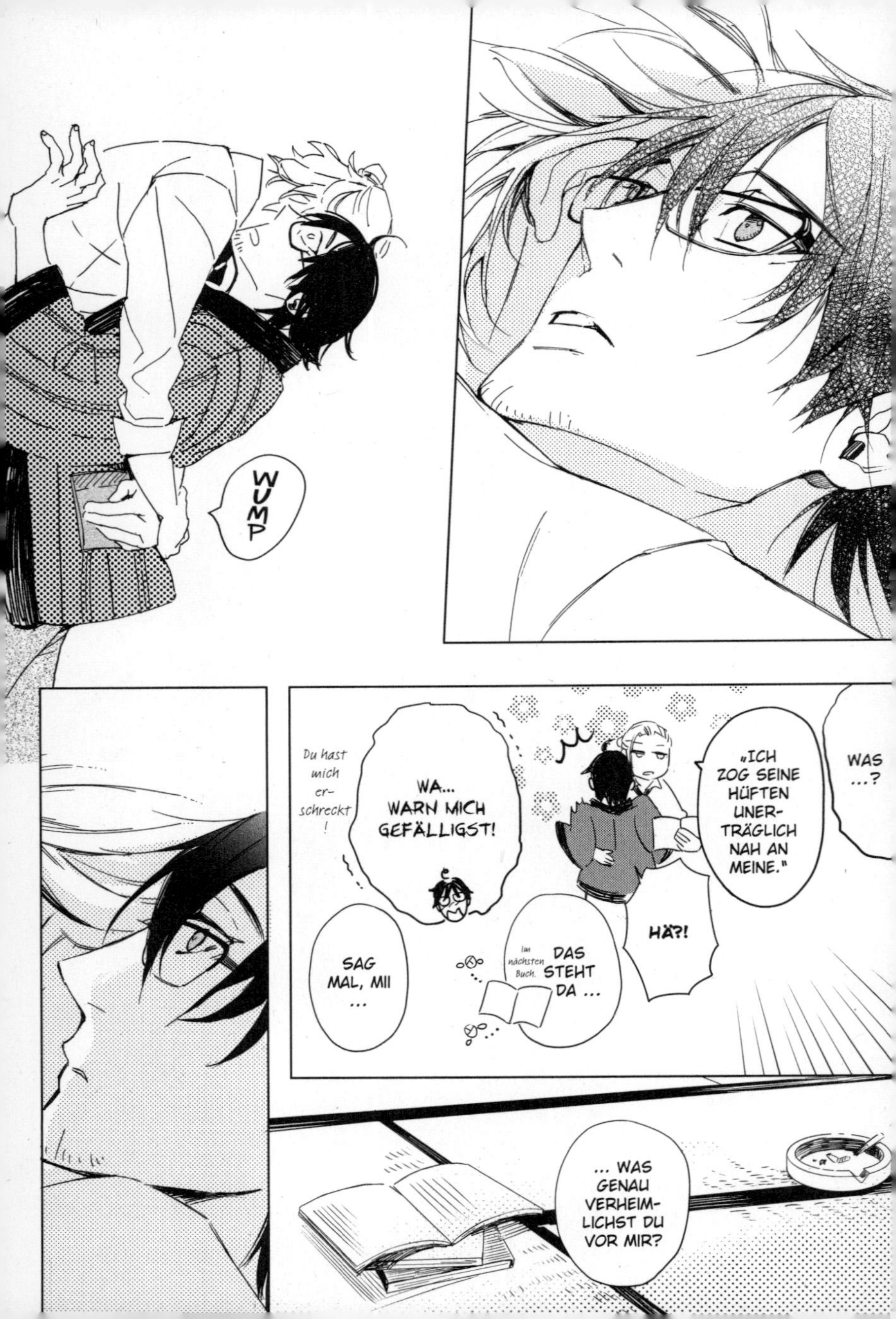
WUMP
WAS …?
„ICH ZOG SEINE HÜFTEN UNERTRÄGLICH NAH AN MEINE."
HÄ?!
DAS STEHT DA …
Im nächsten Buch.
WA… WARN MICH GEFÄLLIGST!
Du hast mich erschreckt!
SAG MAL, MII …
… WAS GENAU VERHEIMLICHST DU VOR MIR?

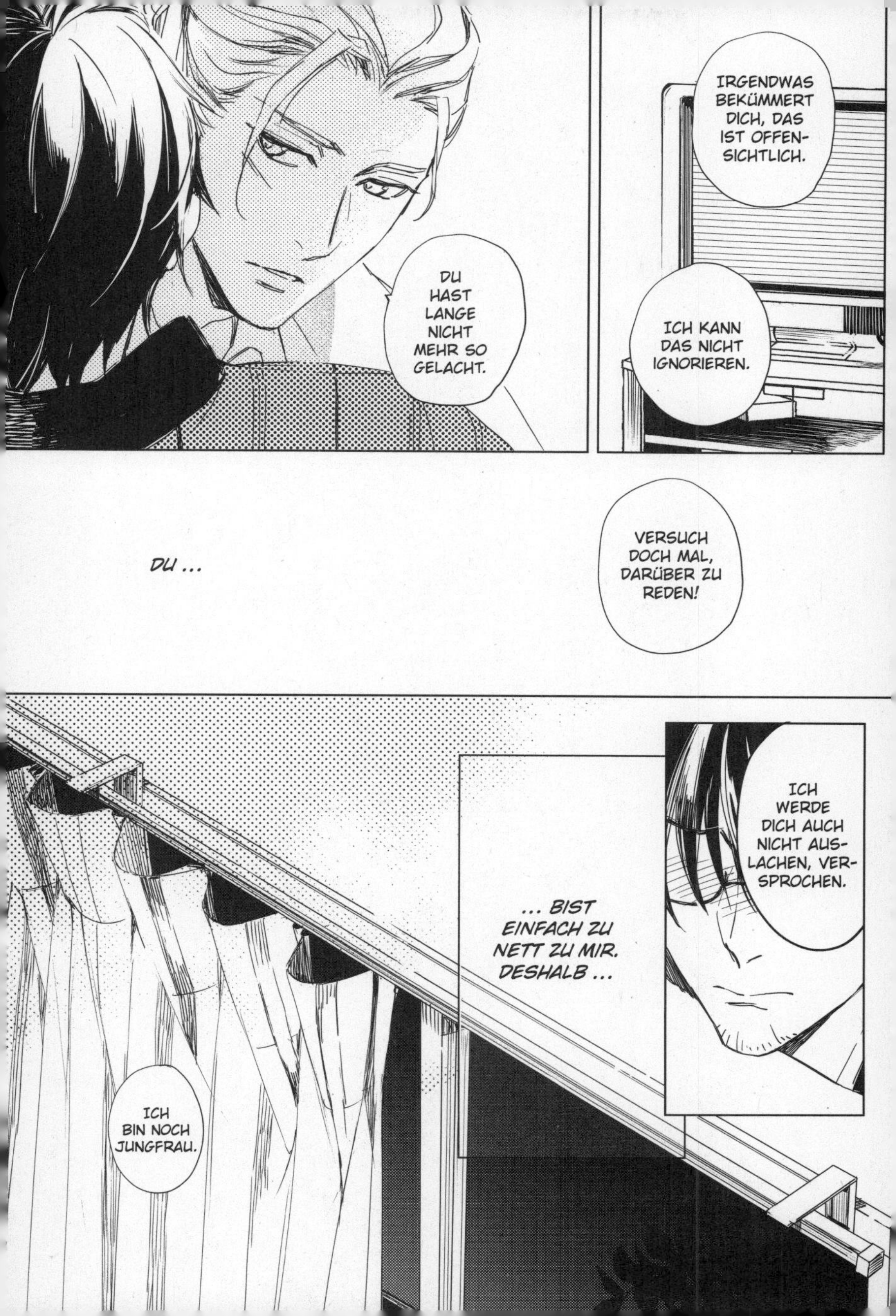

IRGENDWAS BEKÜMMERT DICH, DAS IST OFFEN-SICHTLICH.

ICH KANN DAS NICHT IGNORIEREN.

DU HAST LANGE NICHT MEHR SO GELACHT.

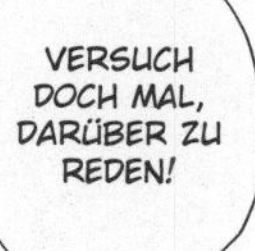

DU ...

ICH WERDE DICH AUCH NICHT AUS-LACHEN, VER-SPROCHEN.

... BIST EINFACH ZU NETT ZU MIR. DESHALB ...

ICH BIN NOCH JUNGFRAU.

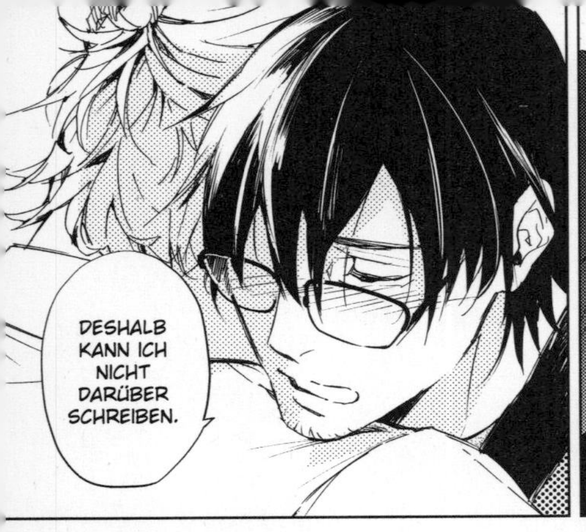
DESHALB KANN ICH NICHT DARÜBER SCHREIBEN.
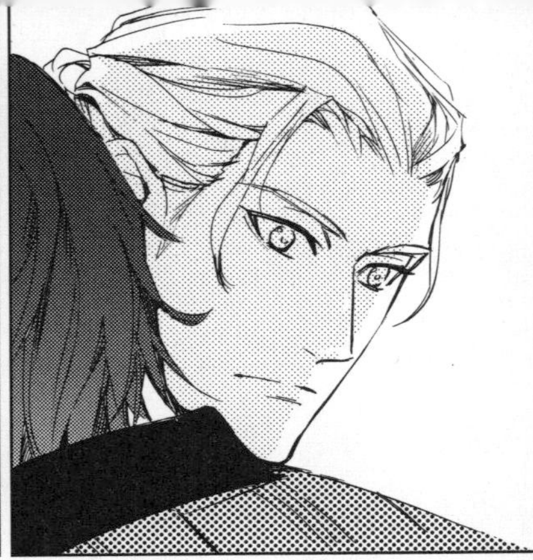
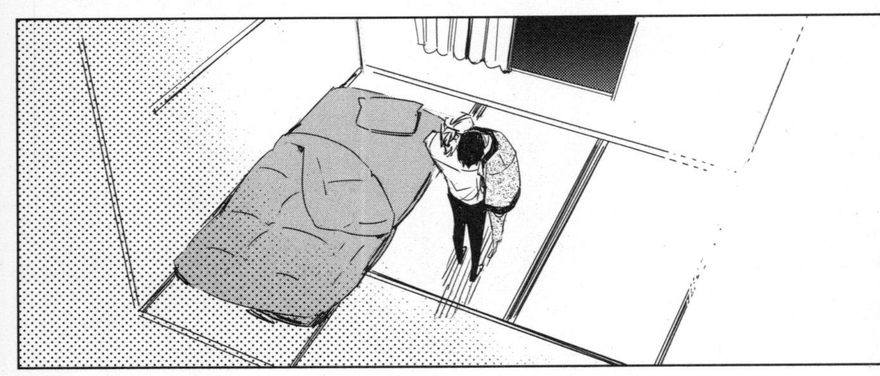
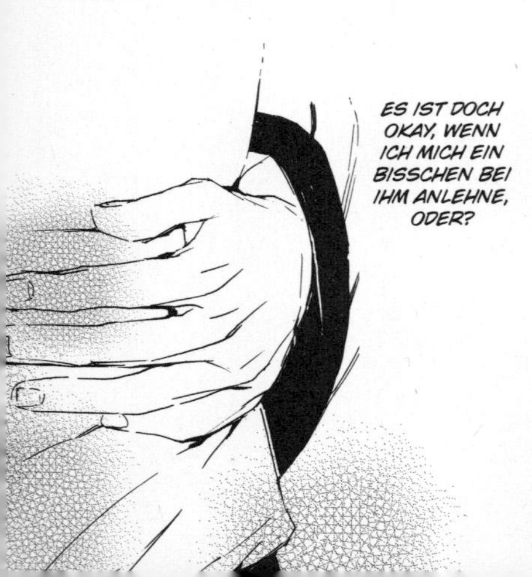
ES IST DOCH OKAY, WENN ICH MICH EIN BISSCHEN BEI IHM ANLEHNE, ODER?
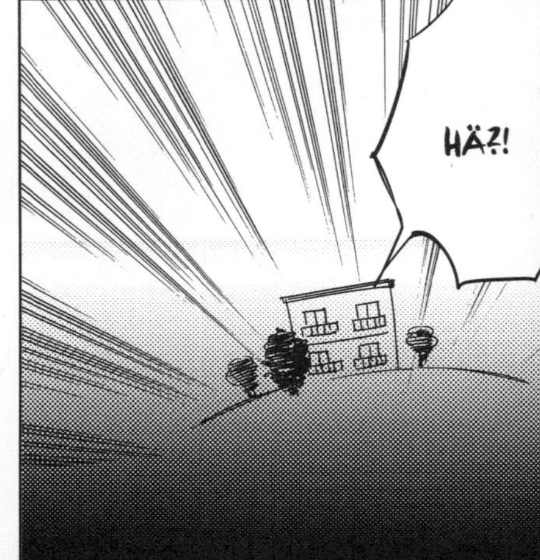
HÄ?!

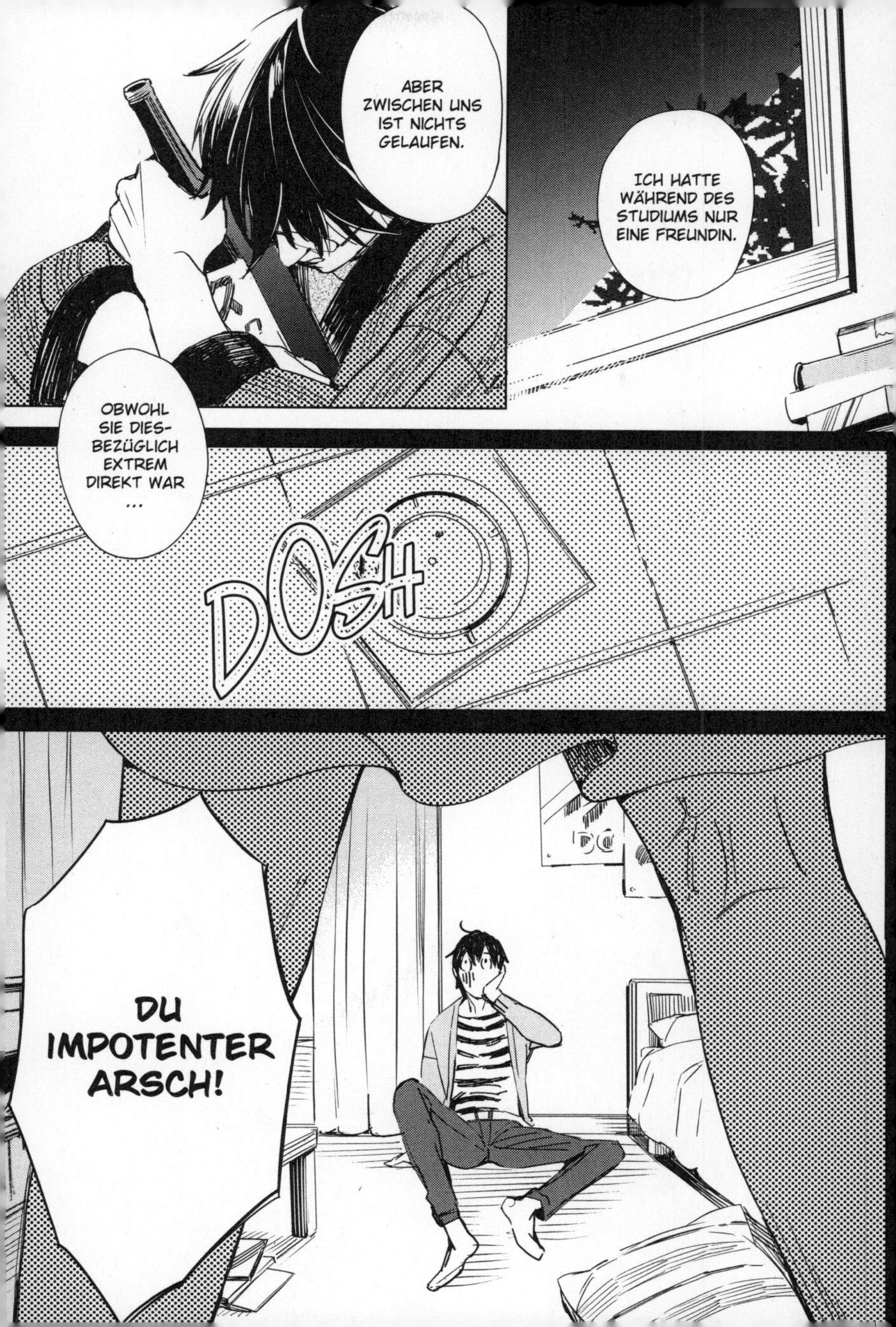
ICH HATTE WÄHREND DES STUDIUMS NUR EINE FREUNDIN.
ABER ZWISCHEN UNS IST NICHTS GELAUFEN.
OBWOHL SIE DIESBEZÜGLICH EXTREM DIREKT WAR ...
DOSH
DU IMPOTENTER ARSCH!

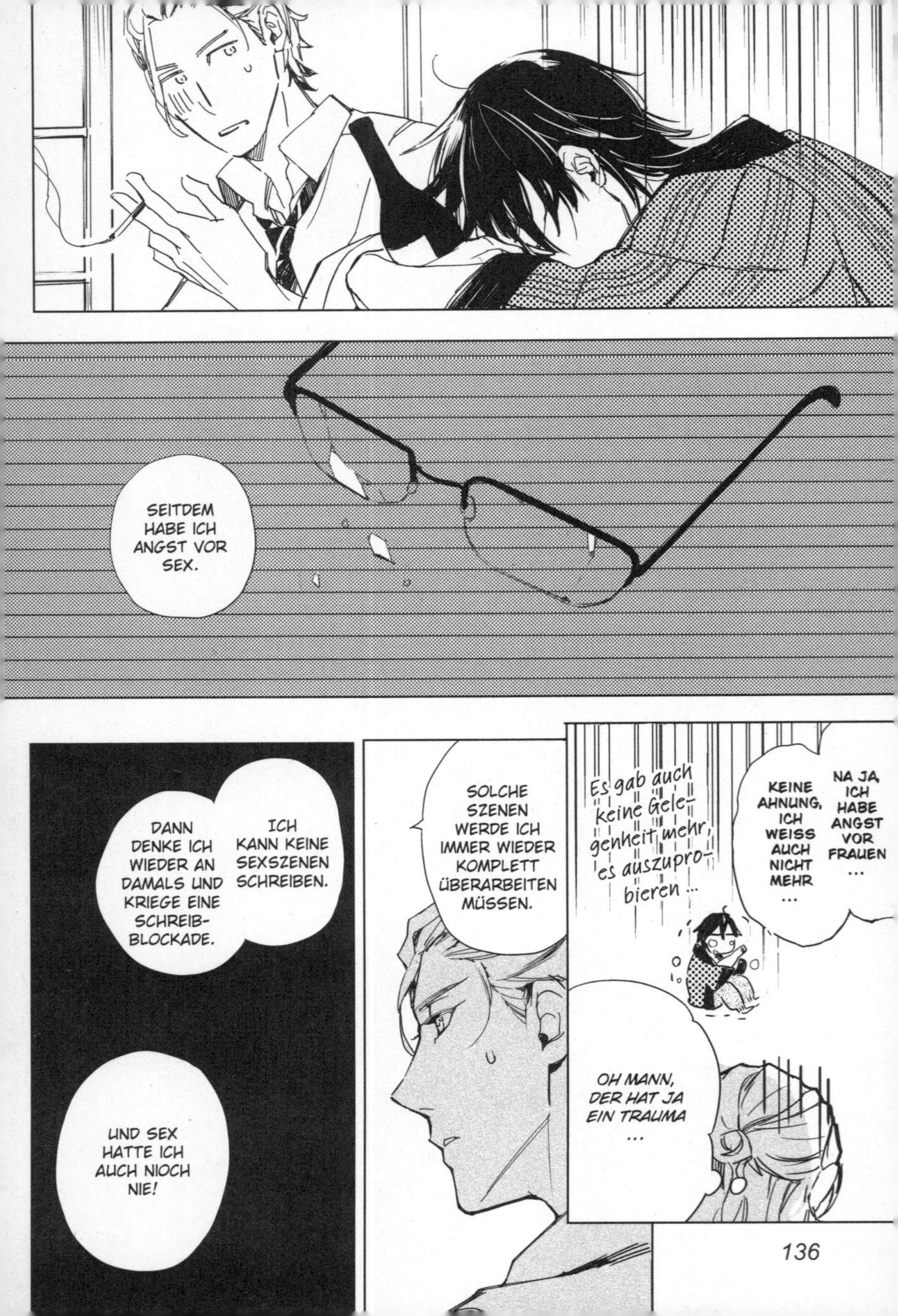

SEITDEM HABE ICH ANGST VOR SEX.

NA JA, ICH HABE ANGST VOR FRAUEN ...

KEINE AHNUNG, ICH WEISS AUCH NICHT MEHR ...

Es gab auch keine Gelegenheit mehr, es auszuprobieren ...

OH MANN, DER HAT JA EIN TRAUMA ...

SOLCHE SZENEN WERDE ICH IMMER WIEDER KOMPLETT ÜBERARBEITEN MÜSSEN.

ICH KANN KEINE SEXSZENEN SCHREIBEN.

DANN DENKE ICH WIEDER AN DAMALS UND KRIEGE EINE SCHREIBBLOCKADE.

UND SEX HATTE ICH AUCH NIOCH NIE!

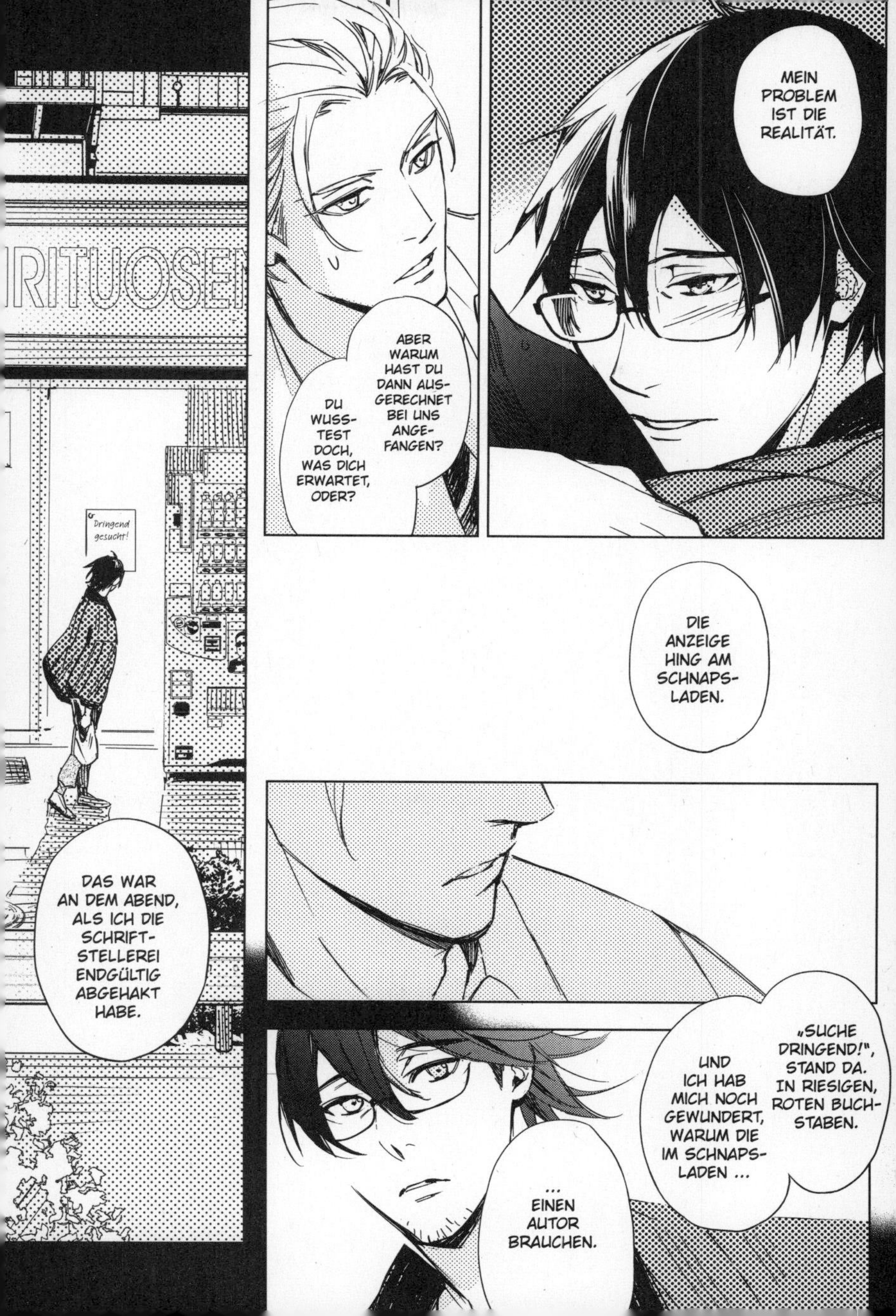
MEIN PROBLEM IST DIE REALITÄT.
ABER WARUM HAST DU DANN AUSGERECHNET BEI UNS ANGEFANGEN?
DU WUSSTEST DOCH, WAS DICH ERWARTET, ODER?
DIE ANZEIGE HING AM SCHNAPSLADEN.
RITUOSEN
Dringend gesucht!
DAS WAR AN DEM ABEND, ALS ICH DIE SCHRIFTSTELLEREI ENDGÜLTIG ABGEHAKT HABE.
„SUCHE DRINGEND!“, STAND DA. IN RIESIGEN, ROTEN BUCHSTABEN.
UND ICH HAB MICH NOCH GEWUNDERT, WARUM DIE IM SCHNAPSLADEN …
… EINEN AUTOR BRAUCHEN.

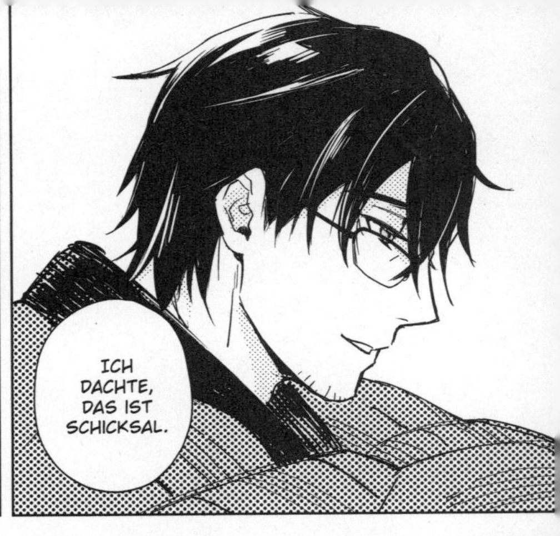
ICH DACHTE, DAS IST SCHICKSAL.

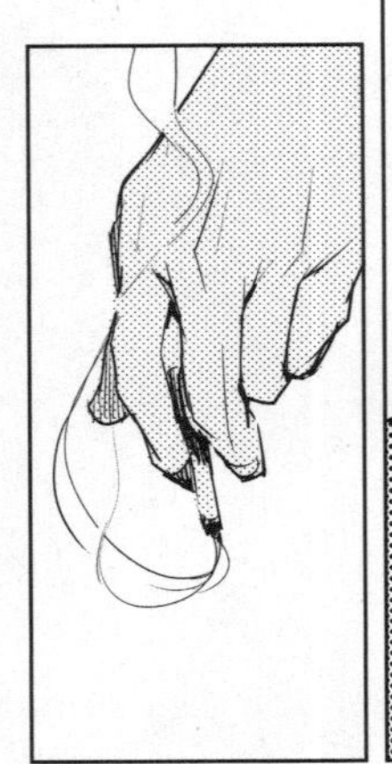

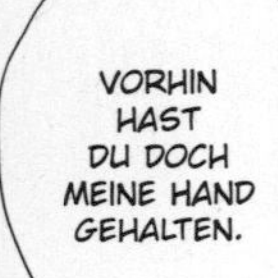
VORHIN HAST DU DOCH MEINE HAND GEHALTEN.

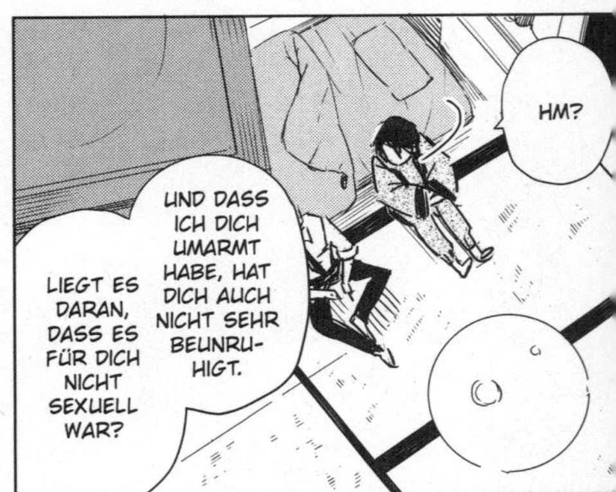
HM?
UND DASS ICH DICH UMARMT HABE, HAT DICH AUCH NICHT SEHR BEUNRU-HIGT.
LIEGT ES DARAN, DASS ES FÜR DICH NICHT SEXUELL WAR?

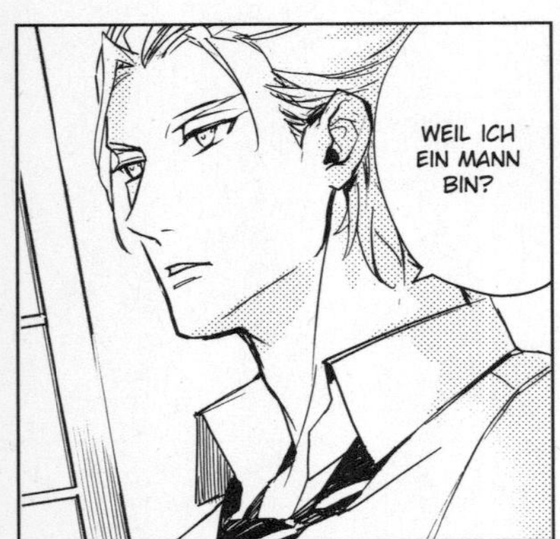
WEIL ICH EIN MANN BIN?

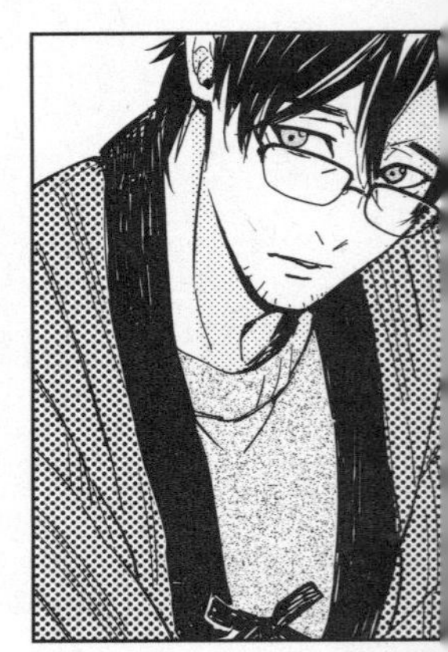

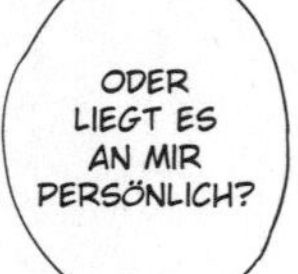
ODER LIEGT ES AN MIR PERSÖNLICH?

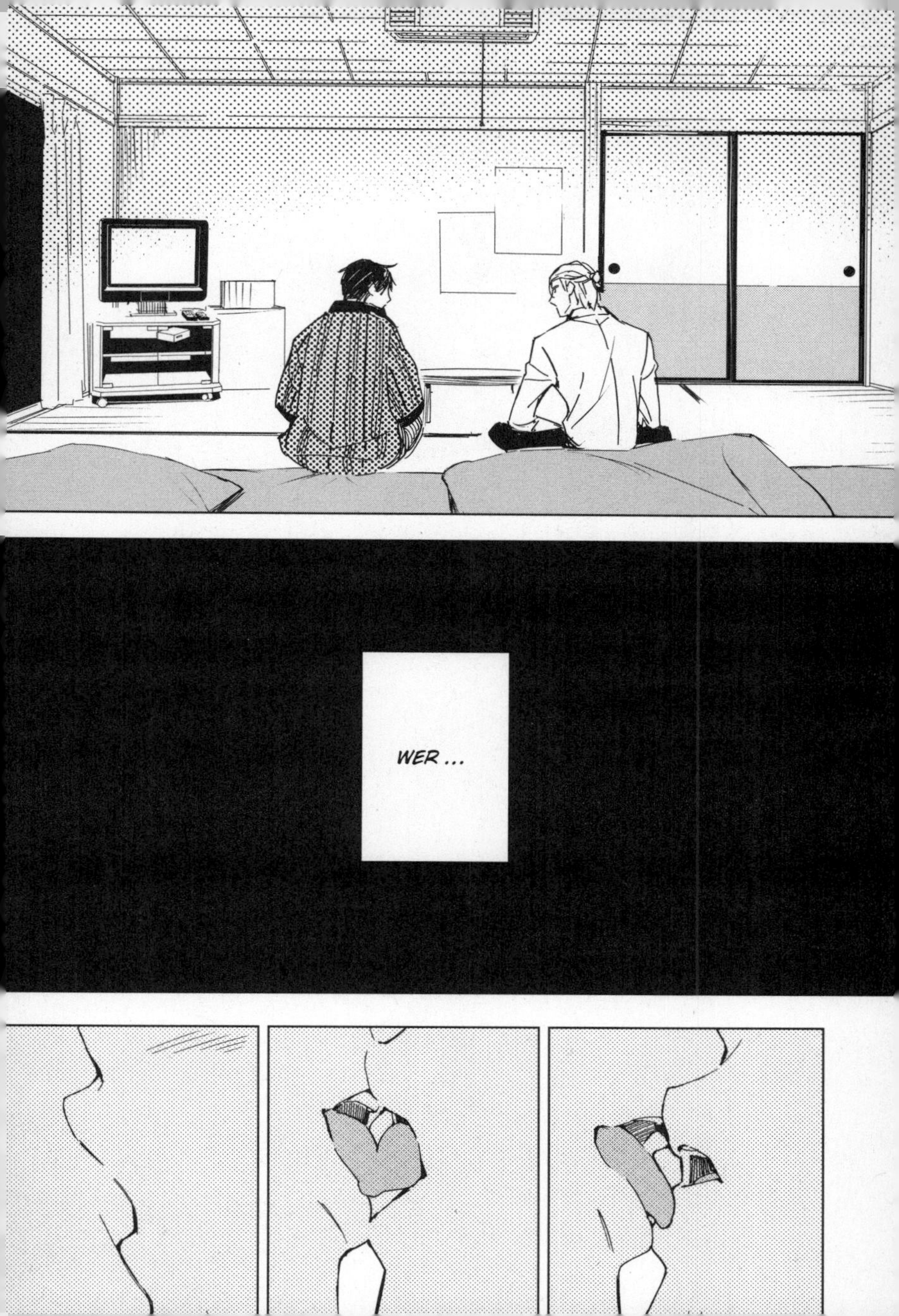
WER ...

... ZUM TEUFEL HAT EIGENTLICH MAL GESAGT, DASS EIN KUSS NACH ZITRONE SCHMECKT?

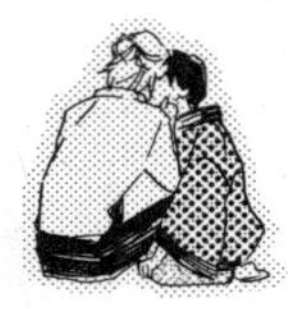

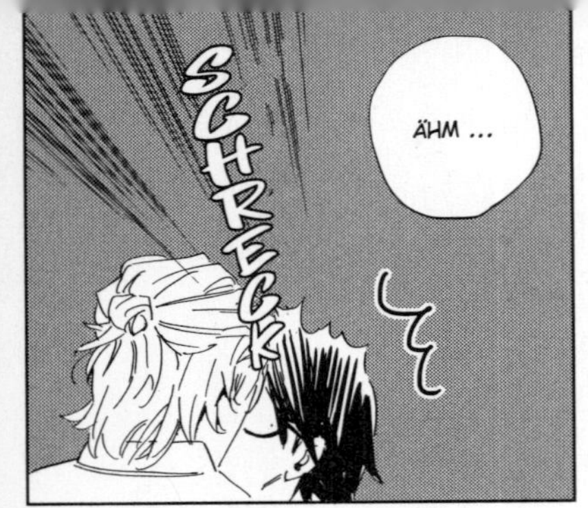

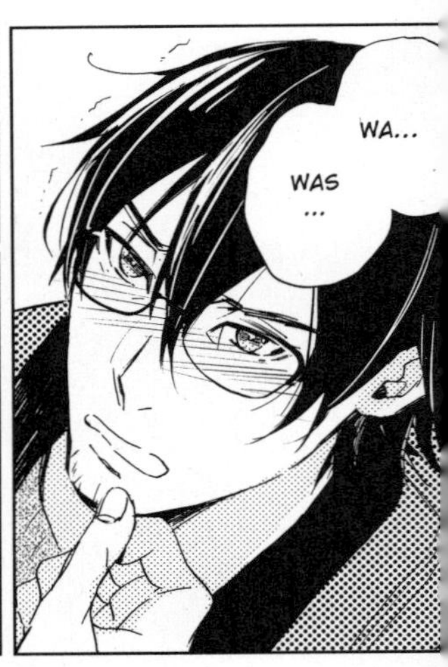

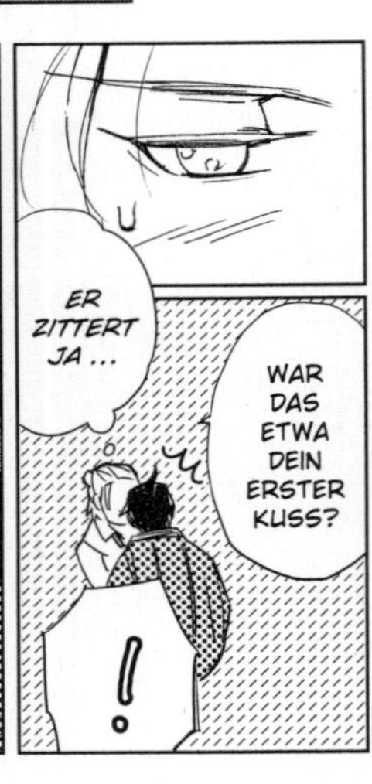

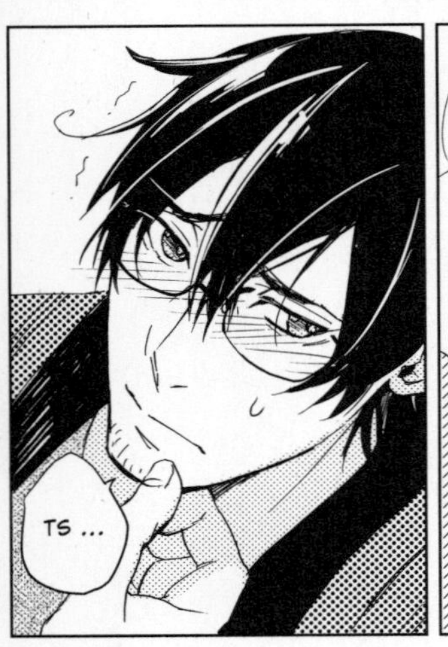

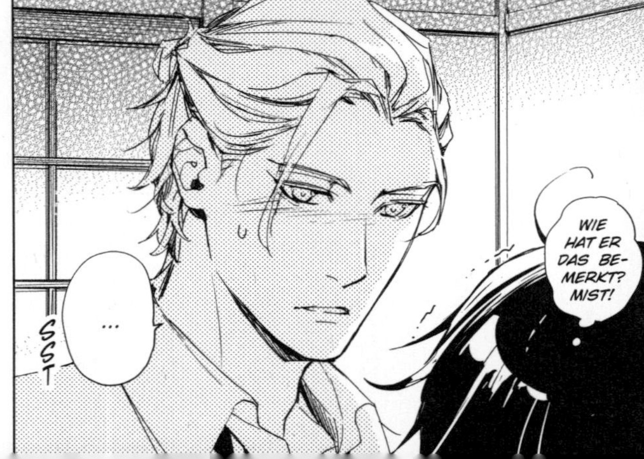

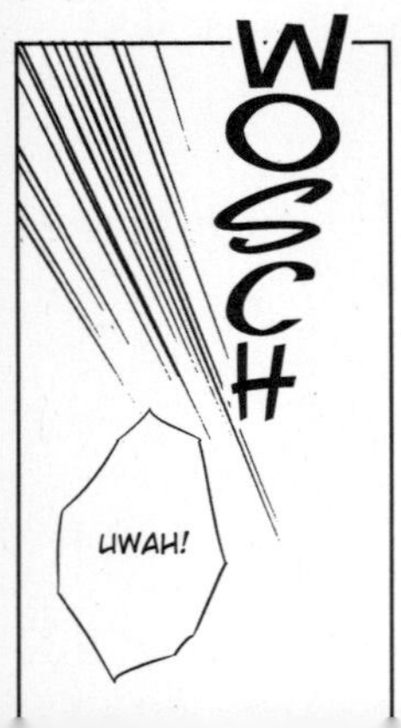

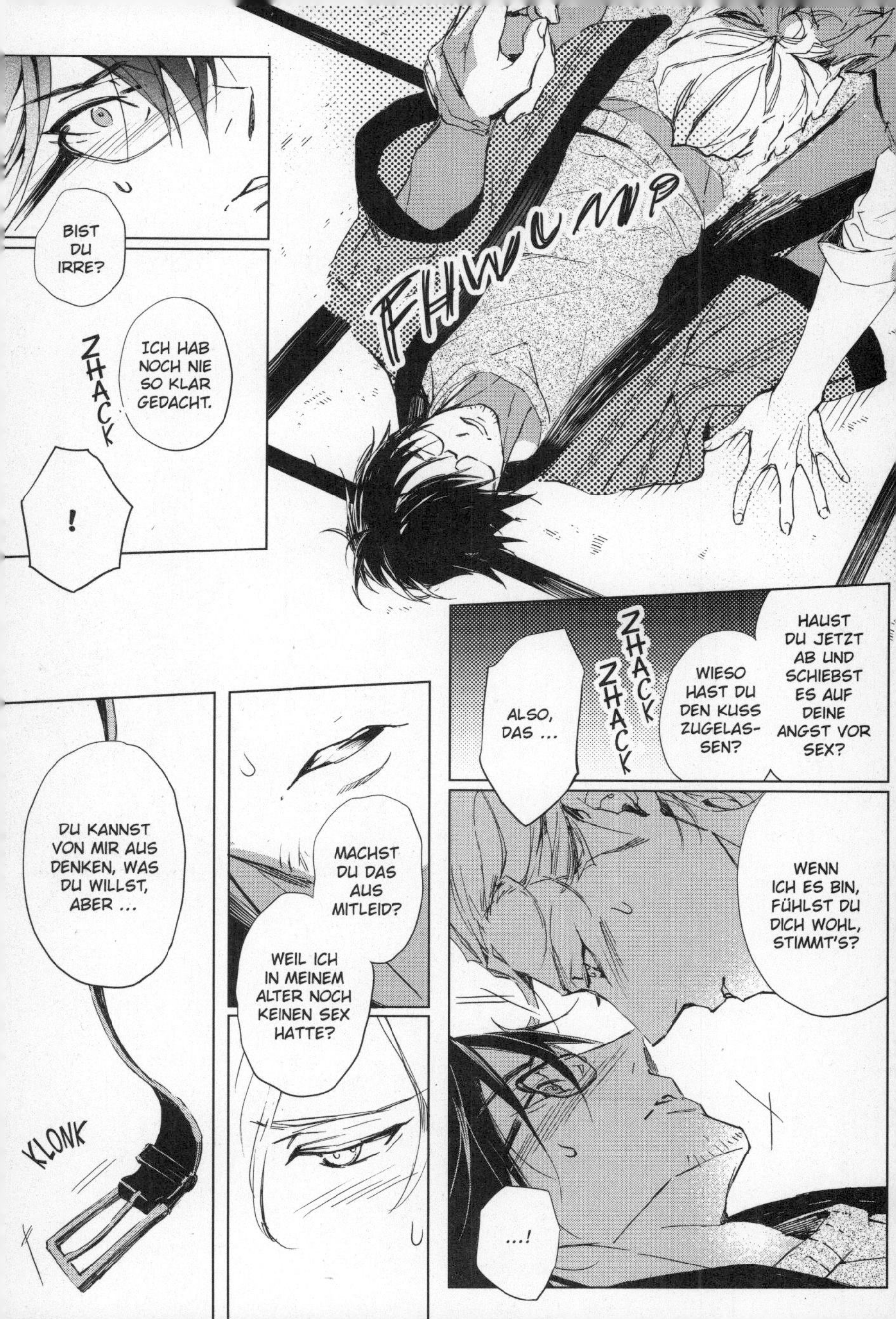
FHWUMP
BIST DU IRRE?
ICH HAB NOCH NIE SO KLAR GEDACHT.
ZHACK
!
HAUST DU JETZT AB UND SCHIEBST ES AUF DEINE ANGST VOR SEX?
WIESO HAST DU DEN KUSS ZUGELAS-SEN?
ZHACK ZHACK
ALSO, DAS …
WENN ICH ES BIN, FÜHLST DU DICH WOHL, STIMMT'S?
…!
MACHST DU DAS AUS MITLEID?
WEIL ICH IN MEINEM ALTER NOCH KEINEN SEX HATTE?
DU KANNST VON MIR AUS DENKEN, WAS DU WILLST, ABER …
KLONK

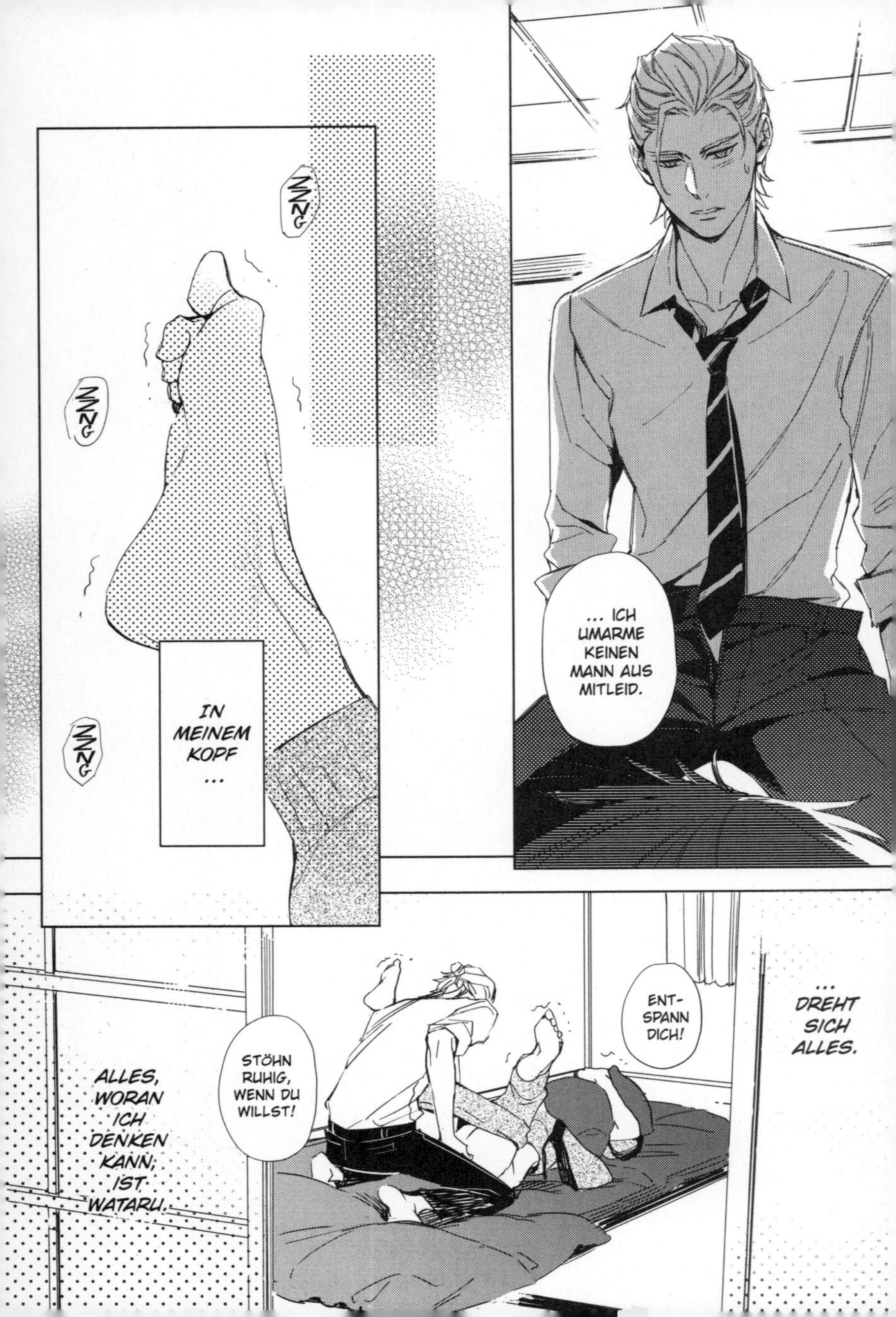
... ICH UMARME KEINEN MANN AUS MITLEID.
ZZNG
ZZNG
ZZNG
IN MEINEM KOPF ...
... DREHT SICH ALLES.
ENT-SPANN DICH!
STÖHN RUHIG, WENN DU WILLST!
ALLES, WORAN ICH DENKEN KANN, IST WATARU.

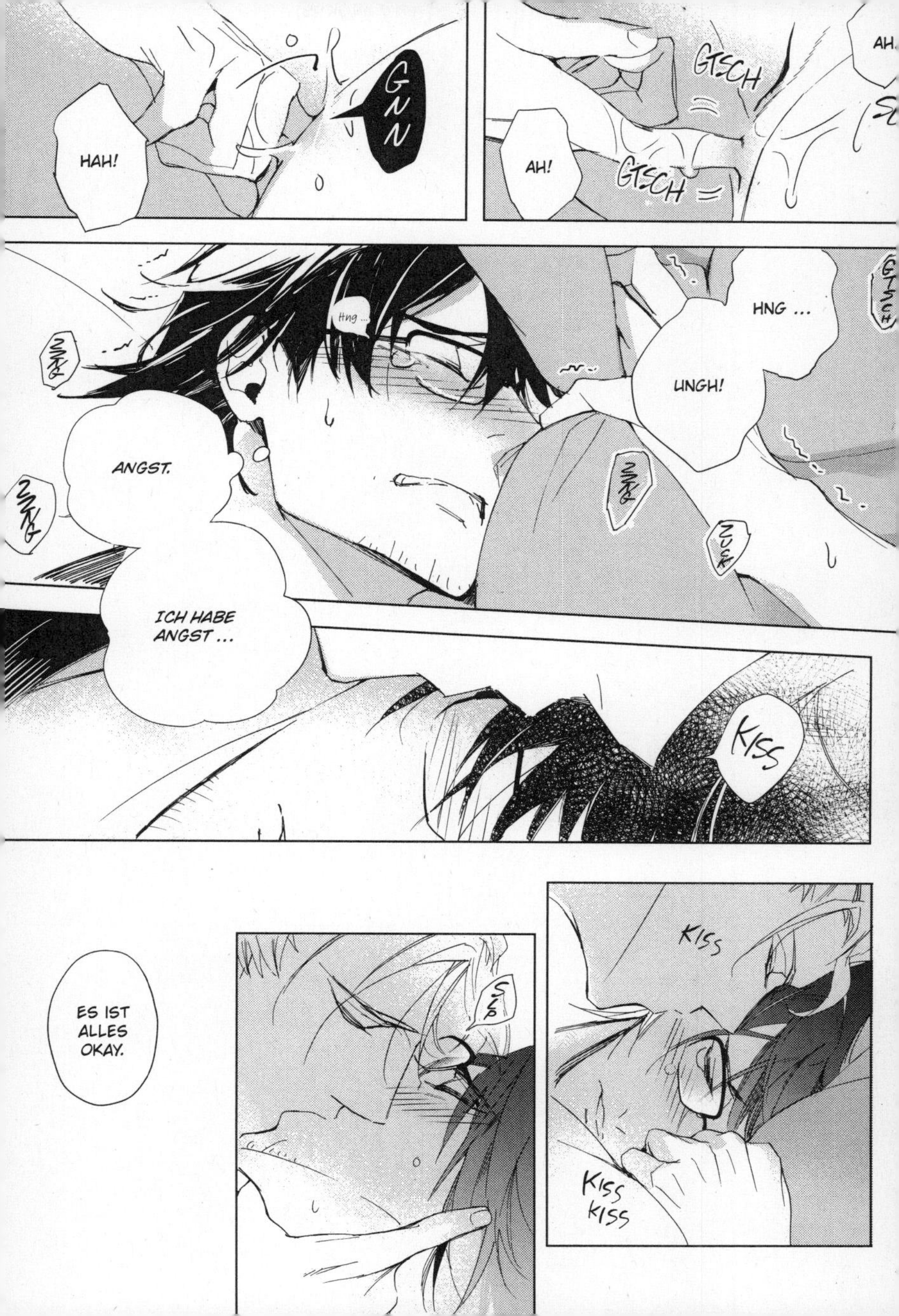
AH.
GTSCH
AH!
GTSCH
GNN
HAH!
GTSCH
HNG ...
UNGH!
ZUCK
ZUCK
Hng ...
ZUCK
ZUCK
ANGST.
ICH HABE ANGST ...
KISS
KISS
KISS KISS
ES IST ALLES OKAY.

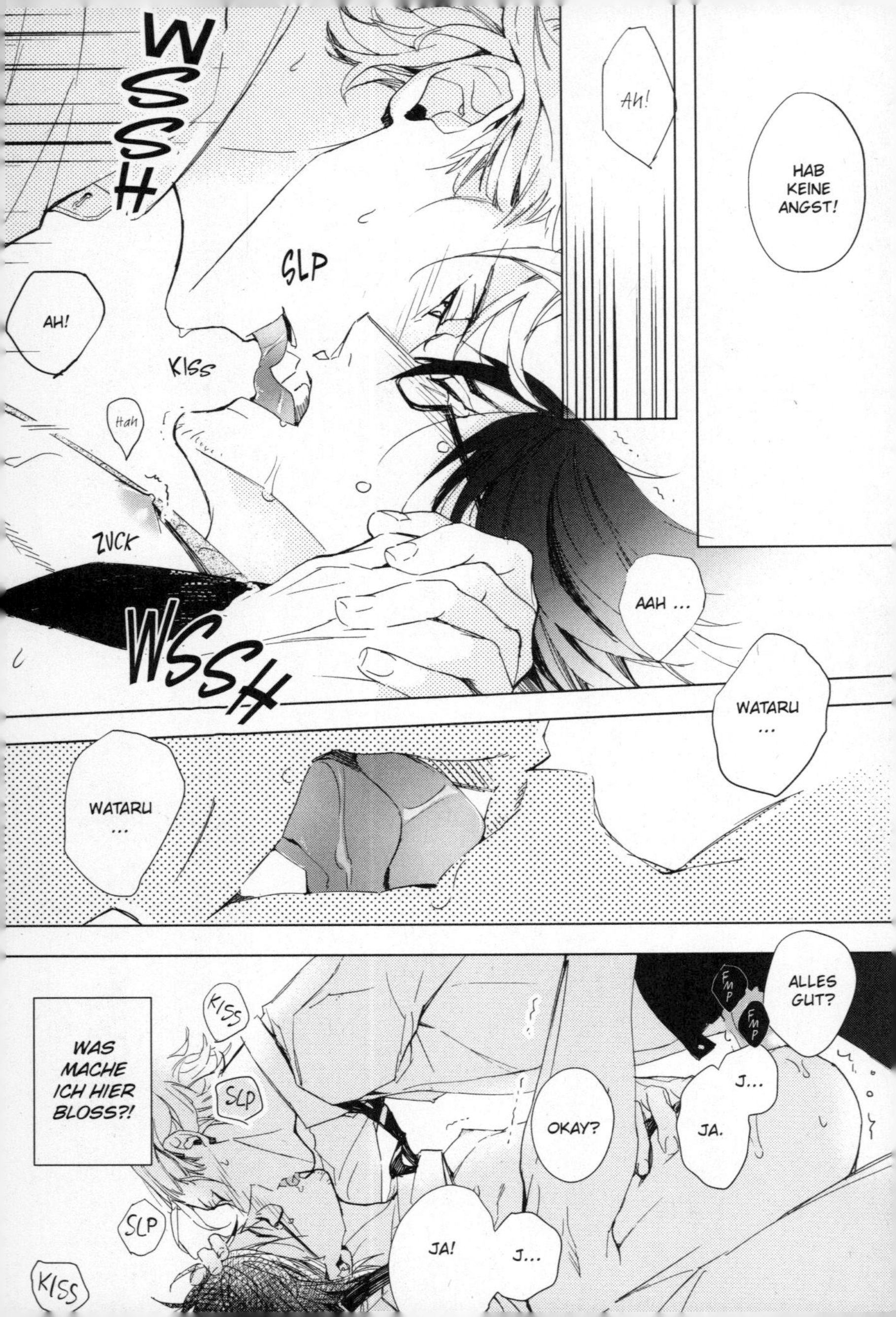
HAB KEINE ANGST!
Ah!
WSSH
SLP
AH!
KISS
Hah
ZUCK
AAH ...
WSSH
WATARU ...
WATARU ...
ALLES GUT?
FMP
FMP
J...
JA.
OKAY?
WAS MACHE ICH HIER BLOSS?!
KISS
SLP
JA!
J...
SLP
KISS

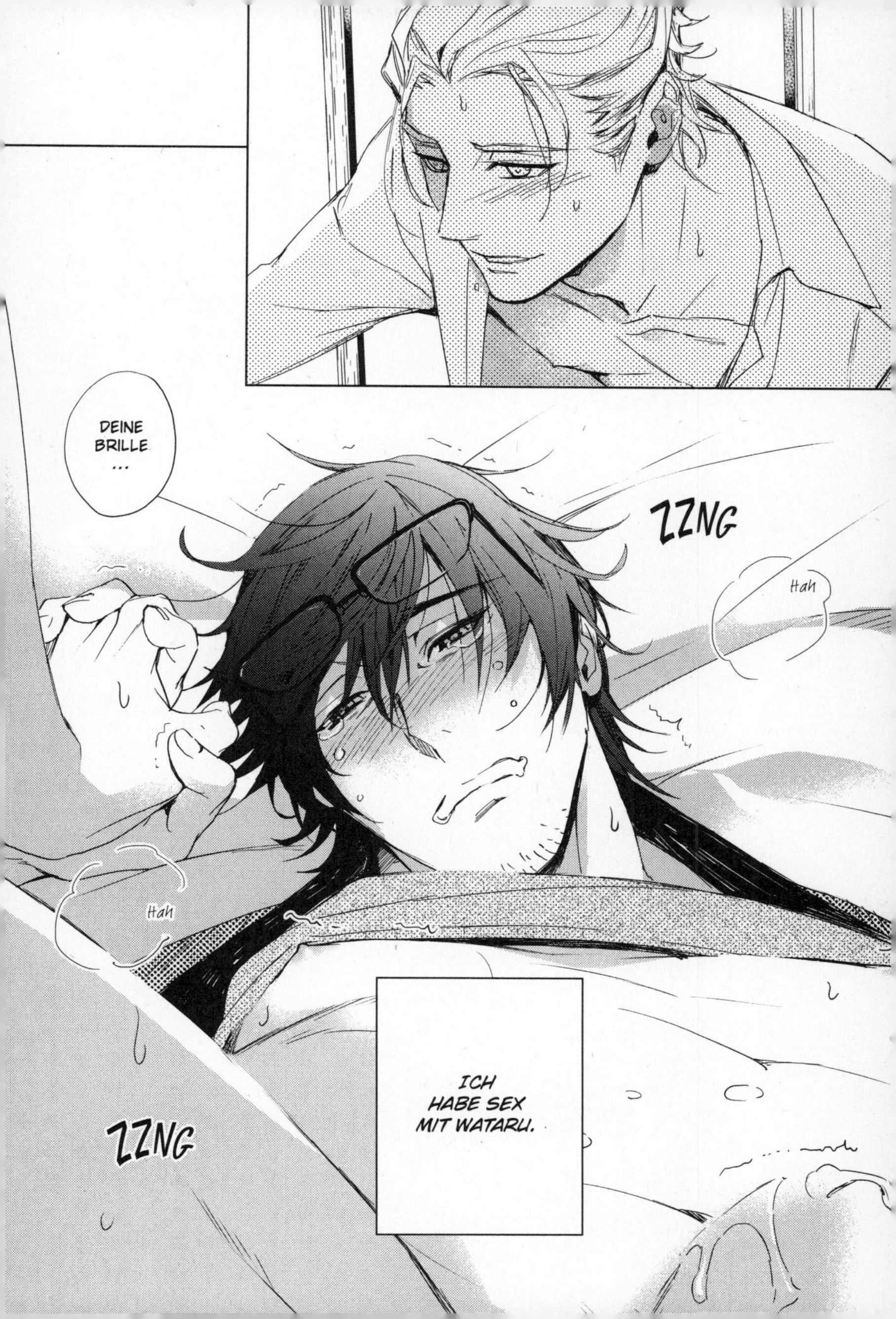
DEINE BRILLE ...
ZZNG
Hah
Hah
ICH HABE SEX MIT WATARU.
ZZNG

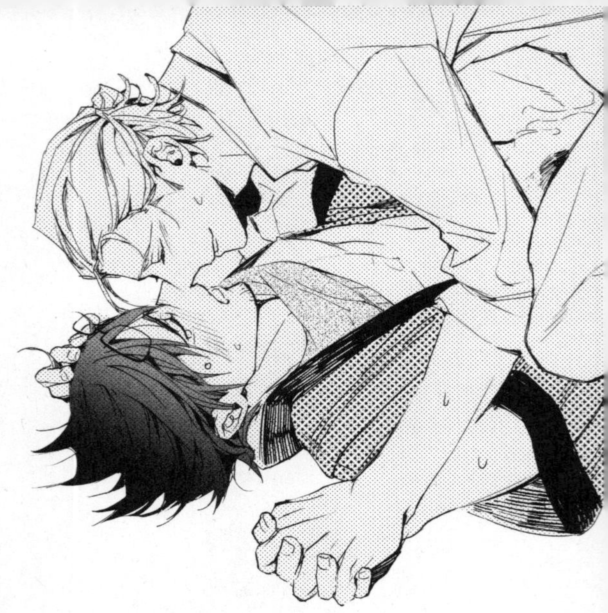

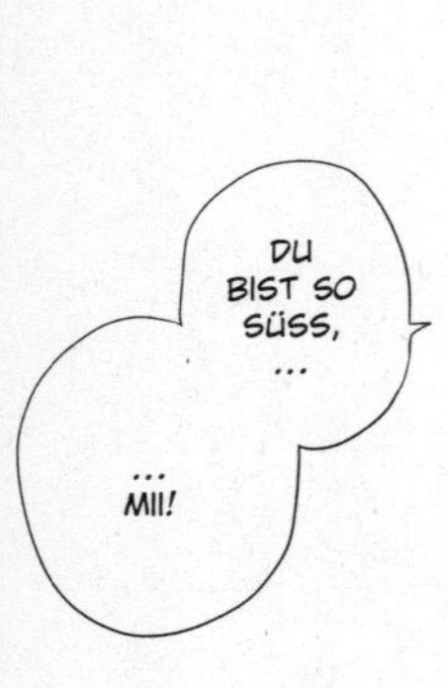

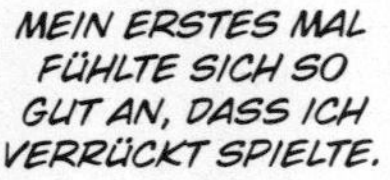

ICH WAR TATSÄCHLICH GLÜCKLICH, DASS ER MICH SÜSS FAND.

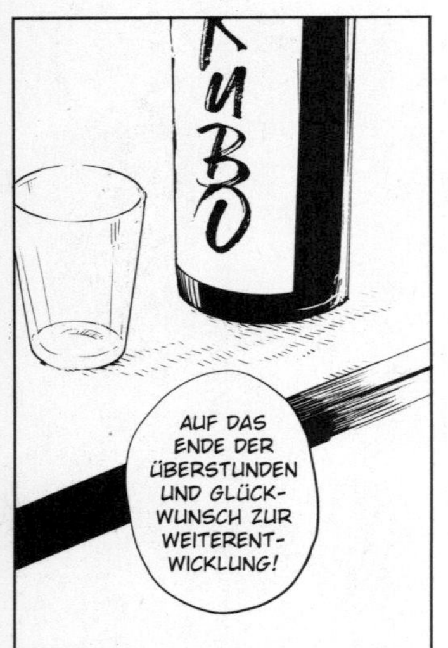

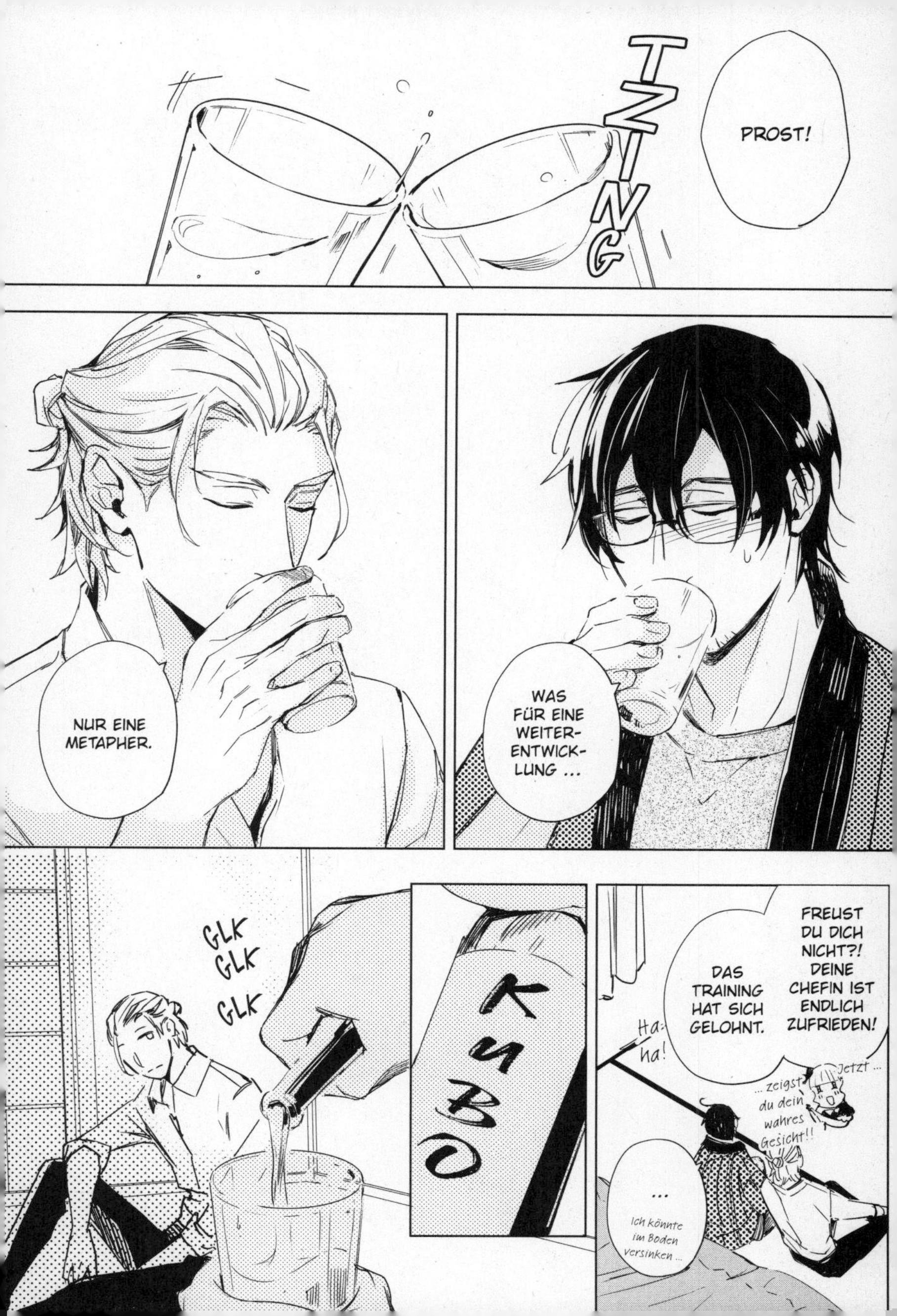
PROST!
TZING
WAS FÜR EINE WEITER-ENTWICKLUNG …
NUR EINE METAPHER.
FREUST DU DICH NICHT?! DEINE CHEFIN IST ENDLICH ZUFRIEDEN!
DAS TRAINING HAT SICH GELOHNT.
Ha-ha!
Jetzt …
… zeigst du dein wahres Gesicht!!
…
Ich könnte im Boden versinken …
KUBO
GLK GLK GLK

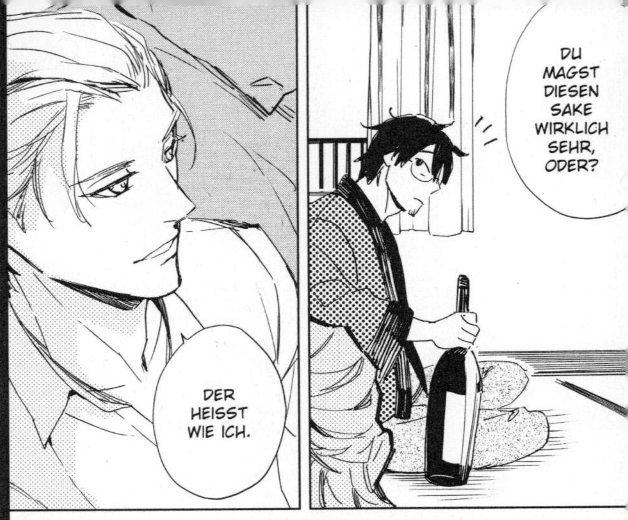

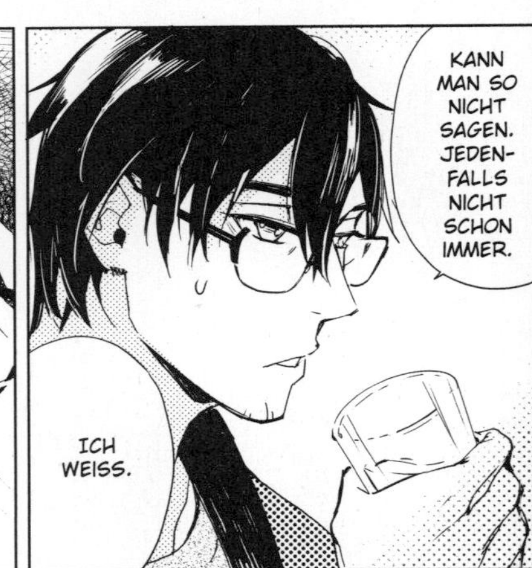

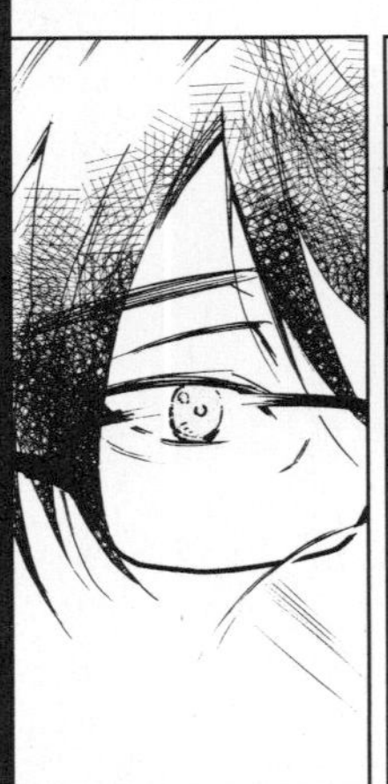

DER SPIRITUOSEN-LADEN GEHÖRT NÄMLICH MEI-NER GROSS-MUTTER.

SCHICKSAL? DASS ICH NICHT LACHE!

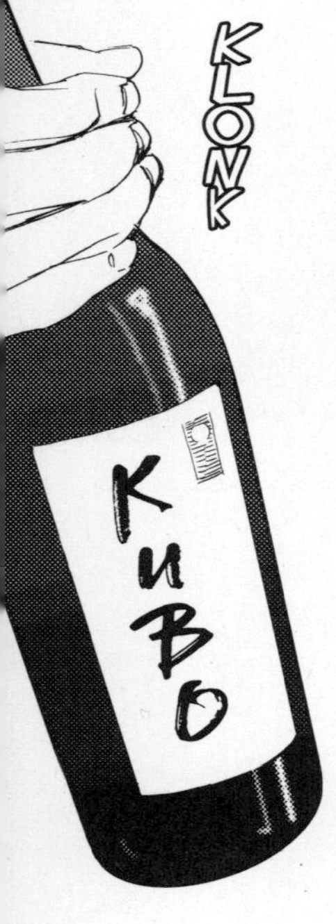

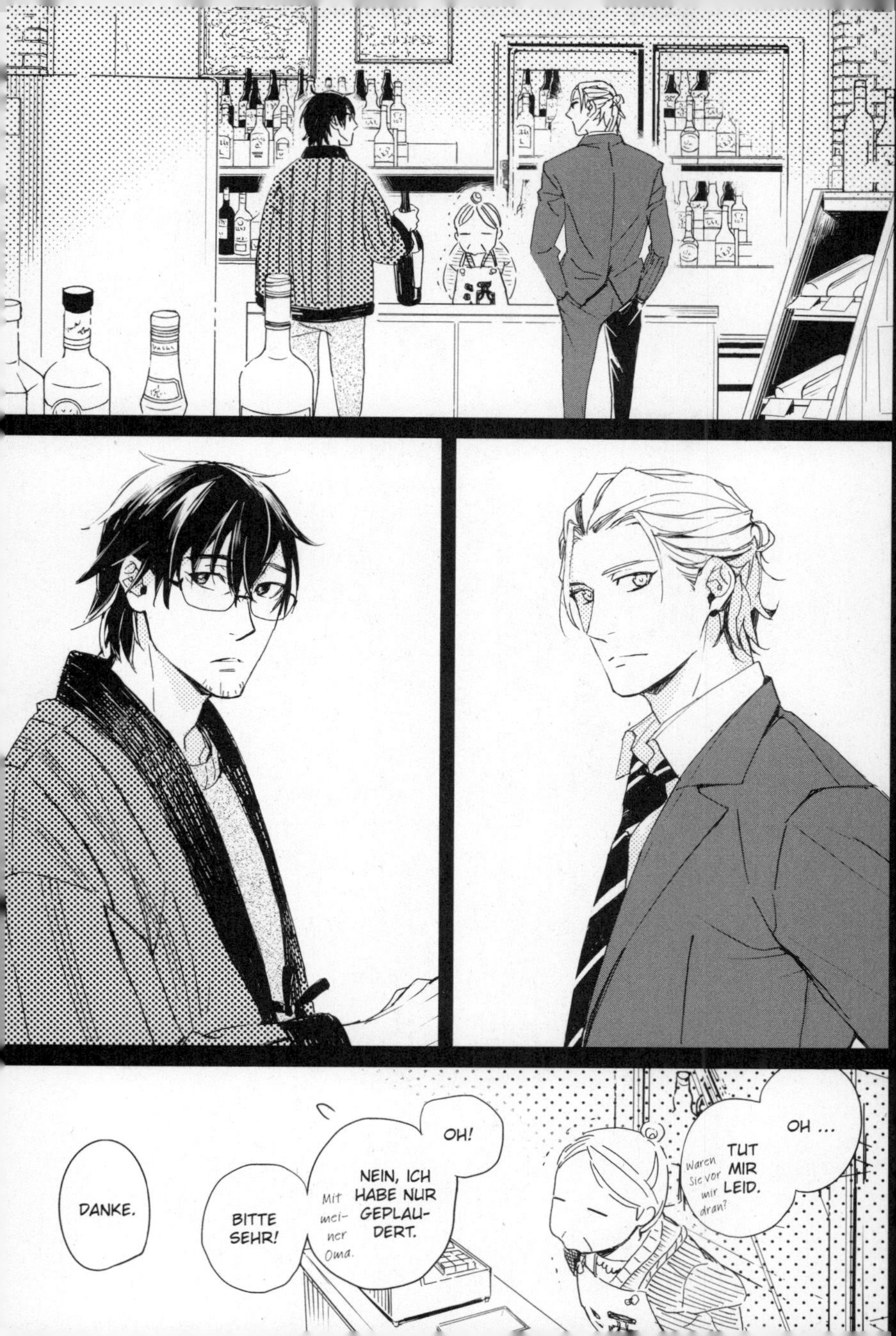
OH ...
TUT MIR LEID.
Waren Sie vor mir dran?
OH!
NEIN, ICH HABE NUR GEPLAUDERT.
Mit meiner Oma.
BITTE SEHR!
DANKE.

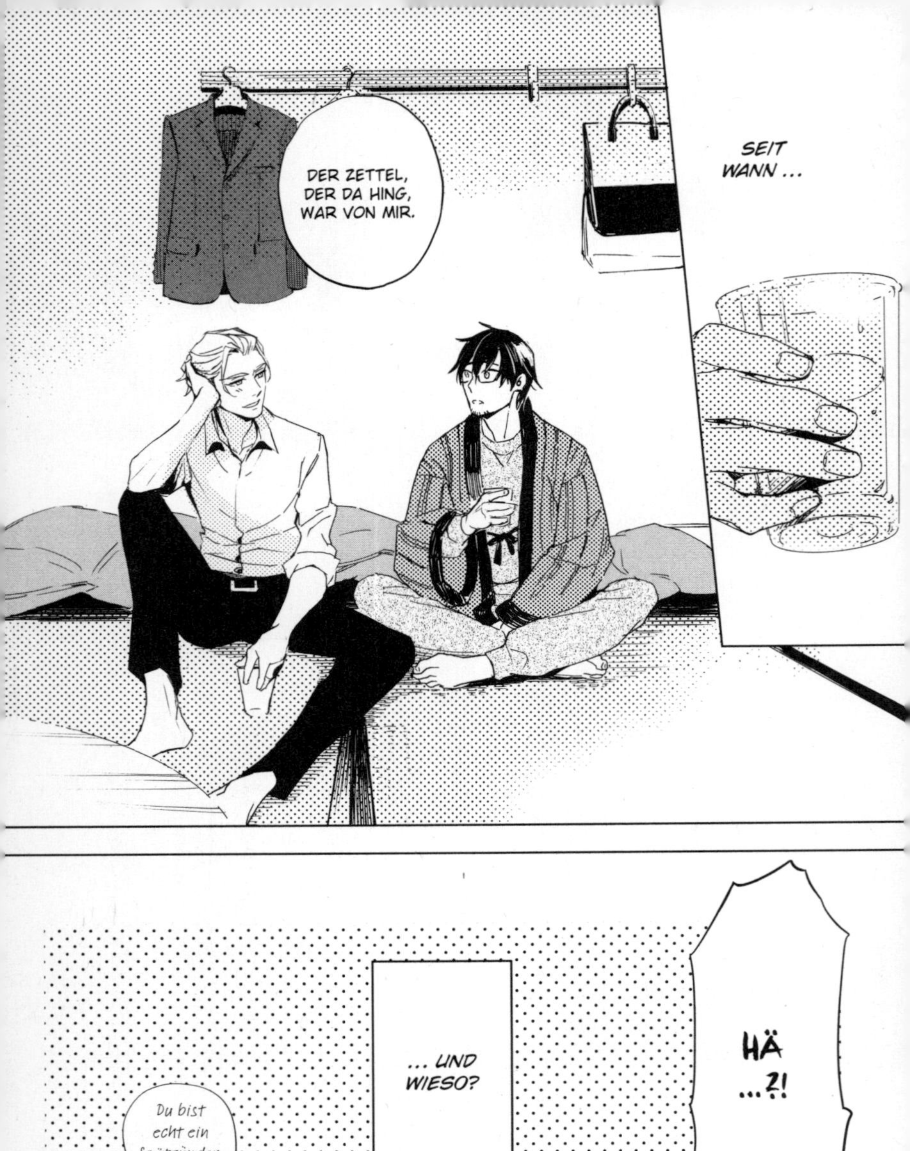

SEIT WANN …

DER ZETTEL, DER DA HING, WAR VON MIR.

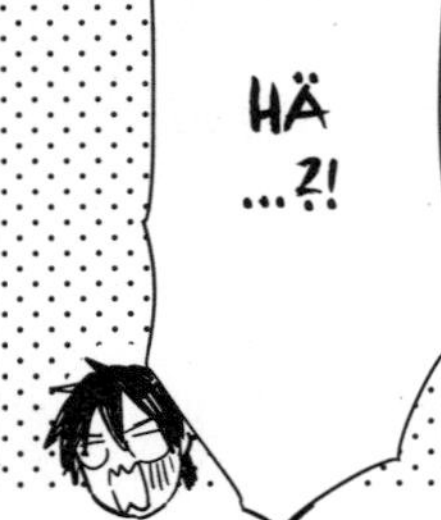

… UND WIESO?

Du bist echt ein Spätzünder, Mii!

39 Jahre, Jungfrau, arbeitet als BL-Autor – Ende –

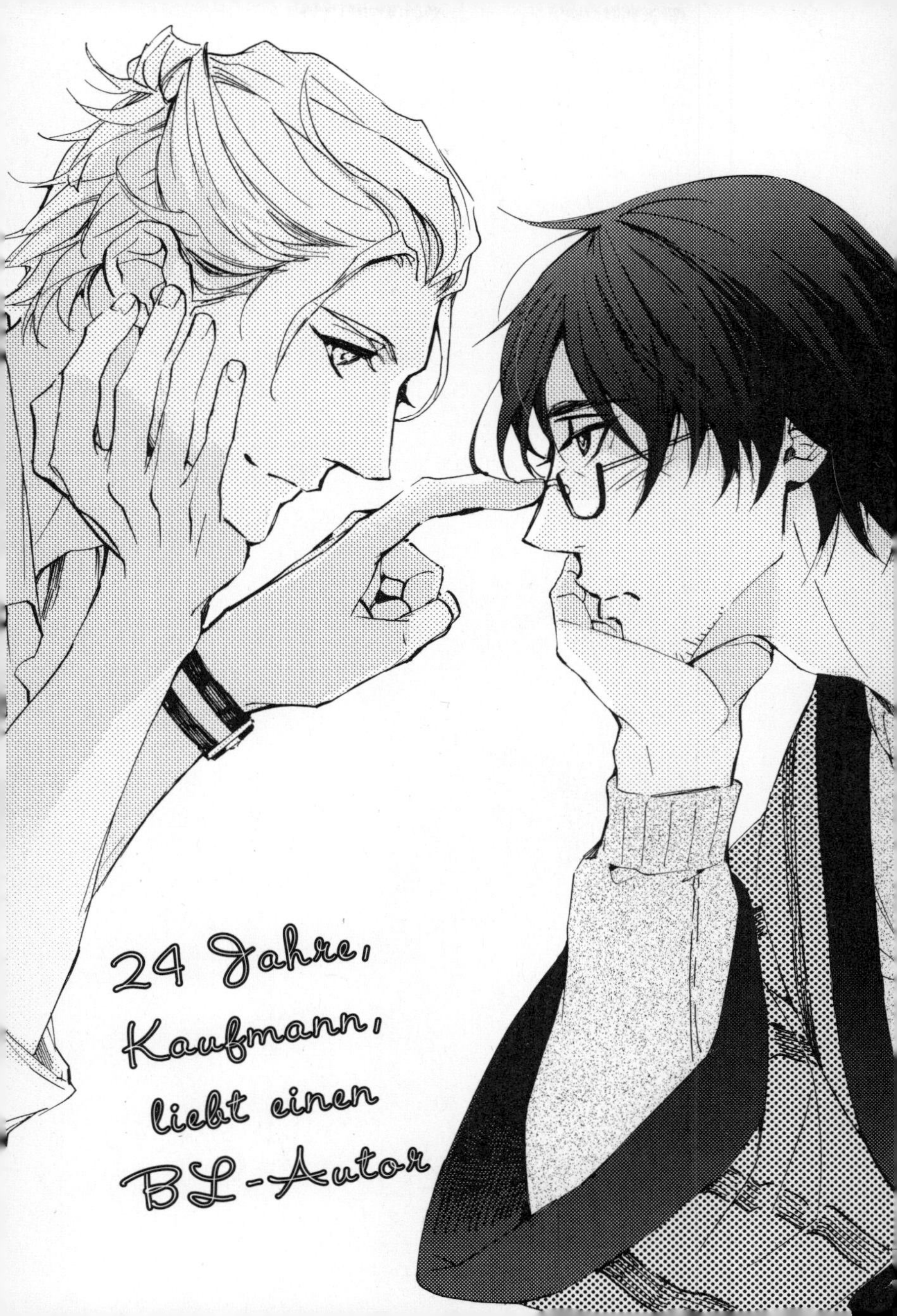
24 Jahre,
Kaufmann,
liebt einen
BL-Autor

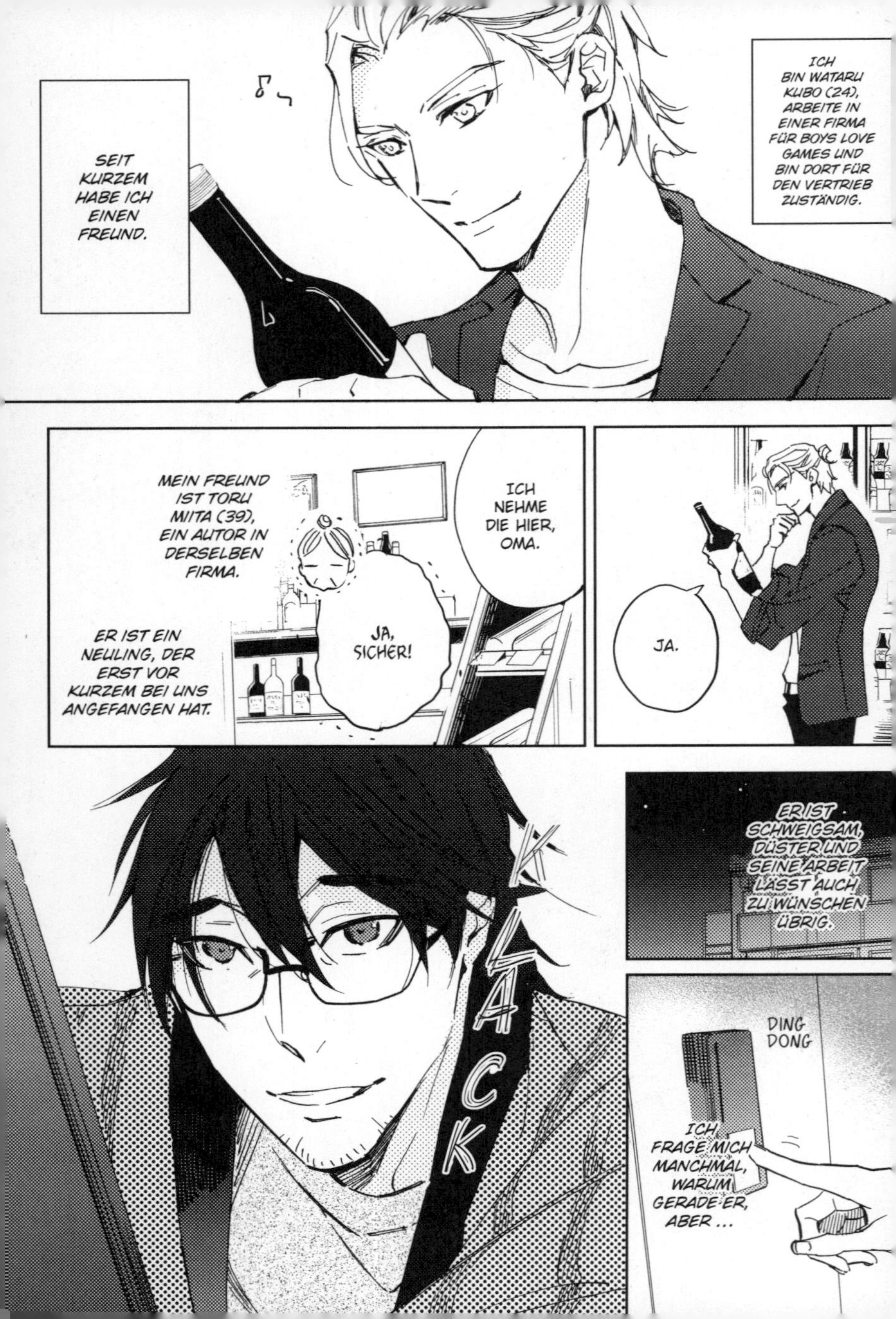

ICH BIN WATARU KUBO (24), ARBEITE IN EINER FIRMA FÜR BOYS LOVE GAMES UND BIN DORT FÜR DEN VERTRIEB ZUSTÄNDIG.

SEIT KURZEM HABE ICH EINEN FREUND.

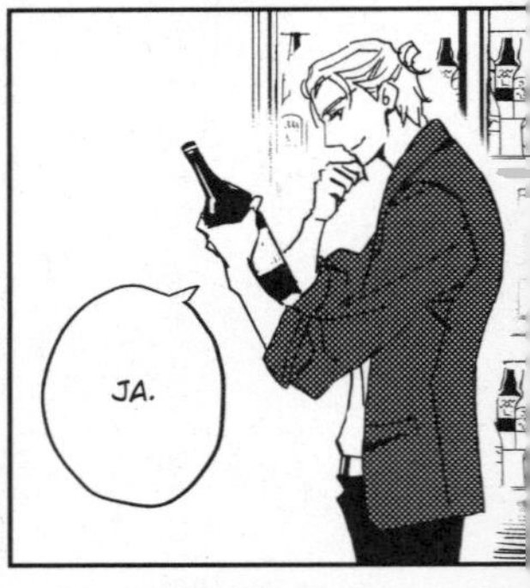

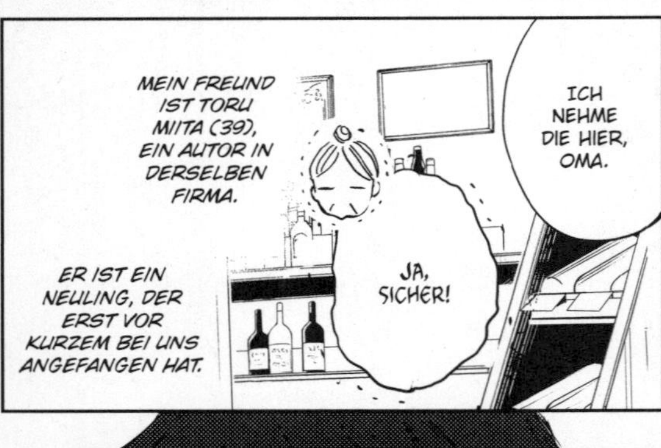

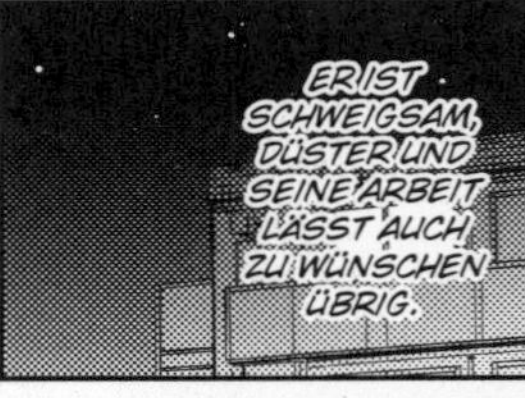

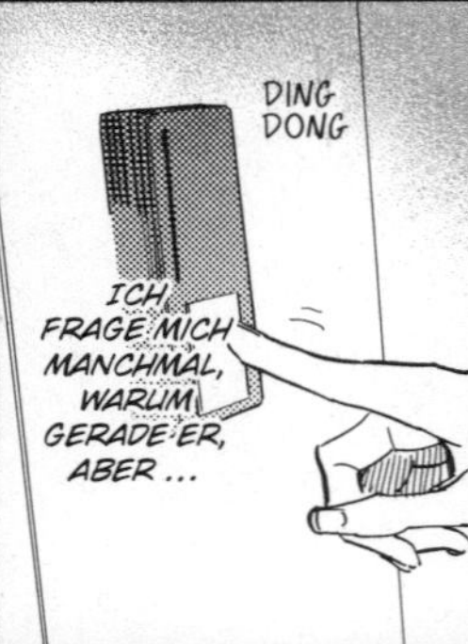

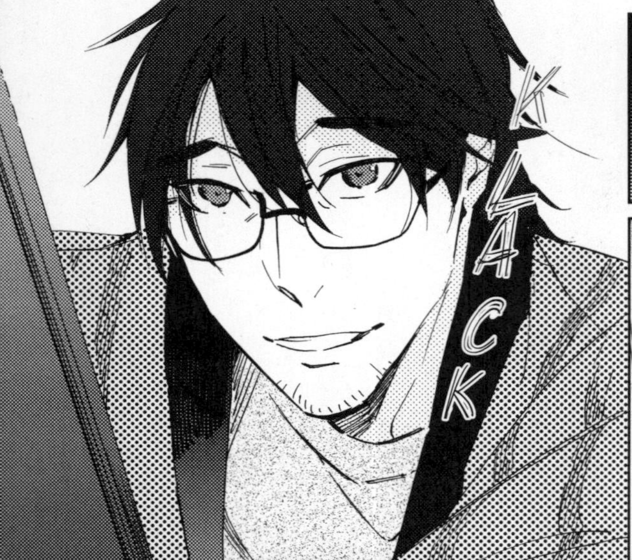

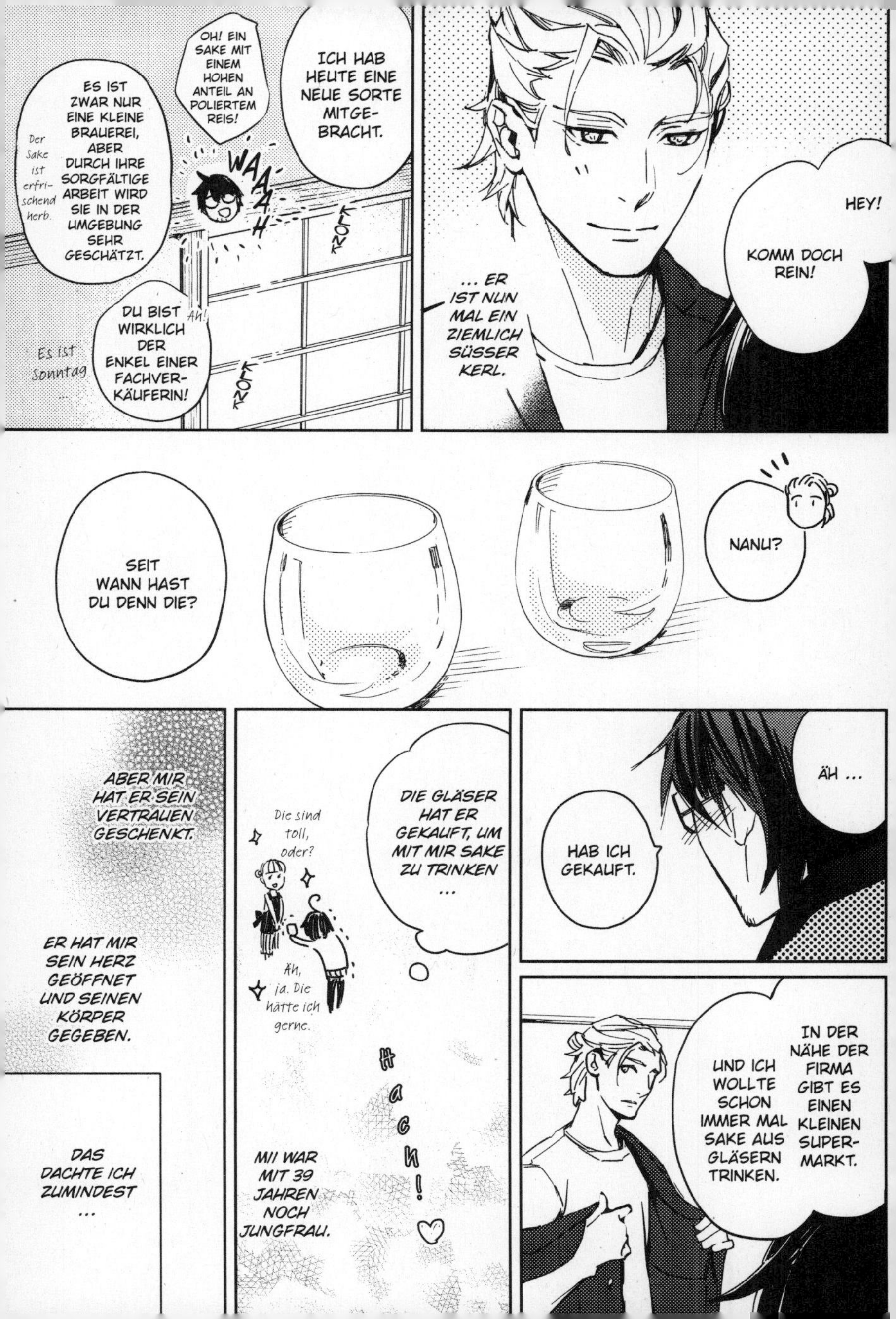

HEY!
KOMM DOCH REIN!
... ER IST NUN MAL EIN ZIEMLICH SÜSSER KERL.
ICH HAB HEUTE EINE NEUE SORTE MITGEBRACHT.
OH! EIN SAKE MIT EINEM HOHEN ANTEIL AN POLIERTEM REIS!
ES IST ZWAR NUR EINE KLEINE BRAUEREI, ABER DURCH IHRE SORGFÄLTIGE ARBEIT WIRD SIE IN DER UMGEBUNG SEHR GESCHÄTZT.
Der Sake ist erfrischend herb.
WAAAH
KLONK
Äh!
DU BIST WIRKLICH DER ENKEL EINER FACHVERKÄUFERIN!
KLONK
Es ist Sonntag ...

NANU?
SEIT WANN HAST DU DENN DIE?

ÄH ...
HAB ICH GEKAUFT.

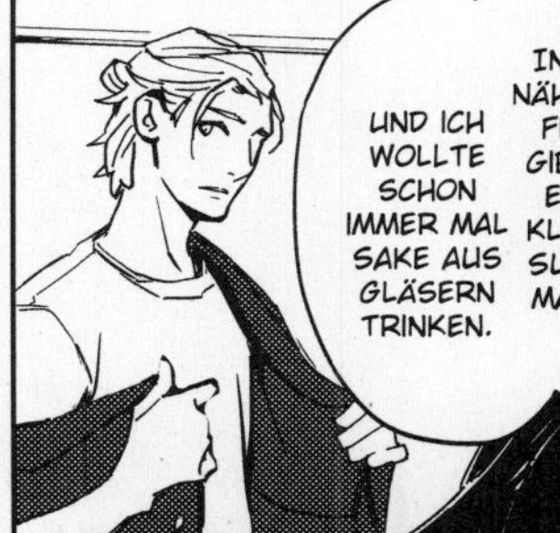

DIE GLÄSER HAT ER GEKAUFT, UM MIT MIR SAKE ZU TRINKEN ...
Die sind toll, oder?
Äh, ja. Die hätte ich gerne.

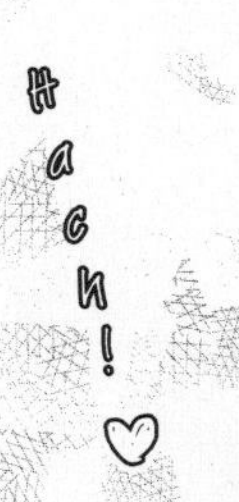

ABER MIR HAT ER SEIN VERTRAUEN GESCHENKT.
ER HAT MIR SEIN HERZ GEÖFFNET UND SEINEN KÖRPER GEGEBEN.
DAS DACHTE ICH ZUMINDEST ...

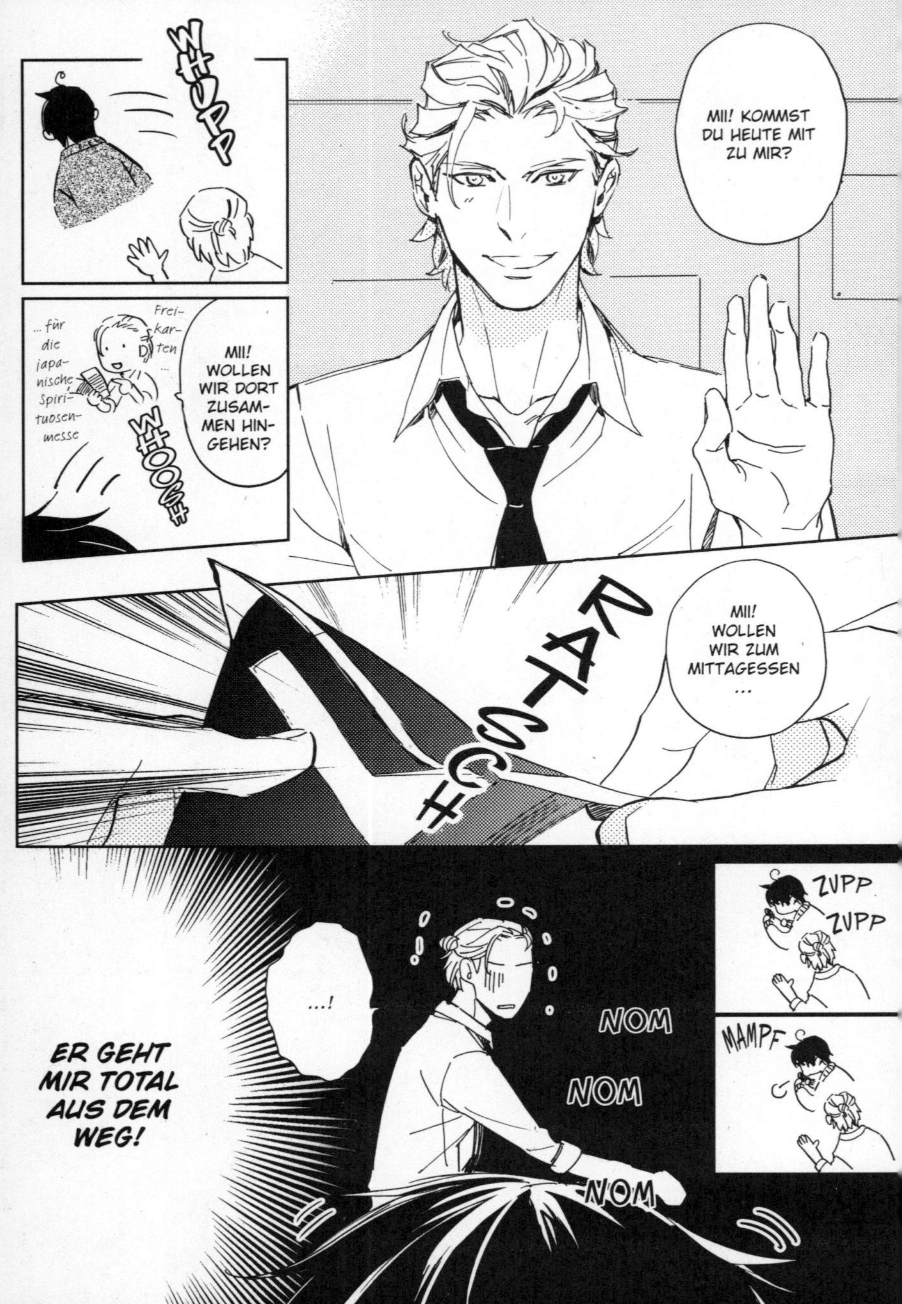
MII! KOMMST DU HEUTE MIT ZU MIR?
WHUPP
Frei-karten ... für die japanische Spirituosenmesse
MII! WOLLEN WIR DORT ZUSAMMEN HINGEHEN?
WHOOSH
MII! WOLLEN WIR ZUM MITTAGESSEN ...
RATSCH
ZUPP
ZUPP
MAMPF
...!
NOM
NOM
NOM
ER GEHT MIR TOTAL AUS DEM WEG!

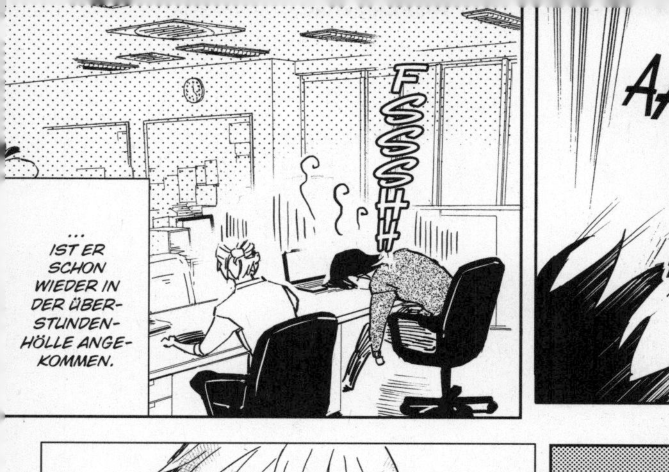
… IST ER SCHON WIEDER IN DER ÜBER-STUNDEN-HÖLLE ANGE-KOMMEN.
FSSSHH

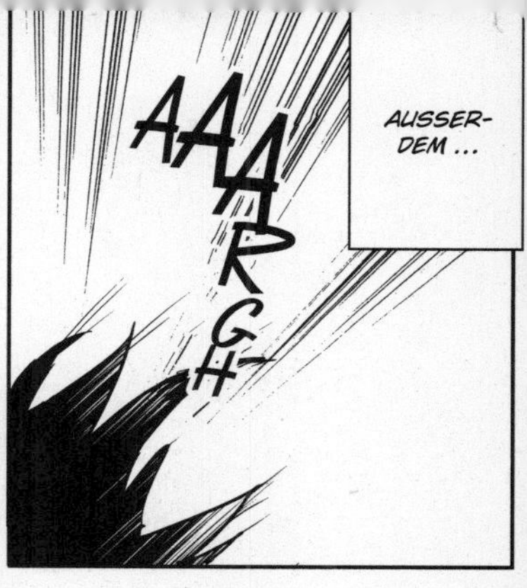
AUSSER-DEM …
AAAARGH

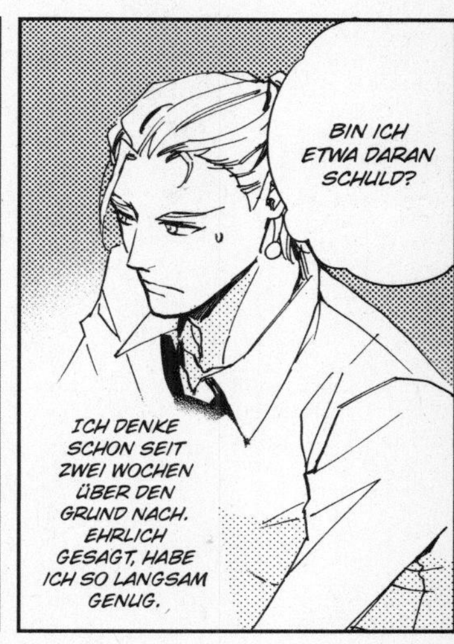
BIN ICH ETWA DARAN SCHULD?
ICH DENKE SCHON SEIT ZWEI WOCHEN ÜBER DEN GRUND NACH. EHRLICH GESAGT, HABE ICH SO LANGSAM GENUG.

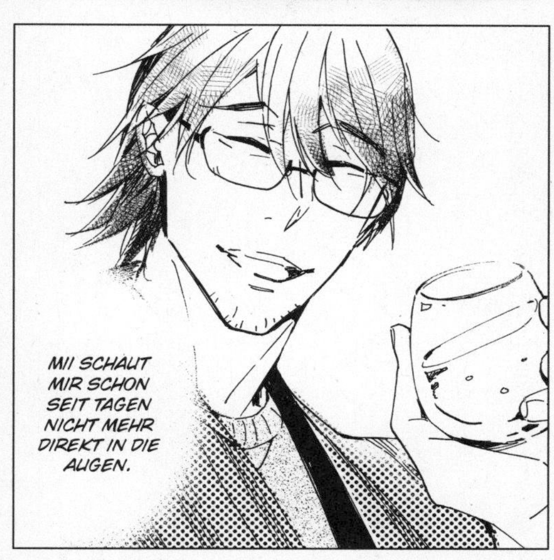
MII SCHAUT MIR SCHON SEIT TAGEN NICHT MEHR DIREKT IN DIE AUGEN.

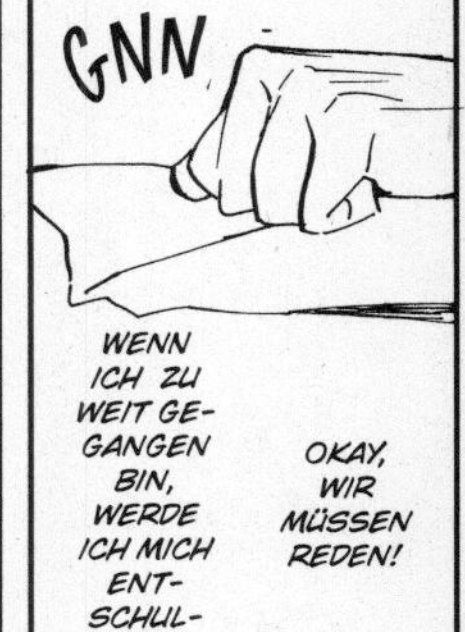
GNN
OKAY, WIR MÜSSEN REDEN!
WENN ICH ZU WEIT GE-GANGEN BIN, WERDE ICH MICH ENT-SCHUL-DIGEN.

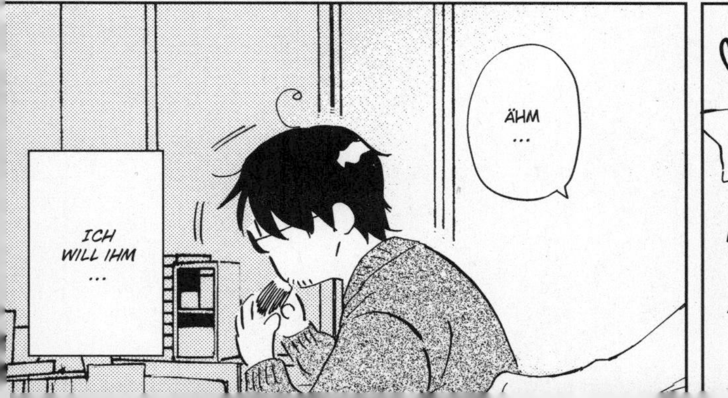
ÄHM …
ICH WILL IHM …

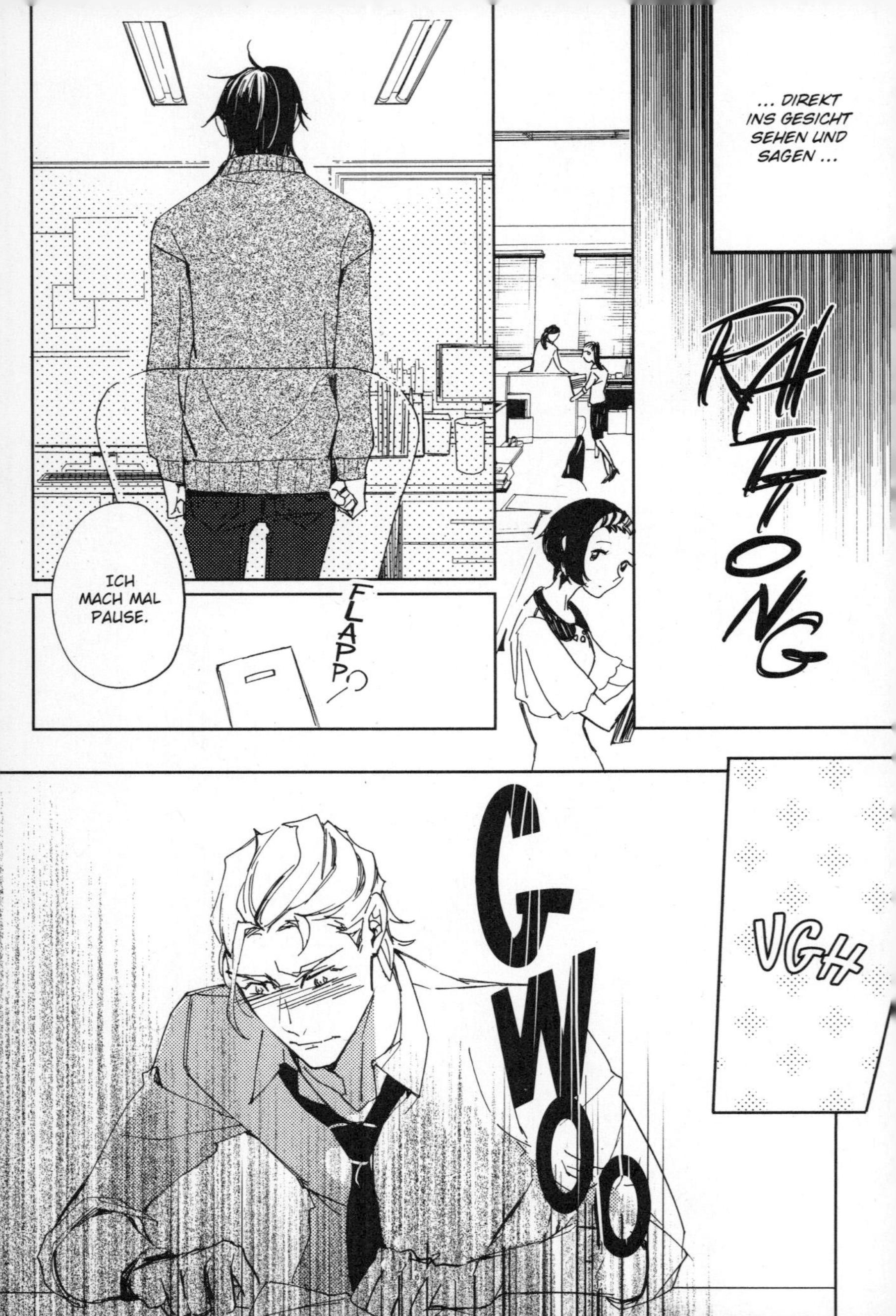
… DIREKT INS GESICHT SEHEN UND SAGEN …
RATTONG
ICH MACH MAL PAUSE.
FLAPP
UGH
GWOO

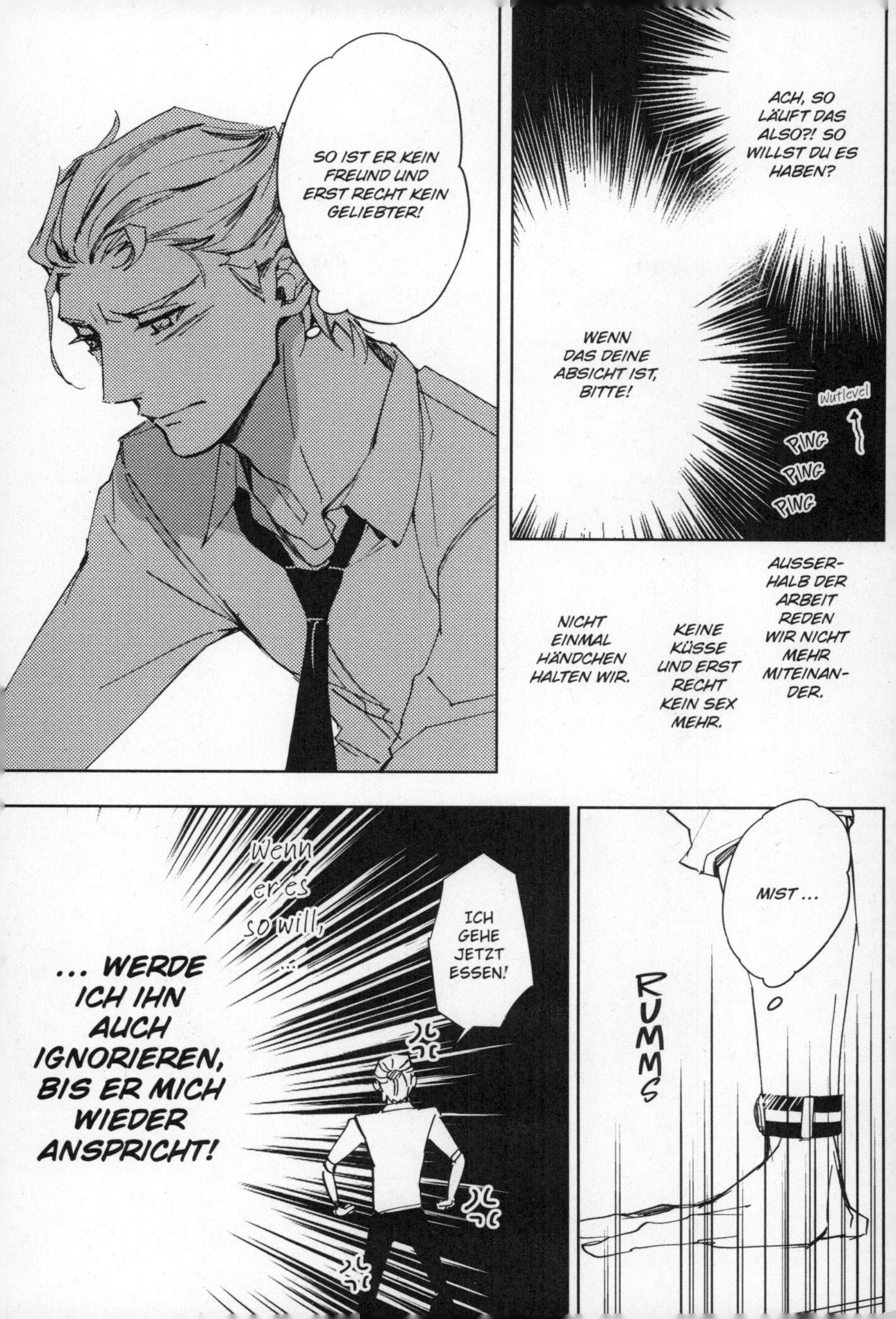

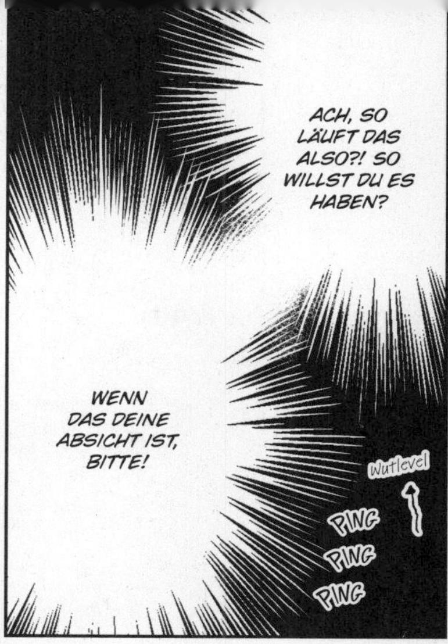

AUSSER-HALB DER ARBEIT REDEN WIR NICHT MEHR MITEINAN-DER.

KEINE KÜSSE UND ERST RECHT KEIN SEX MEHR.

NICHT EINMAL HÄNDCHEN HALTEN WIR.

SO IST ER KEIN FREUND UND ERST RECHT KEIN GELIEBTER!

MIST …

RUMMS

Wenn er es so will, …

… WERDE ICH IHN AUCH IGNORIEREN, BIS ER MICH WIEDER ANSPRICHT!

ICH GEHE JETZT ESSEN!

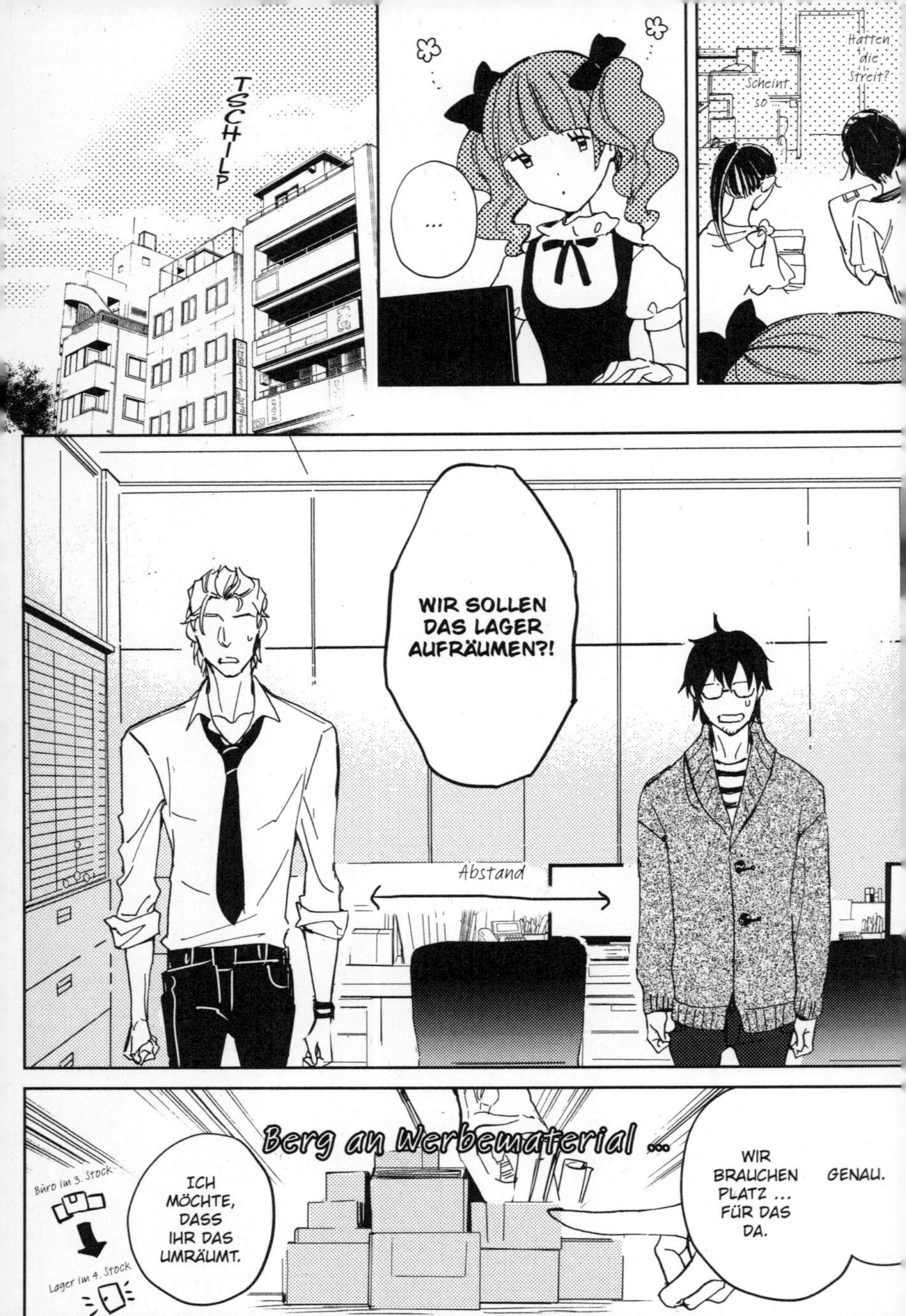
Hatten die Streit?
Scheint so ...
...
TSCHILP
WIR SOLLEN DAS LAGER AUFRÄUMEN?!
Abstand
GENAU.
WIR BRAUCHEN PLATZ ... FÜR DAS DA.
Berg an Werbematerial ...
ICH MÖCHTE, DASS IHR DAS UMRÄUMT.
Büro im 3. Stock
Lager im 4. Stock

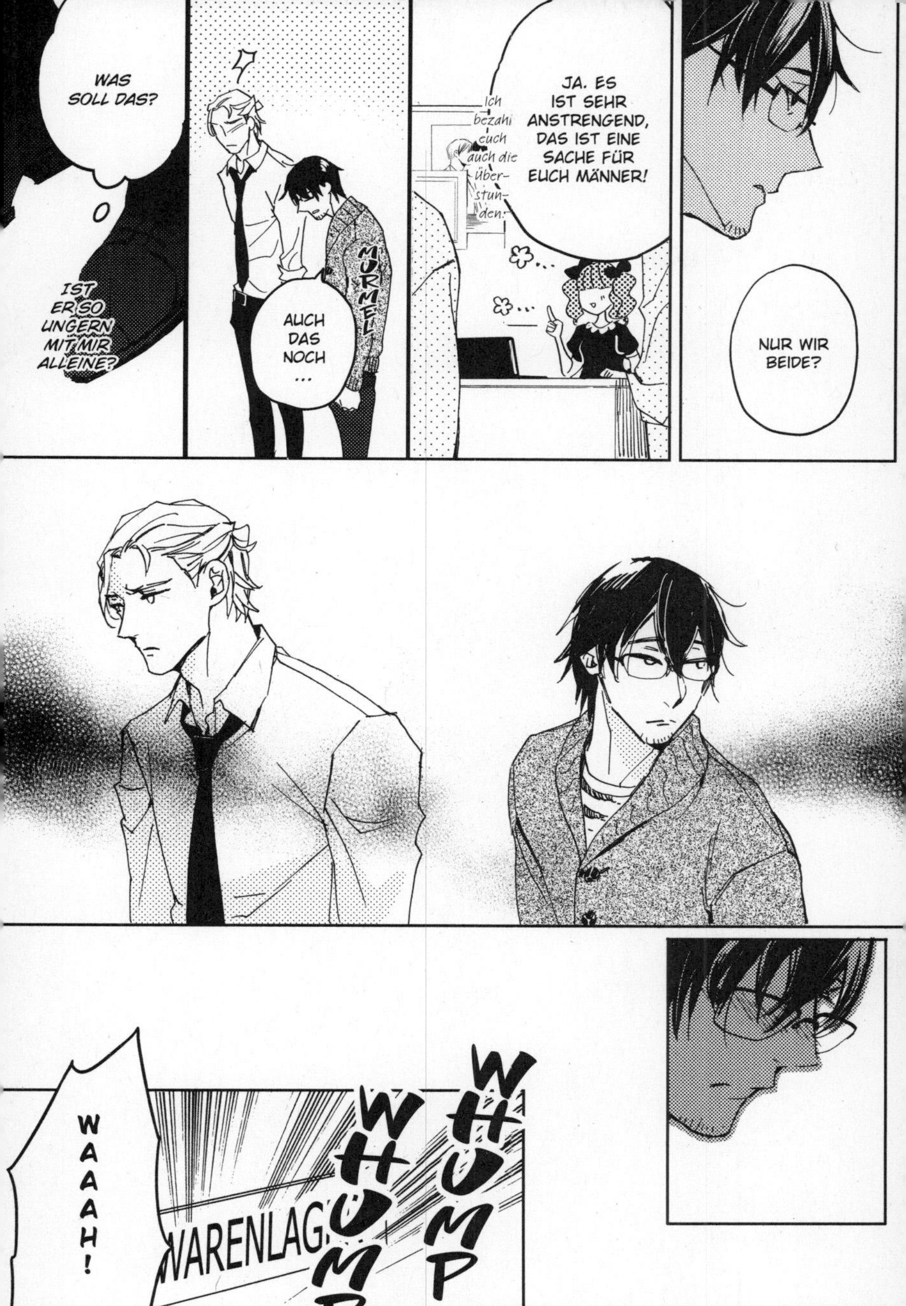
NUR WIR BEIDE?
JA. ES IST SEHR ANSTRENGEND, DAS IST EINE SACHE FÜR EUCH MÄNNER!
Ich bezahl euch auch die über-stun-den.
MURMEL
AUCH DAS NOCH ...
WAS SOLL DAS?
IST ER SO UNGERN MIT MIR ALLEINE?
WHUMP
WHUMP
WARENLAG
WAAAAH!

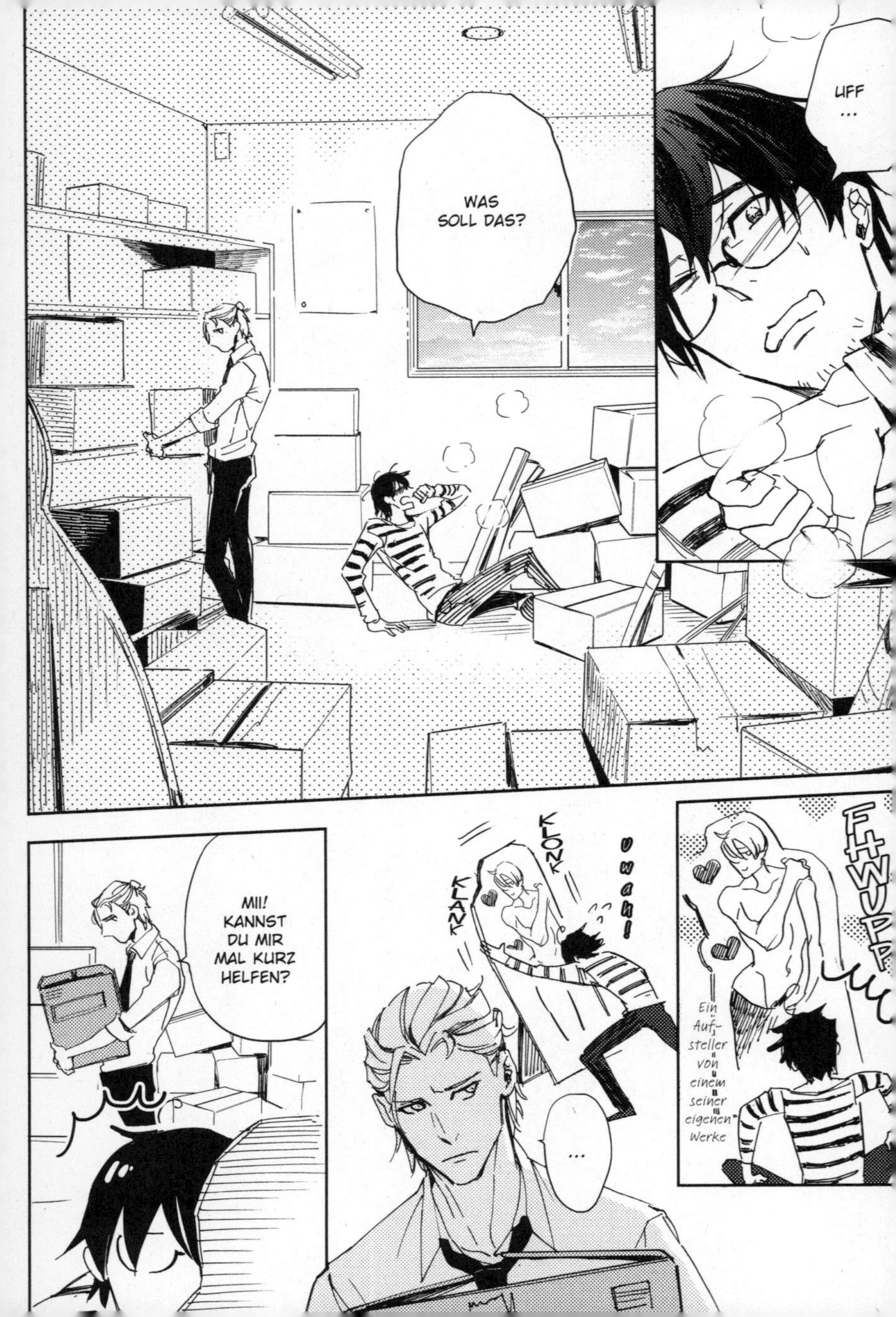
UFF ...
WAS SOLL DAS?
FHWUPP
Ein Aufsteller von einem seiner eigenen Werke
KLONK
KLANK
Uwah!
...
MII! KANNST DU MIR MAL KURZ HELFEN?

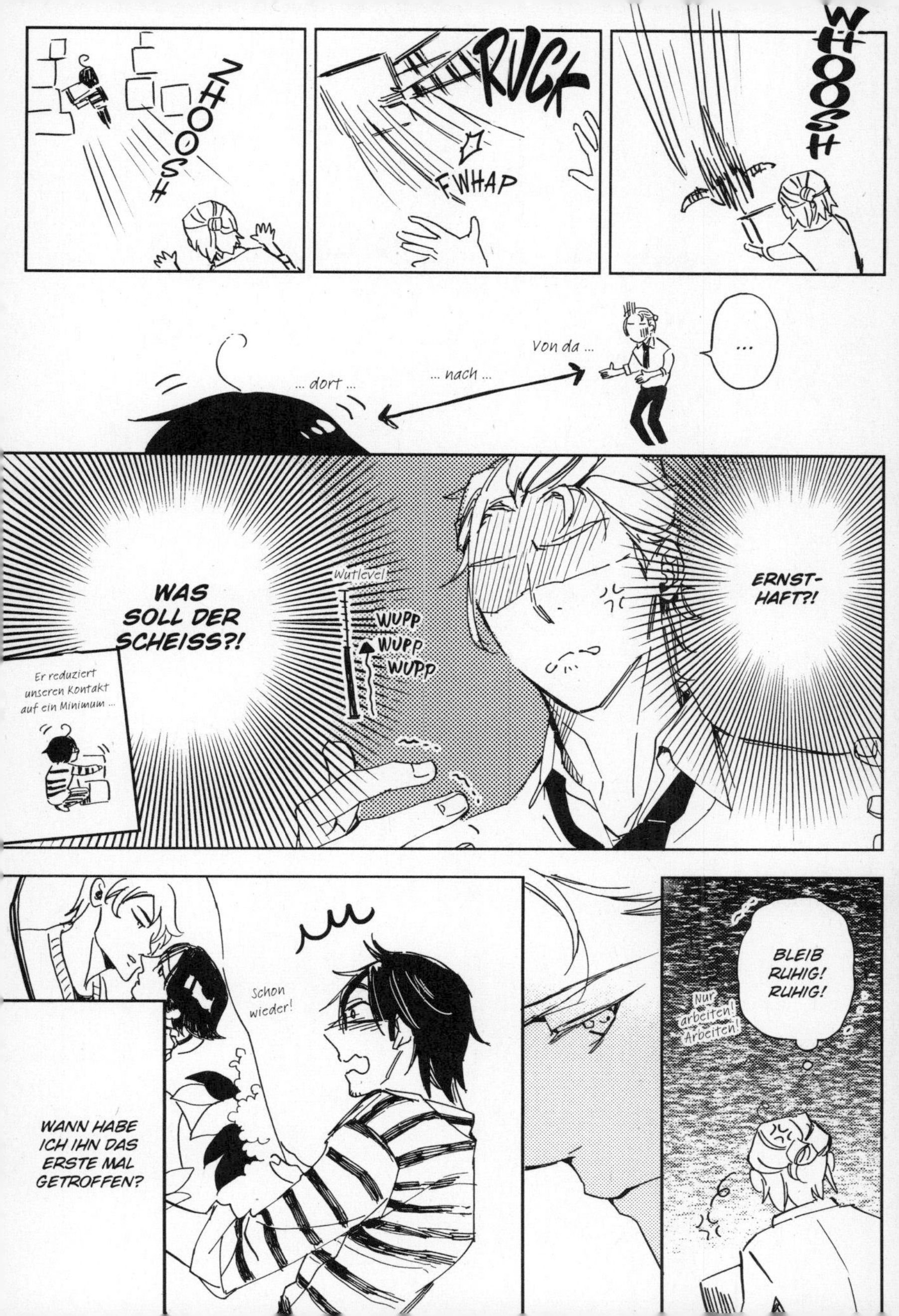
WHOOSH
RUCK
FWHAP
ZHOOSH
...
Von da ...
... nach ...
... dort ...
ERNST-HAFT?!
Wutlevel
WUPP
WUPP
WUPP
WAS SOLL DER SCHEISS?!
Er reduziert unseren Kontakt auf ein Minimum ...
BLEIB RUHIG! RUHIG!
Nur arbeiten! Arbeiten!
Schon wieder!
WANN HABE ICH IHN DAS ERSTE MAL GETROFFEN?

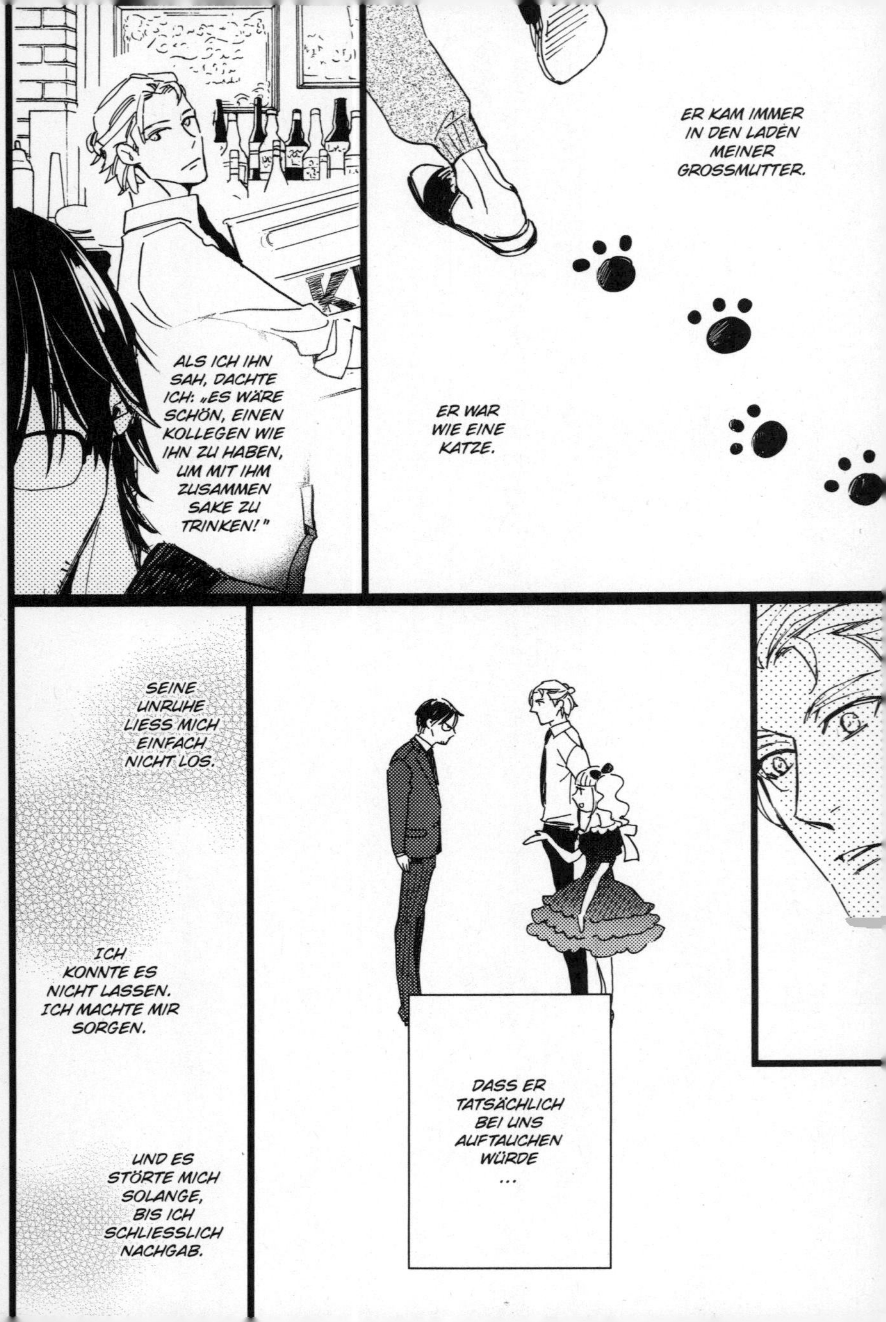

ER KAM IMMER IN DEN LADEN MEINER GROSSMUTTER.

ER WAR WIE EINE KATZE.

ALS ICH IHN SAH, DACHTE ICH: „ES WÄRE SCHÖN, EINEN KOLLEGEN WIE IHN ZU HABEN, UM MIT IHM ZUSAMMEN SAKE ZU TRINKEN!"

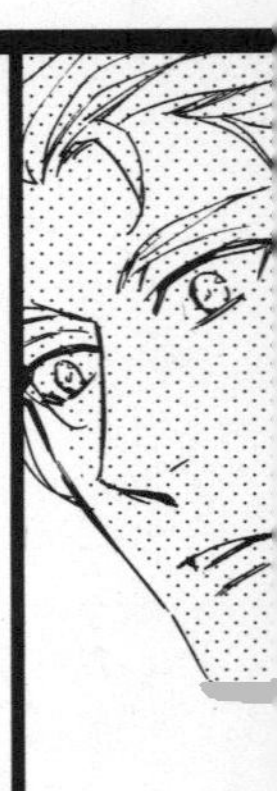

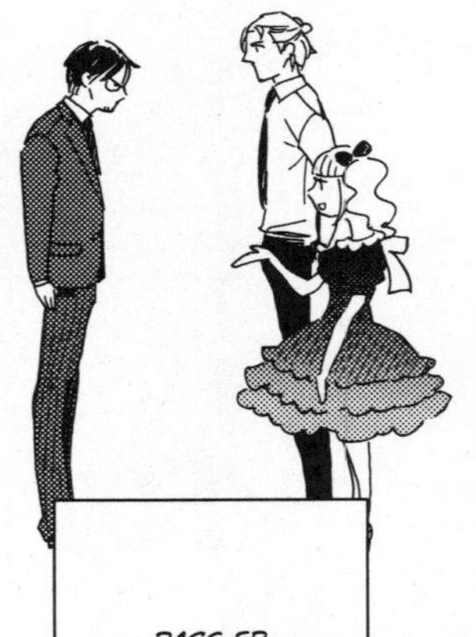

DASS ER TATSÄCHLICH BEI UNS AUFTAUCHEN WÜRDE ...

SEINE UNRUHE LIESS MICH EINFACH NICHT LOS.

ICH KONNTE ES NICHT LASSEN. ICH MACHTE MIR SORGEN.

UND ES STÖRTE MICH SOLANGE, BIS ICH SCHLIESSLICH NACHGAB.

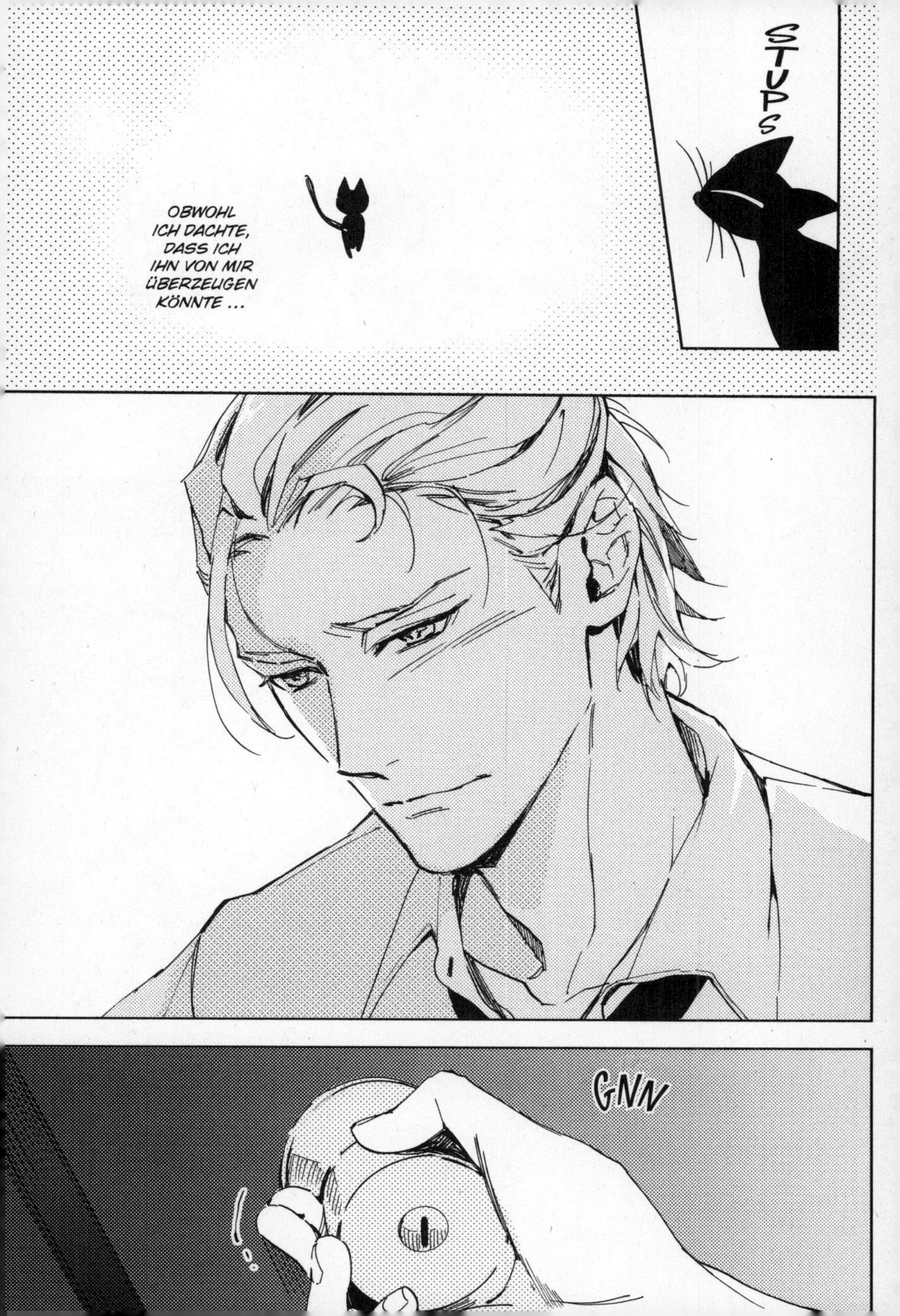

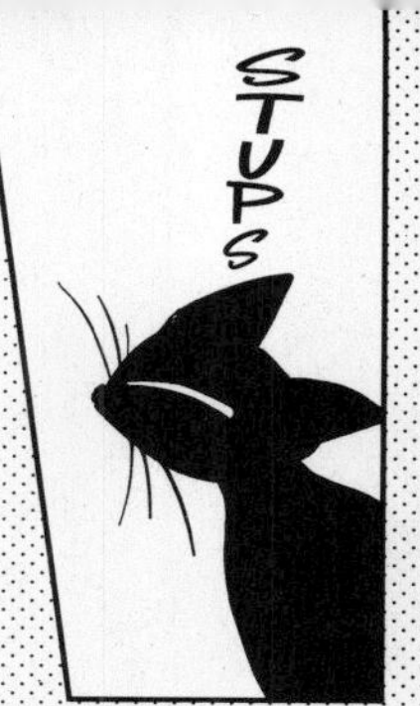
STUPS

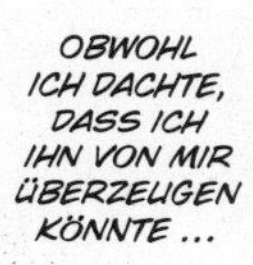
OBWOHL ICH DACHTE, DASS ICH IHN VON MIR ÜBERZEUGEN KÖNNTE …

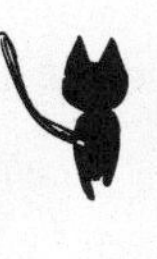

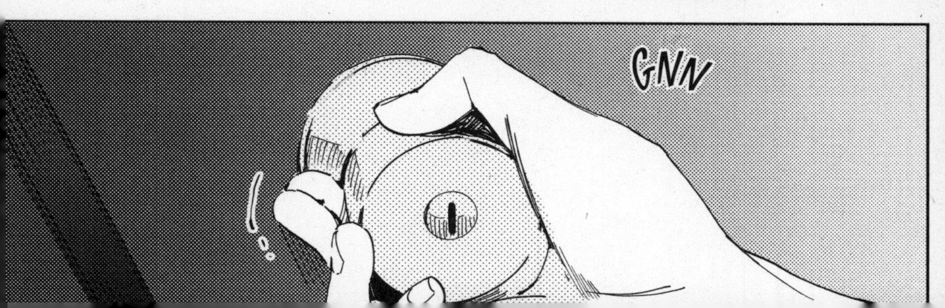
GNN

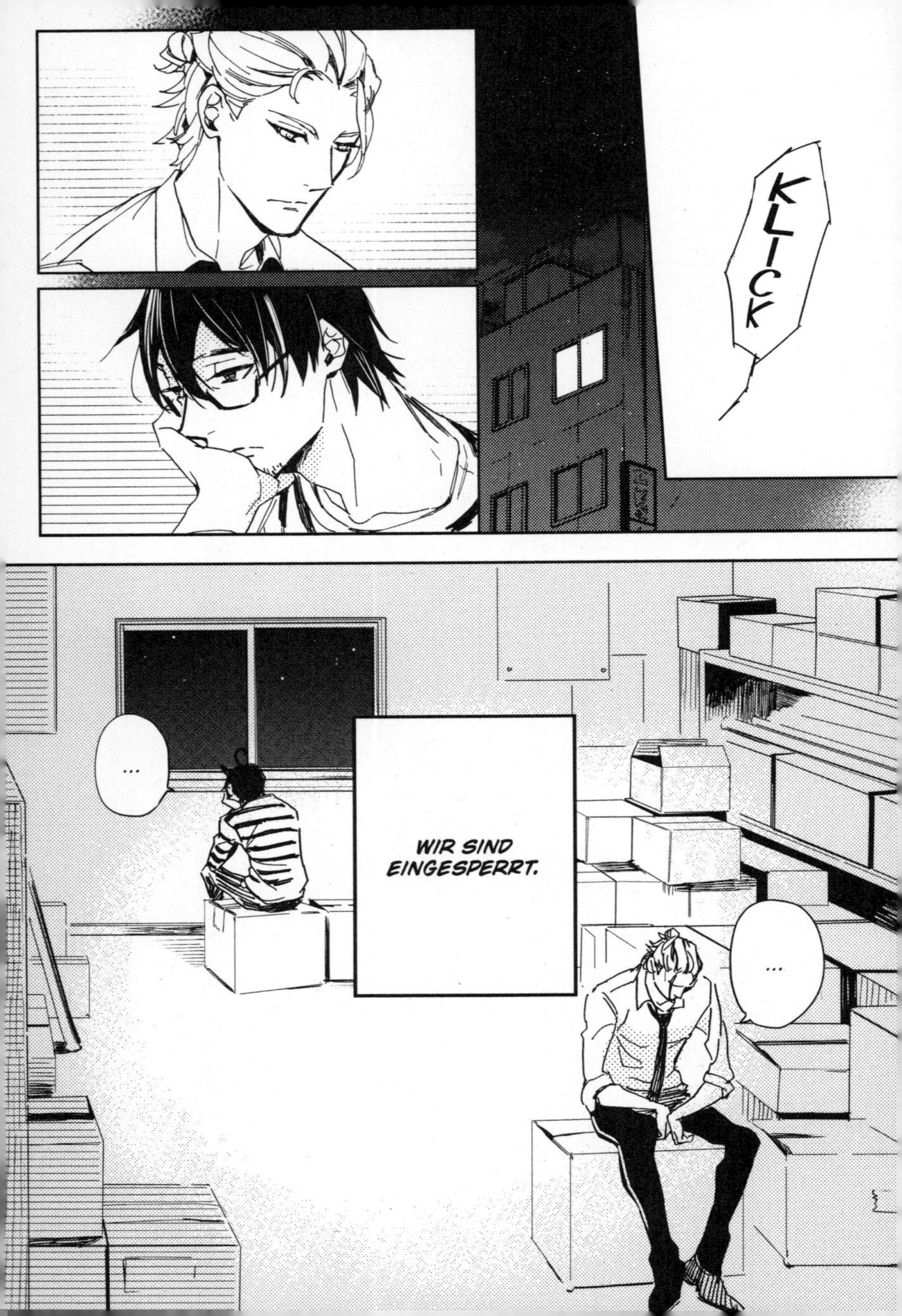

KLICK

...

WIR SIND EINGESPERRT.

...

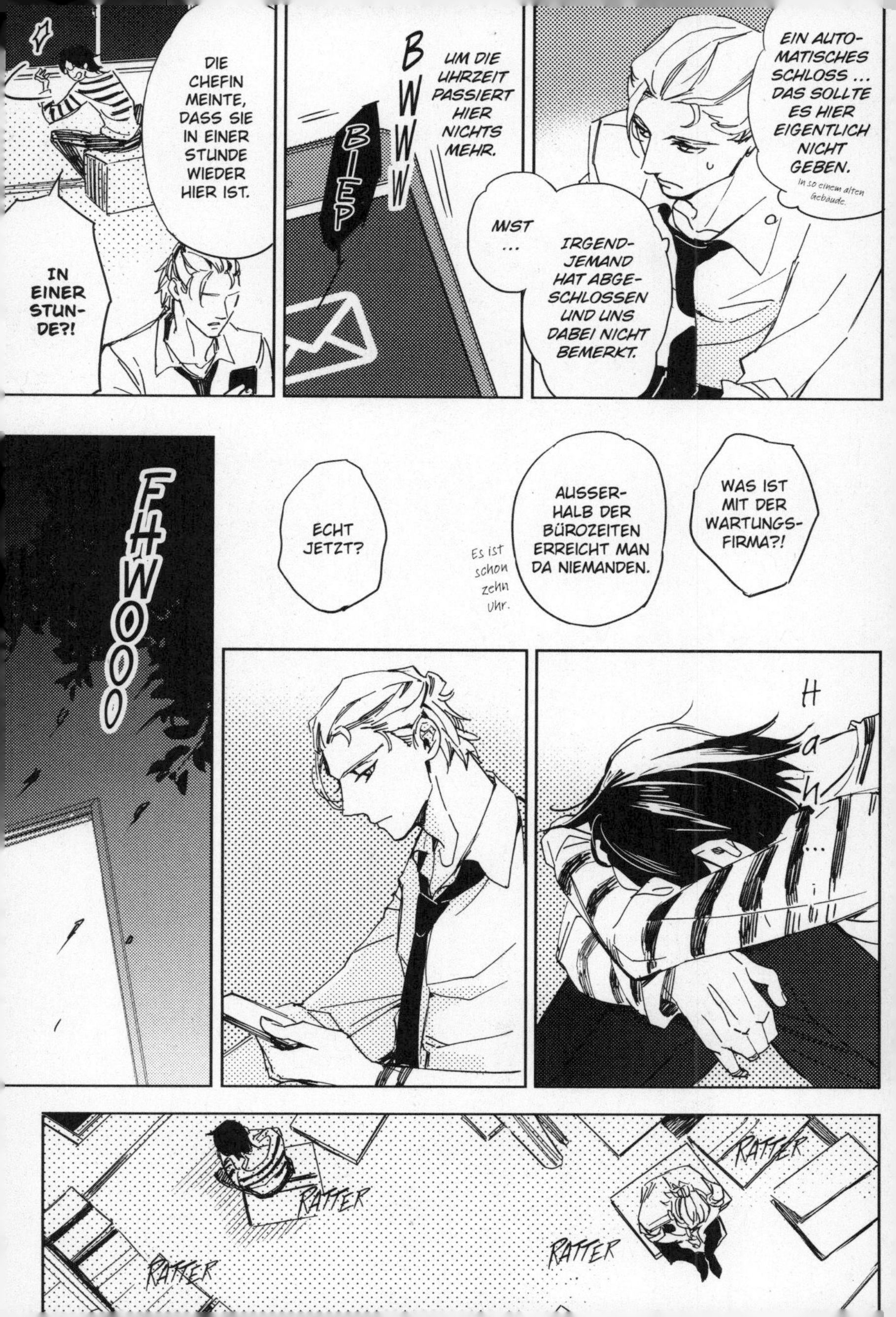

DIE CHEFIN MEINTE, DASS SIE IN EINER STUNDE WIEDER HIER IST.
IN EINER STUNDE?!
BIEP
BWWW
UM DIE UHRZEIT PASSIERT HIER NICHTS MEHR.
MIST …
IRGENDJEMAND HAT ABGESCHLOSSEN UND UNS DABEI NICHT BEMERKT.
EIN AUTOMATISCHES SCHLOSS … DAS SOLLTE ES HIER EIGENTLICH NICHT GEBEN.
In so einem alten Gebäude.
FHWOOO
WAS IST MIT DER WARTUNGSFIRMA?!
AUSSERHALB DER BÜROZEITEN ERREICHT MAN DA NIEMANDEN.
Es ist schon zehn Uhr.
ECHT JETZT?

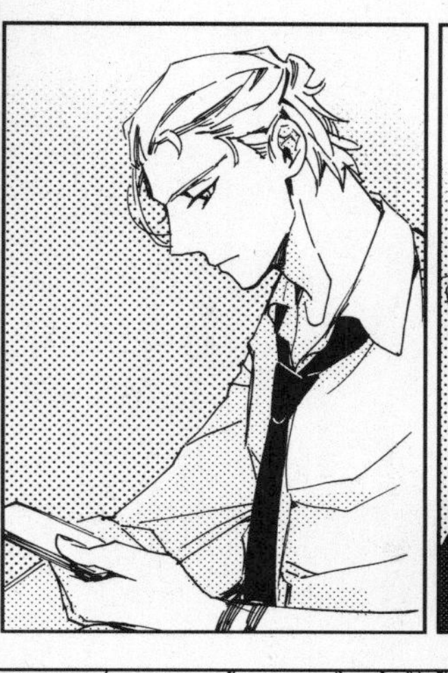

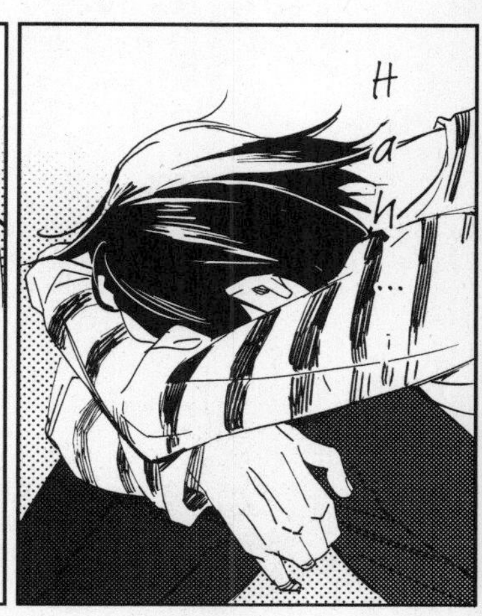

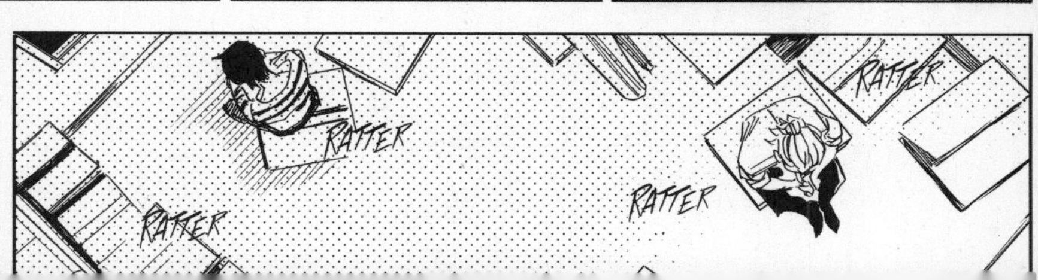

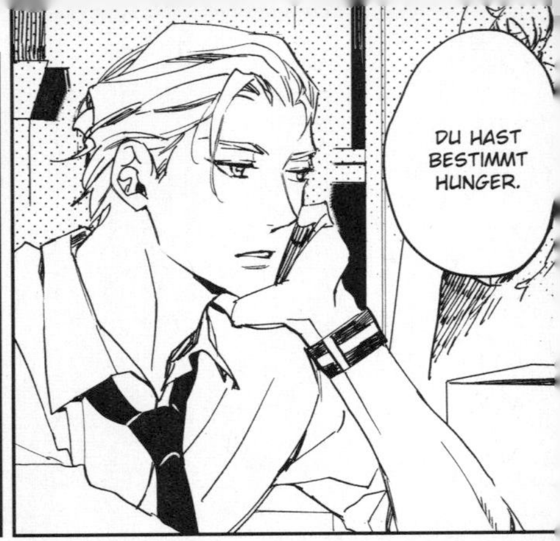

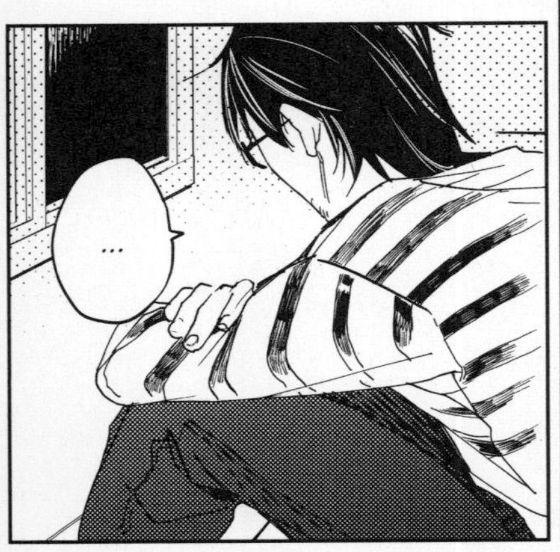

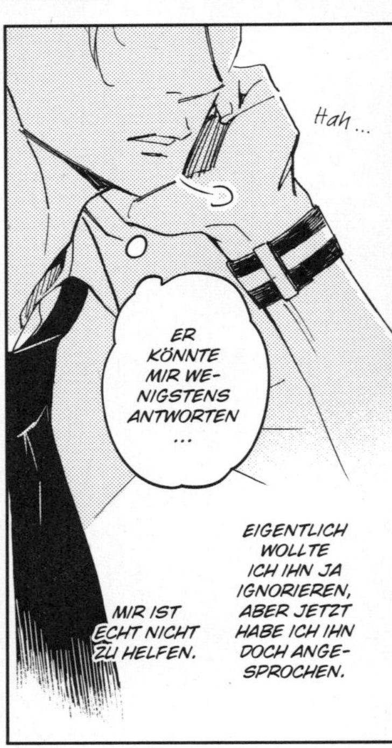

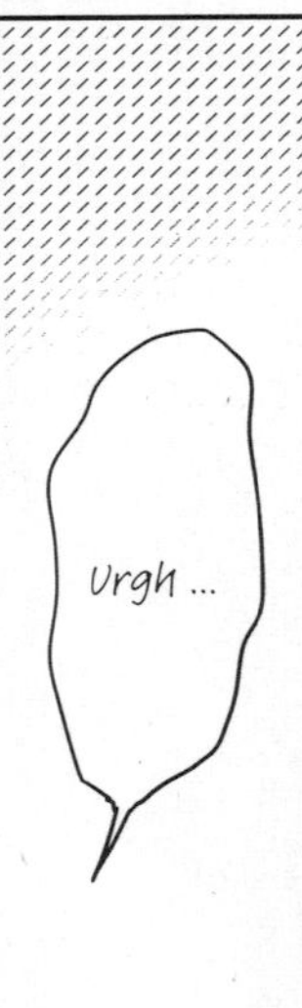

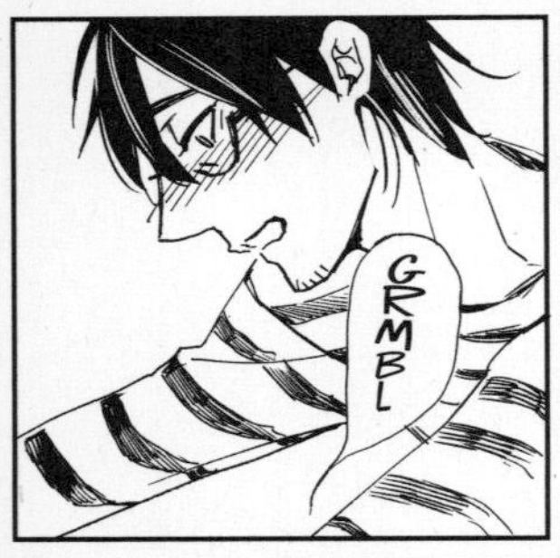

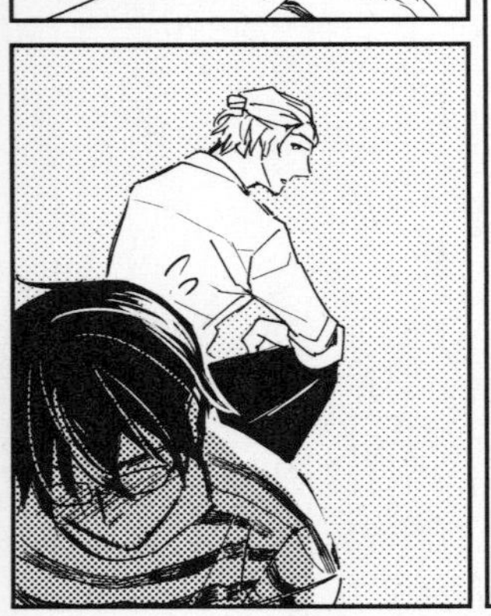

ICH EMPFINDE WOHL TATSÄCHLICH ETWAS FÜR IHN ...

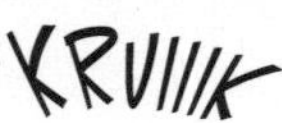

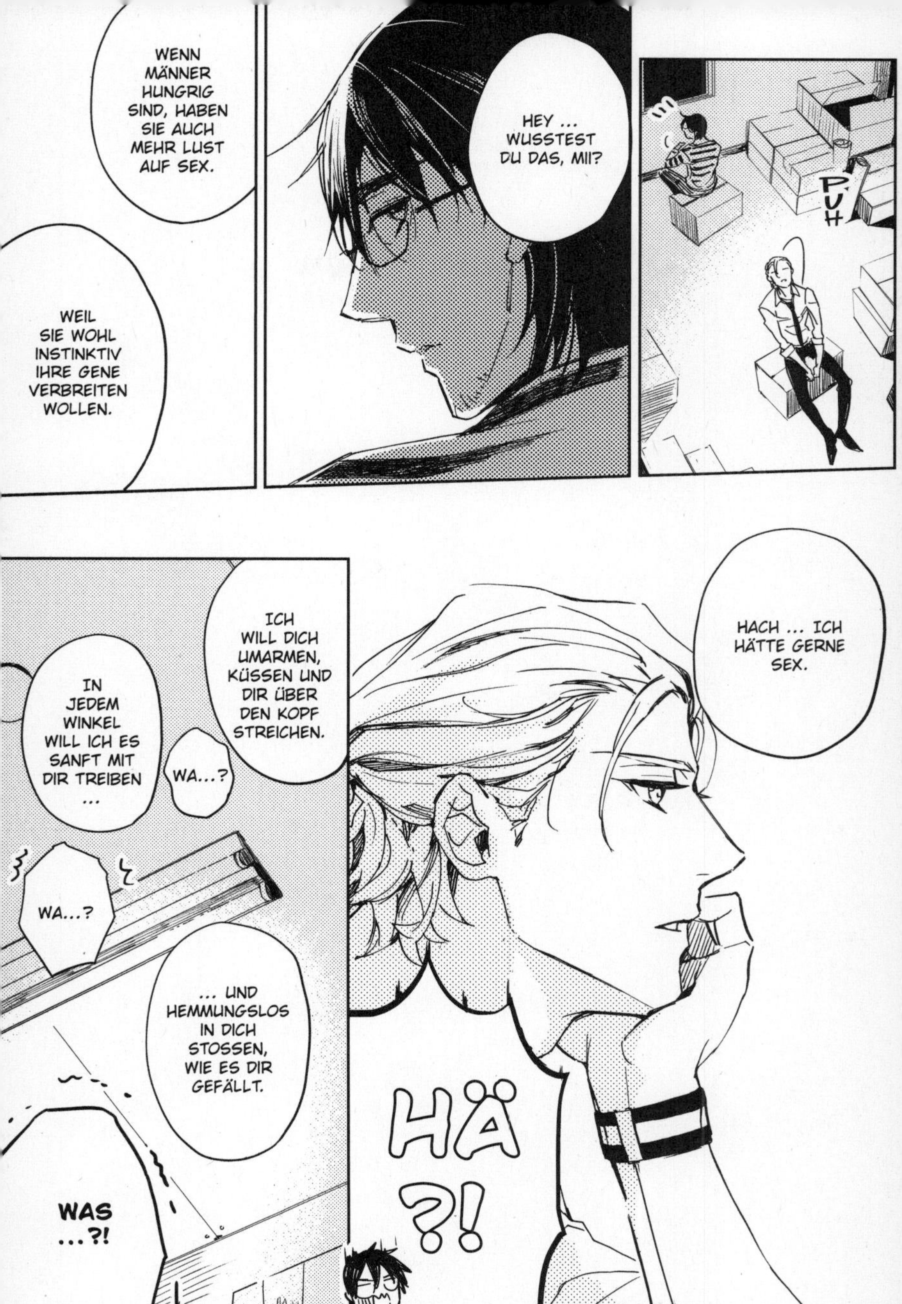
PUH
HEY ... WUSSTEST DU DAS, MII?
WENN MÄNNER HUNGRIG SIND, HABEN SIE AUCH MEHR LUST AUF SEX.
WEIL SIE WOHL INSTINKTIV IHRE GENE VERBREITEN WOLLEN.
HACH ... ICH HÄTTE GERNE SEX.
HÄ ?!
ICH WILL DICH UMARMEN, KÜSSEN UND DIR ÜBER DEN KOPF STREICHEN.
WA...?
IN JEDEM WINKEL WILL ICH ES SANFT MIT DIR TREIBEN ...
WA...?
... UND HEMMUNGSLOS IN DICH STOSSEN, WIE ES DIR GEFÄLLT.
WAS ...?!

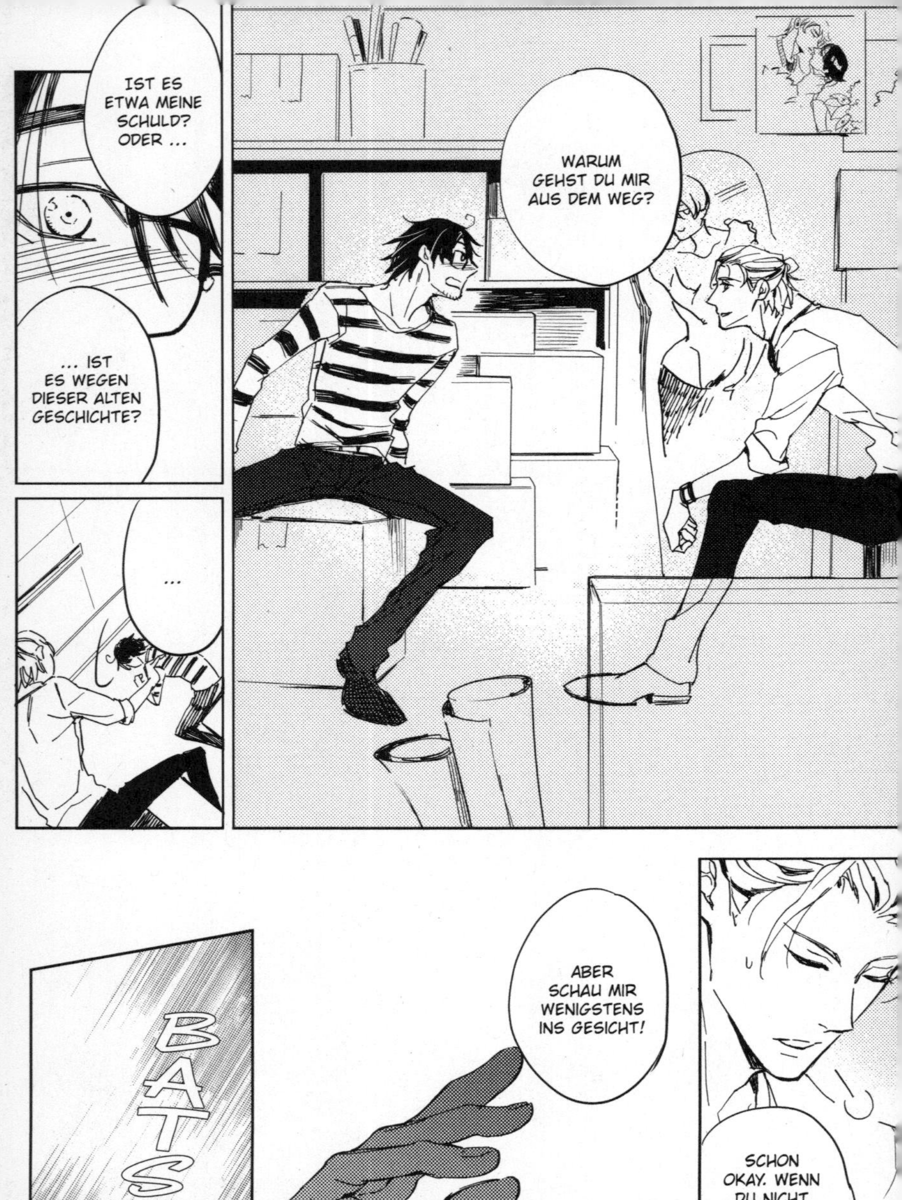
WARUM GEHST DU MIR AUS DEM WEG?
IST ES ETWA MEINE SCHULD? ODER ...
... IST ES WEGEN DIESER ALTEN GESCHICHTE?
...
SCHON OKAY. WENN DU NICHT DARÜBER REDEN WILLST ...
ABER SCHAU MIR WENIGSTENS INS GESICHT!
BATSCH

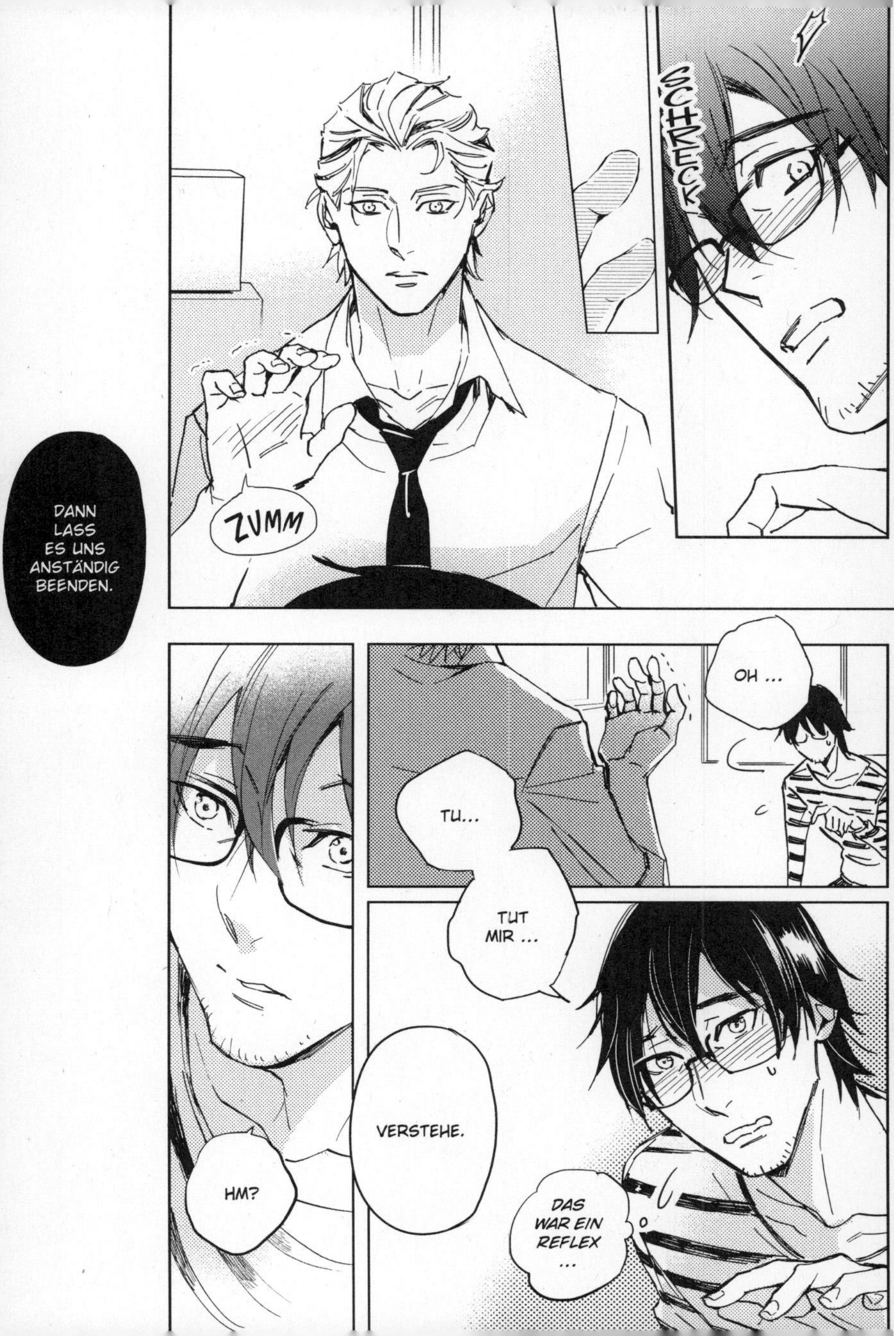

SCHRECK

ZUMM

DANN LASS ES UNS ANSTÄNDIG BEENDEN.

OH ...

TU...

TUT MIR ...

DAS WAR EIN REFLEX ...

VERSTEHE.

HM?

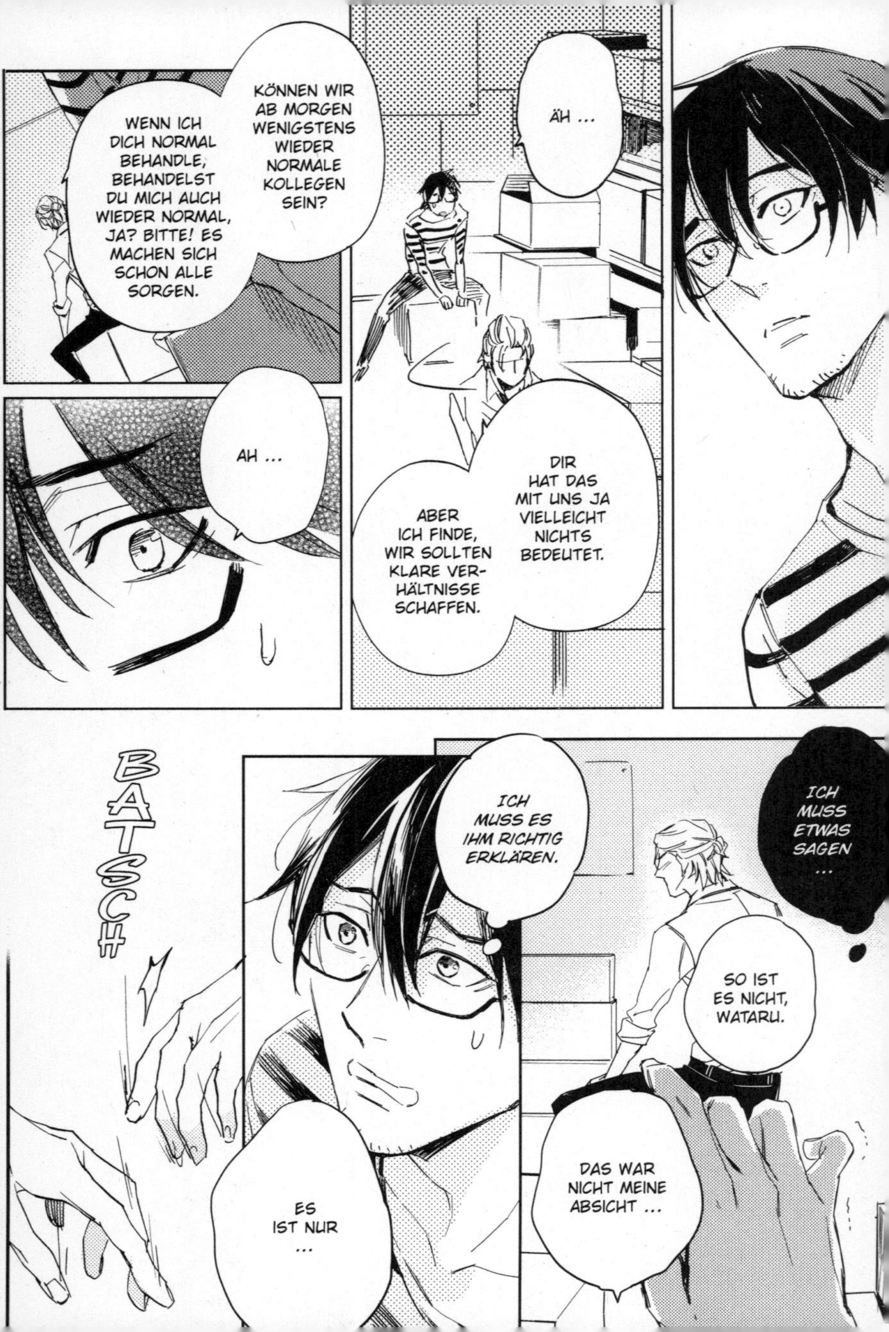

ÄH ...

DIR HAT DAS MIT UNS JA VIELLEICHT NICHTS BEDEUTET.

ABER ICH FINDE, WIR SOLLTEN KLARE VERHÄLTNISSE SCHAFFEN.

KÖNNEN WIR AB MORGEN WENIGSTENS WIEDER NORMALE KOLLEGEN SEIN?

WENN ICH DICH NORMAL BEHANDLE, BEHANDELST DU MICH AUCH WIEDER NORMAL, JA? BITTE! ES MACHEN SICH SCHON ALLE SORGEN.

AH ...

ICH MUSS ETWAS SAGEN ...

SO IST ES NICHT, WATARU.

DAS WAR NICHT MEINE ABSICHT ...

ICH MUSS ES IHM RICHTIG ERKLÄREN.

ES IST NUR ...

BATSCH

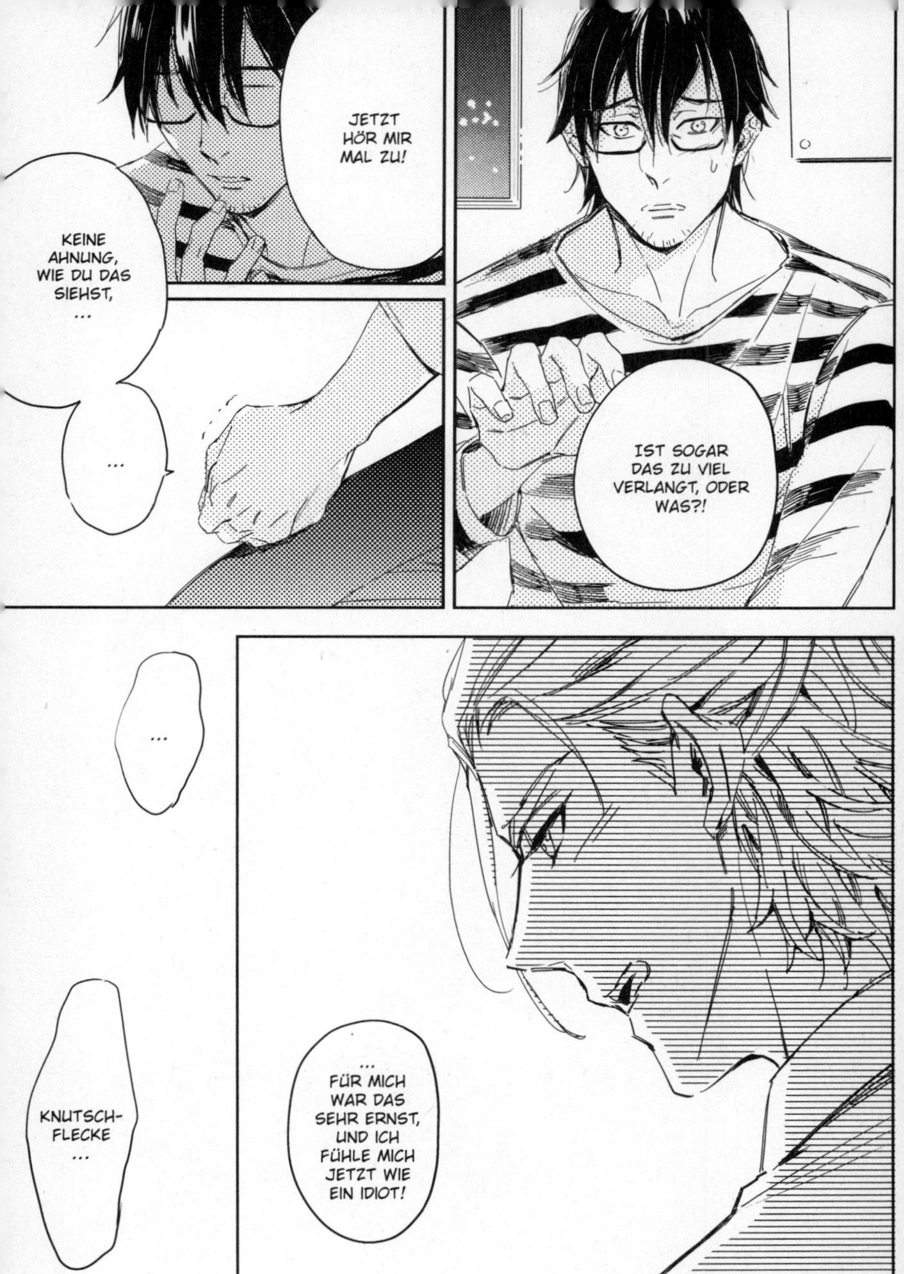
JETZT HÖR MIR MAL ZU!
KEINE AHNUNG, WIE DU DAS SIEHST, ...
...
IST SOGAR DAS ZU VIEL VERLANGT, ODER WAS?!
...
KNUTSCH-FLECKE ...
... FÜR MICH WAR DAS SEHR ERNST, UND ICH FÜHLE MICH JETZT WIE EIN IDIOT!

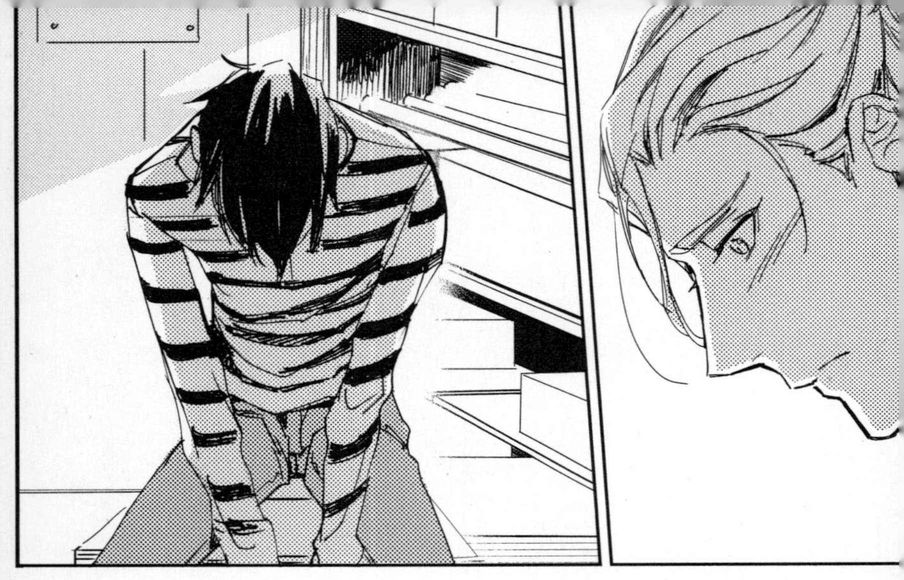

ES
LAG DARAN,
DASS DU MIR
KNUTSCHFLECKE
VERPASST
HAST!

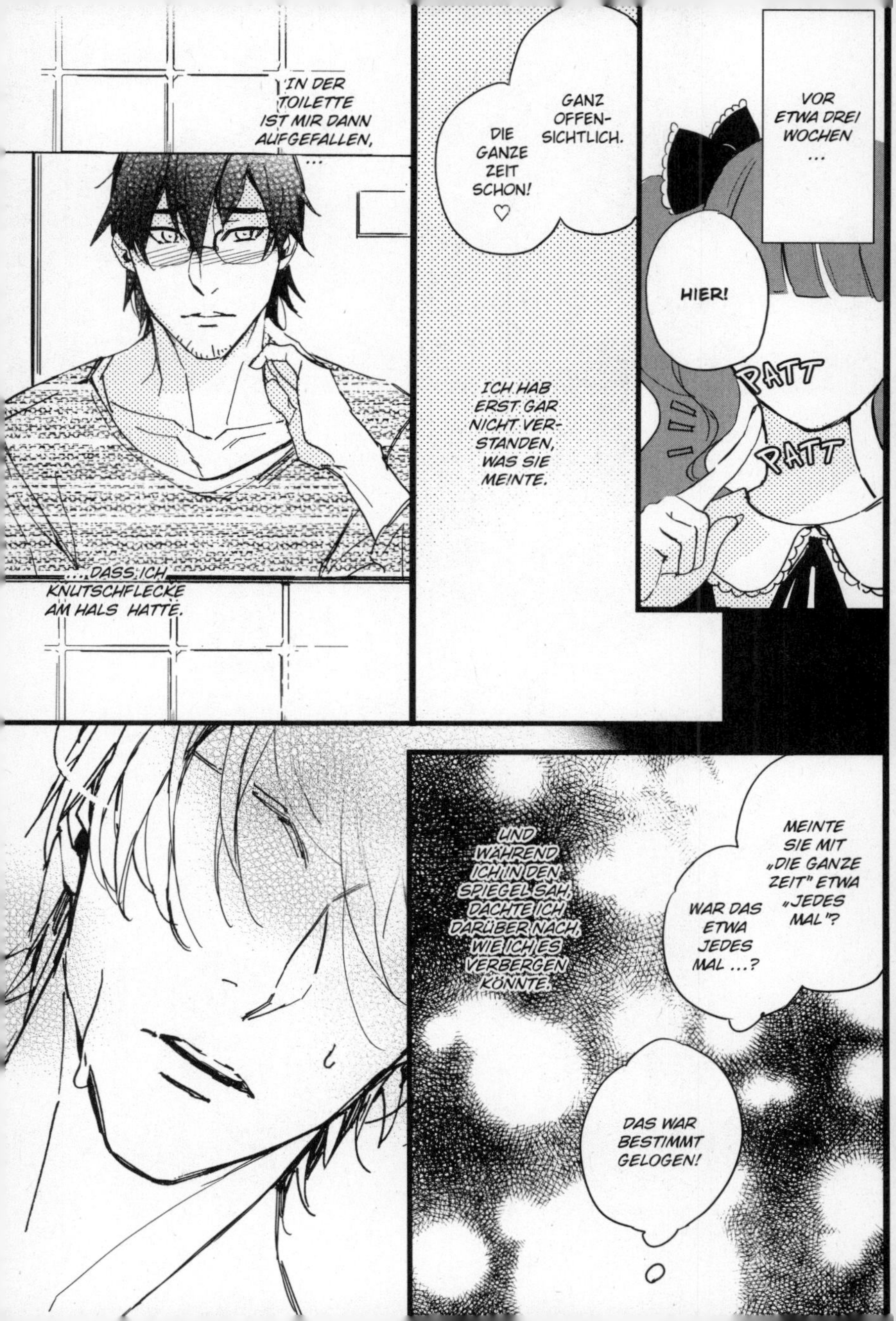
VOR ETWA DREI WOCHEN …
HIER!
PATT
PATT
GANZ OFFENSICHTLICH.
DIE GANZE ZEIT SCHON! ♡
ICH HAB ERST GAR NICHT VERSTANDEN, WAS SIE MEINTE.
IN DER TOILETTE IST MIR DANN AUFGEFALLEN, …
… DASS ICH KNUTSCHFLECKE AM HALS HATTE.
MEINTE SIE MIT „DIE GANZE ZEIT" ETWA „JEDES MAL"?
WAR DAS ETWA JEDES MAL …?
UND WÄHREND ICH IN DEN SPIEGEL SAH, DACHTE ICH DARÜBER NACH, WIE ICH ES VERBERGEN KÖNNTE.
DAS WAR BESTIMMT GELOGEN!

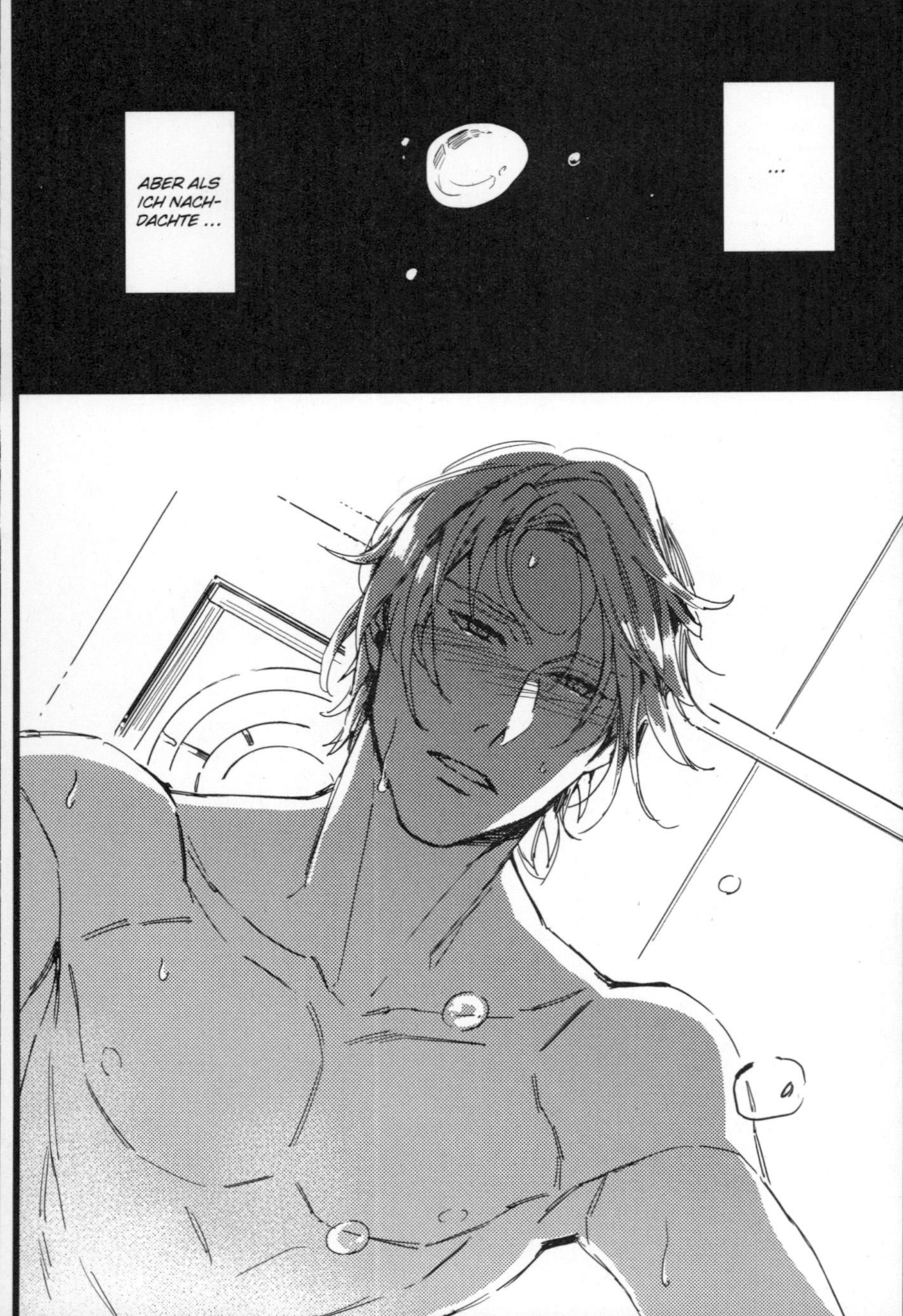
…
ABER ALS ICH NACH- DACHTE …

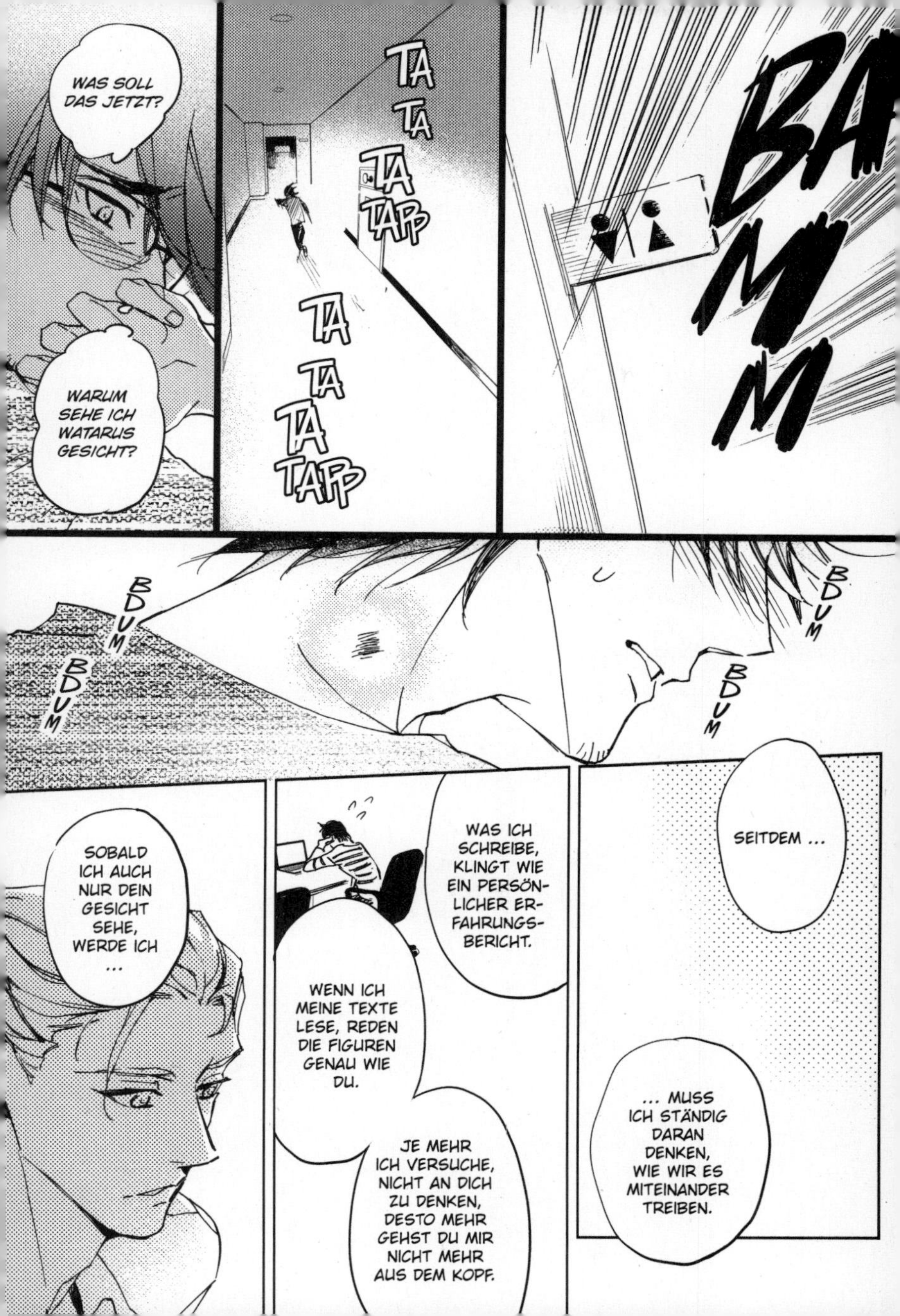
BAMMM
TA TA TA TAPP
TA TA TA TAPP
WAS SOLL DAS JETZT?
WARUM SEHE ICH WATARUS GESICHT?
BDUM BDUM
BDUM BDUM
SEITDEM ...
... MUSS ICH STÄNDIG DARAN DENKEN, WIE WIR ES MITEINANDER TREIBEN.
WAS ICH SCHREIBE, KLINGT WIE EIN PERSÖN-LICHER ER-FAHRUNGS-BERICHT.
WENN ICH MEINE TEXTE LESE, REDEN DIE FIGUREN GENAU WIE DU.
JE MEHR ICH VERSUCHE, NICHT AN DICH ZU DENKEN, DESTO MEHR GEHST DU MIR NICHT MEHR AUS DEM KOPF.
SOBALD ICH AUCH NUR DEIN GESICHT SEHE, WERDE ICH ...

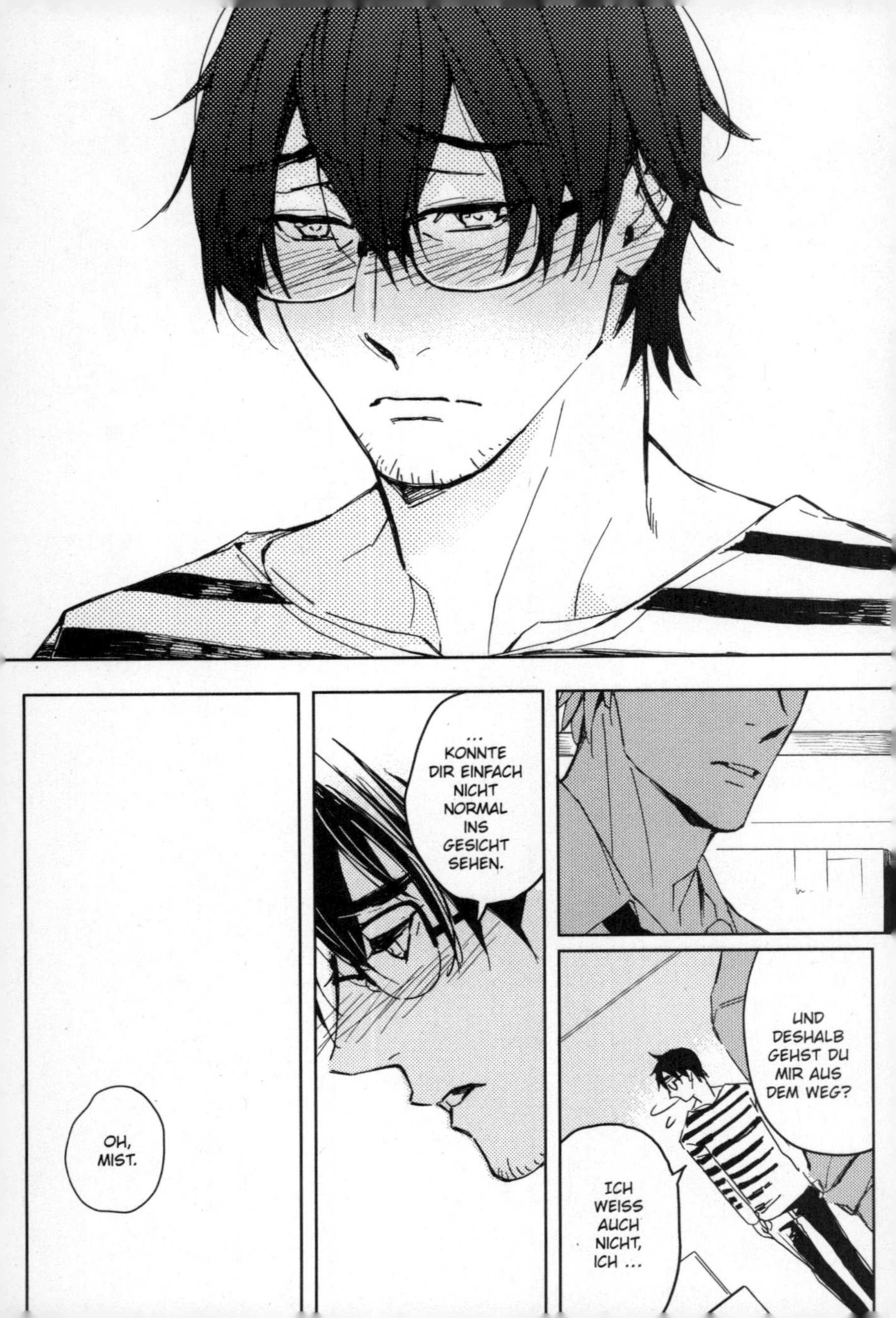

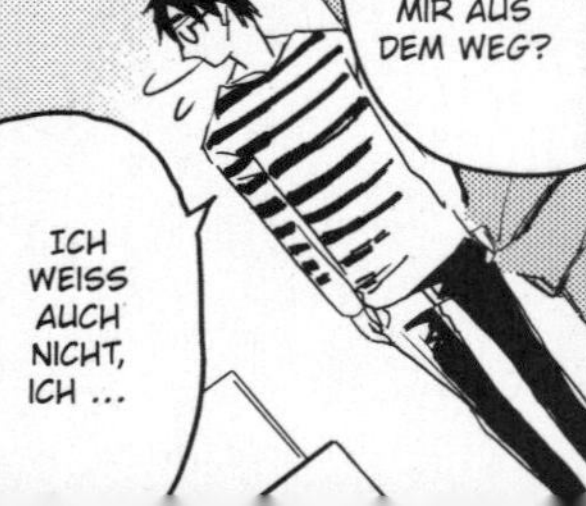
UND DESHALB GEHST DU MIR AUS DEM WEG?
ICH WEISS AUCH NICHT, ICH ...

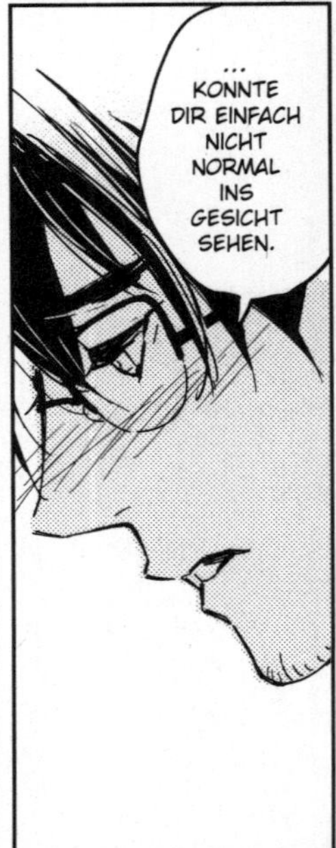
... KONNTE DIR EINFACH NICHT NORMAL INS GESICHT SEHEN.

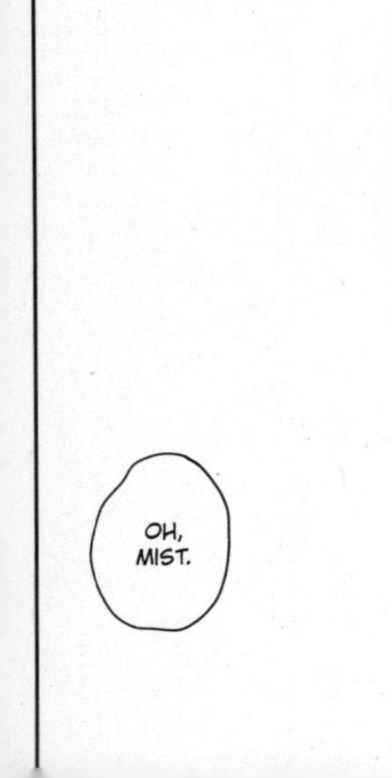
OH, MIST.

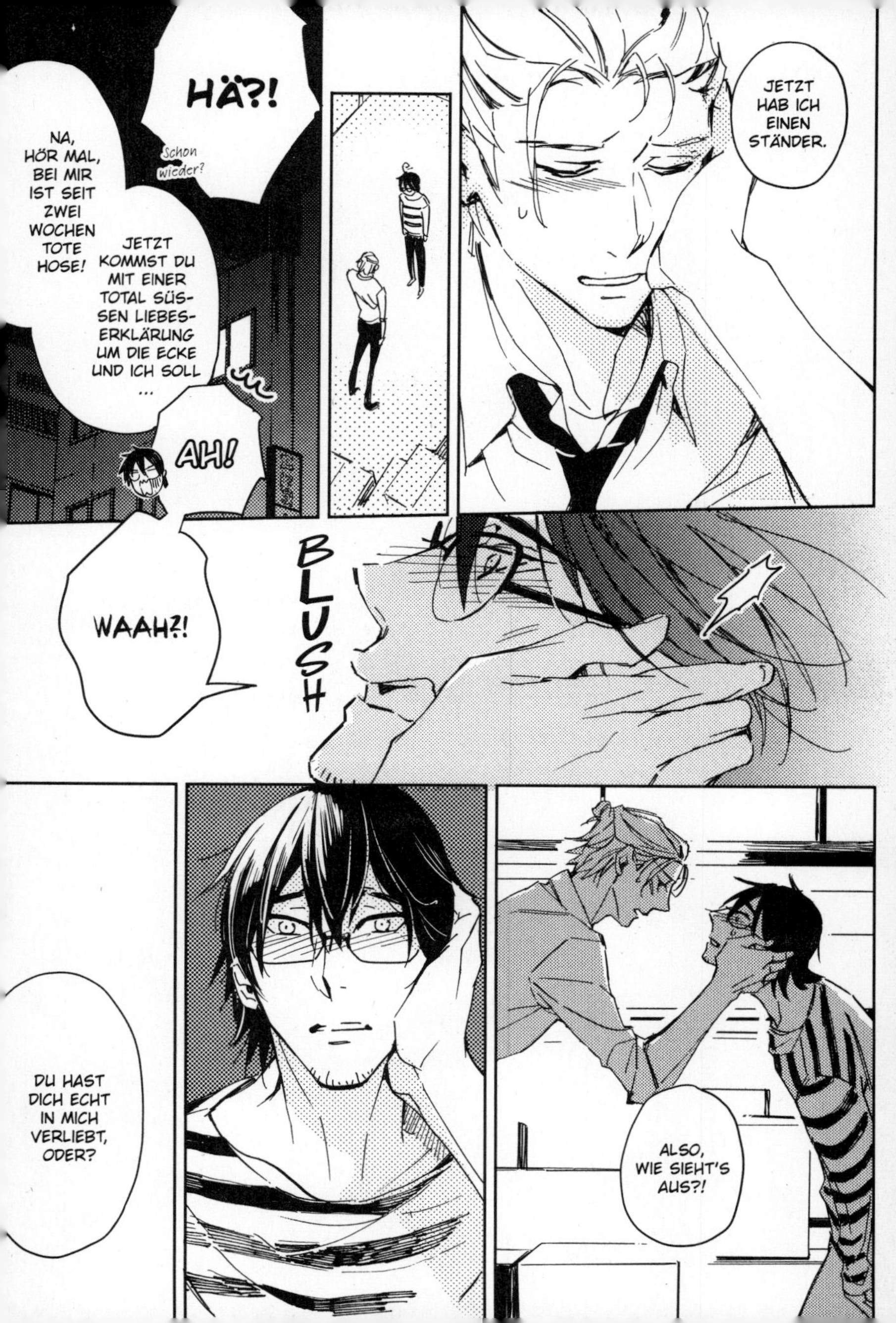
JETZT HAB ICH EINEN STÄNDER.
HÄ?!
NA, HÖR MAL, BEI MIR IST SEIT ZWEI WOCHEN TOTE HOSE!
Schon wieder?
JETZT KOMMST DU MIT EINER TOTAL SÜSSEN LIEBESERKLÄRUNG UM DIE ECKE UND ICH SOLL ...
AH!
BLUSH
WAAH?!
ALSO, WIE SIEHT'S AUS?!
DU HAST DICH ECHT IN MICH VERLIEBT, ODER?

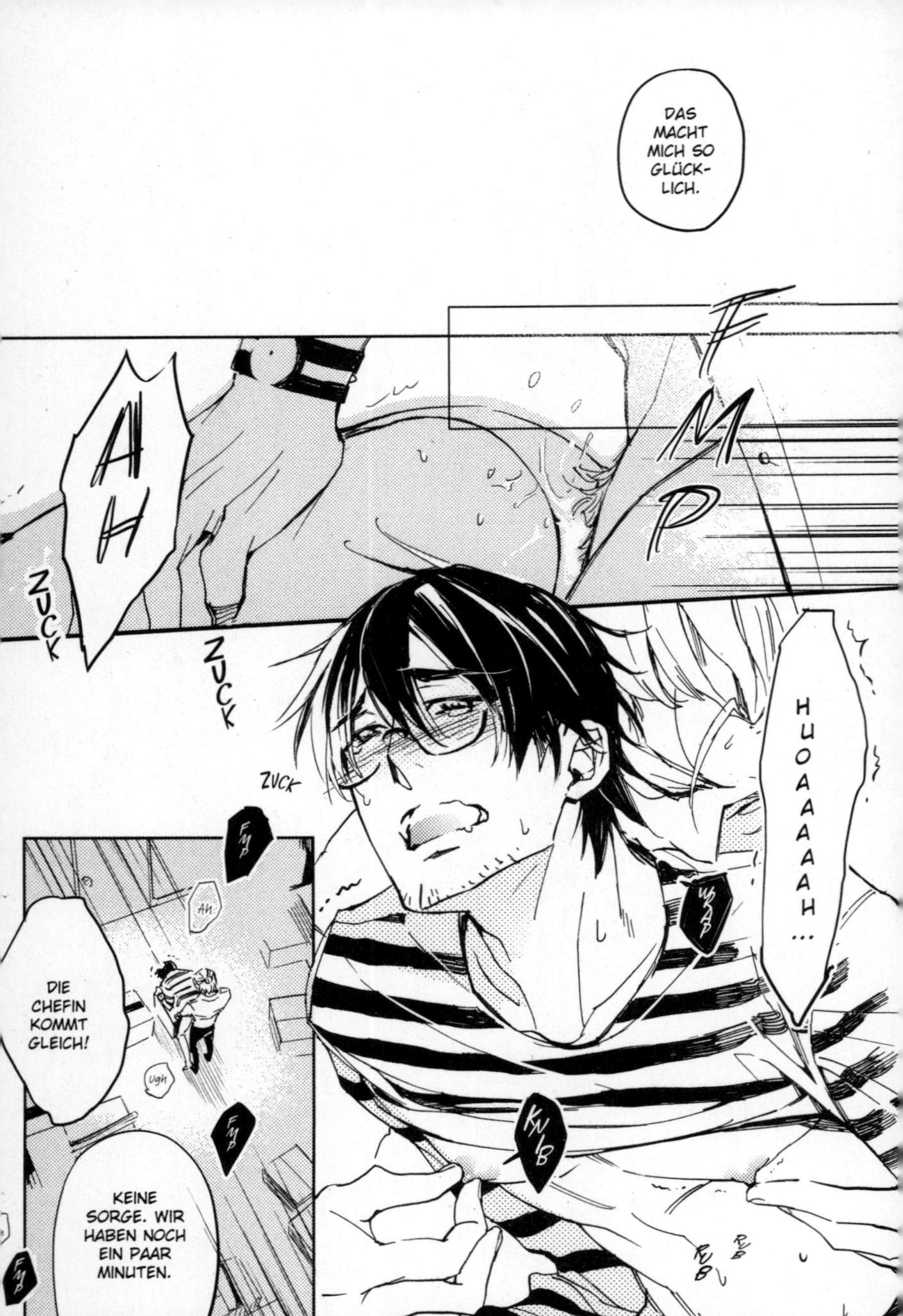
DAS MACHT MICH SO GLÜCK-LICH.
FMP
AH
ZUCK
ZUCK
HUOAAAAAAH...
ZUCK
RUB
RUB
FMP
Ah
DIE CHEFIN KOMMT GLEICH!
Ugh
FMP
KEINE SORGE. WIR HABEN NOCH EIN PAAR MINUTEN.
FMP

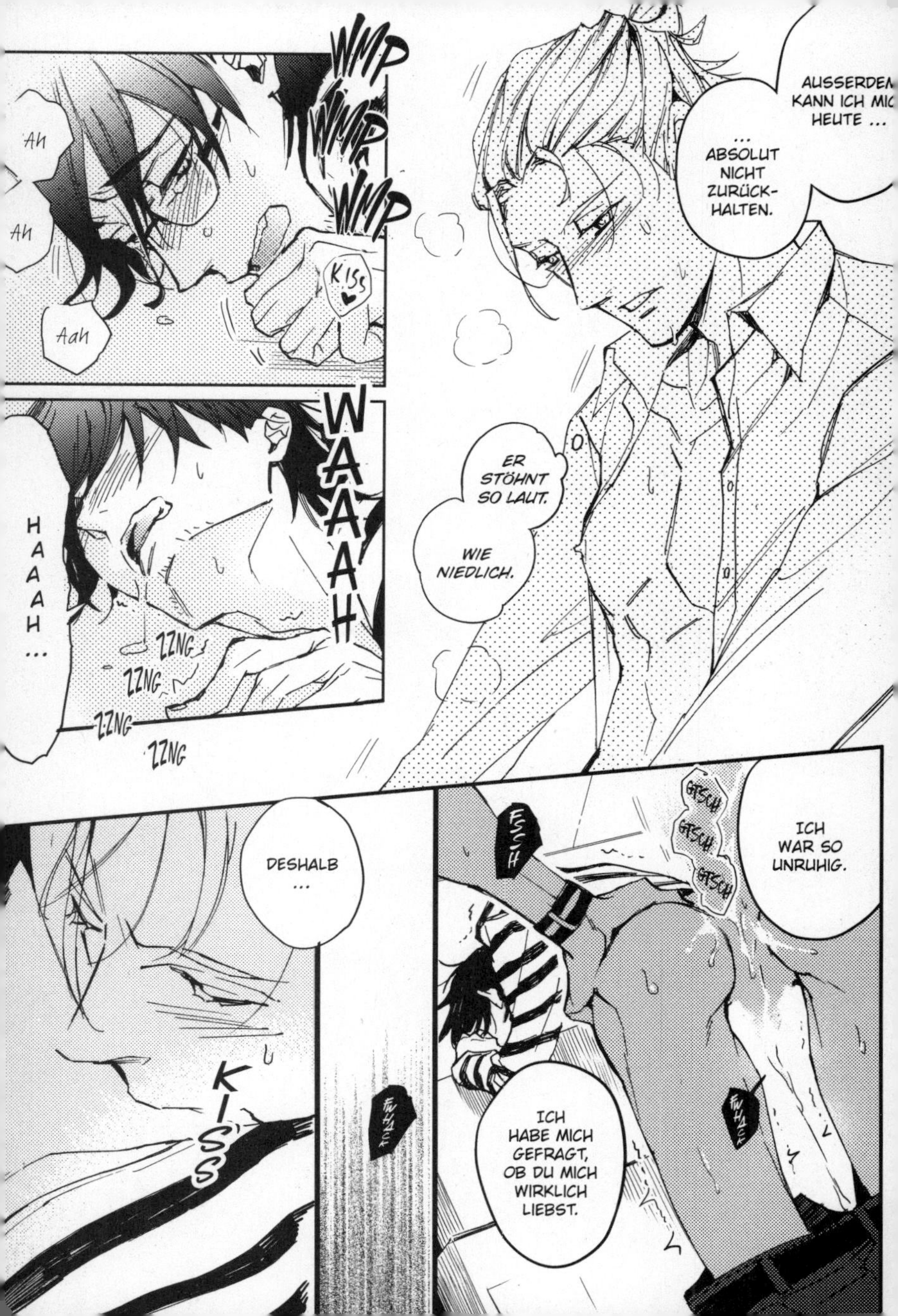
AUSSERDEM KANN ICH MIC HEUTE …
… ABSOLUT NICHT ZURÜCK-HALTEN.
WNP WNP WNP
Ah
Ah
KISS
Aah
ER STÖHNT SO LAUT.
WIE NIEDLICH.
WAAAAH
HAAAAH …
ZZNG
ZZNG
ZZNG
ZZNG
ICH WAR SO UNRUHIG.
GTSCH GTSCH GTSCH
FSCH
DESHALB …
ICH HABE MICH GEFRAGT, OB DU MICH WIRKLICH LIEBST.
KISS

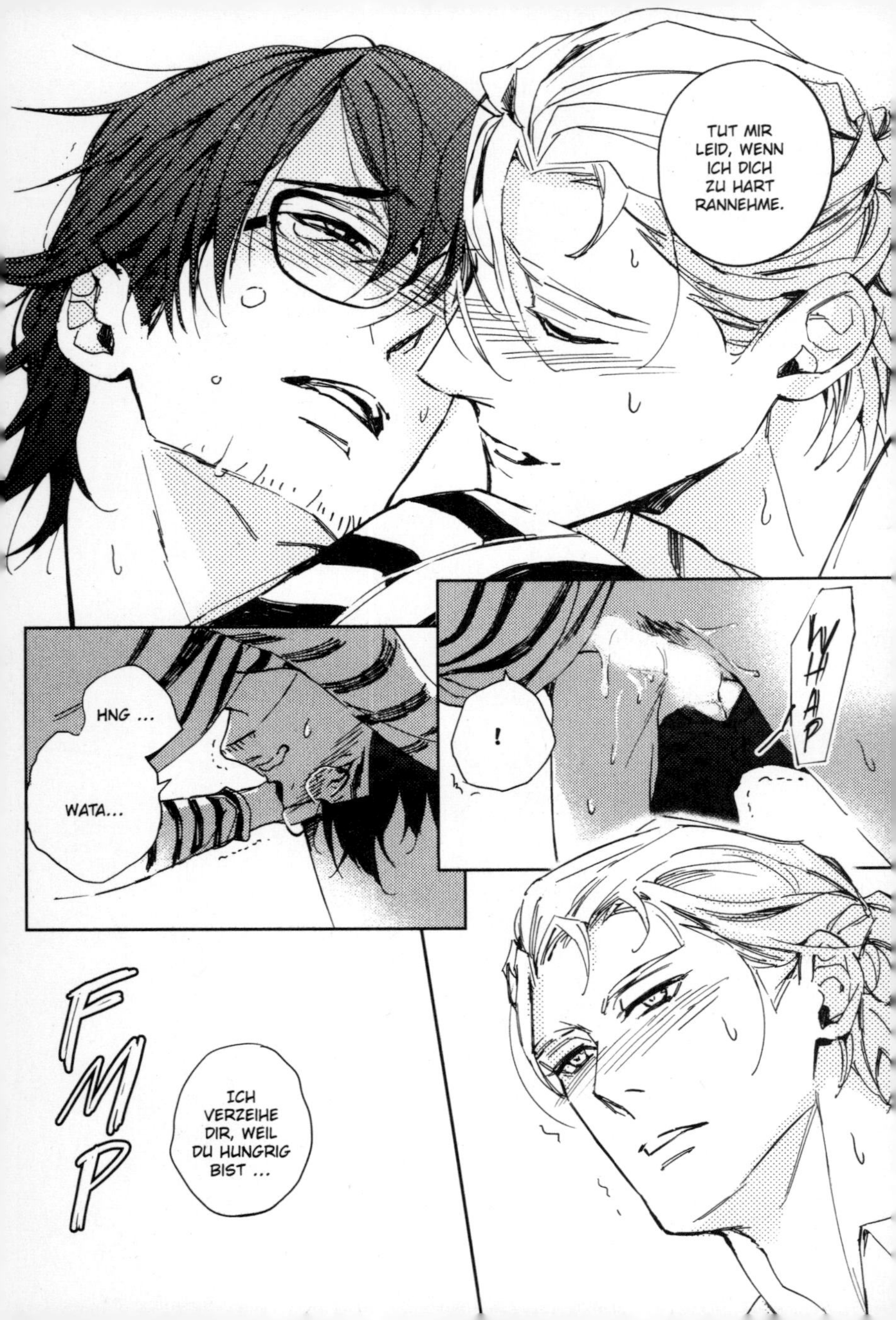
TUT MIR LEID, WENN ICH DICH ZU HART RANNEHME.
WHAP
!
HNG ...
WATA...
ICH VERZEIHE DIR, WEIL DU HUNGRIG BIST ...
FMP

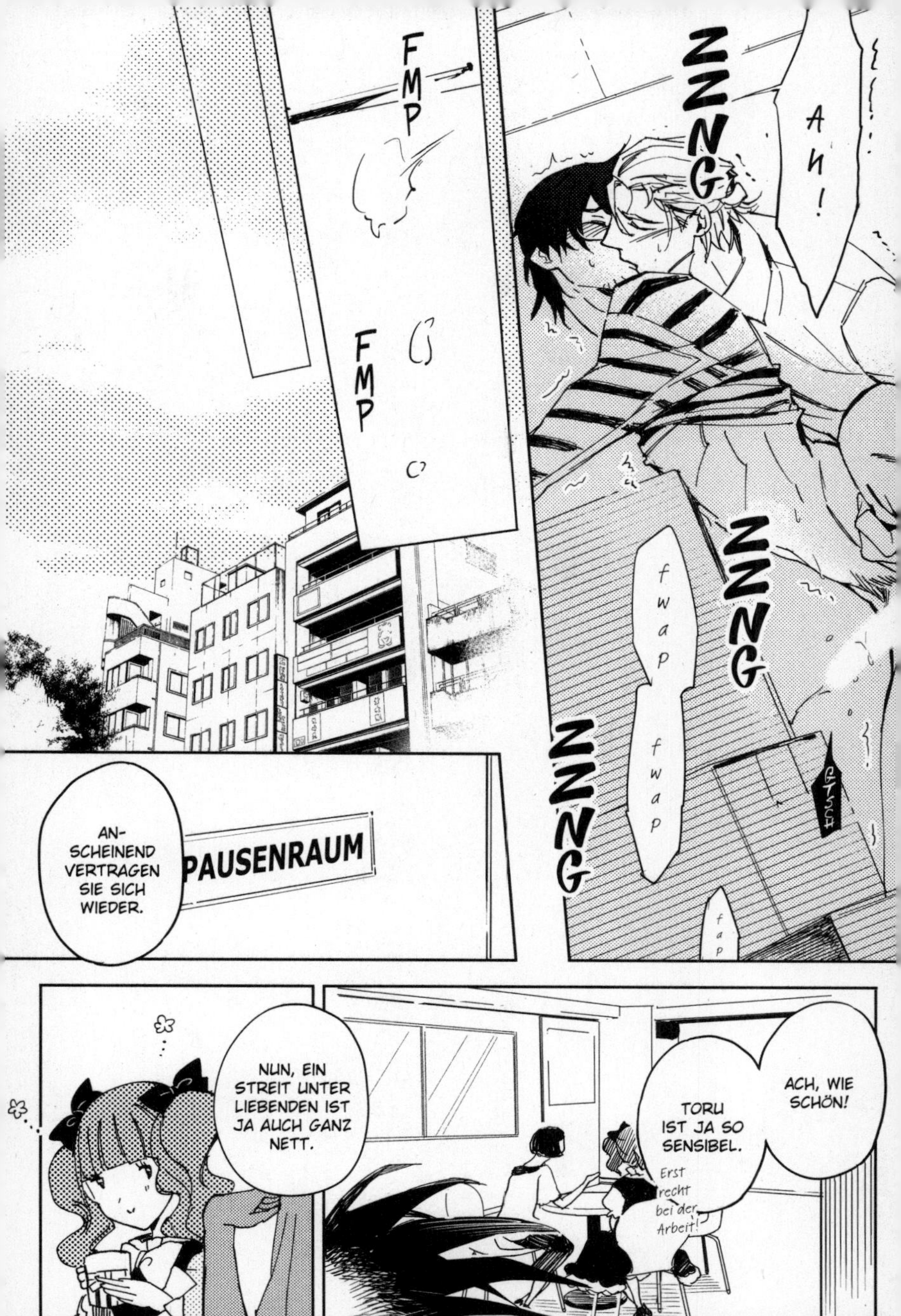

Ah!
ZZNG
FMP
FMP
ZZNG
fwap
fwap
ZZNG
fap
GTSCH
PAUSENRAUM
AN-SCHEINEND VERTRAGEN SIE SICH WIEDER.
ACH, WIE SCHÖN!
TORU IST JA SO SENSIBEL.
Erst recht bei der Arbeit!
NUN, EIN STREIT UNTER LIEBENDEN IST JA AUCH GANZ NETT.

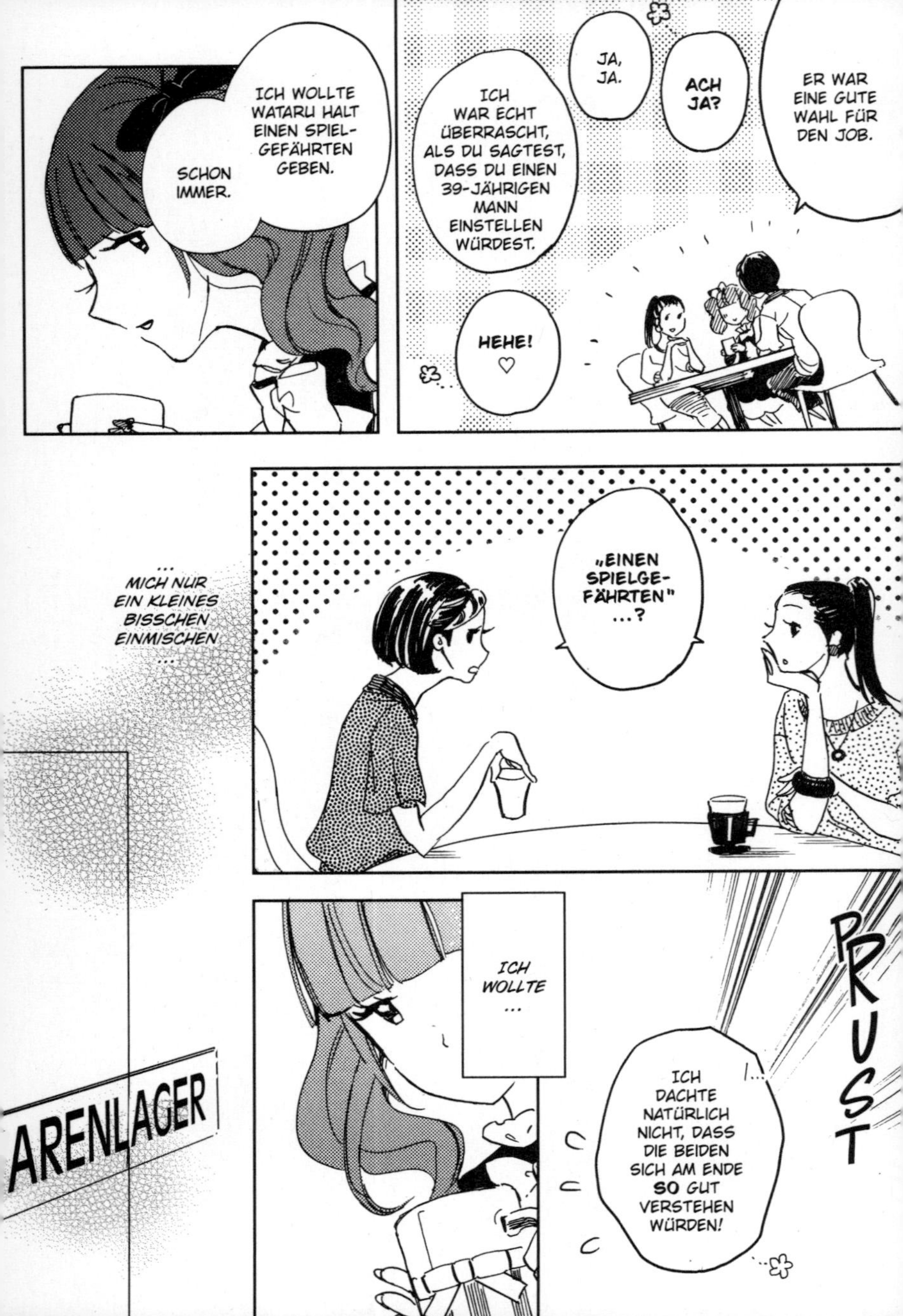

ER WAR EINE GUTE WAHL FÜR DEN JOB.
ACH JA?
JA, JA.
ICH WAR ECHT ÜBERRASCHT, ALS DU SAGTEST, DASS DU EINEN 39-JÄHRIGEN MANN EINSTELLEN WÜRDEST.
HEHE! ♡
ICH WOLLTE WATARU HALT EINEN SPIELGEFÄHRTEN GEBEN.
SCHON IMMER.
„EINEN SPIELGEFÄHRTEN" ...?
PRUST
I... ICH DACHTE NATÜRLICH NICHT, DASS DIE BEIDEN SICH AM ENDE **SO** GUT VERSTEHEN WÜRDEN!
ICH WOLLTE ...
... MICH NUR EIN KLEINES BISSCHEN EINMISCHEN ...
ARENLAGER

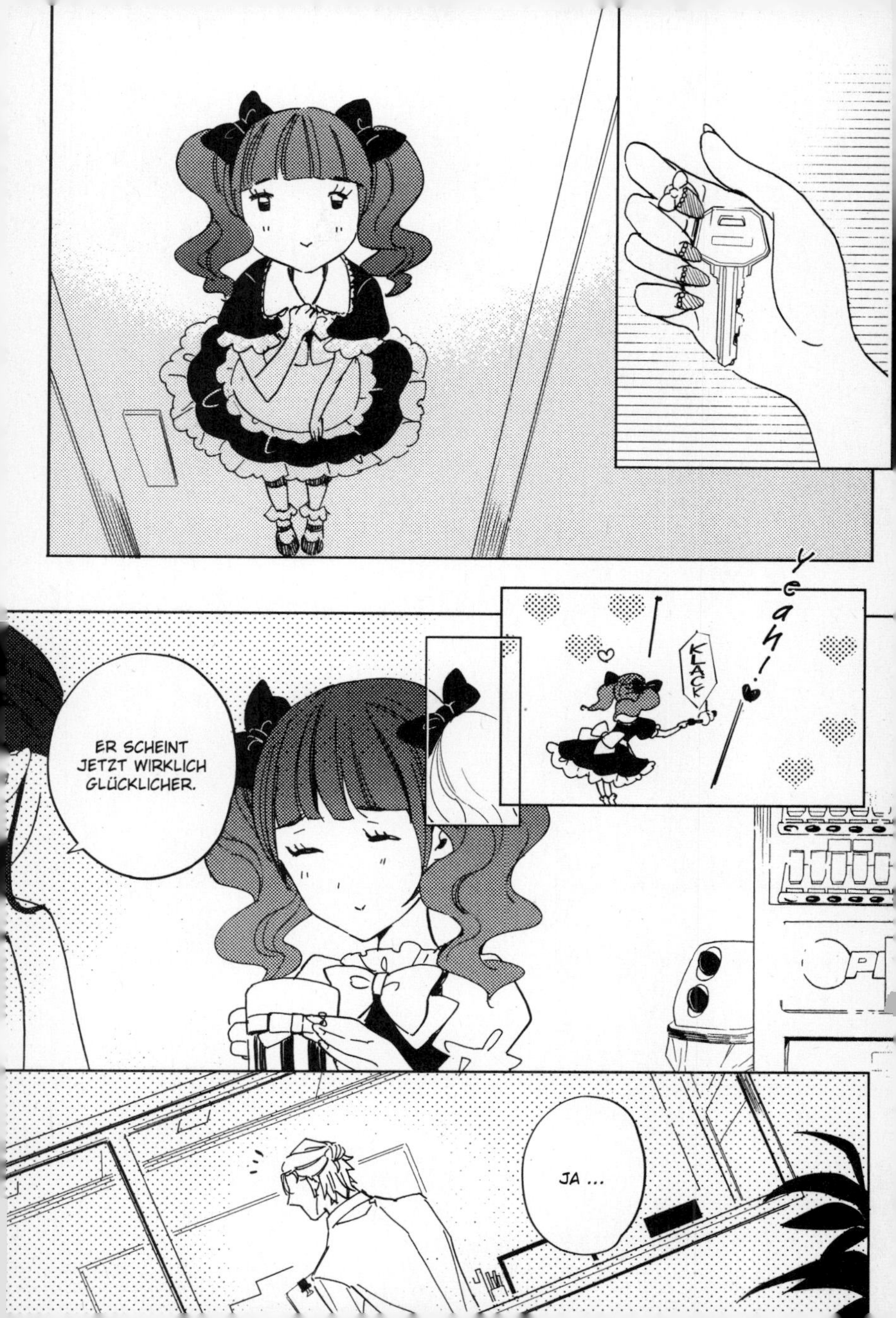
yeah!
KLACK
ER SCHEINT JETZT WIRKLICH GLÜCKLICHER.
JA ...

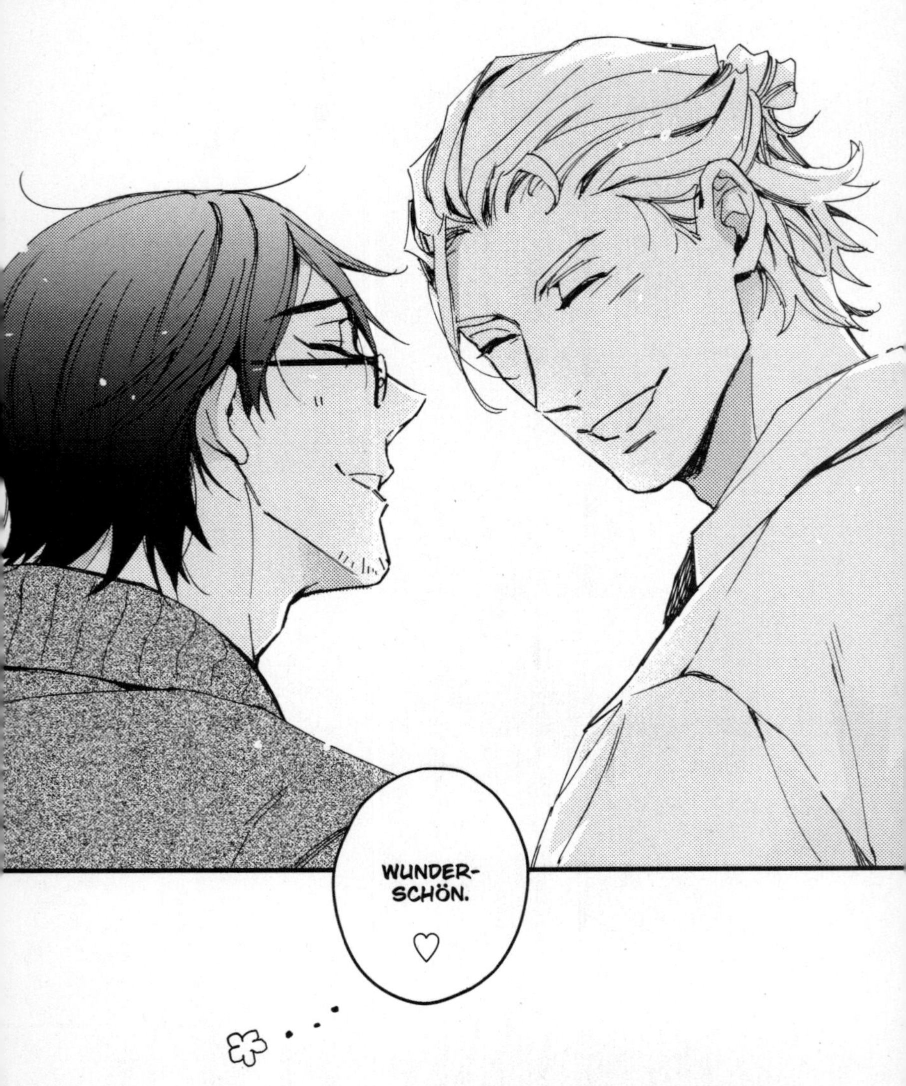

24 Jahre, Kaufmann, liebt einen BL-Autor - Ende -

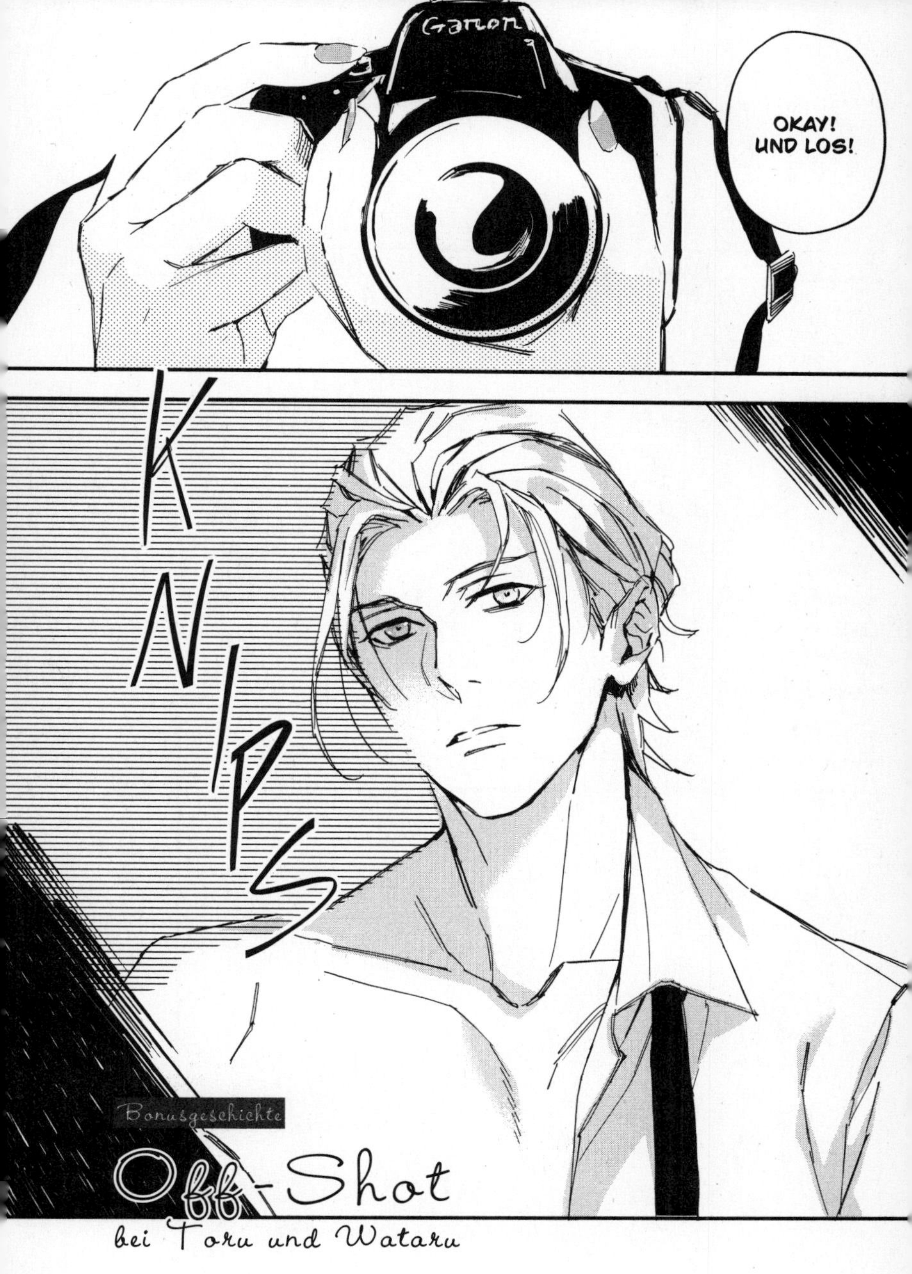
Ganon
OKAY! UND LOS!
KNIPS
Bonusgeschichte
Off-Shot
bei Toru und Wataru

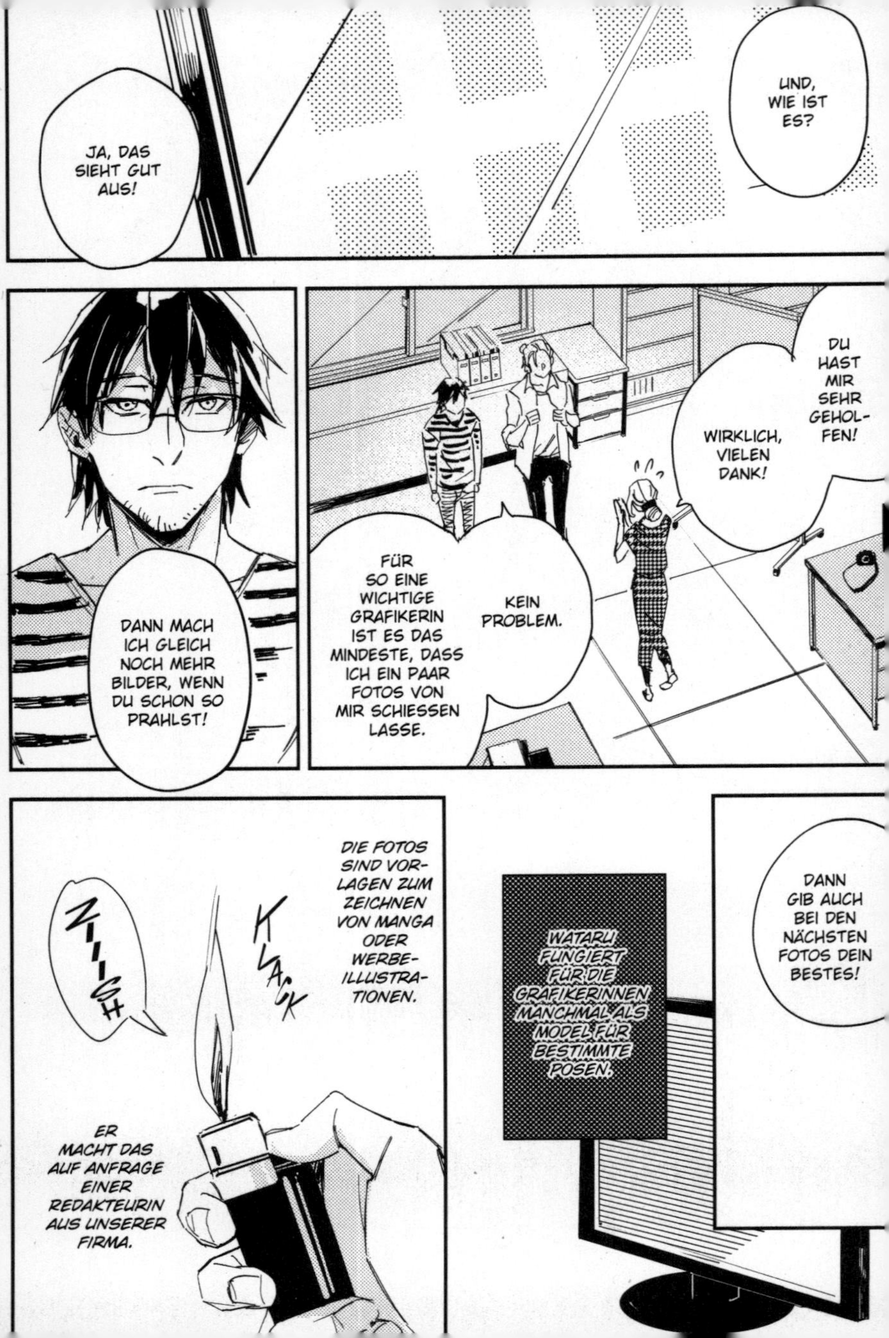

UND, WIE IST ES?

JA, DAS SIEHT GUT AUS!

DU HAST MIR SEHR GEHOL-FEN!

WIRKLICH, VIELEN DANK!

KEIN PROBLEM.

FÜR SO EINE WICHTIGE GRAFIKERIN IST ES DAS MINDESTE, DASS ICH EIN PAAR FOTOS VON MIR SCHIESSEN LASSE.

DANN MACH ICH GLEICH NOCH MEHR BILDER, WENN DU SCHON SO PRAHLST!

DANN GIB AUCH BEI DEN NÄCHSTEN FOTOS DEIN BESTES!

WATARU FUNGIERT FÜR DIE GRAFIKERINNEN MANCHMAL ALS MODEL FÜR BESTIMMTE POSEN.

DIE FOTOS SIND VOR-LAGEN ZUM ZEICHNEN VON MANGA ODER WERBE-ILLUSTRA-TIONEN.

KLACK

ZIIISH

ER MACHT DAS AUF ANFRAGE EINER REDAKTEURIN AUS UNSERER FIRMA.

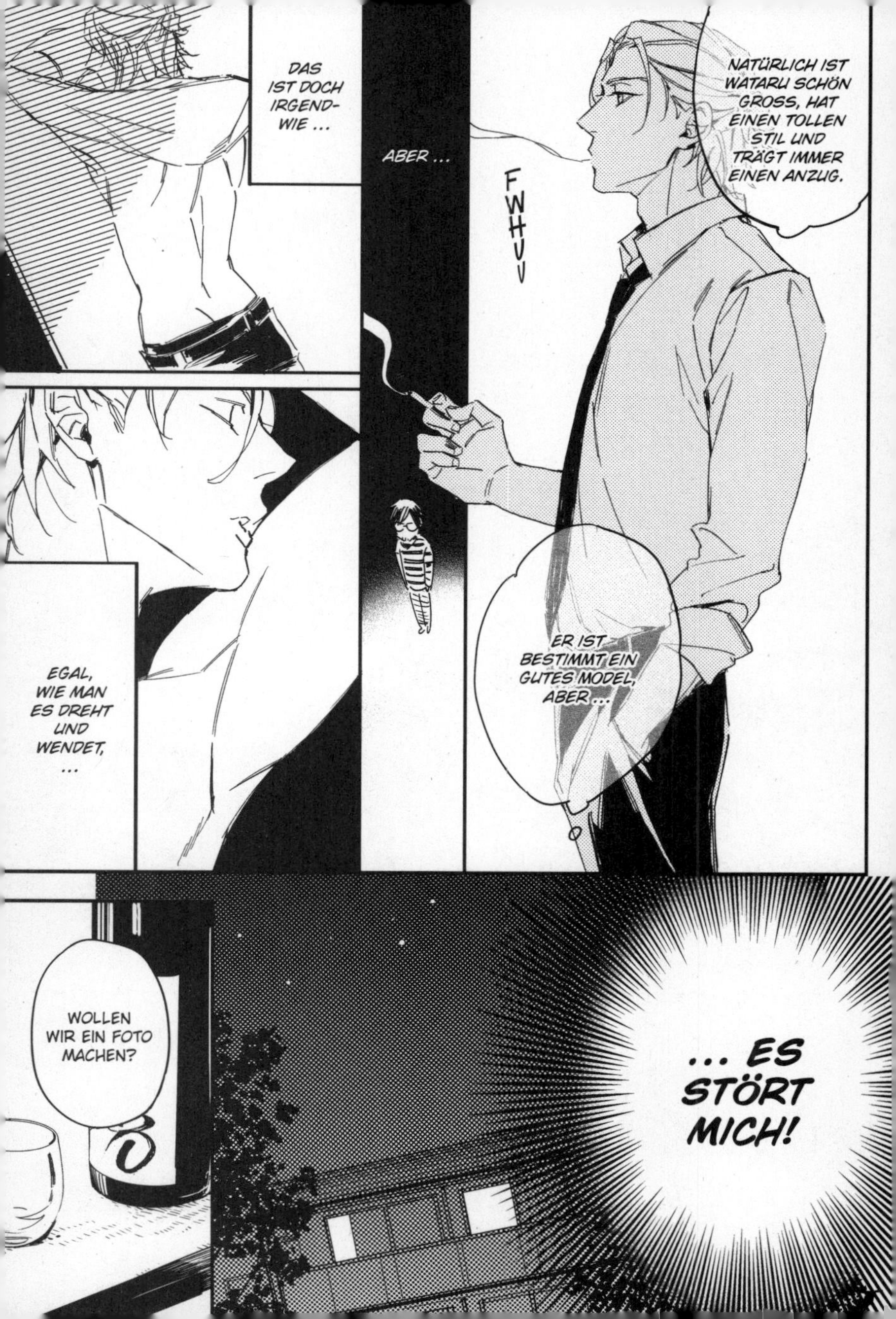
NATÜRLICH IST WATARU SCHÖN GROSS, HAT EINEN TOLLEN STIL UND TRÄGT IMMER EINEN ANZUG.
FWHUU
ABER ...
DAS IST DOCH IRGEND-WIE ...
ER IST BESTIMMT EIN GUTES MODEL, ABER ...
EGAL, WIE MAN ES DREHT UND WENDET, ...
... ES STÖRT MICH!
WOLLEN WIR EIN FOTO MACHEN?

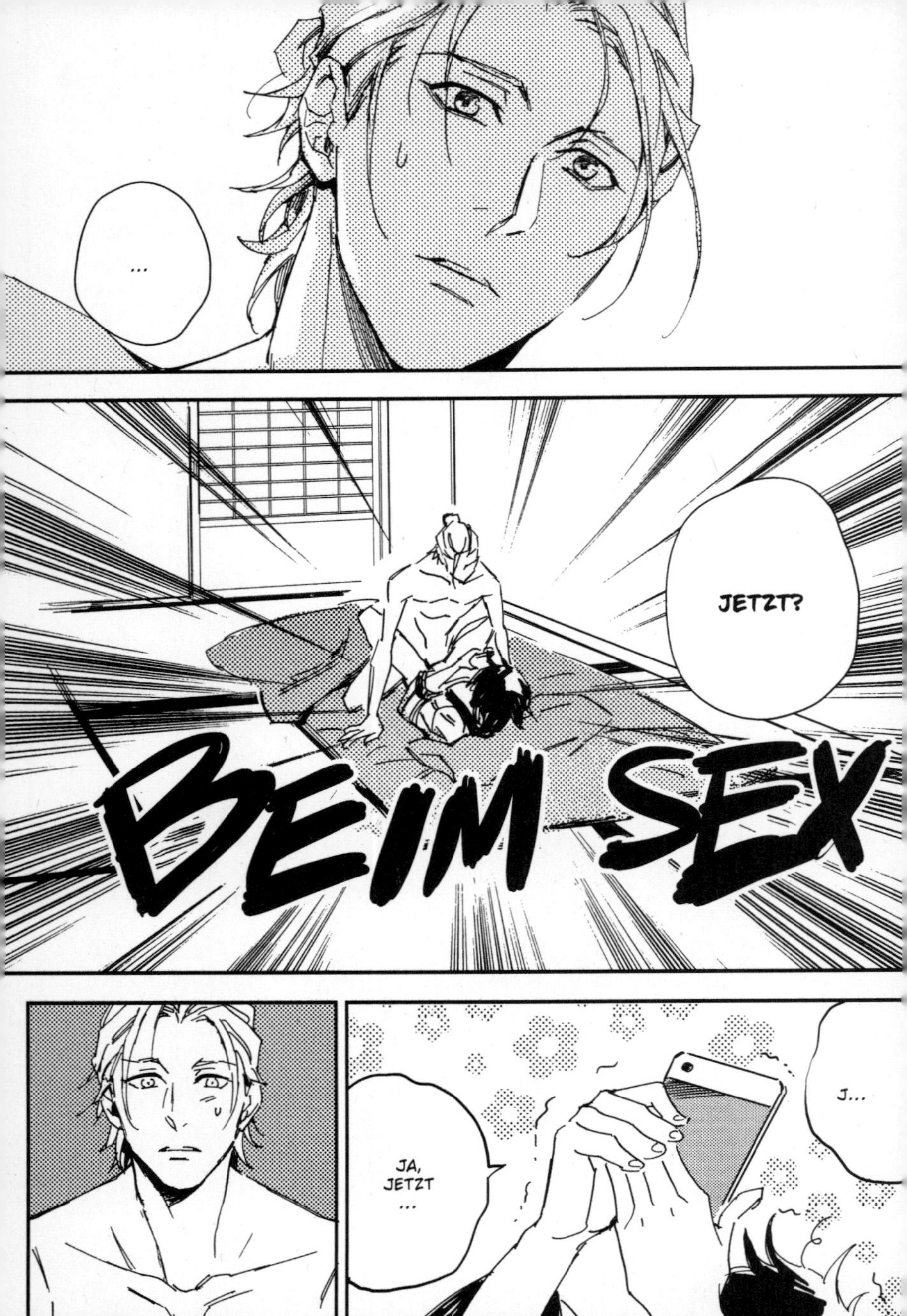
...
JETZT?
BEIM SEX
J...
JA, JETZT ...

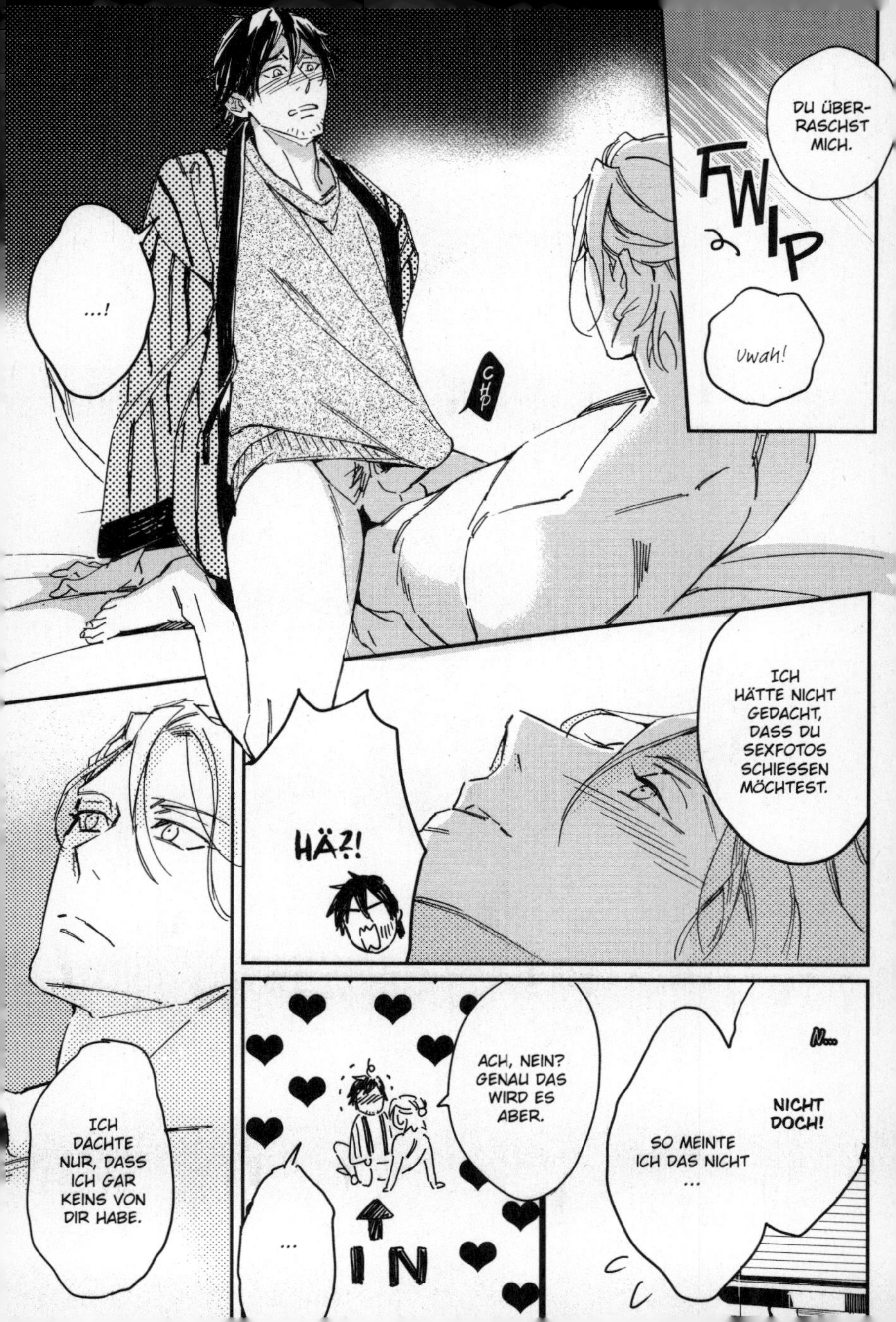
DU ÜBER-RASCHST MICH.
FWIP
Uwah!
...!
CHP
ICH HÄTTE NICHT GEDACHT, DASS DU SEXFOTOS SCHIESSEN MÖCHTEST.
HÄ?!
N...
NICHT DOCH!
SO MEINTE ICH DAS NICHT ...
ACH, NEIN? GENAU DAS WIRD ES ABER.
IN
ICH DACHTE NUR, DASS ICH GAR KEINS VON DIR HABE.
...

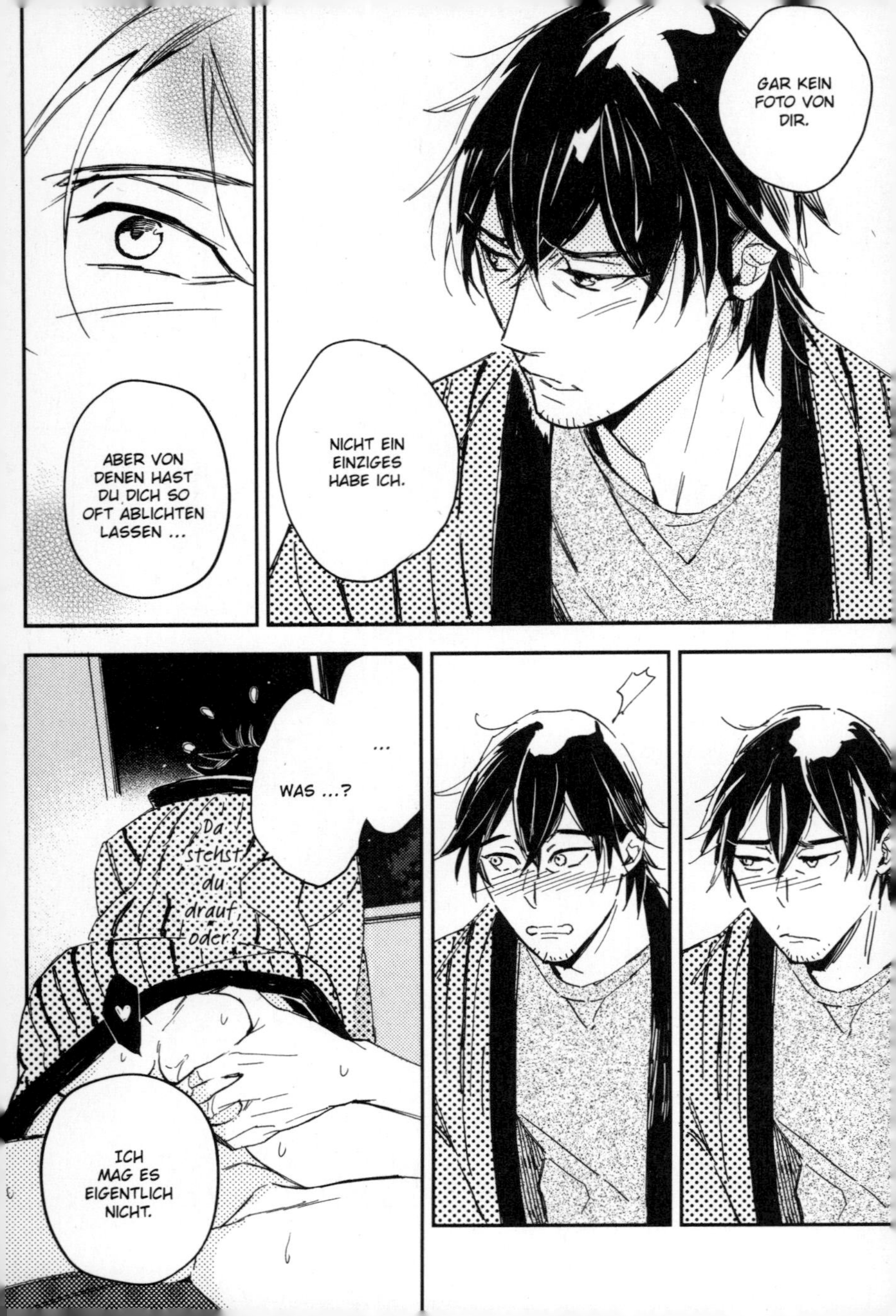

GAR KEIN FOTO VON DIR.

NICHT EIN EINZIGES HABE ICH.

ABER VON DENEN HAST DU DICH SO OFT ABLICHTEN LASSEN ...

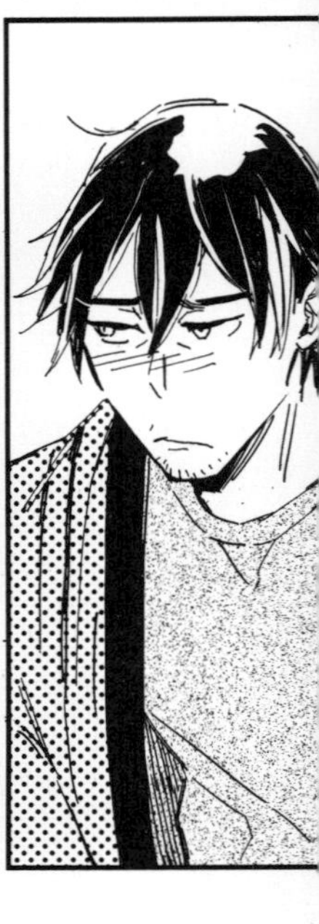

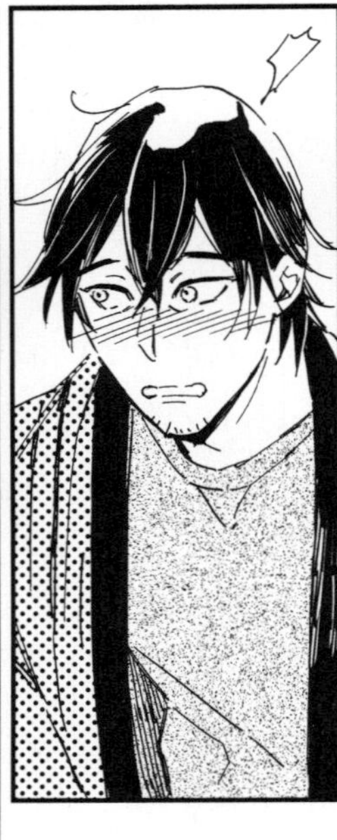

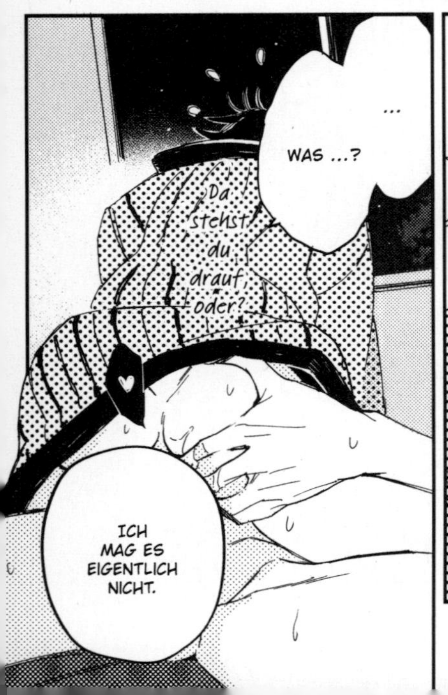

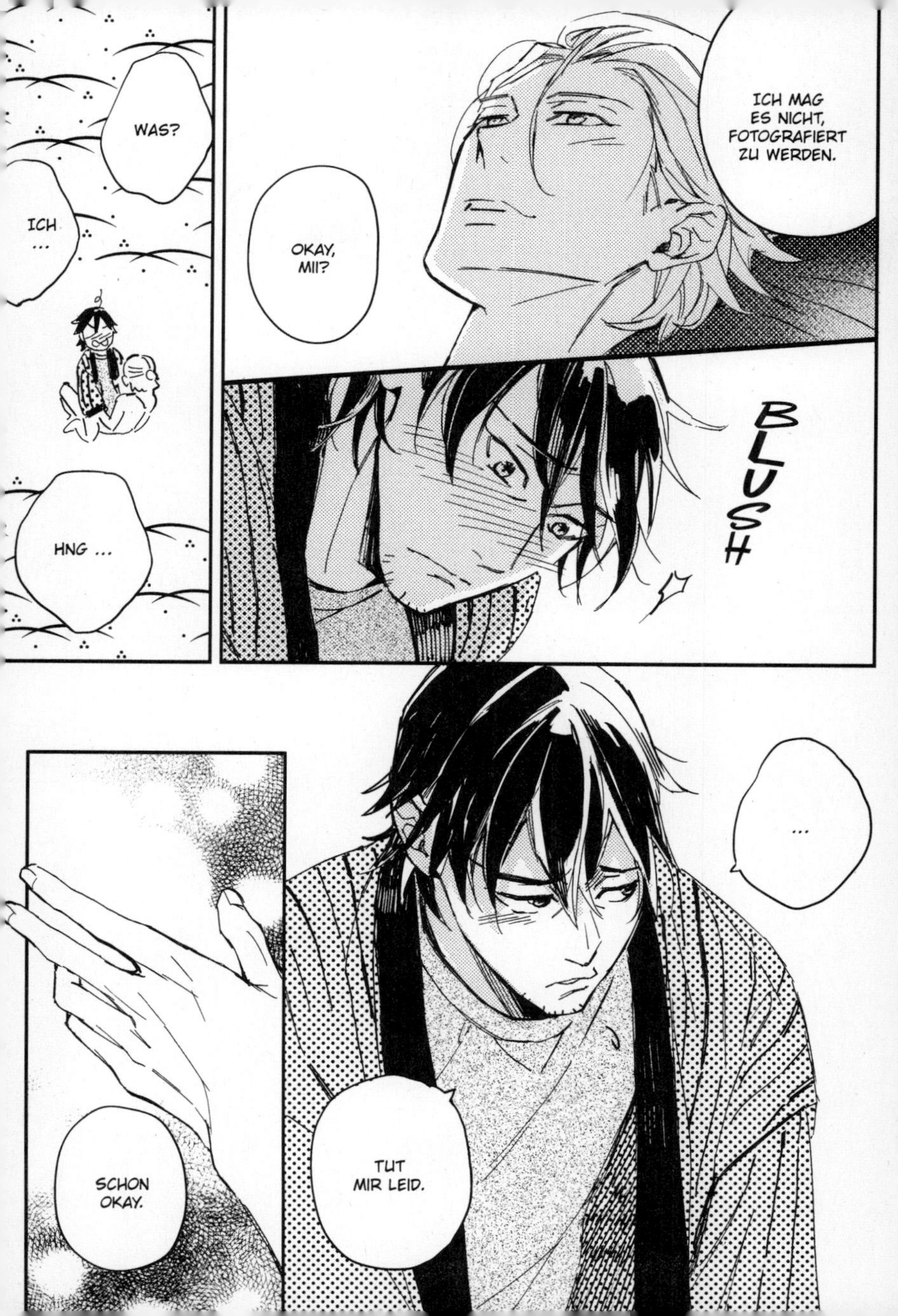
ICH MAG ES NICHT, FOTOGRAFIERT ZU WERDEN.
OKAY, MII?
BLUSH
WAS?
ICH ...
HNG ...
...
TUT MIR LEID.
SCHON OKAY.

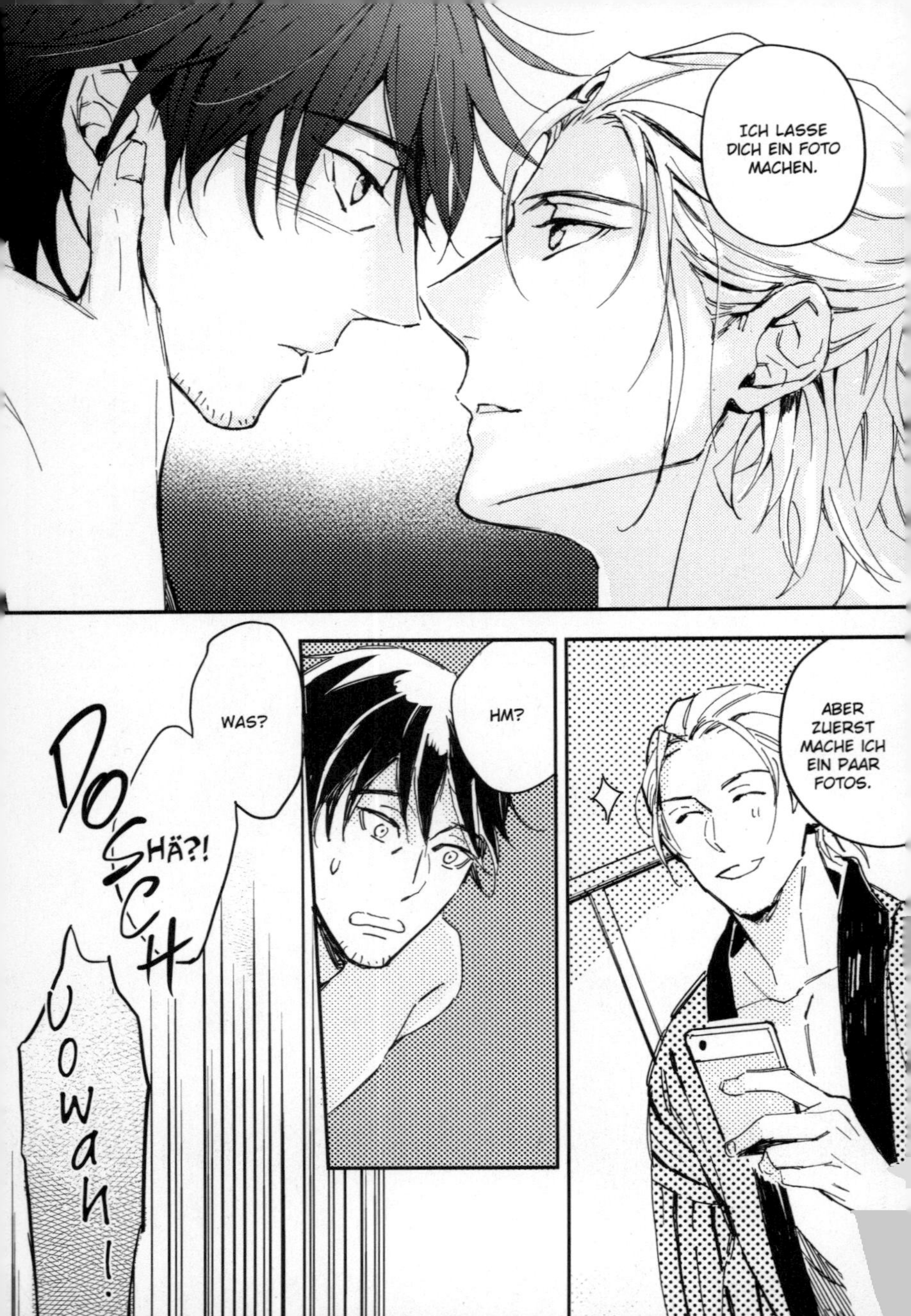
ICH LASSE DICH EIN FOTO MACHEN.
ABER ZUERST MACHE ICH EIN PAAR FOTOS.
HM?
WAS?
DOSCH
HÄ?!
UOWAH!

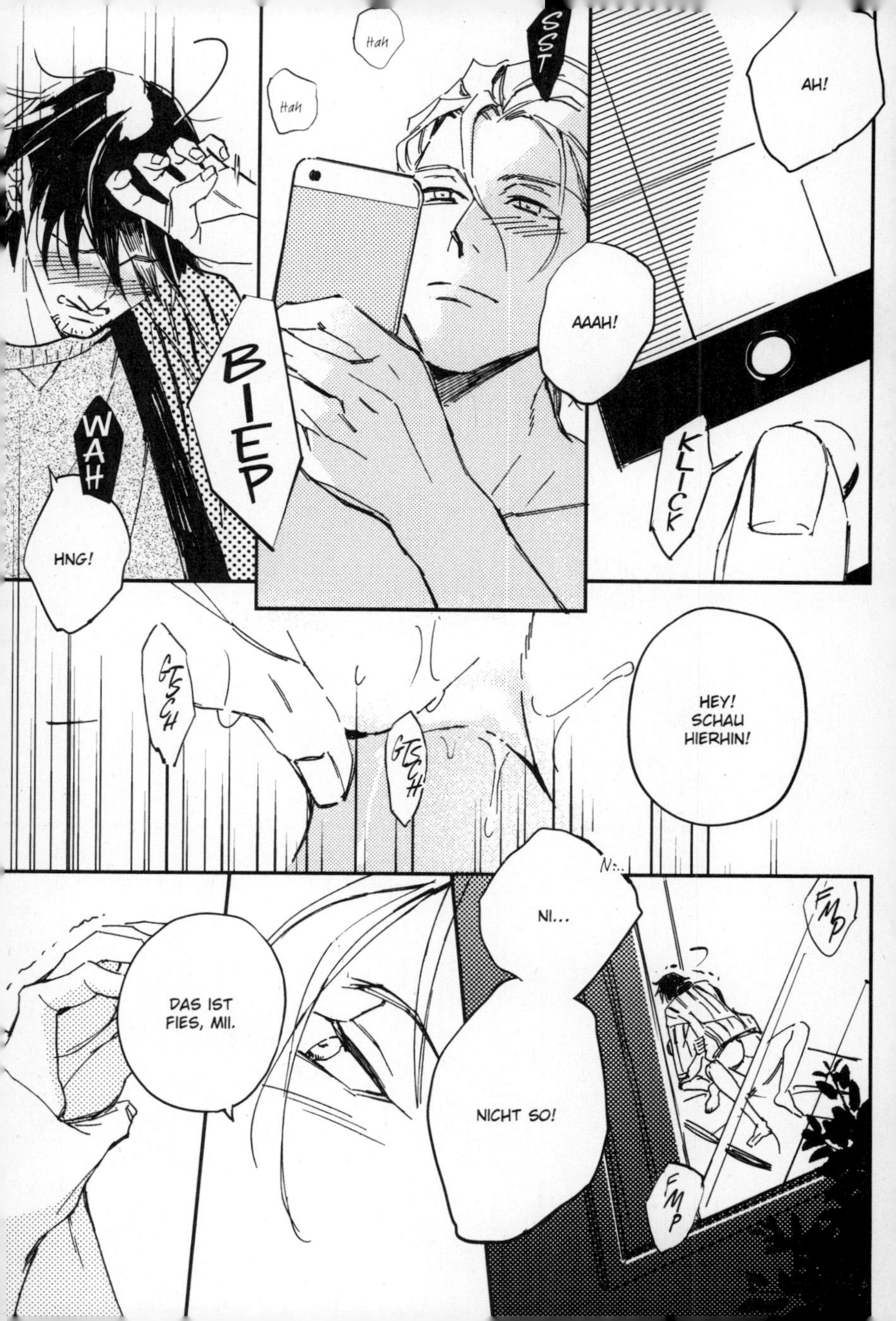
SST
AH!
Hah
Hah
AAAH!
KLICK
BIEP
WAH
HNG!
HEY! SCHAU HIERHIN!
GTSCH
GTSCH
N...
NI...
FMP
DAS IST FIES, MII.
NICHT SO!
FMP

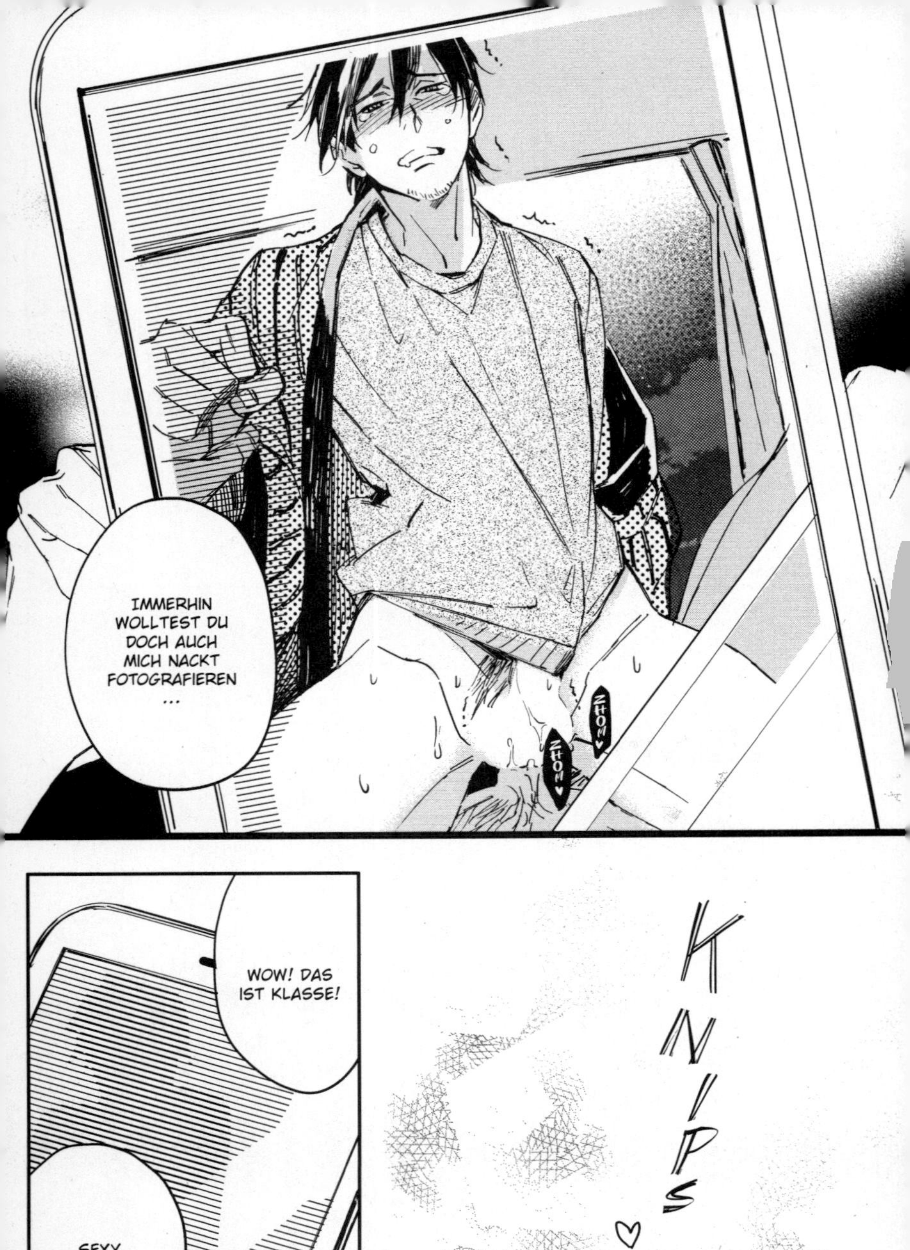
IMMERHIN WOLLTEST DU DOCH AUCH MICH NACKT FOTOGRAFIEREN ...
KNIPS ♥
WOW! DAS IST KLASSE!
SEXY.

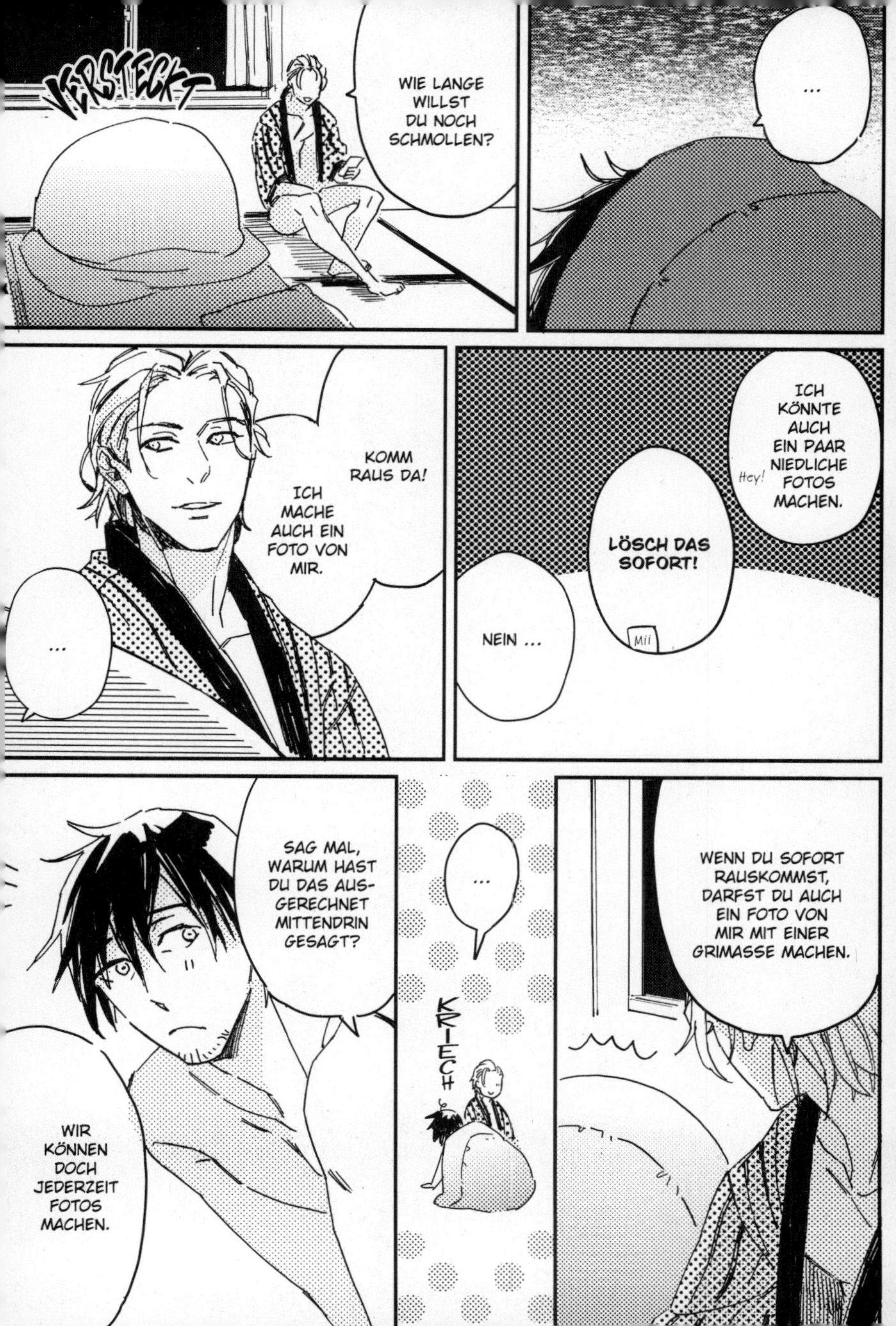
...
WIE LANGE WILLST DU NOCH SCHMOLLEN?
VERSTECKT
ICH KÖNNTE AUCH EIN PAAR NIEDLICHE FOTOS MACHEN.
Hey!
LÖSCH DAS SOFORT!
Mii
NEIN ...
KOMM RAUS DA!
ICH MACHE AUCH EIN FOTO VON MIR.
...
WENN DU SOFORT RAUSKOMMST, DARFST DU AUCH EIN FOTO VON MIR MIT EINER GRIMASSE MACHEN.
...
KRIECH
SAG MAL, WARUM HAST DU DAS AUS-GERECHNET MITTENDRIN GESAGT?
WIR KÖNNEN DOCH JEDERZEIT FOTOS MACHEN.

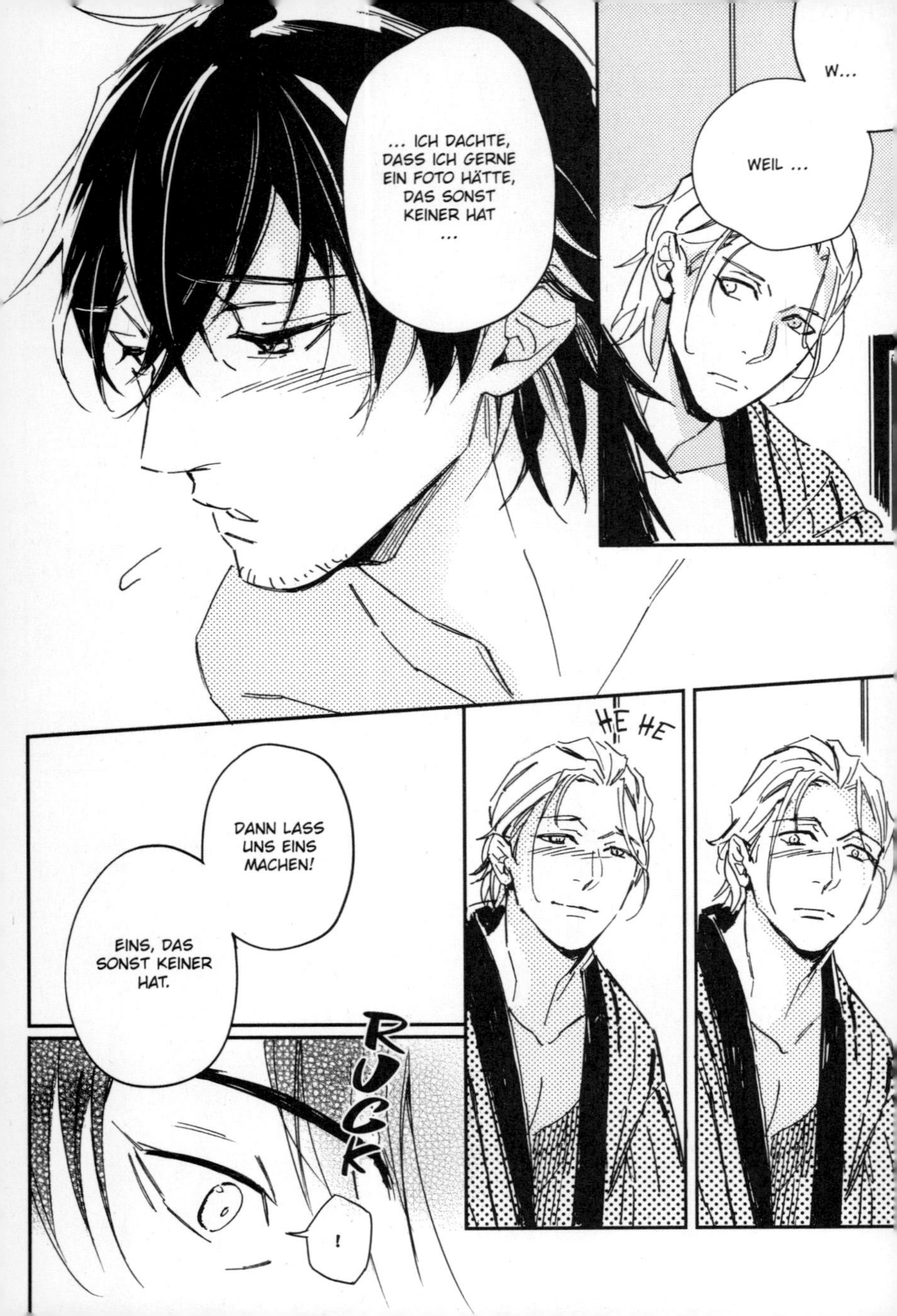
W...
WEIL ...
... ICH DACHTE, DASS ICH GERNE EIN FOTO HÄTTE, DAS SONST KEINER HAT ...
HE HE
DANN LASS UNS EINS MACHEN!
EINS, DAS SONST KEINER HAT.
RUCK
!

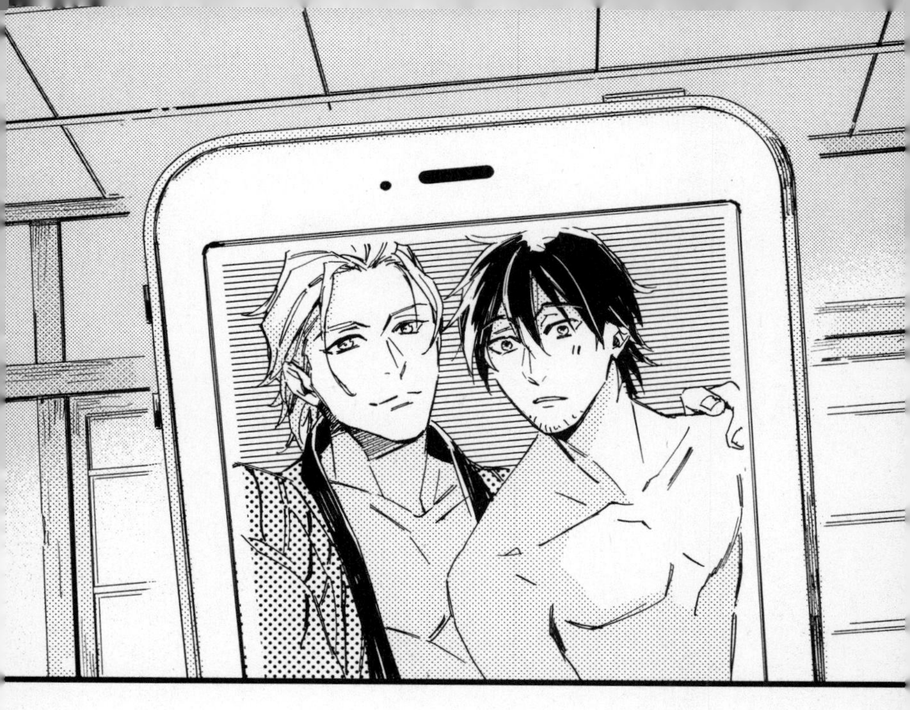

Bonusgeschichte – Ende

Jühu!

Ich bin Mamita. Vielen herzlichen Dank, ...

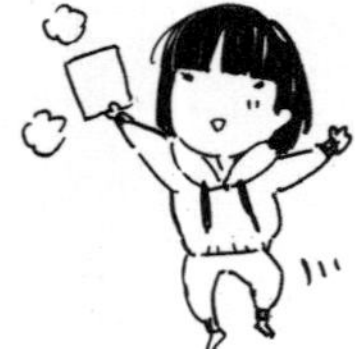

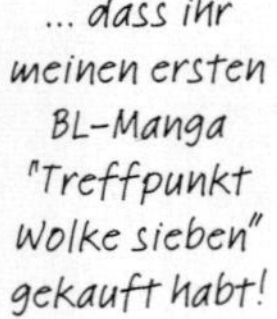

... dass ihr meinen ersten BL-Manga "Treffpunkt Wolke sieben" gekauft habt!

Ehrlich gesagt, habe ich, bevor ich mit dieser Veröffentlichung begonnen habe, als Illustratorin gearbeitet.

Ich sollte als BL-Mangaka und Illustratorin einen anderen Namen haben.

Mamita Tamaru

Eigentlich könnte man den Nachnamen nutzen, aber ...

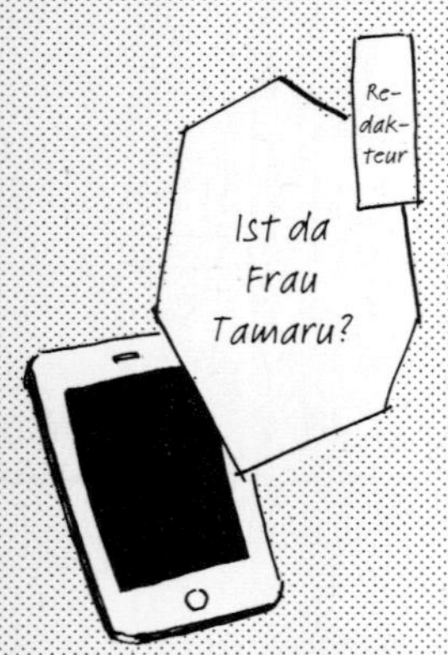

...

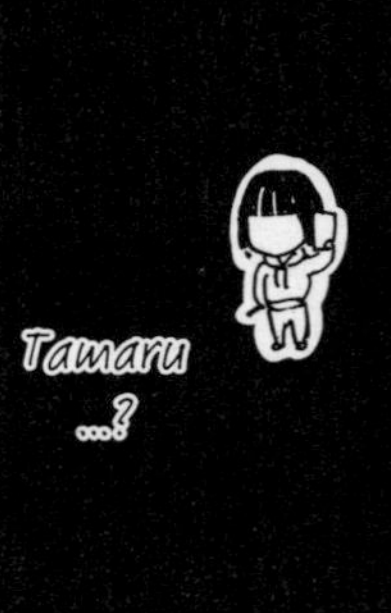

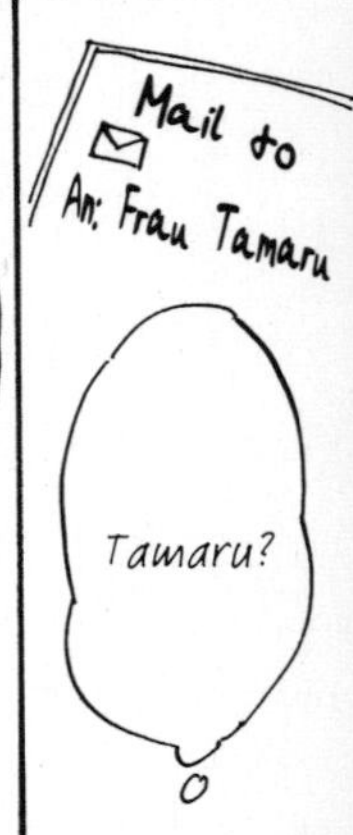

Fan-Event

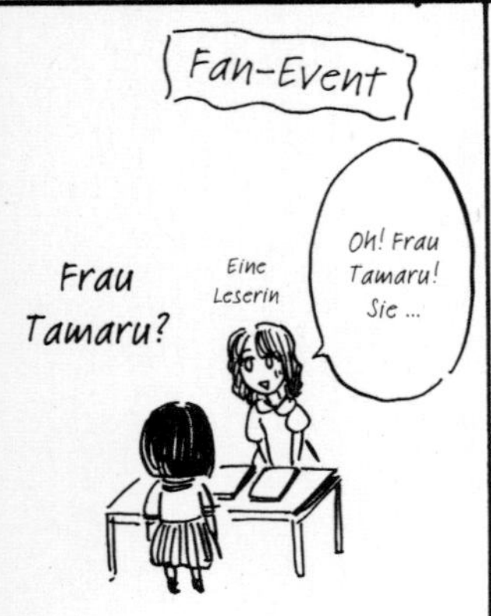

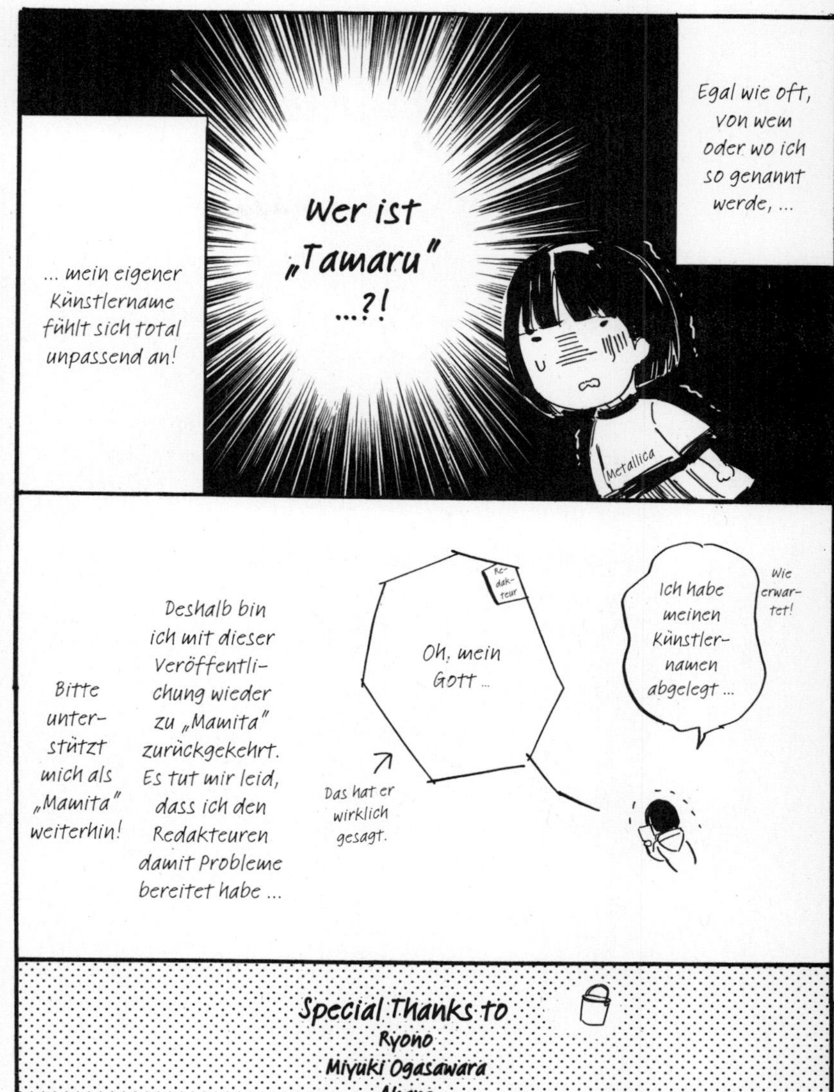

Special Thanks to
Ryono
Miyuki Ogasawara
Akane
Meinem Redakteur Herr T.
und meinem Designer

Danke für Eure Unterstützung!

Treffpunkt Wolke Sieben

First published by Tokuma Shoten Publishing Co., Ltd. in Japan.
German language translation rights arranged withTokuma Shoten Publishing Co., Ltd., Tokyo through Tuttle-Mori Agency, Inc., Tokyo.

Deutschsprachige Ausgabe / German Edition

CH-1007 Lausanne

Verlegt unter dem Label KAZÉ MANGA
durch Crunchyroll SA

Aus dem Japanischen von Katharina Schmölders

Redaktion: Beatrice Tavares
Herstellung: Sonja Lesch
Lettering: Paolo Gattone, Chiara Antonelli, Alessio Ravazzani
Druck und Bindung: GGP Media GmbH, Pößneck

ISBN: 978-2-88951-006-1

BOYS LOVE

Life Mit dir, ans Ende der Zeit

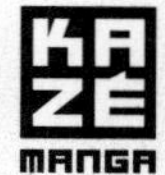

Miya Tokokura

Life

Mit dir, ans Ende der Zeit

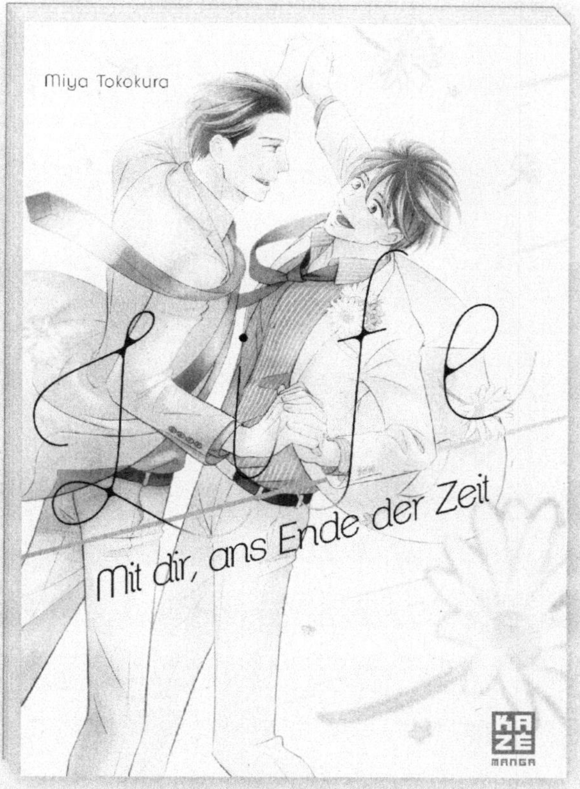

Liebe auf ganzer Linie

Miya Tokokura

Die Straße ist Lava – so lautet die einzige Regel seines Spiels. Also balanciert Oberschüler Yuki jeden Tag auf der schmalen, weißen Straßenmarkierung. Als ihm eines Tages Akira, auf derselben Linie balancierend, entgegenkommt, stehen die beiden Jungs vor einer Herausforderung, die sie nur zusammen lösen können. Kurzerhand packt Akira Yuki wie zum Walzer und mit einer fixen Drehung haben sie die Seiten getauscht. Die beiden könnten nun weiter ihrer Wege gehen, doch vor ihnen liegt ein ganzes gemeinsames Leben!

 www.kaze-online.de   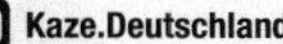

Kaze.Deutschland

 KazeDeutschland

WIE DAS SALZ DER SEE

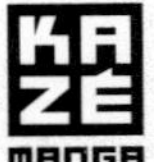

UNOHANA

WIE DAS SALZ DER SEE

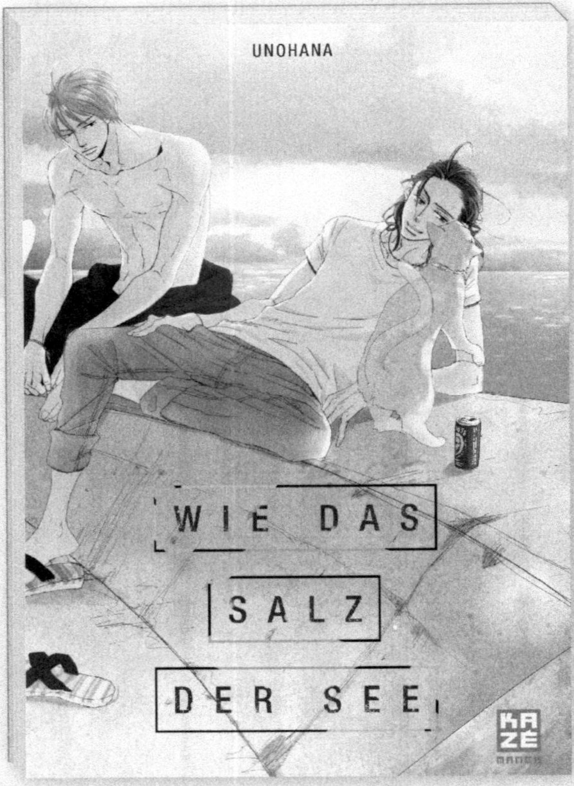

Der lange Weg zum Glück

UNOHANA

Fünf Jahre schon ist Ryuta heimlich in Naoki verliebt. Aber der war ja immer mit Hana zusammen. Die beiden waren die reinsten Turteltauben. Dennoch kam Ryuta wieder, Sommer für Sommer, um in Naokis Kneipe am Meer auszuhelfen. Doch jetzt ist Hana weg, hat Naoki verlassen. Soll Ryuta ihm sagen, was er für ihn empfindet? Oder verliert er so am Ende den Menschen, der ihm am wichtigsten ist?

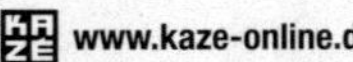
www.kaze-online.de

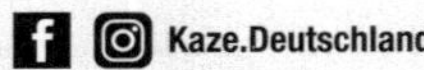
Kaze.Deutschland

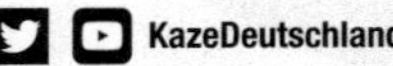
KazeDeutschland

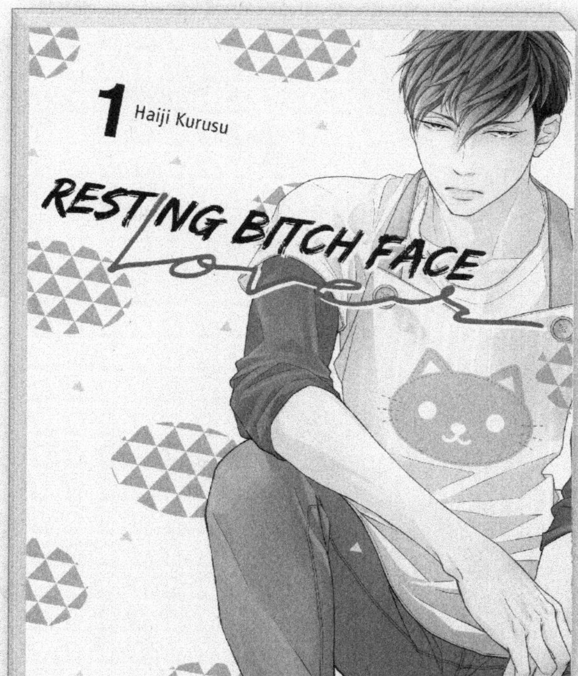

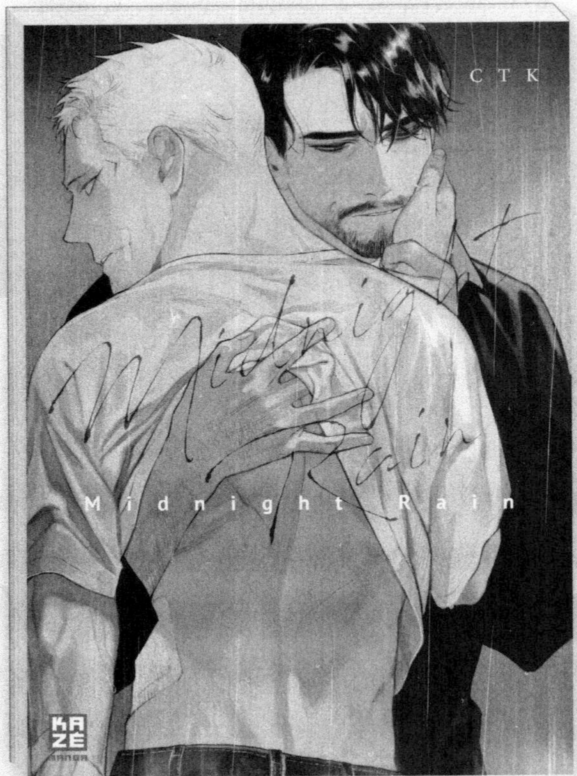

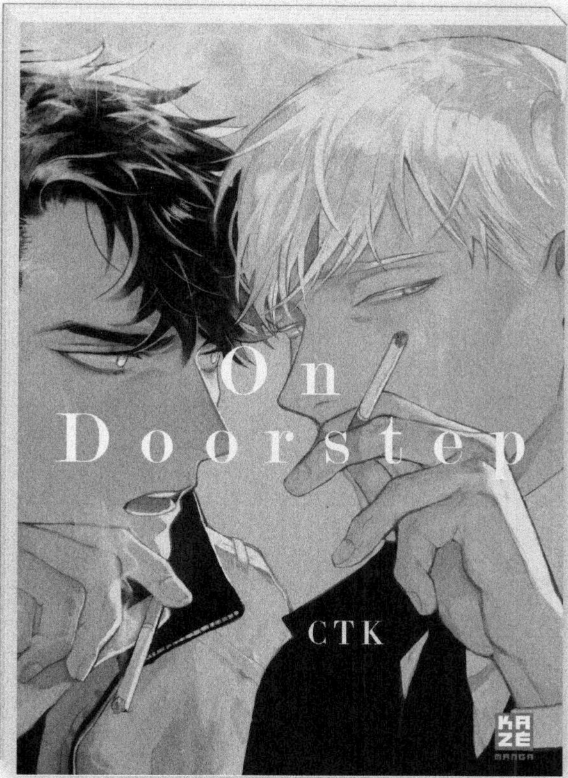

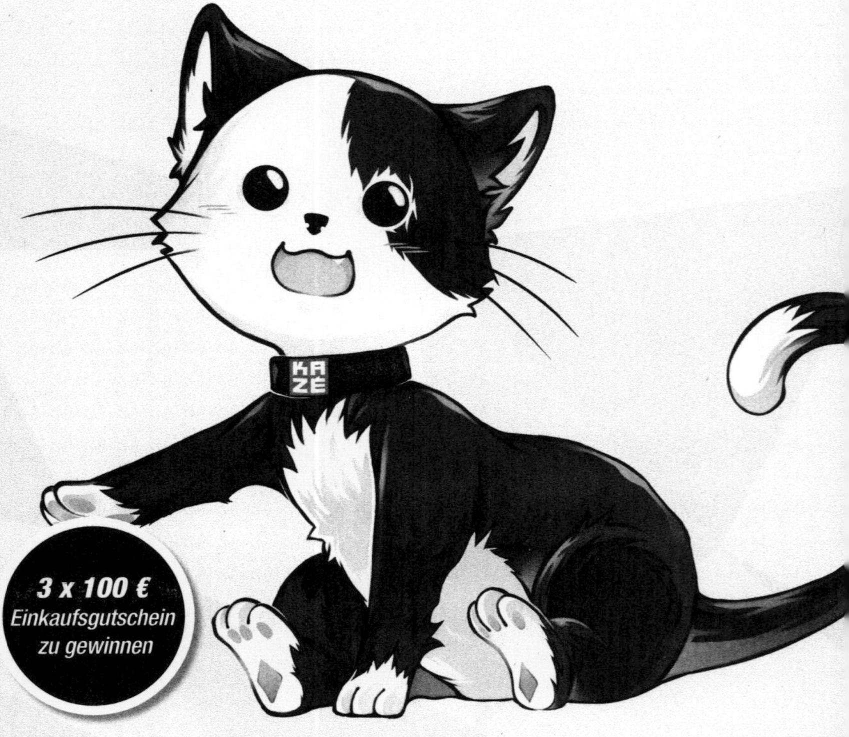